DIE BRAUNE ELITE II

21 weitere biographische Skizzen

DIE BRAUNE ELITE II

21 weitere biographische Skizzen

Herausgegeben von
RONALD SMELSER, ENRICO SYRING
und
RAINER ZITELMANN

WISSENSCHAFTLICHE BUCHGESELLSCHAFT
DARMSTADT

Einbandbild: Hitler und Schacht bei der Grundsteinlegung zum Reichsbankneubau (Foto: Süddeutscher Verlag).
Porträtfotos im Band: 1–14, 16–18, 21: Süddeutscher Verlag; 15: Bundesarchiv Koblenz; 19: Archiv Gerstenberg; 20: Ullstein Bilderdienst.

Die Deutsche Bibliothek – CIP-Einheitsaufnahme

Die braune Elite / hrsg. von Ronald Smelser … –
Darmstadt: Wiss. Buchges.
2. 21 weitere biographische Skizzen. – 1993
(WB-Forum; 80)
ISBN 3-534-80122-9
NE: GT

Gedruckt auf säurefreiem und alterungsbeständigem Werkdruckpapier
Satz: Setzerei Gutowski, Weiterstadt
Druck und Einband: Wissenschaftliche Buchgesellschaft, Darmstadt
Printed in Germany
Schrift: Linotype Times, 9.5/11

ISBN 3-534-80122-9

Inhalt

Vorwort

Im Jahr 1989 erschien der Band ›Die braune Elite‹. In ihm skizzierten Historiker aus mehreren Ländern die Lebenswege von 22 führenden Nationalsozialisten. Die positive Aufnahme, die dieser Band gefunden hat, ermutigt uns, die dort entwickelte Konzeption in dem nunmehr vorliegenden zweiten Band fortzuführen. Leitfragen des ersten wie des vorliegenden zweiten Bandes sind – mutatis mutandis: „Wer waren die führenden Männer der NSDAP und des Dritten Reiches? Welche Erfahrungen führten sie zum Nationalsozialismus? Welche Rolle spielten sie in der Partei und später im nationalsozialistischen Staat? Wie erklärt sich der Erfolg – und das Scheitern – führender Größen des Nationalsozialismus? Welche Motive bestimmten das Handeln dieser Männer, was wissen wir über ihre Persönlichkeit und das Weltbild, von dem sie sich leiten ließen?“

Im ersten Band der ›Braunen Elite‹ wurden mit Martin Bormann, Walther Darré, Hans Frank, Joseph Goebbels, Hermann Göring, Rudolf Heß, Reinhard Heydrich, Heinrich Himmler, Adolf Hitler, Ernst Kaltenbrunner, Robert Ley, Otto Ohlendorf, Joachim von Ribbentrop, Ernst Röhm, Alfred Rosenberg, Fritz Sauckel, Baldur von Schirach, Gregor und Otto Straßer sowie Fritz Todt bekanntere Nationalsozialisten, überwiegend aus der „ersten Reihe“ der NS-Prominenz, vorgestellt. Zu vielen Männern aus dieser „ersten Reihe“ lagen schon Biographien vor die Autoren des Bandes waren oft selbst Verfasser größerer Arbeiten zu diesen NS-Führern.

In dem vorliegenden zweiten Band werden hingegen zahlreiche NS-Führer behandelt, über die bislang nur wenig an Kenntnissen vorhanden war. Oft wirkten sie im Hintergrund und waren den Zeitgenossen weniger bekannt. Gleichwohl waren sie deshalb keineswegs unbedeutend. Sie bekleideten wichtige und entscheidende Stellen in Partei und Staat des Dritten Reiches und hatten oft erhebliche Einflußmöglichkeiten. Wer die Beiträge im vorliegenden Band liest, muß sich wundern, wie wenig wir bislang über Entscheidungsträger und hohe Amtsträger des NS-Staates wußten.

Beide Bände der ›Braunen Elite‹ zusammengenommen widerlegen oder relativieren mancherlei gängige, volkspädagogische Klischees über nationalsozialistische Führungspersönlichkeiten. So waren es keineswegs nur gescheiterte oder pathologische Existenzen bzw. dubiose Gestalten, die den Nationalsozialismus und das Dritte Reich verkörperten. Manch einem der hier skizzierten NS-Führer kann ein gewisser Idealismus nicht abgesprochen werden, wenngleich auch ausgesprochene Verbrechertypen wie etwa Odilo Globocnik unter ihnen waren. Neben Rassefanatikern wie Julius Streicher gab es nicht wenige Nationalsozialisten, für die Antisemitismus und Judenhaß keineswegs an erster Stelle standen. Sozialrevolutionäre Motive spielten bei NS-Führern wie etwa Josef Bürckel die entscheidende Rolle.

Die Herausgeber sind bestrebt, mit ihren Biographiensammlungen einen Beitrag zu einer nüchtern-sachlichen Auseinandersetzung mit der nationalsozialistischen Vergangenheit zu leisten, wobei Differenzierung an die Stelle von Pauschalurteilen treten sollte – auch im Hinblick auf die Führungspersönlichkeiten des Dritten Reiches. Dank schulden wir vor allem den Autoren, die mit ihrer Geduld und ihrem Engagement dazu beigetragen haben, daß dieser Band trotz mancher Schwierigkeiten und Widrigkeiten erscheinen konnte.

RONALD SMELSER (Salt Lake City), ENRICO SYRING (Gießen),
RAINER ZITELMANN (Berlin), März 1993

1. Herbert Backe – Technokrat und Agrarideologe

Von Joachim Lehmann

Die „Blut und Boden"-Ideologie der Nationalsozialisten und ihre Agrarpolitik lassen immer noch vorderhand an Richard Walther Darré, den zweiten Reichsernährungsminister in der Regierung Hitler und ersten Reichsbauernführer, denken. Es muß verwundern, daß die Person von dessen Staatssekretär und späterem Nachfolger, Herbert Backe, hingegen weithin unbekannt ist. Unverständlicherweise, weil in einem krassen Mißverhältnis zur fundamentalen Bedeutung seines Arbeitsgebietes, der Ernährungssicherung, und seiner damit verbundenen Rolle im funktionalen Gefüge des Dritten Reiches stehend, hat er in der historischen Forschung bislang eine untergeordnete Rolle gespielt.

Herbert Friedrich Wilhelm Backe wurde am 1. Mai 1896 im kaukasischen Batumi, einer damals zum Russischen Reich gehörenden Hafenstadt am Schwarzen Meer, geboren. Als zweiter Sohn des Kaufmanns und preußischen Leutnants a. D. Albrecht Backe und dessen aus einer Anfang des 19. Jahrhunderts nach Rußland ausgewanderten württembergischen Bauernfamilie stammenden Ehefrau, nunmehr Tochter eines Fabrikbesitzers, wuchs er in durchaus gesicherten, um nicht zu sagen wohlhabenden Verhältnissen auf. Ungünstige Wirtschaftsentwicklungen im Gefolge der russischen Revolution von 1905, der Tod des Großvaters und das frühe Ableben des Vaters im Jahre 1907 griffen in die materiellen Verhältnisse der Familie ein. Nach dreijährigem Besuch der deutschen evangelischen Kirchenschule in Tiflis trat der Junge 1905 in das dortige russische staatliche 4. Knabengymnasium ein. Der sehr gute Schüler verdiente sich Geld mit Nachhilfestunden. Als preußischer Staatsangehöriger sofort mit Ausbruch des Ersten Weltkrieges als Zivilgefangener im Ural (Gouvernement Wjatka) interniert, konnte der Oberprimaner seine Schulausbildung vorerst nicht mit dem Abitur beenden. Der Einschnitt im Leben des angehenden Mannes war gravierend. „Als 18jähriger erlebte ich also den Sturz aus einem Kreis deutscher Familien, deren Vorfahren als Kulturträger und Pioniere nicht nur zu eigenem Wohlstand, sondern – was ja der Zweck ihrer Ansiedlung war – zu einer wesentlichen Befruchtung des Landes beigetragen hatten, und die deshalb allseits geachtet wurden, den Sturz in das Los der Gefangenschaft ... Als Deklassierter erlebte ich dort die Kerenski- und später die bolschewistische Revolution, was mein Interesse auf die sozialen und damit wirtschaftlichen Fragen lenkte." Wichtige und prägende Erfahrungen des jungen Herbert Backe sind hier ausgeführt, die ihn zu der Erkenntnis führten, daß „Tüchtigkeit als Ausbeutung gebrandmarkt wird und der Wohlstand, von Generationen in Mühe erworben und scheinbar festgefügt, mit einem Schlage verloren geht, weil man zum Feind und Verbrecher gestempelt wird, nur weil man Deutscher ist. Mir wurde erstmalig die tragische Lage des Volkstums außerhalb des eigenen Staates bewußt. Zum zweiten erlebte ich die sozialen Notstände, die Versuche, sie durch neue Ideologien des Marxismus in seiner konsequentesten Form der des Kommunismus zu beseitigen, und die Auswirkungen, die daraus entstanden."[1]

In den Wirren der Revolutionszeit gelangte der Internierte im Juni 1918 mit Unterstützung der Schwedischen Botschaft in Petersburg nach Deutschland, wo er sich sofort freiwillig zum Kriegsdienst meldete. Da es zu einer Einberufung nicht mehr kam, war der völlig mittellose und abgerissene junge Rußlanddeutsche für die Möglichkeit eines Broterwerbs als Hilfsdreher, später Hilfsschlosser und Lohnbuchhalter in einem Betriebsteil der Gute-Hoffnungs-Hütte Oberhausen in Sterkrade dankbar. Nebenher erwarb er am dortigen Real-Gymnasium das Reifezeugnis. Nach einjähriger Tätigkeit am 1. Oktober 1919 zugunsten demobilisierter Soldaten abgebaut, verdingte er sich dann den Winter über als Drainagearbeiter, bevor er für acht Monate als landwirtschaftlicher Eleve auf einem Hannoverschen Bauernhof lernen konnte.

Solchermaßen vorgebildet, immatrikulierte er sich ab dem Wintersemester 1920/21 als Student der Landwirtschaft an der Universität Göttingen. Unter schwierigsten Umständen – praktisch mittellos, als Werkstudent und Gutsverwalter während der Semesterferien – bewältigte er das Studium in sechs Semestern und schloß es im Sommer 1923 mit sehr guten bis guten Prädikaten als Diplomlandwirt ab. Das entscheidende Motiv für diese engagierte Leistung war für ihn, „daß ich aus dem deklassierten Zustand wieder eine Stellung zu erringen strebte, die meinen Fähigkeiten entsprach und in der Ebene meiner Vorfahren lag".[2]

Die anschließende fast einjährige leitende Tätigkeit auf einem Gut ergab nicht nur eine wohlbegründete Beurteilung als „glänzender landwirtschaftlicher Beamter", sondern auch die Möglichkeit, die notleidende Mutter und die Geschwister erstmals unterstützen zu können.

Die Anstellung als Assistent für Agrargeographie, insbesondere russische Agrarwirtschaft, bei Professor Erich Obst an der Technischen Hochschule Hannover kam aufgrund der theoretischen und praktischen Kenntnisse Backes und nicht zuletzt durch seine Beherrschung der russischen Sprache zustande. Das nicht gerade üppige, aber doch gesicherte Einkommen erlaubte der Familie, zusammen mit einer geringen Entschädigung für die in Rußland erlittenen Vermögensverluste, bei eiserner Sparsamkeit die Gründung eines Haushaltes und die Unterstützung bei der Ausbildung der Geschwister. Später beurteilte Backe den Stellenwert der Zeit in Hannover als grundlegend: „Die in Hannover zugebrachten drei Jahre waren für meine geistige Entwicklung ausschlaggebend. Ich erarbeitete mir nunmehr neben meiner Beherrschung der Praxis ein solides wissenschaftliches und theoretisches Wissen, wobei es sich nicht um Erlernen von fremden Erkenntnissen handelte, sondern um eigene wirtschaftspolitische Erforschung der Zusammenhänge von Weltwirtschaft und Weltagrarwirtschaft."[3]

Nach einer fast anderthalbjährigen vorbereitenden landwirtschaftlichen Praxis als Oberinspektor eines größeren pommerschen Gutes übernahm Herbert Backe, seit Anfang Oktober 1928 verheiratet, mit anfänglicher finanzieller Unterstützung seines Schwiegervaters Mitte November des Jahres die Domäne Hornsen im Kreis Alfeld/Leine als Pachtung. Ein solcher Entschluß war angesichts der sich schon abzeichnenden Agrarkrise keinesfalls leicht und forderte den engagierten Landwirt in besonderer Weise. Mit großem Einsatz und fachlichem Können gelang es ihm, den Betrieb trotz der widrigen Rahmenbedingungen in kurzer Zeit zu stabilisieren und ihm mit dem Übergang zu einer intensiven Bewirtschaftung eine solide betriebswirtschaftliche Basis zu geben. Von diesem Hintergrund ist der Wiedereintritt Backes in das politische Leben zu sehen.

Bereits in Göttingen war der Student ab 1922 für einige Zeit SA-

Mitglied gewesen. Die Verbindung zur NSDAP führte zum Parteieintritt mit der Nummer 22766; eine Mitgliedschaft, die nach Auflösung des Gaues Hannover-Süd ruhte. In dieser Zeit war Backe in vielfältiger Weise propagandistisch tätig, wobei er sich vor allem von völkischen Positionen aus mit Bolschewismus und Kapitalismus auseinandersetzte. „Unbedingter Anhänger des Rassegedankens, war er [...] weltanschaulich die stärkste Kraft und fühlte sich selbst zugleich besonders hingezogen zu der unbedingten Härte und Klarheit unseres Kampfes“[4], vermerkte hierzu der damalige Gauleiter Haase. Abgesehen von einem kurzen Stahlhelm-Intermezzo in Pommern konzentrierte sich Backe bis Anfang der dreißiger Jahre auf wirtschaftliche Aufgaben. Dann folgte auf Drängen von Nationalsozialisten in der Umgebung Hornsens ein erneutes sichtbares Engagement in deren 'Bewegung'. Backe meldete sich 1930 bei der Partei, in die er am 1. Oktober 1931 erneut aufgenommen wurde, und war auch als SA-Mann bis zur Übernahme der NSDAP-Ortsgruppenleitung in Lamspringe wieder aktiv. Letzter Anstoß und wesentliche Förderung für verstärkte politische Aktivität scheinen Veranstaltungen mit Hitler im Frühjahr und Oktober 1931 in Braunschweig gewesen zu sein. Dieser machte dabei auf Backe nach eigenem Bekunden stärksten Eindruck, da er „positive Lösungen vorschlug, die Volkgsgemeinschaft als erste Voraussetzung jeder inneren Gesundung verlangte und an den Idealismus und Opfermut jedes Einzelnen appellierte“.[5] In die gleiche Zeit fiel auch der erste, sich dann schnell vertiefende Kontakt zu dem Agrarexperten der NSDAP, Darré, der in dem landwirtschaftlichen Fachmann Backe einen geeigneten Mitarbeiter erkannte. Auf Betreiben Darrés kandidierte Backe für den preußischen Landtag und wurde im April 1932 gewählt. Seine Sachkompetenz verhalf ihm Anfang Januar 1933 zu einem Vortrag über die in der Tat bedrohliche Lage der deutschen Landwirtschaft in kleinstem Kreis vor Hitler in München.

Ab Februar 1933 wurde auf der Grundlage der bereits erreichten starken Positionen die systematische Gleichschaltung der landwirtschaftlichen Organisationen von Darré und seinem „agrarpolitischen Apparat“ erfolgreich betrieben und damit das deutschnationale Zwischenspiel an der Spitze des Reichsernährungsministeriums beendet. Darré wurde Minister und berief Backe im Juni als Reichskommissar in sein Ministerium. Ab Oktober trat dieser dort die Nachfolge des ebenfalls ausgeschalteten deutschnationalen Staatssekretärs von Rohr an. Backe hatte damit eine institutionelle Basis für die Umsetzung seiner agrar- und wirtschaftspolitischen Vorstellungen gefunden.

Das Reichsnährstandsgesetz vom September 1933 und seine Folgebestimmungen boten den Rahmen für eine Instrumentalisierung der Landwirtschaft und Landbevölkerung für die Ziele der neuen Machthaber, vor allem bei der Kriegsvorbereitung. Backe arbeitete intensiv an der Grundkonzeption der späteren „Marktordnung" auf land- und ernährungswirtschaftlichem Gebiet und war wesentlich an der Fortentwicklung des preußischen zu einem Reichserbhofgesetz und an der Verfassung eines Umschuldungsgesetzes beteiligt. Bis auf das letztere wurden diese Vorhaben in schnellem Tempo umgesetzt. Der ganz offensichtlich von den drängenden landwirtschaftlichen Fragen überforderte Darré ließ seinem Staatssekretär weitgehend freie Hand. Beider Verhältnis war unter dem Eindruck der erfolgreichen Politik Darrés bei der Gewinnung der Bauernschaft im Vorfeld der Machtübertragung und der Zeit unmittelbar danach vorerst ungetrübt. Backe sparte nicht mit Lob und Bewunderung für Darré, den er für „fabelhaft" und für einen „Könner" hielt. Dieser wiederum verstand sich als souveräner Vorgesetzter, wenn er etwa aus einem Brief Backes über die Schwierigkeiten im Ministerium gönnerhaft ersehen zu müssen glaubte, „daß ich Ihnen baldmöglichst wieder seelisch helfen muß".[6]

Auch die unverkennbaren sachlichen und damit persönlichen Erfolge in seiner Arbeit beseitigten die Selbstzweifel Backes vorerst nicht: „Ich muß offen gestehen: ich fühle mich nicht als Führer; ich bin Generalstäbler, geistiger Arbeiter, Chef des Stabes, wie es beim Militär war. Und es zieht mich nicht und wird mich niemals ins Rampenlicht ziehen. Oft bin ich unglücklich darüber, daß mir das Format fehlt. Aber ich bin ehrlich genug, es einzugestehen."[7] Wenige Monate später verkündete gerade dieser Backe im November 1934 auf dem Reichsbauerntag die „Erzeugungsschlacht", ein Konzept, das wichtige Elemente seiner wirtschaftspolitischen Grundüberzeugungen enthielt, eine Basis der praktischen Agrarpolitik bildete und sich in die ökonomische Kriegsvorbereitung voll integrieren ließ: Backe sah es als erwiesen an, „daß das Prinzip der wirtschaftlichen Freiheit zur Unfreiheit unseres Volkes geführt hat und daß die Gewährleistung des Lebens und der Zukunft unseres Volkes eine Abkehr von jenen Prinzipien verlangt". Er forderte die „grundsätzliche Umschaltung des wirtschaftlichen Denkens" und wähnte mit Reichsnährstands- und Reichserbhofgesetz die Landwirtschaft „aus der kapitalistischen Verflechtung und den Erschütterungen des Kapitalismus herausgenommen und auf einem neuen Wirtschaftsprinzip aufgebaut, dem der gebundenen Wirtschaft", wie weitgehender Dirigismus umschrieben wurde. Aufgabe war es, aus dem in Deutschland „beschränkten Boden soviel durch Mehrleistung herauszuholen, als nur irgend möglich". Mit dem Prinzip der gebundenen Wirtschaft war seiner Meinung nach „die Sicherung des Bauerntums und seiner Zukunft erfolgt". Zur Stellung des Bauerntums in der Gesellschaft, dessen Rolle als „Lebensquell des Volkes" er ohne Einschränkung bejahte, hatte er sich zuvor prinzipiell und nicht nur nuanciert von gängigen Klischees abweichend geäußert: „Hiermit soll keiner Bauernromantik das Wort geredet werden, noch weniger das Bauerntum als ‚Interessengruppe' zur Geltung gebracht werden: Bauer sein ist eine reale, nüchterne und harte Angelegenheit, die keinen Raum für Schwärmerei bietet. Bauer sein ist auch nicht Gewerbe, sondern Verpflichtung gegenüber dem Gesamtvolke im weitesten Sinne des Wortes."[8]

Im Zuge der Aufrüstungspolitik sah er immer größere Schwierigkeiten, die berechtigten Interessen der Landwirtschaft zur Geltung zu bringen. Die Tatsache, daß für diese Probleme das Verständnis der politischen Führung nicht zu wecken war, stellte sein Verhältnis zu Darré in Frage. Gegenüber seiner Frau beklagte er: „Wenn D.(arré) nicht zum Führer geht und seine Demission verlangt, dann weiss ich wirklich nicht weiter ... Ich fürchte D.(arré) ist ein Versager. Du wirst ermessen können, was es bedeutet, wenn ich das sage. Es ist nicht Pessimismus. Er ist innerlich schwach und unsicher, sonst fände er den Mut nun endlich zum Führer zu gehen."[9]

Die Ernennung Görings zum Beauftragten für den Vierjahresplan veränderte die Situation grundlegend. Nachdem dieser ihn zum Leiter der Geschäftsgruppe Ernährung der neuen Behörde gemacht hatte, sah Backe „wieder die Möglichkeit, nach oben durchzukommen, um die Probleme, die von der Landwirtschaft gesehen, dringend der Lösung bedurften, anzuschneiden".[10] Infolge der Konstruktion des Vierjahresplan-Apparates war Backe, wie andere Staatssekretäre, seinem Minister vorgesetzt. Dies ließ ihn Schritt für Schritt zur entscheidenden Figur innerhalb der Agrarpolitik werden. Immer war er sich der Belastungen und schädlichen Folgen der Kriegsvorbereitung für die Landwirtschaft bewußt, wie interne und öffentliche Bekundungen erkennen lassen. Freilich lag eine ablehnende Konsequenz aus dieser Erkenntnis außerhalb seiner Perspektive. „Alle Maßnahmen ab 1934" waren nach Backes späterer Feststellung „praktisch als Maßnahmen für den totalen Krieg anzusehen".[11] Tatsächlich war das Deutsche Reich im Ergebnis der maßgeblich von Backe beeinflußten Politik 1939 auf dem Ernährungssektor weit besser für einen Krieg gerüstet als 1914. Allerdings standen erkennbaren Erfolgen auch bedeutende Schwachstellen im Rahmen der angestrebten Autarkie gegenüber. Dies artikulierte der Realist Backe unmißverständlich, als er im Februar 1940 „in der heutigen Beruhigung der Öffentlichkeit in bezug auf die sichergestellte Ernährung die größte Gefahr" ausmachte.[12] An der Kompetenz Darrés bei der Lösung drängender Fragen der Ernährungssicherung wuchsen angesichts des sich hinziehenden Krieges zunehmend Zweifel. De facto war dessen Einfluß auf wirkliche Entscheidungen lange geschwunden. Seine auch formelle Entmachtung zog sich bis in den Frühsommer 1942 hin: Im Mai wurde er in einen „Krankheitsurlaub" geschickt und Backe mit der Führung der Geschäfte des Reichsministers für Ernährung und Landwirtschaft, des Reichsbauernführers und eines Reichsleiters im Reichsamt für Agrarpolitik der NSDAP beauftragt. Kurz darauf formulierte Backe mit deutlichem Bezug auf Darré das Credo seiner Politik: „Die zukünftigen Aufgaben können nicht mit verschwommener Romantik gelöst werden, sondern nur durch einen realen Idealismus. Nicht wer etwas gemacht hat ist wesentlich, sondern daß etwas gemacht wird. Nicht Prestige oder Zuständigkeit sind entscheidend, sondern allein die Aufgabe an sich."[13]

Herbert Backe verantwortete und steuerte nun eine Agrarpolitik, die den gesamten damals unter deutscher Herrschaft stehenden europäischen Raum tangierte. Hierfür hatte er auf der Grundlage seiner wissenschaftlichen Bemühungen weitgehende Konzepte entwickelt, für die nun die Chance der Realisierung gegeben schien. Seine in dem 1942 erschienenen Buch ›Um die Nahrungsfreiheit Europas‹ niedergelegten Vorstellungen flankierten die vielfältigen Pläne jener Jahre aus industriellen Kreisen zu einer „Neuordnung Europas" auf landwirtschaftlichem Gebiet. Dieses Konzept einer kontinentaleuropäischen Ernährungswirtschaft beruhte unter der Annahme deutscher Hegemonie und Nutznießung auf dem „Zusammenschluß der Völker gleicher oder verwandter Rasse und gleichen Raumes". Die machtpolitischen Voraussetzungen existierten vorerst, und die Okkupationspolitik auf landwirtschaftlichem Gebiet ließ nicht nur Ahnungen über das den Völkern Europas auch in diesem Zusammenhang zugedachte Schicksal aufkommen.

Osteuropa im allgemeinen und die Sowjetunion im besonderen hatten dabei einen ganz spezifischen Stellenwert. Sehr früh war Backe in die Vorbereitungen des Überfalls auf die Sowjetunion einbezogen worden. Neben seiner Stellung im System wiesen ihn sein Lebensweg und seine wissenschaftliche Arbeit für diese Aufgabe besonders aus. Im April 1941 konnte er seiner Frau mitteilen: „Meine Vorbereitungen für ‚Barbarossa' gehen sehr gut weiter."[14]

Seine während der Assistenz in Hannover vorbereitete, aber nicht eingereichte Dissertation ›Die russische Getreidewirtschaft als Grundlage der Land- und Volkswirtschaft Rußlands‹ wurde nun „Nur für den Dienstgebrauch" vervielfältigt. Neben der grundlegenden Mitwirkung an der Konzipierung des Besatzungsregimes gab es eine besondere Verantwortung Backes für die ›Wirtschaftspolitischen Richtlinien für die Wirtschaftsorganisation Ost, Gruppe Landwirtschaft‹ und die von ihm unterzeichneten sogenannten ›12 Gebote‹ für die Praxis der Besetzung. Solche Pläne kalkulierten in verbrecherischer Weise den Tod von Millionen Menschen ein und wiesen den „slawischen Untermenschen" eine sklavenähnliche Stellung zu. Sie sind im Kontext von Erfahrungen Backes und fixer Grundüberzeugungen zu sehen. Konstanten, die sich seit den frühen zwanziger Jahren deutlich erkennbar herausbildeten, waren die Überzeugung von rassischer Wertigkeit, Antibolschewismus und geopolitische Maximen mit der Spezifik einer Ostkolonisation. Öffentliche Bekundungen zur Judenfrage finden sich kaum. Es gibt indes keinen Zweifel an der strikt antisemitischen Grundposition Backes, meist auch eingebettet in Überlegungen hinsichtlich der „Organisation des Ostraumes".

Formal bekleidete Backe als Reichsleiter eine hohe Parteifunktion. Dies hinderte ihn indes nicht an einer eher distanzierten Position zur NSDAP. Nicht erst in der Internierung finden sich kritische Bemerkungen über Männer, die für ihn diese Partei verkörperten. Erfahrungen führten ihn zu Schlußfolgerungen hinsichtlich der Effizienz und Moral dieser Organisation. Als Pragmatiker kam er den Hegemonievorstellungen der Partei entgegen und beseitigte 1942 Reibungspunkte mit dem Reichsnährstand auf dem Gebiet der sogenannten 'Menschenführung'. Dies sicherte ihm nicht zuletzt die Unterstützung Bormanns bei vielen Gelegenheiten.

Auffällig ist die Unterscheidung zwischen NSDAP und Hitler. Für diesen hegte Backe bis zu seinem Tod hohe Achtung, die kritische Akzente eigentlich nur hinsichtlich dessen Auswahl von Mitarbeitern setzte. Als symptomatisch für wiederholte Aussagen in dieser Richtung darf ein brieflicher Ausbruch aus dem Herbst 1943 gelten, der ihn nach Kennzeichnung seiner eigenen Haltung formulieren ließ: „Warum mag der Führer nicht Männer, die so sind? Das ist keine Anklage. Wieviel mehr könnten wir ihm geben. Und das liegt an uns ebenso wie am Führer. Ich kann mich nicht vordrängen. Die Angeber, die zyklothymen ‚Optimisten', die werden dem Leistungsmenschen, der stets nur die Leistung für sich sprechen läßt, stets überlegen sein."[15] Zu diesen 'Leistungsmenschen' rechnete er neben sich selbst wohl Heydrich und Kehrl, zu denen er auch private Beziehungen unterhielt, und vielleicht auch Ohlendorf. Für viele Hinweise auf gegenseitige Wertschätzung mag ein Brief der Witwe Heydrichs an Backe als typisch gelten: „Ich weiß, wie sehr mein Mann Sie und Ihre Arbeit geschätzt und geachtet hat. Wissen Sie noch, wie oft Sie beide miteinander festgestellt haben, wie gleich und unter wie gleichen Umständen Ihrer beider Arbeit geschafft wurde. [...] Noch auf seinem Krankenlager sagte Reinhard zu mir: Wie gut, daß Backe jetzt freie Hand hat."[16]

Mit Himmler ergaben sich für den 1933 als Sturmbannführer in die SS eingetretenen Backe Berührungspunkte vor allem im Kriege auf dem Siedlungsgebiet. Allerdings hat auch der schließlich zum Obergruppenführer avancierte Backe kaum intensiveren Kontakt zum Reichsführer-SS gehabt. Dessen Hang zum Theoretisieren und zum Verfolgen auch unsinniger Experimente mußte dem Realisten Backe ohnehin Probleme bereiten.

Unmißverständlich und konstant fielen Urteile über den von ihm als Landwirtschaftsfeind apostrophierten Göring aus. 1933 kommentierte er dessen Meinung zu einer agrarpolitischen Frage mit den Worten „Dabei ist alles Unsinn. Aber G.(öring) kapiert es doch nicht", und 1942 summierte er: G.(öring) schaltet sich wieder in Wirtschaftspolitik ein. Leider."[17] Gelegentliche, seinem Charakter entsprechende, sarkastische Äußerungen gegenüber anderen Hierarchen des Regimes waren treffend und machten ihm nicht nur Freunde. Eine SS-Beurteilung bescheinigte ihm „eine offene, ja brutal offene Natur. Er hat daher sowohl aus seinem Urteil über bestimmte Dinge keinen Hehl gemacht, als auch den nach seiner Meinung falsch handelnden Personen nie seine Ansicht über ihre Sache und über ihre Person verhehlt".[18]

Den im April 1944 zum Reichsminister ernannten Backe plagten Selbstzweifel mittlerweile nicht mehr. Selbstbewußt verwies er zu dieser Zeit auf seinen erfolgreichen elfjährigen Kampf und stellte für die weitere Arbeit drei Aufgaben heraus: „Die eine, die alte von uns bereits seit Jahren mit bestem Erfolg gemeisterte, die Ernährung zu gestalten, die zweite, die europäische Aufgabe, den Großraum zu schaffen, den der Führer als Grundlage Europas sehen will. Dabei fällt uns zunächst die Ernährungsseite zu, aber gleichzeitig bereits die politische, bäuerliche. Denn nur das Bauerntum kann der Träger eines tatsächlich gesammelten großeuropäischen Reiches werden. Und die dritte, wichtigste Aufgabe ist die Politisierung des Bauerntums. Von ihrer Lösung hängt es ab, ob das Bauerntum bestehen und damit das Reich bestehen wird."[19] Hier wurden Grundpfeiler der Politik Backes noch einmal zusammengefaßt. Gleichzeitig lassen aber private Briefe eine realistischere Beurteilung der Lage gegen Kriegsende erkennen.

Backe war schließlich noch als Ernährungsminister unter Dönitz führend tätig, was ihm ebenso Genugtuung verschaffte wie „im Testament des Führers [...] Bestätigung als Minister erlebt zu haben".[20] In alliierter Internierung setzt er sich mit seinem Wirken unter anderem in zwei größeren Abhandlungen auseinander, einem sogenannten ›Großen Bericht‹ und einem vor allem für seine vier Kinder und seine Frau gedachten Testamentsentwurf, die unter der Perspektive der Haft wesentliche seiner Positionen bekräftigen, einige relativieren und wenige unterschlagen. Angesichts einer befürchteten Auslieferung an die Sowjetunion nahm sich Herbert Backe am 7. April 1947 das Leben.

Zweifellos gehörte Backe zur intellektuellen Elite des Nationalsozialismus in Deutschland. Dieser Agrarpolitiker und Ideologe wies sowohl in seinem Lebensweg als auch in seiner Stellung und Wirkung innerhalb des Regimes Merkmale auf, die in der einen oder anderen Ausprägung auch bei anderen Repräsentanten der damaligen Führungselite zu finden waren. Er war Auslandsdeutscher, erlebte Krieg und die russischen Revolutionen mit dem Resultat sozialer Deklassierung.

Auf der Grundlage solider theoretischer und praktischer Kenntnisse konzipierte er als Agrarpolitiker, der zudem den Blick für volkswirtschaftliche Dimensionen hatte, eine Politik, die sowohl der Krisenbewältigung als auch der Kriegsvorbereitung diente und in diesem Zusammenhang auch „teilmodernisierende" Ergebnisse zeitigte. Von 1933 an wies sie, auf eine bewußte Abkehr vom Liberalismus gegründet, ein hohes Maß an Kontinuität auf. Sein für Deutschland entwickeltes Modell einer Agrarordnung übertrug er in einem imperialistischen Konzept auf das unter deutscher Herrschaft stehende Europa. Besonders im Osten, gegenüber der Sowjetunion, hatte sein auf entsprechende machtpolitische Voraussetzungen gegründetes Konzept verbrecherische, menschenverachtende Dimensionen. Sie resultierten aus seinem Verständnis des Zweiten Weltkrieges als Weltanschauungs- und Rassenkrieg. Visionen einer bäuerlich begründeten oder zumindest mitgeprägten Gesellschaft gab er nie auf, sondern stellte sie zeit- und umständebedingt zurück für die Jahrzehnte nach einem erfolgreichen Krieg. So gesehen ist die Konstruktion eines Gegensatzes zwischen dem „Etatisten“ Backe und anderen „Blut-und-Boden“-Ideologen vordergründig und falsch.

Anmerkungen

1 Undatierter Lebenslauf (vermutlich zu Beginn der dreißiger Jahre), von Frau Ursula Backe abschriftlich zur Verfügung gestellt.

2 Ebd.

3 Bundesarchiv Koblenz (BA Koblenz), Nachlaß (NL) Backe, Nr. 3, Großer Bericht, Ziegenhain (1946), S. 4.

4 Forschungsstelle zur Geschichte des Nationalsozialismus in Hamburg, Aufstand in Niedersachsen. Der Kampf der NSDAP 1921/24, von Ludolf Haase (maschinenschr. Ms.), S. 664.

5 BA Koblenz, NL Backe, Nr. 3, Großer Bericht, S. 8.

6 Ebd., NL Darré, Nr. 20. Vertraulicher Brief Darrés an Backe, 5. 8. 33.

7 Ebd., NL Backe Nr. 5, Brief an seine Frau, 1. 7. 34.

8 Ders.: Die neuen Maßstäbe, in: Das Ende des Liberalismus, Berlin 1938, S. 15, S. 27ff.

9 BA Koblenz, NL Backe, Nr. 5, Brief an seine Frau, 5. 7. 35.

10 Ebd., Nr. 3, Großer Bericht, S. 20.

11 Bundesarchiv Potsdam, Fall XI, Nr. 73, Bl. 141, Dok. NG-021, Rede Backes am 6. 2. 43 in Posen.

12 Ebd., Nr. 392, Bl. 116f., Dok. NG-1408, Ausführungen Backes im Generalrat des Vierjahresplanes am 14. 2. 40.

13 Nationalsozialistische Landpost, Nr. 27, 3. 7. 42.

14 BA Koblenz, NL Backe, Nr. 5, Brief an seine Frau, 8. 4. 41.

15 Ebd., Undatierter Brief (wohl September 1943) an seine Frau.

16 Ebd., Nr. 10, Brief Lina Heydrich an Backe, 27. 6. 42.

17 Ebd., Nr. 5, Briefe an seine Frau, 31. 3. 33 und 9. 8. 42.

18 BDC, Personalakte Backe, Bl. 28866, Notiz über die Besprechung mit Staatssekretär Backe am 6. 3. 37.

19 BA Koblenz, NL Backe, Nr. 10, Brief an Gustav Behrens, 9. 5. 44.

20 Entwurf eines Testaments, 31. 1. 46, von Frau Backe zur Verfügung gestellt.

Bibliographie

Quellen

Reichhaltige Unterlagen zur Person Herbert Backes und zu seinen Auffassungen bietet der im Bundesarchiv Koblenz bewahrte Nachlaß. Personalunterlagen finden sich auch im Berlin Document Center (BDC), im Bestand Reichsernährungsministerium und der Filmsammlung des Bundesarchivs Potsdam. Dort sind auch von Bedeutung das Pressearchiv des Reichslandbundes und vor allem der Fall XI (Wilhelmstraßenprozeß) mit Dokumenten und Zeugenaussagen.

Heranzuziehen sind ferner die Quellen aus den Beständen Reichsernährungsministerium, Reichsnährstand, Reichsbauernrat, Vierjahresplan in beiden Archiven sowie der Nachlaß Darré im Bundesarchiv Koblenz. Problematisch die dort einzusehenden Erinnerungen von Hans-Joachim Riecke.

Unter den vielfältigen Veröffentlichungen Backes sind am leichtesten erreichbar die Sammlung von Reden und Aufsätzen unter dem Titel ›Das Ende des Liberalismus in der Wirtschaft‹ (Berlin 1938) und sein Buch ›Um die Nahrungsfreiheit Europas. Weltwirtschaft oder Großraum‹ (Leipzig 1942), das in einer bearbeiteten Fassung unter dem Titel ›Kapitalismus und Nahrungsfreiheit‹ (Bad Godesberg 1957) neu aufgelegt wurde.

Literatur

Eine Biographie Herbert Backes steht noch aus. Wichtige Hinweise auf die Person und ihr Wirken finden sich in Veröffentlichungen, die übergreifenden Themen oder anderen Personen gewidmet sind. Hier sind zu nennen H. Haushofer: Ideengeschichte der Agrarwirtschaft und Agrarpolitik im deutschen Sprachgebiet, Bd. II, München–Bonn–Wien 1958, S. 228ff., 271, 316ff.; D. Eichholtz: Geschichte der deutschen Kriegswirtschaft 1939–1945, Bd. II: 1941–1943, mit einem Kapitel von J. Lehmann, Berlin 1985; G. Aly/S. Heim: Vordenker der Vernichtung. Auschwitz und die deutschen Pläne für eine neue europäische Ordnung, Darmstadt 1991; H. Kehrl: Krisenmanager im Dritten Reich. 6 Jahre Frieden – 6 Jahre Krieg, Düsseldorf 1973 und J. Lehmann: Untersuchungen zur Agrarpolitik und Landwirtschaft im faschistischen Deutschland während des zweiten Weltkrieges (1942–1945), Diss. Rostock 1977; ders.: Faschistische Agrarpolitik im zweiten Weltkrieg. Zur Konzeption von Herbert Backe, in: Zeitschrift für Geschichtswissenschaft XXVIII/10 (1980), S. 948ff. und ders.: Thünen-Rezeption bei Herbert Backe. Der Mißbrauch der Thünen'schen Standort- und Intensitätslehre in der Zeit des Faschismus, in: Wissenschaftliche Zeitschrift Wilhelm-Pieck-Universität Rostock 3/1,2 (1984), S. 126ff.

2. Werner Best – Der völkische Ideologe

Von Sebastian Werner

Der am 23. Juni 1989 verstorbene Dr. Werner Best gehörte nicht zur Garde der 'Alten Kämpfer' der NSDAP, sondern verkörperte den modernen Typus des nationalsozialistischen Intellektuellen, der nur allzu bereitwillig seine zweifellos brillanten Geistesgaben in den Dienst der neuen Machthaber stellte. Wer war dieser ideenreiche und schreibfreudige Volljurist, der die Grundlage seines politischen Denkens im völkischen Prinzip verkörpert sah und der an der Seite Reinhard Heydrichs eine ebenso rasante wie 'glänzende' Karriere machte? Wie konnte der SS-Obergruppenführer und Verwaltungsfachmann Werner Best, der für sich selber stets 'innere Distanz' zum NS-Regime und seinen Vorgesetzten beanspruchte, trotzdem zu einem 'Schreibtischtäter' werden?

Karl Rudolf Werner Best wurde am 10. Juli 1903 als erster Sohn des Postbeamten Georg Konrad Best und seiner Frau Karoline in Darmstadt geboren. Im August 1914 zog die Familie nach Gonsenheim bei Mainz, wo der junge Werner Best bis 1921 das humanistische Gymnasium besuchte. Obwohl er zur Generation derjenigen gehörte, denen „die Offenbarung des Krieges nicht mehr vergönnt war" – ein Trauma seiner Jugend –, wie Best später formulierte, wurde der Weltkrieg für ihn zum einschneidenden Bildungserlebnis. Früh erwacht der elfjährige Gymnasiast Werner Best zu politischem Bewußtsein und vor allem „zum Haß gegen Frankreich". Der Junge träumte davon, dem in Frankreich gefallenen Vater nacheifernd, für das Vaterland zu kämpfen. So wurde aus Werner Best ein „glühender Nationalist", der noch während des Krieges unter den Einfluß des Alldeutschen Verbandes geriet. Der Zusammenbruch von 1918 und die gut elf Jahre währende französische Besetzung seiner rheinischen Heimat wurden zum zweiten entscheidenden Erlebnis seiner Jugend. Neben der Begeisterung für die Jugendbewegung sympathisierte Werner Best gleichzeitig mit der sich im unbesetzten Deutschland entwickelnden 'nationalen Bewegung'. Der erst sechzehnjährige Gymnasiast trat 1919 der DNVP bei und gründete im selben Jahr die erste Ortsgruppe des Deutschnationalen Jugendbundes.

Während des Studiums der Rechtswissenschaft in den bewegten Jahren von 1921 bis 1925 beteiligte sich Werner Best aktiv am Ruhrkampf. Der junge Widerstandskämpfer, der von französischen Gerichten wegen Sabotagetätigkeiten zweimal verurteilt wurde und ein halbes Jahr in Haft verbrachte, kannte nur noch ein Ziel: „Deutschland wieder frei und stark zu machen, stärker als den Erbfeind Frankreich."[1]

Jahre später beschrieb Werner Best den Nationalismus als eine „innere Haltung", die die friedlose, von Kampf und Spannung erfüllte Wirklichkeit der Welt bejahe: „Der Kampf ist das Notwendige, Ewige, die Kampfziele sind zeitbedingt und wechseln. Deshalb kann es auch auf den Erfolg des Kampfes nicht ankommen." Nur auf den 'guten Kampf' komme es an, nicht auf die 'gute Sache' und auf den Erfolg. „So bleibt als Maß der Sittlichkeit nicht ein Inhalt, nicht ein Was, sondern das Wie, die Form. So ersteht aus realistischer Bejahung der Wirklichkeit eine heroische Sittlichkeit; deshalb mag [...] die den Nationalismus tragende innere Haltung als heroisch-realistische gekennzeichnet werden."[2] Der engagierte Jurastudent, der in jungkonservativ-antidemokratischen Kreisen und völkischen Zirkeln seine politische Heimat gefunden hatte, lehnte die „individualistisch-humanitäre" Staatsauffassung der Weimarer Republik ab. Ihr setzte der nationalrevolutionär eingestellte Best seine „völkische Lebensauffassung" entgegen, die er später in juristischen Blättern und Büchern beschrieb. Das Volk erschien ihm als 'höchster Lebenswert', auf dessen Erhaltung und Förderung alle Grundsätze menschlichen Wollens und Handelns zielen müßten. Die Verwirklichung seiner völkischen Vorstellungen erhoffte sich der 1927 in Heidelberg promovierte Jurist durch eine 'Revolution von oben' mit Hilfe des Reichspräsidenten, der Reichswehr und der nationalen Verbände. Verärgert über die Politik der DNVP und das 'parlamentarische Theater', verließ er 1929 die Partei, um sich am 1. November 1930 der NSDAP anzuschließen. Der stark national orientierte Jurist, der bis dahin noch keine nationalsozialistische Versammlung besucht hatte, fühlte sich vor allem durch die wirtschaftspolitischen Ideen des nordwestdeutschen Flügels der NSDAP angezogen. In Gregor

Straßers Programm der 'produktiven Kreditschöpfung' sah er die letzte Möglichkeit, die „Todesgefahr der ‚progressiven' Arbeitslosigkeit" zu überwinden.

Best, der seit September 1929 als Gerichtsassessor an verschiedenen hessischen Amtsgerichten tätig war, diente der Partei zunächst als juristischer Berater der Gauleitung Hessen-Darmstadt. Während dieser Phase rechnete er angesichts der desolaten wirtschaftlichen Situation und der bürgerkriegsähnlichen Unruhen im Reich mit einem bewaffneten Aufstand der Kommunisten. „Siegte [...] der Bolschewismus durch Beseitigung der bisherigen Staatsgewalt und ihrer Verfassung", räsonierte Best, „so wäre jeder, der die bolschewistische Herrschaft nicht anerkennen wollte, frei in seinem Handeln."[3] Im Sommer 1931 entwarf er daher im Alleingang eine Art Notstandskatalog für den Fall, daß die NSDAP „nach dem Wegfall der seitherigen obersten Staatsbehörden und nach Überwindung der Kommune in einem für einheitliche Verwaltung geeigneten Gebiet"[4] die politische Macht erringe. Einen Entwurf seiner Ausarbeitung legte Best Anfang August 1931 einigen Parteigenossen bei einer Besprechung auf dem Boxheimer Hof bei Bürstadt vor. Seine „Notverordnungen", die ein „rücksichtsloses Durchgreifen der bewaffneten Macht" von SA und Landeswehren forderten, sahen grundsätzlich die Todesstrafe bei Widerstand und Waffenbesitz vor. Bests autoritäre Pläne eines nationalsozialistischen Gegenumsturzes wurden wenig später von einem ehemaligen Parteigenossen verraten und als die sogenannten ›Boxheimer Dokumente‹ zum größten politischen Skandal des Herbstes 1931. Zwar wurde er daraufhin mit sofortiger Wirkung aus der hessischen Justiz entlassen, von der Anklage des Hochverrats jedoch aus Mangel an Beweisen freigesprochen. Dem Ansehen der Partei, die damals mit streng legalen Mitteln an die Macht kommen wollte und die er selbst seit November 1931 als Abgeordneter im hessischen Landtag vertrat, hatte er zudem sehr geschadet. Trotzdem hielt Hitler persönlich die Hand über den 'Unglücksraben' und verpflichtete sich Best dadurch. Wie für viele seiner Zeitgenossen symbolisierte Hitler auch für Werner Best in jenen Jahren die „letzte Hoffnung der deutschen Nation". Der „eigentliche" Hitler, so Best rückblickend, sei gerade der Hitler der sogenannten Kampfzeit bis 1933 gewesen, der ihn als „werbender Prophet" seiner „Idee" überzeugte. Die Vorgänge um die ›Boxheimer Dokumente‹ bedeuteten also keineswegs das politische Ende Werner Bests, sondern waren das eigentliche Sprungbrett seiner 'glänzenden'

Karriere nach 1933, da sie ihn in den maßgeblichen Parteikreisen bekannt gemacht hatten.

Anfang März 1933 kehrte Werner Best in den Staatsdienst zurück. Am 13. März wurde er von der Hessischen Staatsregierung zum 'Staatskommissar für das Polizeiwesen' ernannt. Nun konnte Best damit beginnen, seine Vorstellungen vom völkischen 'Führerstaat' zu verwirklichen. Der Erhaltung und Förderung des Volkes, jenem „höchsten Lebenswert", wie er formulierte, „müssen alle untergeordneten Lebenswerte – auch die Einzelmenschen – dienen und, wenn notwendig, geopfert werden".[5] Wer so dachte, dem konnte es auch nicht schwerfallen, Polizeistaat und 'Schutzhaft' theoretisch zu legitimieren: „Jeder Versuch" nämlich, befand der Jurist, „eine andere politische Auffassung durchzusetzen oder auch nur aufrechtzuerhalten, wird als Krankheitserscheinung, die die gesunde Einheit des unteilbaren Volksorganismus bedroht, ohne Rücksicht auf das subjektive Wollen seiner Träger ausgemerzt. Die Politische Polizei" sei „eine Einrichtung, die den politischen Gesundheitszustand des deutschen Volkskörpers sorgfältig überwacht, jedes Krankheitssymptom rechtzeitig erkennt und die Zerstörungskeime [...] feststellt und mit jedem geeigneten Mittel beseitigt [...], ohne daß es einer besonderen gesetzlichen Legitimation bedarf".[6] Neben dem 'NS-Rechtswahrer' Hans Frank avancierte Werner Best damit zu einem der führenden Juristen und Verfassungstheoretiker des Dritten Reiches. Im Anschluß an den Aufsatz des Staatsrechtlers Carl Schmitt ›Der Führer schützt das Recht‹ formulierte er: „Der Wille der Führung, gleich in welcher Form er zum Ausdruck gelangt [...] schafft Recht und ändert bisher geltendes Recht ab." Ob Hitler als höchster Repräsentant dieses Willens dabei 'richtig' handelte oder unrecht tat, interessierte den Juristen nicht. Darüber zu befinden sei „keine ‚Rechts'-Frage mehr, sondern eine Schicksalsfrage", die einzig und allein vor der Geschichte Bestand haben müsse.[7] In seiner Funktion als 'Staatskommissar' richtete er im März 1933 eine selbständige politische Polizeibehörde und das 'Hessische Staatspolizeiamt' in Darmstadt ein. Am 10. Juli erhielt er vom Reichsstatthalter in Hessen den Titel des 'Landespolizeipräsidenten' und übernahm zugleich die Leitung der Abteilung I a (Polizei) im hessischen Innenministerium. Werner Best war nun im Alter von 30 Jahren bereits Regierungsrat und Untersturmführer der SS, der er seit November 1931 angehörte.

Doch bald schon überwarf sich der junge, stets pragmatisch denkende Polizeipräsident mit dem hessischen Gauleiter und Reichsstatthalter Jacob Sprenger. Diesem mißfiel die sachlich-kritische Distanz, die Best gegenüber Anliegen der Partei einnahm. Anfang September 1933 wurde er „wegen Ungehorsams“ seines Amtes enthoben und vom Staatsdienst suspendiert. Der erneut in Ungnade gefallene Verwaltungsjurist lernte zu dieser Zeit Heinrich Himmler kennen, der bestrebt war, die einzelnen Polizeien der deutschen Länder in seiner Hand zu zentralisieren. Der Aufforderung Himmlers, sich dem Aufbau einer solchen einheitlichen Reichspolizei zur Verfügung zu stellen, kam Werner Best nur allzu gerne nach. Mit dem ‘Reichsführer-SS’ verband Best fortan ein ähnliches Treueverhältnis wie mit Hitler. Himmler verwies Best an den SS-Oberführer Reinhard Heydrich, der als Chef des ‘Sicherheitsdienstes des Reichsführers-SS’ (SD) Juristen suchte, die als ehemalige oder aktive Beamte des Verwaltungsdienstes spezifische Fachkenntnisse besaßen und ihm beim Aufbau des 1933 noch unbedeutenden SD helfen konnten. Werner Best gehörte nun zum exklusiven Kreis jener jungen SD-Intellektuellen, die als juristisch denkende Akademiker den ‘weltanschaulichen Kampf’ des parteieigenen politischen Nachrichtendienstes leiten sollten. Bis zu seiner Übernahme in die künftige Reichspolizei leitete er von Stuttgart aus den SD-Oberabschnitt Süd-West. Darüber hinaus versuchte der zum SS-Hauptsturmführer ernannte Best, dem Wunsch Himmlers folgend, erste Schritte zur ‘Verreichlichung’ der Länderpolizeien einzuleiten. Im März 1934 übernahm er zusätzlich noch die Aufgabe des organisatorischen Ausbaus des SD-Oberabschnitts Süd in München. Als Leiter des dortigen SD-Abschnitts war er zumindest mittelbar auch an den Aktionen während des sogenannten Röhm-Putsches beteiligt. Obwohl die befohlenen Maßnahmen jenes „unglücklichen“ 30. Juni 1934 – so Best nach dem Krieg – nicht seiner Auffassung richtigen staatlichen Handelns entsprochen hatten, stand er als ‘völkisch’ denkender Jurist „auf dem Standpunkt, daß im Staatsnotstand jede wirklich notwendige Maßnahme rechtmäßig sei“.[8] Für seinen unmittelbaren Vorgesetzten Reinhard Heydrich hatte sich Best in dieser Phase aufgrund seiner hervorragenden juristischen Fachkenntnisse und organisatorischen Fähigkeiten als unentbehrlich erwiesen.

Im September 1934 folgte Werner Best, nun im Rang eines SS-Obersturmbannführers, seinem Vorgesetzten Reinhard Heydrich nach Berlin ins preußische ‘Geheime Staatspolizeiamt’ (Gestapa). In den nächsten fünf Jahren sollte er zum engsten, aber zugleich auch unbequemsten Mitarbeiter Heydrichs werden. Im Gestapa besetzte Best die Hauptabteilung I, Verwaltung und Recht, und übernahm im Frühjahr 1935 kommissarisch auch die Leitung der Hauptabteilung III, der Abwehrpolizei, die er bis 1939 aufbaute. Von diesen Positionen aus sowie als Chef der Abteilung Verwaltung und Recht des 1936 errichteten 'Hauptamtes Sicherheitspolizei im Reichsministerium des Innern' war Best theoretisch und praktisch herausragend am Aufbau des Polizeiapparates des Dritten Reiches beteiligt. Obwohl sich die Gestapo nicht nur physischer Zwangsmaßnahmen bediente, sondern ihrem Wesen nach auch eine 'Gesinnungspolizei' war und dabei uneingeschränkt über die Menschen verfügen wollte, stellte sie für Best keine 'verbrecherische Organisation' dar. Eine derartige Bezeichnung sei, folgt man den Ausführungen einer seiner zahlreichen apologetischen Schriften, die nach dem Kriege entstanden, eine „propagandistische Verfälschung". Denn für den Gestapo-Justitiar und Stellvertreter Heydrichs handelte die Polizei nie 'rechtlos' oder 'rechtswidrig', solange sie den gesetzten Regeln ihrer Vorgesetzten – bis zur Obersten Führung – folgte: „Solange die ‚Polizei' diesen Willen der Führung vollzieht, handelt sie rechtmäßig."[9] In zahlreichen Aufsätzen sanktionierte Werner Best in diesen Jahren die totalitäre Praxis des NS-'Führerstaates': so den als 'Verreichlichung' bezeichneten Prozeß der Zentralisierung der gesamten deutschen Polizei; oder die Verklammerung von Polizei und SS, die auf eine Entstaatlichung der Polizei abzielte. Auch die Allmacht der Gestapo rechtfertigte Best, die – als ein von der inneren Verwaltung unabhängiges Instrument der 'Führergewalt' – per Gesetz von jeglicher rechtlichen Kontrolle frei sei und bei der Exekution des 'Führerwillens' keiner zusätzlichen gesetzlichen Legitimation bedürfe.

Nachdem Himmler im Juni 1936 auch zum Chef der Deutschen Polizei und damit nahezu alleiniger Befehlshaber des Polizeiapparates geworden war, verkündete Best: „Die Deutsche Polizei ist unter der Führung des Reichsführers SS zum Schnittpunkt der Bewegung und des Staates geworden."[10] Sie hörte auf, ein rein defensives Abwehrorgan des Staates zu sein, und ging fortan zum Angriff über, um „den Willen der Staatsführung zu vollziehen und die von ihr gewollte Ordnung zu schaffen und aufrechtzuerhalten".[11] Die Aufgabe einer politischen Polizei müsse es dabei sein, „Staatsfeinde aufzuspüren, sie zu überwachen und im richtigen Augenblick unschädlich zu machen"[12] sowie jede Tätigkeit, die bewußt auf die Störung der „Volksordnung" gerichtet sei, abzuwehren und zu verhüten, „auch wenn sie die äußere Ordnung nicht oder noch nicht stört".[13] Die präventive 'Sicherung der Volksordnung' hieß 'Vorbeugungshaft', und Best zeigte, wie man ohne gerichtliche Untersuchung mit Vorbeuge-Haftbefehlen arbeiten konnte. Als Rechtsgrundlage für die Verbrechensvorbeugung durch die Polizei bemühte er einmal mehr die völkische Rechtsauffassung, nach der sowohl die staatlichen Einrichtungen als auch die einzelnen Volksgenossen „Organe des Volkes" seien, „die in der Volksordnung nach den von der Führung gesetzten Regeln zur Erreichung völkischer Zwecke zusammenzuwirken haben". Diese 'Organe' arbeiteten auch im Falle der präventiven Verbrechensbekämpfung zusammen: Aktiv fungiere dabei die Polizei, und „passiv wirkt der Verbrecher mit, der in Vorbeugungshaft genommen wird".[14]

In seiner Funktion als Chef des Verwaltungsamtes der SiPo war Werner Best auch an antijüdischen Maßnahmen beteiligt. Auf Drängen der schweizerischen Regierung hatte sich das Deutsche Reich im September 1938 dazu verpflichtet, alle Pässe, deren Inhaber Juden waren, mit einem großen roten 'J' zu versehen. Der Erlaß dieser Kennzeichnungsmaßnahme vom 5. Oktober 1938 trägt die Unterschrift des Ministerialdirigenten Dr. Best. Bereits 1931 hatte er in seinen ›Boxheimer Dokumenten‹ eine Sonderstellung für Juden beansprucht, die er gegenüber den deutschen 'Volksgenossen' als 'Fremdstämmige' ausgrenzte. Und auch später, als Kriegsverwaltungschef in Frankreich, war Werner Best zumindest mitverantwortlich für antijüdische Maßnahmen. Dennoch scheint er kein fanatischer Judenhasser vom Schlage eines Julius Streicher oder Joseph Goebbels gewesen zu sein, da der Antisemitismus nicht konstitutiv für sein völkisches Denken war. Gleichwohl scheute er nicht davor zurück, den Völkermord – wenn auch nicht expressis verbis den jüdischen – theoretisch zu legitimieren: „Vernichtung und Verdrängung fremden Volkstums widerspricht [...] den Lebensgesetzen nicht, wenn sie vollständig geschieht."[15]

Nach dem Krieg bezeichnete sich Werner Best nur allzu gerne als „typischen Beamten" und damit als einen vermeintlich unpolitischen „Verfechter der Sachlichkeit", der – nur seiner Pflicht gehorchend – Richtlinien ausarbeitete und Personalpolitik betrieb. Aber gerade mit seinen personalpolitischen Entscheidungen machte er sich bei seinem Vorgesetzten Heydrich unbeliebt. Trotz aller Widerstände seines Chefs hielt Best am Prinzip des Fachbeamtentums fest und konterkarierte damit den Versuch Heydrichs, die Verwaltung seines Imperiums durch die 'revolutionäre Dynamik' überzeugter Parteigenossen zu politisieren. Heydrich empfand den selbständig arbeitenden Best mit seiner juristischen Denkweise als zunehmend unkontrollierbar und beobachtete ihn mit wachsendem Mißtrauen. Zu einer harmonischen Zusammenarbeit beider konnte es so nicht kommen, zumal Best zu viele Bedenken hegte und damit für den skrupellosen SiPo und SD-Chef zum größten „Bremser" wurde.

Obwohl Werner Best zweifellos ein überzeugter Nationalsozialist war, blieb ihm bei allen theoretischen Forderungen nach dem völkischen 'Führerstaat' doch „die reservatio des Juristen, der an einem schmalen Rest normativen Denkens festhielt".[16] So verurteilte er 1939 in einer für Himmler und Heydrich bestimmten Denkschrift den militärischen Einmarsch in Prag. Ihm wollte es nicht einleuchten, warum Hitler die Tschechen unterwarf, widersprach dieser Schritt doch Bests völkischer Lebensauffassung, die er immer als die „Grundlage des Nationalsozialismus" verstanden hatte. So kritisierte er auch in einem 1942 veröffentlichten Aufsatz den Herrenrassen-Wahn des Regimes: „Den Lebensgesetzen [...] entspricht, daß jedes Volk als Selbstzweck des Lebens anerkannt wird" und mit gleicher Existenzberechtigung neben allen anderen Völkern stehe. Die Erfahrungen der Geschichte hätten gelehrt, daß alle „herrschenden" Völker, die sich der „menschlichen Substanz" des unterworfenen Volkes bemächtigten, letzten Endes durch „Blutvermischung" den „Rassetod" gestorben seien.[17]

Trotz derartiger 'Erkenntnisse' und seiner offen geäußerten Kritik an der 'unvölkischen' Politik Hitlers hatte der Ministerialdirigent und SS-Brigadeführer Werner Best als Amtschef des 'Reichssicherheitshauptamtes' (RSHA) maßgeblichen Anteil an den zu Beginn des Zweiten Weltkrieges in Polen begangenen Verbrechen. In diesem Zusammenhang wurde ihm Ende der sechziger Jahre von der Berliner Staatsanwaltschaft zur Last gelegt, als Chef des Amtes I (Organisation, Verwaltung und Recht) für die Aufstellung und Organisation der 'Einsatzgruppen der Sicherheitspolizei' während des Polenfeldzuges zuständig und damit als sogenannter Schreibtischtäter zumindest ideell an der Ermordung von 8723 polnischen Juden, Geistlichen und Intellektuellen beteiligt gewesen zu sein.

Werner Best, der mit seinen theoretischen Grundlagen und der ihm eigenen Fähigkeit, diese in die Praxis umzusetzen, den Aufbau der

Politischen Polizei des Dritten Reiches erst ermöglicht und seinen Vorgesetzten vor allem in den kritischen Anfangsjahren den Weg zur Macht geebnet hatte, wurde nun aus dem RSHA gedrängt, das er schließlich Ende Mai 1940 verließ. Fast sieben Jahre lang hatte er an der Seite Heydrichs gearbeitet und dabei vergeblich die persönliche Freundschaft seines jüngeren Vorgesetzten gesucht. Doch die Beziehungen zwischen Best und Heydrich hatten sich im Laufe der Jahre auch aus rein persönlichen Gründen derart verschlechtert, daß Heydrich in dem „Abtrünnigen" schließlich einen unliebsamen Konkurrenten witterte, den er fortan „mit seinem Haß" verfolgte.

Nachdem der 36jährige Werner Best im Sommer 1940 eine zweimonatige Infanterie-Ausbildung absolviert hatte, wurde er im August vom OKH als Leiter der Abteilung Verwaltung in den Stab des 'Militärbefehlshabers in Frankreich' nach Paris berufen. Bests Abteilung befaßte sich mit Fragen der Organisation und Tätigkeit der landeseigenen Verwaltung im besetzten Teil Frankreichs. Ihr oblag neben der Aufsicht über die Polizei auch die Bekämpfung der französischen Widerstandsbewegung.

Aufgrund seiner Tätigkeit in Frankreich hatte Werner Best auch Einblick in die Probleme der Verwaltung eines besetzten Landes gewonnen und sich damit für den vakanten Posten eines Reichsbevollmächtigten in Dänemark empfohlen. Nach seinem Übertritt in das Auswärtige Amt übernahm er Anfang November 1942 dieses Amt. Der neue Reichsbevollmächtigte und Gesandte des Auswärtigen Amtes in Kopenhagen wollte mit einer Politik der 'weichen Hand' seine Konzeption einer deutschen 'Aufsichtsverwaltung' unter dem Gesichtspunkt des geringsten Aufwandes an Personal und Organisation durchsetzen. Best zweifelte an den Erfolgschancen einer nur auf Härte angelegten Besatzungspolitik und glaubte ganz im Sinne seiner völkischen Anschauung, „daß Führung auf Dauer nie ohne oder gegen den Willen der Geführten ausgeübt werden kann"[18] – schließlich sollten die Dänen auch nach Ansicht des 'SS-Hauptamtes' doch einmal in die „germanische Gemeinschaft" einbezogen werden. So vermied seine pragmatische, von Vernunft und Einsicht geprägte Besatzungspolitik zunächst alle unnötigen Eingriffe in die Souveränität des Landes. Dennoch scheiterte Bests Versuch, eine versöhnliche und auf Verständigung abgestimmte Politik zu betreiben und damit die deutsche Position im 'Musterprotektorat' Dänemark zu behaupten. Als sich nämlich mit den deutschen Niederlagen des Jahres 1943 auch der Widerstand in Dänemark mehr und mehr organisierte und gleichzeitig die Zahl der Sabotagefälle ständig anstieg, drohte damit auch die besonnene Politik Werner Bests „buchstäblich in die Luft gesprengt“ zu werden. Zwar versuchte er weiterhin eine politische Lösung zu finden, geriet darüber jedoch zunehmend in Konflikt mit dem ‘Führerhauptquartier’. Hitler drängte seinen Reichsbevollmächtigten zu ‘hartem Durchgreifen’ und befahl, die Aktionen der dänischen Widerstandsbewegung mit ‘Gegenterror’ im Verhältnis von fünf zu eins zu beantworten. Best widersetzte sich aus politischen Gründen dieser Forderung. Er glaubte nicht, daß eine derartige Vergeltungsmaßnahme die ‘Terroristen’ und ‘Parteigänger der Alliierten’ von weiteren Sabotageakten abschrecken könne, sondern lediglich die dänische Bevölkerung gegen die deutsche Besatzungsmacht aufbringen würde. Als Ende August 1943 wegen der ständig steigenden Zahl von Sabotageakten der militärische Ausnahmezustand über das Land verhängt wurde und die dänische Regierung zurücktrat, schien Bests ehrgeizige Politik der Zusammenarbeit endgültig gescheitert zu sein. Für ihn war damit „das politische Paradepferd Dänemark“ gestorben, wie er gegenüber Himmler klagte.

Mit der Verhängung des Ausnahmezustandes wurde vom Auswärtigen Amt auch die dänische ‘Judenfrage’ aufgeworfen. Best hatte bis zu diesem Zeitpunkt wenig Interesse an einer solchen Maßnahme gezeigt und mehrfach vor einer ‘Judenaktion’ gewarnt, da er mit einem solchen Schritt seine Politik der Verständigung gefährdet sah. Trotzdem forderte er im Januar 1943 für eine „spätere totale Lösung der Judenfrage in Dänemark“ zunächst die „systematische Entfernung“ aller Juden aus dem öffentlichen Leben und dem deutsch-dänischen Wirtschaftsverkehr. Am 8. September 1943 schließlich schlug Best dem Reichsaußenminister von Ribbentrop vor, den gegenwärtigen Ausnahmezustand für eine ‘Lösung der Judenfrage’ in Dänemark auszunutzen. Der Reichsbevollmächtigte wies aber andererseits im selben Telegramm erneut auf die politisch negativen Auswirkungen hin, die eine solche Maßnahme unweigerlich zur Folge hätte. Mit diesem komplizierten Doppelspiel habe er, so behauptete Best nach dem Krieg, die ‘Judenaktion’ verhindern wollen. Fest steht jedoch lediglich, daß Best – nachdem Hitler am 17. September 1943 den endgültigen Befehl zur Deportation der dänischen Juden gegeben hatte – am 28. des Monats den Schiffahrtssachverständigen Georg Ferdinand Duckwitz über das Datum der bevorstehenden Aktion informierte.

Welches Motiv Best zu diesem Schritt bewogen haben mag und welche Rolle er im Vorfeld der 'Judenaktion' in Dänemark spielte, bleibt nach wie vor unklar. Jüngste Forschungsergebnisse zeigen jedoch, daß Best die 'Judenaktion' nur deshalb verhindern oder zumindest auf einen späteren Zeitpunkt verschieben sollte, weil ihm vom RSHA nicht genügend SiPo-Kräfte zur Verfügung gestellt worden waren und er dadurch die erfolgreiche Durchführung der Aktion gefährdet sah.[19]

Die 'Endlösung' in Dänemark jedenfalls wurde durch Bests Warnung, die von Duckwitz an dänische und schwedische Kreise weitergeleitet worden war, zum Fehlschlag. Dank dänischer Helfer gelang es, Anfang Oktober 1943 die meisten der über 7000 Juden in einer beispiellosen Rettungsaktion nach Schweden zu bringen. Für Werner Best war das Ziel der 'Judenaktion' dennoch erreicht worden: „Vom heutigen Tage an kann Dänemark als entjudet bezeichnet werden“[20], meldete er am 2. Oktober 1943 nach Berlin.

Werner Best hat den Dänen mit seiner geschmeidigen Politik der Zusammenarbeit, die er bisweilen auch gegen die 'Reichslinie' durchsetzte, viele Härten erspart und Schlimmeres verhütet. Zu offener Auflehnung vermochte sich Best zwar nicht zu entschließen, doch sabotierte er durch selbständige Maßnahmen viele Versuche der zentralen Reichsstellen, in die Geschicke des Landes einzugreifen.

Werner Best wurde 1948 vom Kopenhagener Stadtgericht wegen seiner Tätigkeit in Dänemark zum Tode verurteilt, aber bereits zwei Jahre später in dritter Instanz zu 12 Jahren Gefängnis begnadigt und schon 1951 aus der Haft entlassen. In die Bundesrepublik zurückgekehrt, arbeitete er zunächst im Büro des Essener Rechtsanwalts und ehemaligen Kameraden Ernst Achenbach. Von 1953 bis Anfang der siebziger Jahre war Best als Justitiar beim Stinnes-Konzern tätig. Erst im Zuge von Ermittlungen gegen ehemalige leitende Beamte des RSHA wurde 1969 von der Berliner Staatsanwaltschaft auch gegen ihn wegen des Verdachts der Mittäterschaft an den Mordaktionen der 'Einsatzgruppen' in Polen Haftbefehl erlassen. Nach fast dreijähriger Untersuchungshaft kam Best 1972 jedoch aufgrund 'altersbedingter Krankheiten' wieder frei. Das Verfahren gegen ihn wurde Ende 1983 vom Oberlandesgericht Düsseldorf 'wegen Verhandlungsunfähigkeit' endgültig eingestellt.

Anmerkungen

[1] Institut für Zeitgeschichte (IfZ): Werner Best, Erinnerungen aus dem besetzten Frankreich 1940 bis 1942, Kopenhagen 1951, 2.

[2] Werner Best, Der Krieg und das Recht, in: Ernst Jünger (Hrsg.), Krieg und Krieger, 151–152.

[3] IfZ: Werner Best, „... wird erschossen". Die Wahrheit über das Boxheimer Dokument, 1932, 18.

[4] Ebd., 22.

[5] Werner Best, Die Deutsche Polizei, Darmstadt 1941, 18.

[6] Werner Best, Die Geheime Staatspolizei, in: Deutsches Recht 7/8 (1936), 126.

[7] Werner Best (Anm. 5), 21 und 27.

[8] IfZ: Werner Best, Schreiben an den Generalstaatsanwalt in München vom 18. 6. 1951, 11.

[9] IfZ: Werner Best, Die Gestapo, 26.

[10] Werner Best, Der Reichsführer SS und Chef der Deutschen Polizei, in: Deutsches Recht 13/14 (1936), 258.

[11] Heinrich Himmler, Aufgaben und Aufbau der Polizei des Dritten Reiches, in: Dr. Wilhelm Frick und sein Ministerium, München 1937, 128.

[12] Werner Best (Anm. 6), 126.

[13] Werner Best (Anm. 5), 29.

[14] Ebd., 38.

[15] Werner Best, Großraumordnung und Großraumverwaltung, in: Zeitschrift für Politik, Bd. 32 (1942), 407.

[16] Heinz Höhne, Der Orden unter dem Totenkopf. Die Geschichte der SS, München 1984, 170.

[17] Werner Best, Herrenschicht oder Führungsvolk?, in: Reich, Volksordnung, Lebensraum – Zeitschrift für völkische Verfassung und Verwaltung, Bd. 3 (1942), 139–140. Aufsatz anonym veröffentlicht.

[18] Ebd., 140.

[19] Vgl. Tatiana Brustin-Berenstein: The Historiographic Treatment of the Abortive Attempt to Deport the Danish Jews, in: Yad Vashem Studies XVII (1986), 181–218.

[20] Tel. Best Nr. 1189 vom 2. 10. 1943, in: Siegfried Matlok (Hrsg.), Dänemark in Hitlers Hand, Husum 1988, 302.

Bibliographie

Quellen

Umfangreiche Quellenbestände zur Person Werner Bests liegen im Münchener Institut für Zeitgeschichte, im Bundesarchiv Koblenz, im Reichsarchiv

Kopenhagen sowie im Berlin Document Center (Personalakten) vor. Interessant sind vor allem seine persönlichen Erinnerungen und Darstellungen über die Geheime Staatspolizei und die deutsche Besatzungspolitik in Frankreich (Erinnerungen aus dem besetzten Frankreich 1940 bis 1942) und Dänemark (Die deutsche Politik in Dänemark während der letzten 2½ Kriegsjahre), die während seiner Kopenhagener Haftzeit entstanden. Trotz wichtiger Informationen verfolgen diese Schriften jedoch ihrer Tendenz nach eindeutig apologetische Zwecke. Daneben liegt eine Reihe von Aufsätzen und Publikationen vor, die Best z. T. bereits vor 1933 veröffentlicht hat. Zu nennen sind neben seinem Beitrag ›Der Krieg und das Recht‹ in Ernst Jüngers ›Krieg und Krieger‹ (Berlin 1930) noch Bests Apologie ›„... und wird erschossen". Die Wahrheit über das Boxheimer Dokument‹ (1932). Besonders ergiebig sind auch die zahlreichen Aufsätze, die Werner Best während des Dritten Reiches vor allem in den Zeitschriften ›Deutsches Recht‹, ›Reich, Volksordung, Lebensraum – Zeitschrift für völkische Verfassung und Verwaltung‹ und der ›Zeitschrift für Politik‹ veröffentlicht hat. Aufschluß über seine völkische Rechtsauffassung gibt auch das seinerzeit berühmte Buch Bests über ›Die Deutsche Polizei‹ (Darmstadt 1941).

Literatur

Trotz der recht guten Quellenlage bleibt eine wissenschaftliche Biographie über Werner Best nach wie vor ein Desiderat der Forschung. Lediglich Teilbereiche seiner Tätigkeit sind im Rahmen übergeordneter Studien behandelt worden. Shlomo Aronson beschäftigt sich in seiner Dissertation über ›Heydrich und die Anfänge des SD und der Gestapo (1931–1935)‹ (Berlin 1967) sowohl mit der Kindheit und Jugend Bests als auch mit dessen SD-Tätigkeit. Erwähnenswert ist außerdem die Studie von Heinz Höhne, ›Der Orden unter dem Totenkopf. Die Geschichte der SS‹ (Gütersloh 1967). Höhne überzeichnet Best jedoch v. a. aufgrund seiner Tätigkeit in Dänemark als eine Art Widerstandskämpfer innerhalb der SS. Bis heute in der Literatur am besten untersucht ist Bests Zeit als Reichsbevollmächtigter in Dänemark. Die verschiedenen Studien führen dabei teilweise zu einer sehr unterschiedlichen Beurteilung der Rolle Bests hinsichtlich der 'Endlösung' in Dänemark. Neben einigen dänischen Publikationen sind die Arbeiten von Erich Thomsen, Deutsche Besatzungspolitik in Dänemark 1940–1945, Düsseldorf 1971, und Leni Yahil, The Rescue of Danish Jewry. Test of a Democracy, Philadelphia 1969, zu nennen. Einen sehr guten Überblick über den kontroversen Forschungsstand bietet der minuziöse Aufsatz von Tatiana Brustin-Berenstein, The Historiographic Treatment of the Abortive Attempt to Deport the Danish Jews, Jerusalem 1986. Kritisch hingegen ist die von Siegfried Matlok unkommentiert herausgegebene apologetische Darstellung Bests über seine Dänemark-Politik zu beurteilen (Dänemark in Hitlers Hand, Husum 1988).

3. Ernst Wilhelm Bohle – Chef der Auslandsorganisation (AO)

Von Donald M. McKale*

Nachdem Adolf Hitler im Januar 1933 die politische Macht in Deutschland übernommen hatte, machte sowohl die NSDAP als auch die deutsche Reichsregierung zahlreiche Veränderungen durch. Eine bestand darin, daß am 8. Mai 1933 Ernst Wilhelm Bohle, ein Protegé von Hitlers Stellvertreter Rudolf Heß, von diesem zum Leiter der „Abteilung für Deutsche im Ausland" der NSDAP (bis dahin „Auslandsabteilung") ernannt wurde. Diese Abteilung, deren Zentrale in Hamburg war, verfügte über rund 230 winzige Landes- bzw. Ortsgruppen in Europa, Afrika, Nord- und Südamerika, Australien, Indien und Ostasien. Durch Propaganda und Subversion suchten diese ausländischen Stützpunkte der Partei deutsche Gemeinden und Siedlungsgebiete in fremden Ländern „gleichzuschalten" und zu Ebenbildern des Dritten Reiches en miniature zu machen.

Die Ernennung Bohles entsprang bezeichnenderweise dem Wunsch von Heß, die Macht des „Stellvertreters des Führers" in der NSDAP gegenüber seinen Parteirivalen Robert Ley und Alfred Rosenberg zu stärken. Möglicherweise sah Heß in der Kontrolle der Auslandsdeutschen durch die Partei ein riesiges Forum, durch das er seinen persönlichen Einfluß in der NSDAP und bei Hitler steigern konnte. Etwa 30 Millionen Reichsdeutsche (d. h. deutsche Staatsbürger) und Volksdeutsche (d. h. deutschstämmige Bürger anderer Länder) lebten außerhalb Deutschlands. Heß' Interesse für die Auslandsabteilung beruhte ferner auch darauf, daß er selbst in Ägypten geboren und aufgewachsen war.

Bohle, der mit seinem dichten braunen Haar, seinem schmalen Gesicht, seinem schlanken Wuchs, seiner dunklen Gesichtsfarbe und

* Aus dem Englischen übersetzt von Karl Nicolai.

seinen abstehenden Ohren Heß auffallend glich, wurde am 28. Juli 1903 in England geboren. Drei Jahre später zog er mit seinen Eltern nach Kapstadt (Südafrika). Von seinem dominierenden deutschen Vater, einem Universitätsprofessor, stark beeinflußt, wuchs er in einer Familie auf, in der man nur deutsch sprach und in der die Kinder ständig auf die Größe Deutschlands hingewiesen wurden.

Während des Ersten Weltkrieges reizten Bohles englische Mitschüler am Gymnasium in Kapstadt seinen Nationalismus. Sie verhöhnten ihn mit dem Spitznamen „Kaiser Will". Aufgrund seiner englischen Erziehung bewunderte er schon in seiner Jugend das Britische Weltreich, träumte jedoch davon, daß Deutschland dereinst Großbritannien von seinem Platz verdrängen werde. Nach dem Krieg ging er 1920 nach Deutschland, studierte an den Universitäten Köln und Berlin Staats- und Handelswissenschaften und schloß 1923 sein Studium mit der Diplomprüfung ab. Danach arbeitete er bei verschiedenen Importfirmen in Hamburg, erwarb 1930 ein eigenes Geschäft für Autozubehör und fungierte gelegentlich als Dolmetscher für das ägyptische Konsulat in Hamburg. 1925 hatte er Gertrud Bachmann aus Köln geheiratet.

Aus praktischen und weltanschaulichen Gründen trat er Ende 1931 in die NSDAP ein und arbeitete zunächst ehrenamtlich in deren „Auslandsabteilung". Er war fest davon überzeugt, der Partei gute Dienste erweisen zu können; denn er besaß Auslandserfahrungen (England, Afrika und andere Länder), die – wie er feststellte – den provinziellen NS-Führern fast durchweg fehlten.

Was ihn zur NSDAP hinzog, war auch ihre radikale Weltanschauung, die einen fanatischen deutschen Nationalismus mit einem tiefen Haß gegen Kommunisten und Juden verband, sowie die Verehrung Hitlers als eines „übermenschlichen" Führers, der Deutschland wieder zu einer Großmacht erheben würde. Bohles Verherrlichung des Führers beruhte auf seiner tiefen Angst vor dem Kommunismus und auf seinem Glauben, nur Hitler könne Deutschland wiederaufrüsten und das deutsche Volk vor der „roten Gefahr" retten. Außerdem fühlte er sich von Hitlers Antisemitismus angezogen. Obgleich Bohle in seiner Anprangerung der Juden nie so unverhüllt primitiv war wie andere NS-Funktionäre, hatte er eine Abneigung gegen die Juden und glaubte an den Mythos einer „jüdischen Verschwörung" gegen Deutschland.[1]

Überdies war Bohle wie Hitler und Heß der Ansicht, es sei der historische Auftrag Deutschlands, die 30 Millionen Auslandsdeutschen zu einer weltweiten deutschen „Volksgemeinschaft“ zusammenzuschließen. So schrieb er etwa im Juni 1936 an einen anderen NS-Führer, die NSDAP müsse das „Auslandsdeutschtum“ zu seiner „Volksgemeinschaft“ im Sinne des Dritten Reiches formen.[2] Die Nationalsozialisten schrieben den Auslandsdeutschen pauschal einen „völkischen“ Charakter zu und faßten sie unter dem Schlagwort „Auslandsdeutschtum“ zusammen. Nach der Interpretation Hitlers und anderer NS-Funktionäre bedeutete dieses Wort, daß für die Auslandsdeutschen die Blutsbande wichtiger waren als ihre politischen oder staatlichen Bindungen.[3]

Im März 1933 schlug Bohle seinem Vorgesetzten Heß vor, die NSDAP solle eine disziplinierte Organisation gründen, um die Auslandsdeutschen auf die Seite Hitlers zu bringen und um die Partei bei der „Gleichschaltung“ des deutschen Auswärtigen Amtes (AA) zu unterstützen. Da das AA bisher für die Partei stets als feindliches Territorium gegolten hatte, gefiel Heß und anderen Parteiführern wie Joseph Goebbels und Franz Xaver Schwarz, Bohles Idee. Der junge, ehrgeizige Bohle beeindruckte Heß; zwei Monate später ernannte er ihn zum Leiter der „Auslandsabteilung“. Obgleich Rosenberg, der dieses Amt für sich selbst begehrte, die Ernennung Bohles zu verhindern suchte, stärkte Bohle bald seine neue Amtsgewalt, als er im Juli in München mit Hitler sprach, um „neue Anweisungen“ für die NSDAP-Gruppen im Ausland zu erörtern.[4] Infolge dieser Unterredung mit Hitler wurde Bohle von der NS-Hierarchie anerkannt und in seiner neuen Position konsolidiert, obgleich er nie dem inneren Kreis um Hitler angehören sollte.

Am 3. Oktober 1933 wurde Bohle in den Rang eines Gauleiters erhoben und Heß direkt unterstellt. Seit Mitte Februar 1934 führte die bisherige Auslandsabteilung der NSDAP die Bezeichnung „Auslandsorganisation (AO) der NSDAP“. Die AO erhielt jetzt die volle Zuständigkeit für den Dienstverkehr aller Parteidienststellen in Deutschland mit den Organisationen der NSDAP im Ausland. Parteigenossen, die ins Ausland reisten, wurden angewiesen, sich vor ihrer Abreise bei der AO zu melden. Im Laufe des Jahres 1934 und Anfang 1935 dehnte sich der organisatorische Apparat der AO aus. Ihre Zentrale in Hamburg erhielt nun zusätzlich ein Rechtsamt, ein Außenhandelsamt und Wohlfahrtsämter für die Betreuung der Parteigruppen im Ausland und der Auslandsdeutschen. Das Außenhandelsamt suchte unter anderem zusammen mit den NSDAP-Gruppen im Ausland auslandsdeutsche Firmen zu nötigen, jüdische oder antinationalsozialistische Angestellte zu entlassen und die Leitung auslandsdeutscher Handelskammern bewährten Nationalsozialisten anzuvertrauen. Außerdem konsolidierte Bohle seine Befugnisse gegenüber den Landesgruppenleitern der AO.

Weil das Dritte Reich jedoch durch handfeste Machtkämpfe innerhalb der NS-Elite gekennzeichnet war, machte Bohles Aufstieg als Bewerber um die Zuständigkeit für die zahlreichen Auslandsdeutschen ihn zum Gegner für andere Funktionäre und Dienststellen, die sich ebenfalls mit dem Auslandsdeutschtum befaßten. In den Jahren 1934 und 1935 stritten sich Bohle und die AO unablässig mit dem „Volksbund für das Deutschtum im Ausland" (VDA) darum, welche der beiden Organisationen für die starken deutschen Minderheiten in Osteuropa zuständig sein sollte. Später erklärte Bohle seinen ehrgeizigen Drang, persönliche Macht anzuhäufen, damit, daß die AO von vielen Parteigrößen – Hitler eingeschlossen – nicht sehr ernst genommen worden sei. In Parteikreisen war Bohle als der „Gentleman-Gauleiter" bekannt, und man neckte ihn häufig damit, daß er in England geboren war. Zudem sollte er sich in der NS-Hierarchie – außer von Heß – nie ganz akzeptiert fühlen; er wurde auch nie ein enger Freund eines der hohen NS-Führer.

Aber er war besessen von einem unbändigen Ehrgeiz und einer nie nachlassenden Ergebenheit gegenüber Hitler – zwei Eigenschaften, ohne die man in der brutalen Welt der NS-Politik nicht überleben konnte. Anfang 1935 träumte er insgeheim davon, eines Tages deutscher Außenminister zu werden und die AO als Instrument zu benutzen, um das AA auf die nationalsozialistische Linie zu bringen. Viele seiner Landesgruppenleiter und kleineren Parteifunktionäre im Ausland betrachteten sich als „Parteidiplomaten", deren Tätigkeit für Deutschland lebenswichtiger sei als die seiner Berufsdiplomaten oder Missionschefs. Hitler verachtete die Diplomaten des AA wegen ihrer Bildung, ihrer Erfahrung auf dem internationalen Parkett und ihres Verständnisses für fremde Länder; trotzdem säuberte er das AA nicht von seinen führenden Beamten. Da er begriff, daß die Berufsdiplomaten wesentlich dazu beitragen konnten, Deutschland im Bereich der Außenpolitik ein friedliches Image zu verschaffen und die Angst seiner ausländischen Kritiker zu beschwichtigen, sah Hitler keinen Grund, im AA sofort massive Veränderungen vorzunehmen.

Bohle und seine Parteifunktionäre im Ausland betrachteten die Berufsdiplomaten mit der gleichen bornierten Verachtung wie Hitler. Sie drängten schon 1933 auf eine große Säuberung des AA. Nur zuverlässige Nationalsozialisten sollten die Leitung des Ministeriums und seiner Auslandsvertretungen übernehmen und die Außenpolitik Hitlers vorbehaltlos unterstützen. In Briefen an Bohle denunzierten Landesgruppenleiter ihre lokalen Missionschefs: Sie beschuldigten die Diplomaten, nicht mit den Parteigruppen im Ausland zusammenzuarbeiten oder überhaupt eine feindliche Einstellung zum Nationalsozialismus zu haben. Bohle übte auch Druck auf die Diplomaten aus, um sie zum Eintritt in die NSDAP zu bewegen, hatte jedoch damit während der ersten Jahre des NS-Regimes kaum Erfolg.

Während Bohle und Heß den Einfluß der AO auszudehnen suchten, erhielten deren kleine Gruppen außerhalb Deutschlands nur wenig Betreuung durch das Reich. Ihre Kampagne, in den deutschen Auslandsgemeinden die Kontrolle zu übernehmen und sie völlig „gleichzuschalten", führte zu schweren Konflikten zwischen den Landesgruppen der AO und deutschen Gemeinden in Brasilien, Argentinien und anderen lateinamerikanischen Ländern. In den Vereinigten Staaten betrieben Parteigruppen eine gewalttätige Propaganda, die nicht nur deutsche Diplomaten in Amerika befremdete, sondern auch dem deutschen Ansehen in diesem Land schadete. Dagegen gelang es den Landesgruppen der AO in China, Ägypten, England, den Niederlanden und Spanien bis zu einem gewissen Grade, die lokalen deutschen Gemeinden „gleichzuschalten". NS-Gruppen in Südtirol schmuggelten Propagandamaterial, Sprengstoff und Waffen über die Grenze und gaben sie an die illegale österreichische NSDAP weiter.

Während der Jahre 1935–36, als Hitlers Außenpolitik immer aggressiver wurde (er beschleunigte die Aufrüstung, remilitarisierte das Rheinland, schloß Abkommen mit Japan und Italien und griff in den spanischen Bürgerkrieg ein), verstärkte die AO ihre Aktivitäten. Anfang 1935 prahlte Bohle, die AO besitze im Ausland 500 Ortsgruppen und beschäftige in ihrer Hamburger Zentrale über 170 Funktionäre. Am 20. März verlegte er die Zentrale der AO nach Berlin. Seine wachsende Bedeutung führte dazu, daß er von Hitler ein zweites Mal zu einer privaten Unterredung über das Auslandsdeutschtum empfangen wurde. Bald darauf wurde die AO in den Rang einer Gauorganisation innerhalb der NSDAP erhoben. Auch Heinrich Himmler, der mächtige Reichsführer-SS und Chef der deutschen Polizei, wurde auf

Bohles Erfolge aufmerksam und nahm ihn am 13. September 1936 in seine nationalsozialistische Elitetruppe auf.

Im Ausland mischte sich die AO mittels ihrer Parteigruppen in die Angelegenheiten fremder Länder ein. So war zum Beispiel die Landesgruppe Brasilien emsig darauf aus, die Regierung, die Armee und die Polizei des Landes sowie einheimische faschistische Bewegungen zu beeinflussen. In den Vereinigten Staaten bildete sich Anfang 1936 eine neue pronationalsozialistische Gruppe, der „Amerikadeutsche Volksbund“, hielt lautstarke Kundgebungen ab und verbreitete antisemitisches, rassistisches Propagandamaterial, das Juden mit Kommunisten gleichsetzte und das Gespenst eines von Schwarzen beherrschten Amerika heraufbeschwor. Unter den Amerikanern, die den Umfang der NS-Bewegung in den Vereinigten Staaten weit überschätzten, wuchs die Feindschaft gegen den Nationalsozialismus und gegen Deutschland. Der „Bund“ behauptete zwar, er werde von der NSDAP in Deutschland unterstützt, aber Bohle und Heß erkannten, daß diese Gruppe eine zu große Belastung darstellte, und verboten der AO direkte Kontakte mit ihr. In Spanien errang die AO einen bedeutenden Erfolg. Im Juli 1936 betätigten sich Funktionäre ihrer Ortsgruppe in Tetuan als Boten für den Führer der spanischen Putschisten, General Francisco Franco, um Hitler für eine militärische Unterstützung der Putschisten im spanischen Bürgerkrieg zu gewinnen.

Anderswo erzeugten die Aktivitäten der Auslandsgruppen der AO jedoch Schwierigkeiten für die NSDAP. Die hartnäckige Weigerung der Gruppen, ihre Belästigung von deutschen Gemeinden im Ausland und von Diplomaten in deutschen Botschaften und Gesandtschaften einzustellen, hatte zur Folge, daß viele Auslandsdeutsche sich vom Nationalsozialismus abwandten. Aber in den meisten Fällen unternahm Bohle entweder nichts, um die NSDAP-Gruppen im Ausland zu zügeln, oder er ermutigte sogar ihr aggressives Verhalten. Der stärkste Beweis für das wachsende Ressentiment gegen die aufdringlichen Parteigruppen außerhalb Deutschlands war die Ermordung des Landesgruppenleiters für die Schweiz, Wilhelm Gustloff, am 4. Februar 1936. Die Erregung in Deutschland über den Mord an Gustloff – Bohle reiste in die Schweiz, um den Toten feierlich zum Begräbnis nach Deutschland zu bringen, und Hitler hielt über den Rundfunk eine Ansprache an die Deutschen und die Schweizer, in der er die Juden attackierte und den toten Parteiführer pries – alarmierte die schweizerische Regierung so sehr, daß sie noch im gleichen Monat die NSDAP in der Schweiz verbot.

Die Ermordung Gustloffs ermutigte Bohle, Heß und die AO noch stärker in das AA zu drängen. Sie bewogen Hitler dazu, die Landesgruppenleiter zu ihrer Sicherheit den deutschen Auslandsvertretungen zu unterstellen, und erörterten mit ihm sogar den Gedanken, die AO dem AA einzugliedern und Bohle einen hohen Posten in diesem Ministerium zu übertragen.[5] Die AO verschärfte auch ihre Forderung, Diplomaten müßten in die Partei eintreten oder ihren Abschied einreichen. In Österreich kam es zu einem Zusammenstoß zwischen dem AA und der AO, weil Bohle verlangte, Hans Bernhard, der als deutscher Konsul in Salzburg fungierte, solle zum Landesgruppenleiter der AO ernannt werden. Das AA und sein Chef, der konservative Constantin v. Neurath, wehrten sich vehement gegen die Verbindung eines Konsulats mit einem Parteiamt im Ausland. Sie argumentierten, eine solche Maßnahme könne nur die Achtung des Auslands vor deutschen Diplomaten untergraben und zu ernsten Schwierigkeiten mit fremden Regierungen führen.

Aber Hitler, Heß, Bohle und die NSDAP sahen dieses Problem ganz anders. Für sie waren Partei und Staat in Deutschland identisch, und nach deutschem Recht waren NS-Führer im Ausland Vertreter des Deutschen Reiches, die den gleichen Status besaßen wie ihre diplomatischen Pendants. Vor allem Heß bedrängte Hitler, den Einfluß der Partei auf das AA auszudehnen.[6] Infolgedessen verblüffte Hitler am 30. Januar 1937 die diplomatische Welt, indem er Bohle ins AA beförderte und zum „Chef der Auslandsorganisation im Auswärtigen Amt" ernannte.

Sowohl die Auslandspresse als auch Bohle selbst faßten diese Ernennung so auf, als habe Hitler dadurch bestätigt, daß die AO nunmehr einen weit größeren Einfluß auf das AA und auf die Betreuung der Auslandsdeutschen habe. Diese Auffassung schien bestärkt zu werden, als Hitler (auf Vorschlag Himmlers) Bohle am 20. April 1937 zum Gruppenführer der SS beförderte. Bald darauf verzichtete Bohle auf seine britische Staatsbürgerschaft.

Der Chef der AO stellte jedoch fest, daß seine Amtsgewalt im AA äußerst beschränkt war. Er setzte lediglich geringfügige personelle Veränderungen im Ministerium durch und hatte nur auf die Politik der kulturpolitischen Abteilung einen gewissen Einfluß. Von den wenigen Funktionären der AO, die er in die höheren Ränge des AA bringen konnte, gehörten die meisten der SS an. Seine Position im AA beschränkte die AO ferner auf die Angelegenheiten von Reichsdeutschen, die im Ausland lebten. Die Angelegenheiten der weit zahlreicheren Volksdeutschen (deutschstämmige Personen, die Bürger anderer Staaten waren) blieben der „Volksdeutschen Mittelstelle" – einem Hauptamt der SS – vorbehalten. Als Hitler im Februar 1938 Joachim v. Ribbentrop zum Außenminister ernannte, wurde Bohles Macht noch stärker eingeschränkt. Ribbentrop verachtete Bohle, der den Ehrgeiz hatte, eines Tages Außenminister zu werden. Die Grundlage der Stellung Bohles blieb daher die AO mit ihren einigen hundert NSDAP-Ortsgruppen außerhalb Deutschlands. 1937 verfügte sie über fast 30000 Mitglieder im Ausland und beschäftigte in ihrer Berliner Zentrale einen Stab von 800 Funktionären.

Bohles Stern sank auch deshalb, weil über Europa 1938–39 die Wolken des Krieges heraufzogen, als Hitler Österreich und dann die ganze Tschechoslowakei besetzte und Polen bedrohte. Diese Krise führte bei den ausländischen Journalisten und Regierungen zu einer scharfen Reaktion gegen die NSDAP-Gruppen im Ausland, deren Aktivitäten die Beziehungen des Deutschen Reiches zu anderen Ländern weiter beeinträchtigten. Während der Jahre 1938–39 wurden die Gruppen in Brasilien, Argentinien und vielen anderen Ländern verboten. Parteifunktionäre – darunter der Führer des „Amerikadeutschen Volksbundes" – wurden verhaftet oder abgeschoben. Bei einer Konferenz von Beamten des AA und der AO, die im Juni 1939 in Berlin stattfand, erhoben die Diplomaten schwere Vorwürfe gegen Bohle und die auswärtigen Aktivitäten der AO.

Der Zweite Weltkrieg schwächte den Einfluß Bohles und der AO noch mehr. Zu Beginn des Krieges half er mit seiner Organisation in Polen und anderen osteuropäischen Ländern, Deutsche zu evakuieren, die zwischen die Fronten geraten waren, rekrutierte Auslandsdeutsche für den Kriegseinsatz und ordnete Vergeltungsmaßnahmen gegen Bürger feindlicher oder neutraler Staaten an, die nach Auffassung Berlins Deutsche mißhandelt hatten. Die Landesgruppen in Norwegen und in den Niederlanden leisteten 1940 ihren Beitrag zur Besetzung beider Länder durch die Deutschen. Aber Bohles propagandistisch ausgerichtete AO unterlag fast überall im besetzten Europa der SS und der Zivilverwaltung, die sich darauf spezialisierten, die lokale Bevölkerung zu erniedrigen und die deutsche Herrschaft über sie zu konsolidieren. Schon 1940–41 entriß Ribbentrop

Bohle und der AO die Zuständigkeit für die Kriegspropaganda außerhalb Deutschlands und errang mehr Macht für die deutschen Berufsdiplomaten gegenüber auslandsdeutschen NS-Funktionären. Bohle bat zwar Heß, sich bei Hitler für ihn einzusetzen; aber Heß' Einfluß auf Hitler hatte beträchtlich nachgelassen, während derjenige Martin Bormanns ständig zunahm.

Als Heß am 10. Mai 1941 nach Schottland flog, verschwand mit einem Schlage der letzte Überrest des Pfeilers, der Bohle und die AO gestützt hatte. Bohle gestand Hitler, daß er von Heß vorher über diesen Flug informiert worden war. Wie es scheint, war Bohle – wie er später Goebbels anvertraute – in dem Irrtum befangen, Hitler habe vorgehabt, unter Umgehung Ribbentrops und durch Vermittlung von Heß Frieden mit England zu schließen.[7] Bohle entging zwar einer Bestrafung wegen seiner Rolle in der Heß-Affäre und behielt sein Parteiamt sowie die Leitung der AO, aber seine Macht war endgültig dahin. Allein Hitlers Auseinandersetzung mit Ribbentrop wegen des deutschen Angriffs auf die Sowjetunion im Juni 1941 hielt den Außenminister davon ab, die AO völlig seiner Kontrolle zu unterstellen. Seit dem Sommer 1941 versuchte Bohle ein politisches Comeback, indem er den Umstand, daß er nunmehr Bormann unterstellt war, der bei Hitler praktisch Heß' Position übernommen hatte, dadurch zu kompensieren suchte, daß er sich bei Goebbels und Himmler einschmeichelte und sich mit Ribbentrop aussöhnte.[8]

Die AO hatte zwar mit der nationalsozialistischen Judenvernichtung nichts zu tun. Gleichwohl trugen ihre NSDAP-Gruppen in Südosteuropa dazu bei, daß die Juden auf lokaler Ebene aus dem wirtschaftlichen und politischen Leben entfernt wurden. Obgleich Bohle von der „Endlösung" anscheinend nichts wußte, hörte er durch Gerüchte und „allgemeine Informationen von Partei und Staat", daß die Juden in die besetzten Ostgebiete deportiert wurden. Weil die Partei und die SS ihm das wahre Ausmaß der Schrecken im Osten vorenthielten (sie befürchteten, derartige Informationen könnten über die AO in fremde Länder durchsickern), glaubte er jedoch, die Juden würden in Arbeitslager gebracht.[9]

Nach der Niederlage Deutschlands ergab sich Bohle am 23. Mai 1945 bei Falkenau an der tschechoslowakischen Grenze den Amerikanern. Diese brachten ihn in das alliierte Gefangenenlager im luxemburgischen Mondorf-les-Bains, klagten ihn als Kriegsverbrecher an und unterzogen ihn zahlreichen Verhören. Ende März 1946 brachte man ihn vor den Nürnberger Militärgerichtshof, der die Hauptkriegsverbrecher aburteilte. Dort sollte er als Entlastungszeuge für seinen ehemaligen Chef Rudolf Heß aussagen, der seit seinem Flug von 1941 in einem englischen Gefängnis gesessen hatte.

Ab November 1947 stand Bohle zusammen mit einundzwanzig anderen nachgeordneten NS-Amtsträgern in Nürnberg vor Gericht. In diesem sogenannten „Wilhelmstraßen-Prozeß" bekannten sich alle Angeklagten, denen Kriegsverbrechen vorgeworfen wurden, „nicht schuldig". Aber zum großen Erstaunen der meisten Anwesenden änderte Bohle am 27. März 1948 seine Einlassung und bekannte sich – als erster und einziger NS-Führer in Nürnberg – „schuldig".[10] Diese Entscheidung wurde nicht leichtfertig getroffen, und sie trug ihm den Zorn seiner früheren NS-Kameraden ein, die jedes Verbrechen bestritten. Sie entsprang mehreren Motiven. Seine Verteidigerin, Elisabeth Gombel, für die Bohle große Bewunderung empfand und die er später heiratete, legte ihm nahe, sich schuldig zu bekennen, weil sie glaubte, die Anklagebehörde besitze massives Beweismittel gegen ihn. Weitere Motive für seine Entscheidung waren sein Gesundheitszustand, der sich während seiner Gefängnishaft seit 1945 ständig verschlechtert hatte, seine prowestliche Einstellung und seine offenbar aufrichtige Überzeugung (die er als Zeuge in Nürnberg aussprach), er und andere NS-Führer hätten unrecht gehabt, als sie Hitler blind folgten.

Der Schritt Bohles wurde aber auch durch die Anklagebehörde gefördert, die widerwillig einer inoffiziellen Absprache zustimmte. Während der Verhandlungen zwischen Bohles Verteidigerin und der Anklagebehörde über sein Schuldbekenntnis erweckte die Anklagebehörde – es mag Zufall oder Absicht gewesen sein – bei Bohle den Eindruck, sie werde, wenn er sich schuldig bekenne, mehrere Anklagen gegen ihn fallenlassen. Dies geschah dann auch, als Bohle seine ursprüngliche Einlassung abänderte. Da die Anklagebehörde sich aber nicht dem Vorwurf aussetzen wollte, mit einem NS-Kriegsverbrecher Absprachen getroffen zu haben, suchte sie Bohle wenigstens in einem Punkt – Greueltaten und Vergehen gegen ausländische Zivilpersonen – zu überführen. Obgleich dieser Versuch der Anklage scheiterte, verurteilte das Gericht Bohle im April 1949 zu fünf Jahren Gefängnis.

Am Ende des Prozesses war Bohle ein kranker und gebrochener Mann; sein Leben bewies, wie tragisch der Krieg für zahlreiche NS-

Führer und ihre Familien endete. Als er aus dem Gefängnis entlassen wurde und in der Industrie eine Beschäftigung zu finden versuchte, mußte er feststellen, daß er den meisten deutschen Firmen verhaßt war – die einen lehnten ihn ab, weil er zur NS-Elite gehört hatte und in Nürnberg verurteilt worden war; anderen hingegen mißfiel, daß er der einzige NS-Amtsträger war, der sich schuldig bekannt hatte. Am 9. November 1960 starb er in Düsseldorf an einem Herzinfarkt.

Anmerkungen

[1] Bohle Interrogation, National Archives and Records Administration, Washington, D.C. (Abk. NARA), Mikrofilm M-679 (Records of the Department of State Special Interrogation Mission to Germany, 1945–46)/ 1/0104–0108; ferner: Wir Deutsche in der Welt, hrsg. vom Verband deutscher Vereine im Ausland, Berlin 1936, S. 20.

[2] Vgl. Bohles Schreiben an Kurt Daluege, 17. 6. 1936, Berlin Document Center, Parteikorrespondenz: Ernst Wilhelm Bohle.

[3] Vgl. etwa die Definition des NS-Theoretikers W. Damer, Unsere Brüder jenseits der Grenzen, Berlin o. J., S. 6.

[4] Vgl.: N. S.-Ortsgruppenleiter aus dem Auslande beim Führer, Völkischer Beobachter, 6. 7. 1933.

[5] Bohle, „Vorschlag für die Schaffung der Einheit von Partei und Staat in der Bearbeitung des Auslandsdeutschtums", 26. 2. 1936, NARA, Mikrofilm T-120/1624/E000057–E000065.

[6] Bohle an Heß, 23. 12. 1937, Politisches Archiv des Auswärtigen Amtes, Bonn, Chef AO-47.

[7] Die Tagebücher von Joseph Goebbels, hrsg. von E. Fröhlich, Teil I 1924–1941, Bd. 4, München 1987, Eintrag vom 22. 5. 1941, S. 653 f.

[8] Ebd., Eintrag vom 2. 7. 1941, S. 661. Goebbels schrieb: „Bohle sucht nach dem Abgang von Heß irgendwo Schutz. Ich werde ihn unter meine Fittiche nehmen."

[9] "Direct Examination [of Bohle]", 23. 7. 1948, Official court Transcript, NARA, Case 11, RG 238.

[10] Elisabeth Gombel, To the Honorable Judges of Tribunal IV, Case Number 11, 27. 3. 1948, Official Court File, NARA, Case 11, RG 238.

Bibliographie

Quelle

Die meisten Originaldokumente zu Bohles Leitung der AO und zu seiner Rolle im AA finden sich im Politischen Archiv des Auswärtigen Amtes, Bonn, Mikrofilm T-120; im Bundesarchiv, Koblenz; im Berlin Document Center sowie im Institut für Zeitgeschichte, München. Die in der ehemaligen Deutschen Demokratischen Republik im Deutschen Zentralarchiv, Potsdam, aufbewahrten Dokumente, die bisher nur indirekt aus DDR-Publikationen zitiert werden konnten, sind jetzt zugänglich. Eine nützliche Sammlung von Dokumenten zu Bohle und zur AO befand sich früher in der Wiener Library, London; dieses Material ist jetzt jedoch aufgeteilt zwischen den Yad Vashem Archives, Jerusalem, und dem Institute for Contemporary History, London. Einige Dokumente sind abgedruckt in den Serien C und D der Akten zur Deutschen Auswärtigen Politik 1918–1945, Baden-Baden 1950ff. Die veröffentlichten Goebbels-Tagebücher aus der Kriegszeit ergänzen die Dokumente der Partei und des AA über Bohles Beziehungen zu Ribbentrop und Goebbels. Das Material aus den Verhören Bohles und aus dem Prozeß gegen ihn findet man in den Akten der Special U.S. State Department Mission to Germany, NARA, M-679, in den U.S. War Department's Records (besonders in den Shuster-Akten, NARA, RG 165) sowie im sog. "Ministries Case" (dt. „Wilhelmstraßen-Prozeß“), Nürnberg 1947–49, NARA, Case 11, RG 238.

Literatur

Wichtige biographische Untersuchungen über Bohle enthalten: M. McKale, The Swastika Outside Germany, Kent (Ohio) 1977, sowie H.-A. Jacobsen, Nationalsozialistische Außenpolitik 1933–1938, Frankfurt a. M.–Berlin 1968. Verschiedene Aspekte der Rolle Bohles in der AO und sein Verhältnis zu NSDAP-Gruppen im Ausland und zum AA berühren auch: D. Bourgeois, Le Troisième Reich et la Suisse 1933–1941, Neuchâtel 1974; C. R. Browning, The Final Solution and the German Foreign Office: A Study of Referat D III of Abteilung Deutschland, 1940–1943, New York 1978; H.-J. Döscher, Das Auswärtige Amt im Dritten Reich. Diplomatie im Schatten der „Endlösung“, Berlin 1987; S. A. Diamond, The Nazi Movement in the United States, 1924–1941, Ithaca 1974; K. Drechsler, Deutschland – China – Japan 1933–1939. Das Dilemma der deutschen Fernostpolitik, Berlin (Ost) 1964; A. Ebel, Das Dritte Reich und Argentinien. Die diplomatischen Beziehungen unter besonderer Berücksichtigung der Handelspolitik (1933–1939), Köln 1971; A. Frye, Nazi Germany and the American Hemisphere, 1933–1941, New Haven (Conn.) 1967; K. Harms-Baltzer, Die Nationalisierung der deutschen Einwanderer und ihrer Nachkommen in Brasilien als Problem der deutsch-brasilianischen Beziehungen 1930–1938, Berlin 1970; J. L. Heineman, Hitler's First Foreign Minister: Constantin von Neurath, Diplomat and Statesman, Berkeley 1979; S. E. Hilton,

Brazil and the Great Powers, 1930–1939: The Politics of Trade Rivalry, Austin (Texas) 1975; K. Kipphan, Deutsche Propaganda in den Vereinigten Staaten 1933–1941, Heidelberg 1971; W. Michalka, Ribbentrop und die deutsche Weltpolitik 1933–1940. Außenpolitische Konzeptionen und Entscheidungsprozesse im Dritten Reich, München 1980; F. Nicosia, The Third Reich and the Palestine Question, Austin 1985; R. Pommerin, Das Dritte Reich und Lateinamerika. Die deutsche Politik gegenüber Süd- und Mittelamerika 1939–1942. Düsseldorf 1977; H. Sanke (Hrsg.), Der deutsche Faschismus in Lateinamerika 1933–1943, Berlin (Ost) 1966; H.-J. Schröder, Deutschland und die Vereinigten Staaten 1933–1939. Wirtschaft und Politik in der Entwicklung des deutsch-amerikanischen Gegensatzes, Wiesbaden 1970; und G. L. Weinberg, The Foreign Policy of Hitler's Germany, 2 Bde., Chicago 1970, 1980.

4. Philipp Bouhler – Ein Vorreiter des Massenmordes

Von Hans-Walter Schmuhl

Philipp Bouhler, eine der undurchsichtigsten Gestalten des Dritten Reiches, gehörte nicht zum innersten Kreis der Macht. Ehrgeizig und skrupellos, aber auch willensschwach und entscheidungsscheu, fehlte es ihm an Machtinstinkt, Führungsqualität und Organisationstalent, um sich in dem zähen Kleinkrieg behaupten zu können, den sich Hitlers Satrapen hinter den Kulissen lieferten. Da es ihm nie gelang, eine eigene Hausmacht aufzubauen, bildete seine persönliche Beziehung zu Hitler die einzige Nabelschnur zur Macht. Auf Führervollmachten gestützt, schuf sich Bouhler Nischen im verwinkelten Herrschaftsgefüge des Dritten Reiches, in denen er riesige Behördenapparate etablierte, die freilich ebenso schnell wieder zerfielen, wie sie aufgebaut wurden. Die Kompetenzkonflikte, in die Bouhlers Behörden gerieten, sind Musterbeispiele für die polykratische Struktur des Dritten Reiches, die dazu führte, daß sich auf ein und demselben Politikfeld rivalisierende Apparate mit einander überschneidenden Aufgabengebieten und Zuständigkeitsbereichen zu verdrängen oder zu durchdringen versuchten. Bouhlers Beispiel verdeutlicht auch die mörderischen Konsequenzen dieser Diadochenkämpfe für rassisch verfolgte Minderheiten.

Bouhler wurde am 11. September 1899 in München geboren. Er stammte aus einer Offiziersfamilie. Sein Vater, Emil Bouhler, war Oberst und Chef des bayerischen Kriegsamtes. Auch der Sohn strebte zunächst eine Offizierskarriere an. Nachdem er drei Klassen des Münchner Maximilians-Gymnasiums besucht hatte, trat er 1912 in das bayerische Kadettenkorps ein. Im Ersten Weltkrieg meldete er sich als Freiwilliger und wurde im Juli 1916 als Fahnenjunker zur Artillerie abkommandiert. Mehrere Monate lang leistete er Frontdienst. Am 8. August 1917 wurde er – soeben zum Leutnant befördert – an der Westfront verschüttet und erlitt schwere Knochenbrüche an beiden

Beinen. Unter den Spätfolgen dieser Kriegsverletzung sollte Bouhler sein Leben lang leiden – er behielt eine Gehbehinderung zurück. Die Verletzung zwang ihn auch, die Offizierslaufbahn aufzugeben. Erst bei Kriegsende wurde er aus dem Lazarett entlassen, bis 1920 befand er sich in ärztlicher Behandlung. Inzwischen waren nicht nur seine Karrierepläne zunichte gemacht; die alte Welt der kaiserlichen Armee, in der Bouhler aufgewachsen war, lag in Trümmern.

Bis dahin, so stellte Bouhler rückblickend fest, seien seine politischen Anschauungen „radikal-national" gewesen, nach der Novemberrevolution wurden sie „völkisch".[1] 1919 trat Bouhler dem Deutschvölkischen Schutz- und Trutzbund bei. Von dort aus fand er 1922 den Weg zum Nationalsozialismus. Was seine Weltanschauung angeht, so fließen die Quellen nur spärlich. Immerhin zeichnen sich zwei ideologische Fixpunkte ab: Rassenantisemitismus und charismatisches Führertum. Antisemit war Bouhler bereits, bevor er Nationalsozialist wurde. Als Redakteur des ›Illustrierten Beobachters‹ propagierte er in den Jahren von 1926 bis 1930 einen aggressiven Antisemitismus mit pornographischen Untertönen. Dies brachte ihm 1927 eine Anzeige des Centralvereins deutscher Staatsbürger jüdischen Glaubens wegen Gotteslästerei ein. Bouhler mißbrauchte die Gerichtsverhandlung zu einer antisemitischen Kundgebung: „Es sei bedauerlich, daß sich ein deutsches Gericht mit *solchen* Klagen befassen müsse, er hoffe, es werde einmal eine Zeit kommen, da es genug damit zu tun haben werde, die jüdischen Parasiten abzuurteilen." Es berühre eigenartig, „gegenüber dem Vernichtungskampf des Judentums [...] gegen Deutschland, sich vor einem *deutschen* Gericht verantworten zu müssen, wenn man angeblich den *asiatischen* Gott beleidigt hat". Der Nationalsozialismus wende sich „nicht gegen die jüdische Religion, sondern *gegen die jüdische Rasse*".[2] Dies war ein klares Bekenntnis zum modernen Rassenantisemitismus, wie er von Hitler zur Doktrin des Nationalsozialismus erhoben worden war. Später sollte Bouhler zu den ersten gehören, die – als Gefangene ihrer radikalen Rhetorik – die verbalen Vernichtungsphantasien in die Wirklichkeit umsetzten.

Der zweite Eckpfeiler, auf den sich Bouhlers Weltanschauung stützte, war der Führermythos. In einer 1932 verfaßten Hitler-Biographie versuchte Bouhler, den Erfolg der Bewegung zu erklären. Es sei vor allem die Persönlichkeit Hitlers, „die jeden seiner Mitarbeiter unlösbar an ihn kettet, jeden, der einmal mit ihm in nähere Berührung kam, der seines Geistes einen Hauch verspürt hat, für alle Zeiten zu einem fanatischen Kämpfer für eine gemeinsame Sache macht".[3] Diese Leseprobe gibt eine Vorstellung von der Führer-Gefolgschafts-Beziehung zwischen Hitler und Bouhler. Der bedingungslose Glaube an das Charisma Hitlers stand im Mittelpunkt der Weltanschauung Bouhlers – seine eigene Aufgabe sah Bouhler offenbar darin, den Führermythos als zentrale Doktrin der Partei und des Staates durchzusetzen. Überhaupt war Bouhler von charismatischen Persönlichkeiten fasziniert. Dies spiegelte sich auch in seiner Napoleon-Biographie wider, die zu Hitlers Lieblingslektüre gehört haben soll.

1919/20 legte Bouhler das Notabitur ab und nahm das Studium der Germanistik an der Universität München auf. Nebenher arbeitete er zunächst als Volontär beim Völkischen Verlag I. F. Lehmann, danach beteiligte er sich – wohl aus seiner Begeisterung für den Motorsport heraus – an einem kleinen Verlag, der die Zeitschrift des Deutschen Touring-Clubs herausgab. Nach vier Semestern brach Bouhler sein Studium ab und trat im November 1921 auf Einladung Max Amanns als Schriftleiter für den Anzeigenteil in den Verlag des Völkischen Beobachters ein. Im Juli 1922 wurde er Mitglied der NSDAP. Seine niedrige Mitgliedsnummer bildete den Grundstock seines politischen Kapitals, denn sie wies ihn später als 'Alten Kämpfer' aus. Bereits im Oktober 1922 wurde Bouhler als Stellvertreter Amanns zum Zweiten Geschäftsführer der NSDAP ernannt. Zu dieser Zeit dürfte er allerdings kaum mehr als ein Sekretär Amanns gewesen sein. Es ist bezeichnend, daß er nicht in den Hitler-Putsch eingeweiht war. Von den Vorgängen im Bürgerbräukeller wurde er, in der Parteizentrale wartend, aus zweiter Hand unterrichtet, zeigte sich „förmlich überrascht" und war nach eigenem Eingeständnis „ohne jede Verbindung"[4] zur Parteispitze. Nachdem er in das Hauptquartier der Putschisten beordert worden war, verbrachte er die Nacht vom 8. auf den 9. November 1923 damit, die Entwürfe von Plakaten und Handzetteln ins reine schreiben zu lassen. Die Polizeibehörden stuften ihn zu Recht als eine Randfigur ein: Ein Ermittlungsverfahren wegen Beihilfe zum Hochverrat wurde eingestellt.

Während des Parteiverbots vom Juli 1924 bis zum Februar 1925 hielt Bouhler als Geschäftsführer der Großdeutschen Volksgemeinschaft die Stellung. Nach der Neugründung der Partei stieg er im März 1925 zum Reichsgeschäftsführer der NSDAP auf. In dieser Eigenschaft war er für die zentrale Koordinierung der Partei zuständig und bearbeitete alle Angelegenheiten, die nicht in die Zuständigkeit des Reichsschatzmeisters Franz X. Schwarz fielen. Hier zeigte sich nun zum erstenmal, daß Bouhler nicht fähig war, die Machtchancen, die ihm eröffnet wurden, zu nutzen. Zwar konnte er sich im engeren Kreis um Hitler halten, seine Stellung im Parteiapparat wurde jedoch immer schwächer. Daß Rudolf Heß allmählich in die Rolle eines Privatsekretärs Hitlers hineinwuchs, trug zum Machtverfall Bouhlers ebenso bei wie die Berufung Gregor Straßers zum Reichsorganisationsleiter im Jahre 1926. In kurzer Zeit verlor Bouhler einen Großteil seiner Kompetenzen an die Reichsorganisationsleitung. Schließlich wachte er nur noch über die Angestellten der Parteileitung und den verwaltungstechnischen Ablauf, z.B. den Posteingang und -ausgang. 1934 wurde die Reichsgeschäftsstelle aufgelöst.

Nach der 'Machtergreifung' stand Bouhler mit leeren Händen da. Die Wahl in den Reichstag im März 1933 war bedeutungslos, und auch die Ernennung zum Reichsleiter im Juni 1933 brachte keinen wirklichen Machtzuwachs, da sie nicht mit einem Staatsamt verbunden war. Bouhler sah seinen Einfluß schwinden und beschwerte sich bei Heß, der ihn – wohl in Anbetracht der literarischen Ambitionen Bouhlers – im Januar 1934 zu seinem Beauftragten für Kulturaufgaben ernannte. Dieser Posten eröffnete Bouhler die Möglichkeit, in die NS-Literaturpolitik vorzudringen. Kurz zuvor hatte Amann, der inzwischen zum unumschränkten Herrscher über den parteieigenen Verlagstrust aufgestiegen war, einen Gesetzentwurf vorgelegt, der die 'Konjunkturliteratur' unterdrücken und das NS-Schrifttum dem Zentralverlag der NSDAP sichern sollte. Das Reichspropagandaministerium wies den Entwurf – nach anfänglicher Zustimmung – zurück. Amann und Goebbels riefen Heß als Vermittler an, der wiederum mit einer Einsatzverfügung am 16. April 1934 seinen Beauftragten für Kulturaufgaben anwies, dafür zu sorgen, „daß das nationalsozialistische Ideengut nicht von Unberufenen verfälscht und in einer die breite Öffentlichkeit irreführenden Weise geschäftlich ausgewertet wird".[5] Mit der Rolle eines Vorlektors für den Parteiverlag, die ihm Amann zugedacht hatte, gab sich Bouhler indes nicht zufrieden. Er leitete vielmehr aus seiner Vollmacht eine umfassende Prüfungs-, Zensur- und Lenkungskompetenz auf dem Feld der Literaturpolitik ab. Zu diesem Zweck schuf er die Parteiamtliche Prüfungskommission zum Schutze des NS-Schrifttums (PPK).

Alle Neuerscheinungen „politischen, wirtschaftlichen, kulturellen, weltanschaulichen, historischen, biographischen Inhalts" waren der

PPK vorzulegen, sofern „sie sich mit dem Wesen und den Zielen der nationalsozialistischen Bewegung befassen oder führende Persönlichkeiten der Bewegung zum Gegenstand haben“, sei es auch „in getarnter Form“.[6] Mit dieser Kautschukdefinition beanspruchte Bouhler die Kontrolle über alle politisch relevanten Sektoren des deutschen Buchmarkts für sich: Neben dem vorlagepflichtigen Parteischrifttum und der politischen Fachliteratur wurden wissenschaftliche Veröffentlichungen, Kalender, Lexika, aber auch Romane und Lyrik, geprüft und bewertet. Neue Bücher durften nur noch dann im Titel, im Klappentext oder in der Werbung als nationalsozialistisch bezeichnet werden, wenn sie von der PPK einen Unbedenklichkeitsvermerk erhalten hatten. Die Verweigerung eines solchen Parteiimprimaturs war aber kein eigentliches Buchverbot, dazu bedurfte es der Bestätigung des Propagandaministeriums. 1941 versuchte Bouhler vergeblich, die Zensurgewalt an sich zu bringen. Ein Mitspracherecht besaß die PPK allerdings bei der Papierkontingentierung, mittels der das Propagandaministerium nach Beginn des Zweiten Weltkrieges in zunehmendem Maße eine Art Vorzensur ausübte.

Über die Zensur hinaus versuchte die PPK, eine aktive Literaturpolitik zu entwickeln. Seit 1936 gab sie die ›Nationalsozialistische Bibliographie‹ heraus. Als weiteres Aufgabengebiet kam die ‘Säuberung’ des Schrifttums aus der ‘Kampfzeit’ hinzu. Am 3. Dezember 1937 wurde Bouhler von Hitler mit der Bearbeitung der Geschichte der NS-Bewegung betraut. Bouhler versuchte, die Rolle eines Chronisten des Nationalsozialismus zu übernehmen. Er arbeitete an einer offiziösen Parteigeschichte (u. a. ließ er sich zu diesem Zweck die Tagebücher Philipp Scheidemanns übersenden). Außerdem verstand sich Bouhler als Gralshüter des Führerkults. Eifersüchtig wachte er darüber, daß biographische Literatur über Hitler, die nicht seinen Vorstellungen entsprach, verboten wurde. Er gab die Reden Hitlers heraus und prüfte – gestützt auf einen weiteren Führerbefehl – die Hitler-Zitate in sämtlichen Büchern und Zeitschriften. 1942 wurden noch immer 4000 Bücher und 700 Kalender überprüft. Bei Kriegsbeginn waren in der PPK 127 Männer und Frauen hauptamtlich tätig, 1942 immerhin noch 60. Hinzu kam ein Heer nebenberuflich arbeitender ‘Außenlektoren’, deren Zahl 1942 mit 692 angegeben wurde. Mit der Gründung einer ‘Außenstelle Prag’ dehnte die PPK ihre Tätigkeit auch auf das Protektorat und das Generalgouvernment aus. Aufgrund einer Führerweisung schuf Bouhler 1940 eine Reichsstelle für das Schul- und Unterrichtsschrifttum, die sich mit der Sichtung alter und dem Entwurf neuer Schulbücher befaßte (Bouhler selbst steuerte ein Lesebuch über die Geschichte der NS-Bewegung bei).

Die Erschließung immer neuer Aufgabenfelder und Zuständigkeitsbereiche kann nicht darüber hinwegtäuschen, daß die Machtmittel der PPK begrenzt waren. Von Anfang an geriet Bouhler in Kompetenzkonflikte mit Alfred Rosenberg, dessen 'Amt Schrifttumspflege' in direkter Konkurrenz zur PPK stand. Die Heftigkeit dieser Auseinandersetzungen stand im umgekehrtem Verhältnis zur Bedeutungslosigkeit beider Dienststellen gegenüber dem Propagandaministerium. Es ist bezeichnend, daß sich Bouhler nicht einmal gegen einen so schwachen Gegner wie Rosenberg durchzusetzen vermochte. 1943 scheiterte ein Versuch Bouhlers, das Kompetenzgerangel zu beenden, indem er die PPK nominell Rosenberg unterstellte. Führende Nationalsozialisten wie Ley, Goebbels und Bormann sprachen sich wiederholt dafür aus, den bürokratischen Apparat der PPK abzubauen oder mit dem Amt Schrifttumspflege zusammenzulegen – Amann bezeichnete Bouhlers Behörde 1938 gar als einen „Wasserkopf“.[7]

Am 29. August 1934 wurde Bouhler zum Münchner Polizeipräsidenten ernannt. Er trat die Stelle jedoch nicht an, da er bereits im September 1934 nach Berlin berufen wurde. Bei dieser Berufung dürfte eine Rolle gespielt haben, daß Bouhler kurz zuvor eine attraktive, charmante und ehrgeizige Frau geheiratet hatte, wodurch Hitler erneut auf ihn aufmerksam wurde. Am 17. November 1934 wurde ihm die Leitung der neuen Kanzlei des Führers der NSDAP (KdF) übertragen. In dieser Eigenschaft war er Hitler unmittelbar unterstellt und allein verantwortlich. Die neue Kanzlei sollte die Führerrolle Hitlers neben seinen Ämtern als Reichskanzler, Präsident und Parteichef hervorheben. Von daher ergab sich als Aufgabenbereich der KdF die Bearbeitung aller Eingaben an Hitler aus der Partei und ihren Gliederungen, auf denen die staatsrechtliche Stellung Hitlers nicht vermerkt war. Damit war die KdF, wie Bouhler es ausdrückte, verantwortlich „für die Verwaltung des größten Kapitals, das wir in Deutschland besitzen: das Vertrauen zum Führer“.[8] Ein „steter und lebendiger Kontakt [...] zwischen *Volk* und *Führer*“ sei ein Zeichen dafür, daß der NS-Staat „dem Gedanken einer wahren Demokratie wieder Sinn und Raum gegeben hat“.[9]

Das Nebeneinander von Kanzleien und Adjutanturen mit einander überschneidenden Kompetenzbereichen führte zu permanenten Konflikten. Zwar gelang es der KdF, sich die Privatkanzlei Hitlers einzuverleiben; die Führeradjutantur, die ebenfalls in der KdF aufgehen sollte, war nur zu einer nominellen Unterstellung bereit. Die Reichskanzlei unter Hans Heinrich Lammers und der Stab des Stellvertreters des Führers, die spätere Parteikanzlei, unter Martin Bormann erwiesen sich dagegen als übermächtige Gegner. Zunächst jedoch wucherte der Verwaltungsapparat wie ein Krebsgeschwür. Bis 1938 hatte sich die KdF in fünf Hauptämter aufgefächert, die bei Kriegsbeginn 195, 1942 immerhin noch 137 Männer und Frauen beschäftigten.

Das bei weitem wichtigste Aufgabengebiet stellten die Gnadensachen dar. 1936 gelang es der KdF, sich als offizielle Instanz im Gnadenwesen zu etablieren. Bei Gnadengesuchen von Parteimitgliedern besaß die KdF seit 1938 offiziell ein Mitspracherecht – ein Akt der Selbstgleichschaltung der Justiz, der die Aushöhlung des Rechtsstaates im Dritten Reich schlaglichtartig beleuchtet. Die Erwartungen der KdF, daß die Zuständigkeit für das Gnadenwesen im Zuge einer Neuordnung des Gnadenrechts von der Justiz auf sie übergehen werde, erfüllten sich aber nicht.

Neben den Gnadensachen bearbeitete die KdF vor allem Eingaben mit wirtschaftlichem Hintergrund (z. B. Gesuche um Gewährung von Wirtschaftsbeihilfen, Zuteilung von Devisen, Erteilung von Konzessionen u. ä.) – ein Aufgabenfeld, auf dem die Korruption blühte. 1939 erhielt Bouhler einen Auftrag Hermann Görings, alle Beschwerden im Zusammenhang mit dem Vierjahresplan zu bearbeiten. Dieser Auftrag war insofern von besonderer Bedeutung, als er Bouhler den Zugang zum Ministerrat für die Reichsverteidigung eröffnete. 1941 beauftragte Göring ihn sogar, einen Plan zur Vereinfachung der Verwaltung der gewerblichen Wirtschaft und des Reichsnährstandes auszuarbeiten. Göring beeilte sich allerdings, den betroffenen Reichsministerien zu versichern, daß Bouhler keine Weisungsbefugnis gegenüber den obersten Reichsbehörden erhalten werde.

Einen dritten Arbeitsbereich der KdF bildeten Gesuche, die sich auf Zwangssterilisationen oder Eheverbote nach dem ‘Blutschutz-’ bzw. ‘Ehegesundheitsgesetz’ bezogen. Mit dem Vorstoß in die Erb- und Rassenpflege geriet die KdF auf eine schiefe Ebene, auf der es schließlich kein Halten mehr gab. Am Wendepunkt von der Verfolgung zur Vernichtung gesellschaftlicher Randgruppen in den Jahren 1939/40 rückte Bouhler unversehens in eine Schlüsselposition.

Nachdem die KdF um die Jahreswende 1938/39 mehrere Gesuche

um 'Sterbehilfe' an Hitler weitergeleitet hatte, erhielt Bouhler – gemeinsam mit Hitlers Begleitarzt Karl Brandt – eine vermutlich mündliche Ermächtigung, körperlich und geistig behinderte Neugeborene und Kleinkinder töten zu lassen. Daraufhin formte sich aus medizinischen Experten und Verwaltungsfachleuten der KdF ein bürokratischer Apparat heraus, der zwischen 1939 und 1945 in etwa 30 'Kinderfachabteilungen' über 5000 Kinder vergiften oder verhungern ließ. Im Juli 1939 hatte Hitler eine Besprechung mit Reichsgesundheitsführer Leonardo Conti, Bormann und Lammers, bei der es um die Ausweitung des Vernichtungsprogramms auf Erwachsene ging. Mit der Planung dieser Aktion wurde zunächst Conti beauftragt. Bouhler erreichte jedoch durch persönliche Intervention bei Hitler, daß der Auftrag Brandt und Bouhler übertragen wurde. Da Conti zum Stab Bormanns gehörte, richtete sich Bouhlers Bewerbung unmittelbar gegen diesen. In dem Wettlauf um den Mordauftrag zeigt sich, daß Bouhler bereit war, im Machtkampf mit seinem Rivalen Bormann über Leichen zu gehen. Die 'Euthanasie'-Zentrale, die Schritt für Schritt aus der KdF ausgegliedert wurde, organisierte den Massenmord an weit über 100000 Menschen. Allein bei den Vergasungen im Rahmen der 'Aktion T4' zwischen Januar 1940 und August 1941 wurden über 70000 psychisch Kranke und geistig Behinderte umgebracht. Wenn sich auch die T4-Zentrale nach dem August 1941 zusehends verselbständigte, so blieb sie doch formal der KdF untergeordnet. Bouhler war und blieb einer der Hauptverantwortlichen für den hunderttausendfachen Massenmord. Mehr noch: Durch seine Entscheidungen trug er maßgeblich dazu bei, daß die Vernichtung auch auf andere gesellschaftliche Randgruppen übergriff.

Zwar hatte Bouhler mit der Realisierung des Vernichtungsprogramms – der Erfassung der Mordopfer, der Organisation der Transporte, der Beschaffung des Giftgases usw. – nicht unmittelbar zu tun, er setzte jedoch gemeinsam mit Brandt die Selektionskriterien fest, nach denen die Opfer ausgesondert wurden. Sie ordneten an, daß eine „Ausscheidung nach strengem Maßstab" zu erfolgen habe. Es sollten nicht nur die „geistig Toten" ausgesondert werden, sondern alle, „die unfähig sind, [...] produktive Arbeit zu leisten".[10] Als besonders folgenschwer sollte sich erweisen, daß auch die jüdischen Psychiatriepatienten in die 'Aktion T4' einbezogen wurden. Diese Menschen standen unter einem doppelten Fluch – sie galten als erblich belastet *und* rassisch minderwertig. Schon zu Beginn der 'Aktion T4' wurden

Juden als *Einzelpersonen* umgebracht. Im Sommer 1940 wurde dann beschlossen, die jüdischen Patienten *als geschlossene Gruppe* zu ermorden. Dieser Beschluß hätte ohne Wissen und Zustimmung Bouhlers nicht gefaßt werden können. Etwa 1000 jüdische Patienten kamen in den Gaskammern der 'Aktion T4' um. Dies war der erste systematische Massenmord an deutschen Juden unter dem nationalsozialistischen Regime. Er bildete den Auftakt zur 'Endlösung der Judenfrage' und stellt ein wichtiges Bindeglied zwischen 'Euthanasie' und 'Holocaust' dar, ebenso wie die Vernichtung von über 20000 zumeist jüdischen oder 'asozialen' KZ-Häftlingen, die seit dem Frühjahr 1941 von T4-Ärzten ausgesondert wurden und in den 'Euthanasie'-Anstalten den Tod fanden. Für diese 'Sonderaktion', die den Übergang vom Konzentrations- zum Vernichtungslagersystem markiert, war Bouhler unmittelbar verantwortlich, denn er war es, der Himmler den 'Euthanasie'-Apparat zur Verfügung stellte. Nach dem Abbruch der Massenvergasungen im Rahmen der 'Aktion T4' kommandierte Bouhler schließlich einen Teil des T4-Personals an die 'Aktion Reinhard' ab, das dann die Vernichtungslager Belzec, Sobibor und Treblinka nach dem Muster der 'Euthanasie'-Anstalten baute und betrieb. Insofern spielte Bouhler in der Vorgeschichte der Judenvernichtung eine wichtige Rolle.

Nach den Aussagen der Angeklagten im Nürnberger Ärzteprozeß soll Bouhler entsetzt gewesen sein, als er erfuhr, was in den Vernichtungslagern geschah. Es war jedoch nicht so, daß Bouhler als Schreibtischtäter nicht genau gewußt hätte, was sich in den Vernichtungszentren abspielte. Im Januar 1940 war er im ehemaligen Zuchthaus Brandenburg Zeuge eines mehrfachen Mordes gewesen, bei dem die verschiedenen Tötungstechniken praktisch erprobt wurden. Dabei hatte er zugesehen, wie in der Gaskammer Menschen qualvoll erstickten. Wenn er überhaupt moralische Skrupel hatte, so beeinflußten sie sein Handeln nicht. Ihm ging es auf dem Hintergrund des Konkurrenzkampfes mit Bormann – vor allem um die Erweiterung und Absicherung seiner Machtbasis.

Diese Rechnung ging jedoch nicht auf. Seit etwa 1939 arbeiteten Bormann und Lammers eng zusammen, um Bouhlers Machtanspruch abzuwehren. Bei der Schaffung der Parteikanzlei im Mai 1941 waren die Gewichte noch in etwa gleich verteilt. Bormann überredete Bouhler, Hitler nicht um eine Klarstellung der Zuständigkeiten zu bitten, da er offenbar einen Einflußgewinn der KdF befürchtete.

Nachdem jedoch die 'Aktion T4', wohl auch bedingt durch Intrigen Bormanns, aufgrund einer mündlichen Weisung Hitlers im August 1941 abgebrochen worden war und Bouhlers Einfluß auf die Vernichtungsmachinerie mehr und mehr abnahm, verschoben sich die Gewichte. Im Februar 1942 gelang es der Reichskanzlei, die KdF aus der gemeinsamen Brieföffnungsstelle zu drängen, wodurch Bouhler den Zugriff auf die an Hitler gerichtete Post verlor. Bormann setzte im März 1942 durch, daß die KdF nur noch für Gnadengesuche und Beschwerden, die Entscheidungen in „Einzelfällen" erforderten, zuständig war, während die „grundsätzlichen Angelegenheiten"[11] von der Parteikanzlei bearbeitet wurden. Die KdF scheint zwar noch bis 1945 tätig gewesen zu sein, versank jedoch in Bedeutungslosigkeit.

Resigniert versuchte Bouhler, sich ein neues Aufgabenfeld zu erschließen. Bereits im Juni 1940 hatte er sich vergeblich bei Hitler um eine koloniale Aufgabe bemüht, da er, wie Bormann klar erkannte, „den anfänglich von ihm wahrgenommenen Aufgabenkreis als zu eng" empfand und „nach Erweiterungen"[12] suchte. Mit der Unterstützung Bormanns, der hoffte, „daß Bouhler mit dem neuen kolonialen Arbeitsgebiet das Interesse an seinem früheren Arbeitsgebiet verliert", gelang Bouhler, der den Kompetenzverlust der KdF „als eine Art von Ausschaltung empfunden" hatte, aber doch noch der Einstieg in die Kolonialpolitik. 1942 war er als Leiter des Einsatzstabes Ostafrika ('Organisation Sisal') vorgesehen und strebte den Posten eines Gouverneurs von Ostafrika an, um dann das neu zu schaffende Reichskolonialministerium übernehmen zu können. Bei diesen Bestrebungen stieß er auf den Widerstand der Auslandsorganisation der NSDAP, die ihr „Vorrecht" auf „die Menschenführung in den Kolonien"[13] in Gefahr sah. Bedenkt man die Nachkriegsplanungen der Nationalsozialisten zur Beherrschung und Ausbeutung des afrikanischen Kolonialreichs, die u. a. strenge Rassentrennung, Arbeitszwang, Sonderrecht und Prügelstrafe für die schwarze Bevölkerung vorsahen, so erkennt man, daß Bouhler sich – wäre der Krieg anders ausgegangen – wieder in unvorstellbare Verbrechen verwickelt hätte. Dazu kam es nicht mehr. Am 19. Mai 1945 beging Bouhler auf der Fahrt in das Internierungslager Dachau Selbstmord.

Anmerkungen

[1] Protokoll einer polizeilichen Vernehmung Bouhlers am 11. 6. 1927, STAM, Staatsanwaltschaft München I, Bl. 3066.

[2] Völkischer Beobachter, Nr. 33, 28. 3. 1928 (Hervorhebung im Original).

[3] Philipp Bouhler, Adolf Hitler, Lübeck 1936, 7.

[4] So die Zeugenaussagen in STAM, Polizeidirektion München, Nr. 10016.

[5] Die Parteiamtliche Prüfungskommission zum Schutze des NS-Schrifttums, BAK R 43 II/585, Bl. 42.

[6] Ebd., Bl. 55.

[7] Amann an Bouhler, BAK NS 11/9.

[8] Deutsches Nachrichtenbüro, 10. 11. 1936.

[9] Völkischer Beobachter, Nr. 68, 9. 3. 1939.

[10] Entscheidungen der beiden Euthanasie-Beauftragten hinsichtlich der Begutachtung, 10. 3. 1941, BAK R 96 I/2.

[11] Bormann an Bouhler, 8. 3. 1942, BAK R 43 II/1213.

[12] Bormann an Lammers, 24. 6. 1940, BAK R 43 II/1212.

[13] RSHA an RF-SS, 17. 6. 1942, BDC SS-HO 936 (erstmals abgedruckt bei Helmut Heiber [Hrsg.], Reichsführer! ... Briefe an und von Himmler, Stuttgart 1968, 122f.).

Bibliographie

Quellen

Es sind nur sehr wenige Quellen überliefert, die einen Einblick in Bouhlers Biographie ermöglichen. Neben der Personalakte im Berlin Document Center bieten eine Personalakte der Münchner Polizei und eine Akte der Staatsanwaltschaft im Staatsarchiv München biographisches Material, besonders aus der Zeit vor 1933. Der Aktenbestand der KdF ist vermutlich bei Kriegsende vollständig vernichtet worden. Allerdings findet sich in verschiedenen Beständen des Bundesarchivs in Koblenz (z. B. NS 6, NS 8, NS 10, NS 11, NS 51, R 2, R 22, R 43 und R 96) Material zu Bouhler, ebenso in den Akten der Parteikanzlei im Institut für Zeitgeschichte.

Literatur

Aufgrund der lückenhaften Quellen gibt es keine Biographie Bouhlers. In der Literatur zur Frühgeschichte der NSDAP wird Bouhler nur am Rande erwähnt. Zur Kanzlei des Führers liegt ein ausgezeichneter Aufsatz vor: Jeremy Noakes, Philipp Bouhler und die Kanzlei des Führers der NSDAP. Beispiel einer Sonderverwaltung im Dritten Reich, in: Dieter Rebentisch/Karl Teppe (Hrsg.), Verwaltung contra Menschenführung im Dritten Reich, Göttingen 1986, 208–36. Zur Parteiamtlichen Prüfungskommission ist – neben der Monographie von Dietrich Strothmann, Nationalsozialistische Literaturpolitik. Ein Beitrag zur Publizistik im Dritten Reich, Bonn 1960 u. ö. – vor allem der Aufsatz von Volker Dahm, Die nationalsozialistische Schrifttumspolitik nach dem 10. Mai 1933, in: Ulrich Walberer (Hrsg.), 10. Mai 1933. Bücherverbrennung in Deutschland und die Folgen, Frankfurt a. M. 1983, 36–83, heranzuziehen. Bouhlers Rolle in der 'Euthanasie'-Aktion wird behandelt von Hans-Walter Schmuhl, Rassenhygiene, Nationalsozialismus, Euthanasie. Von der Verhütung zur Vernichtung 'lebensunwerten Lebens', 1890–1945, Göttingen [2]1992.

5. Josef Bürckel – Der rote Gauleiter

Von Gerhard Paul*

Am 30. September 1944 meldeten die Zeitungen den Tod eines Mannes, der als vielleicht letzter Anhänger der „Sozialisten" innerhalb der NSDAP galt. Der Gauleiter der Westmark, Josef Bürckel, sei am 28. September nach kurzer, aber schwerer Krankheit an Lungenentzündung durch akutes Versagen des Kreislaufs gestorben, lautete die offizielle Sprachregelung für die Presse, an der aber schon bald Zweifel laut wurden.

Wie viele der „alten Kämpfer" und Führungskader der NSDAP scheint Bürckel durch die Erfahrungen des Schützengrabens im Ersten Weltkrieg und die Ereignisse der unmittelbaren Nachkriegsjahre politisch radikalisiert worden zu sein und den Weg zum Nationalsozialismus gefunden zu haben, ohne daß wir wissen, welche Ereignisse konkret hierfür verantwortlich waren. Jedenfalls bildete das sozial egalisierende Erlebnis der „Schützengrabengemeinschaft" das Vorbild seiner Volksgemeinschaftsutopie und leitete sich – ähnlich wie bei Hitler – aus dem Novembertrauma von 1918 und der Erfahrung des Auseinanderdriftens von Front und Heimat sein sozialpolitisches Engagement und sein Sozialismus-Verständnis ab.

Bürckel, am 30. März 1895 im pfälzischen Lingenfeld in eine alteingesessene katholische Handwerkerfamilie hinein geboren, hatte nach der Absolvierung der Realschule zunächst die Lehrerbildungsanstalt in der Bischofsstadt Speyer besucht, deren Abschlußklasse er im nationalen Taumel des Jahres 1914 vorzeitig verließ, um sich als Kriegsfreiwilliger zum Fronteinsatz zu melden. 1916 – als nicht mehr kriegsverwendungsfähig aus dem Heer entlassen – setzte er die Lehrerausbildung fort. 1919 legte er die Anstellungsprüfung in Speyer ab

* Für wertvolle Hinweise bin ich Herrn Dr. Dieter Wolfanger (St. Wendel) zu Dank verpflichtet.

und wurde Hilfslehrer in dem Arbeiterdorf Rodalben bei Pirmasens. 1921 machte er erstmals Bekanntschaft mit der noch jungen NS-Bewegung, die über erste Stützpunkte im pfälzischen Raum verfügte. 1924 beteiligte sich der junge Lehrer am Sturm auf das von pfälzischen Separatisten besetzte Bezirksamt in Pirmasens, weshalb er anschließend für kurze Zeit im rechtsrheinischen Gebiet Zuflucht suchen mußte. Nach der Neugründung der NSDAP trat Bürckel im August 1925 der Partei Hitlers bei, wurde Parteiredner und bereits im kommenden Jahr Gauleiter der Pfalz. 1930 rückte er als Abgeordneter in den Reichstag ein und ließ sich vom Schuldienst beurlauben. Unmittelbar nach dem Machtantritt der Nationalsozialisten im Jahre 1933 ernannte ihn Hitler in Anerkennung der Wahlerfolge in der Pfalz zum Beauftragten der NSDAP im von Deutschland abgetrennten Saargebiet und im August 1934 gar zum Saarbeauftragten der Reichsregierung, damit de facto zum Leiter des Abstimmungskampfes für die Rückgliederung des Saargebietes auf nationalsozialistischer Seite. Mit dem 90-Prozent-Votum der mehrheitlich katholischen Saarbevölkerung für die Angliederung an Hitler-Deutschland begann eine Ämterakkumulation, die zugleich vom großen Vertrauen Hitlers in den Mann aus der Pfalz zeugte.

Zunächst berief ihn Hitler zum Reichskommissar für die Rückgliederung des Saarlandes, 1936 dann zum Reichskommissar für das Saarland. Innerhalb der Partei bekleidete er das Amt des Gauleiters des neugebildeten Gaues Saarpfalz. 1938 beauftragte Hitler seinen Abstimmungsspezialisten mit der Reorganisation der NSDAP in Österreich und mit der Vorbereitung der dort anstehenden Volksabstimmung. Nach dem Anschluß Österreichs und der Besetzung des Sudetenlandes übte Bürckel neben den Staats- und Parteiaufgaben in der Saarpfalz zugleich die Funktion des Reichskommissars für die Wiedervereinigung Österreichs mit dem Deutschen Reich und das Amt des Chefs der Zivilverwaltung in Mähren aus. 1939 avancierte er zum Gauleiter von Wien und 1940 zum dortigen Reichsstatthalter. Mit dem Ende des Frankreich-Feldzuges standen neue Aufgaben im Westen für Bürckel an. 1940 zunächst von Hitler zum Chef der Zivilverwaltung in Lothringen berufen, übte er seit 1941 in Personalunion das Amt des Reichsstatthalters und des Gauleiters der Westmark – einem Zusammenschluß des Gaues Saarpfalz mit dem annektierten Moseldepartement – aus. Durch die Ernennung zum Reichsverteidigungskommissar im Wehrkreis XII war Bürckel 1942 auf dem Zenit der Macht angekommen.

Die starke Stellung innerhalb des NS-Machtapparates und die vergleichsweise hohe Popularität in der Bevölkerung datieren zurück in die „Kampfzeit“ der pfälzischen NSDAP. Früh war es Bürckel gelungen, die Pfalz gleichsam zum „Mustergau“ der Partei zu machen und beachtliche Wahlergebnisse trotz oder gerade wegen eines dezidiert sozialrevolutionären Kurses einzufahren. Die antikapitalistischen und „sozialistischen“ Ideen Bürckels bildeten zugleich den Brückenschlag zwischen Politischer Organisation und SA, die sich willig dem Primat der politischen Führung unterordnete, ja diese sogar aktiv unterstützte. Im Unterschied zu anderen Gauen blieb die Fluktuationsrate innerhalb der pfälzischen Mitgliederschaft gering und der innerparteiliche Konfliktstoff marginal.

Schon frühzeitig war Bürckel der Aufbau eines gaueigenen Pressewesens geglückt, das er – ähnlich wie sein Gauleiter-Kollege Koch in Ostpreußen – den Zentralisierungsbestrebungen des Reichsleiters für die Presse der NSDAP zu entziehen verstand und über deren Erträge er zur Finanzierung seiner propagandistischen und sozialpolitischen Aktionen allein verfügen konnte.

Innerhalb der NSDAP galt Bürckels Gau Rheinpfalz allgemein als „roter Gau“ oder – in Anspielung auf den Reichsorganisationsleiter der Partei Gregor Straßer – als „Straßer Gau“. Seit 1929/30 hatte Bürckel versucht, die Partei nicht nur in Frontstellung gegen die Republik von Weimar, sondern zugleich „positiv“ als sozialistische Arbeiterpartei in der Öffentlichkeit zu profilieren. So beteiligte er sich 1930 an Goebbels' Aktion 'Hinein in die Betriebe' und unterstützte aktiv die Einrichtung von Betriebszellen der NSBO, so daß der Gau Rheinpfalz vor 1933 bei der Betriebszellenpropaganda reichsweit führend war. Besonders das Parteiorgan – die ›NSZ-Rheinfront‹ – war voll von sozialrevolutionären Versprechungen und predigte den „deutschen Sozialismus“ und Straßers Arbeitsbeschaffungsprogramm. Kern von Bürckels Sozialismus-Modell war die Forderung nach Beteiligung aller „Schaffenden am Gewinn der Produktion“, die Notwendigkeit einer aktiven Sozialpolitik und staatliche Eingriffe in das privat organisierte Wirtschaftsleben. Wie Straßer war er davon überzeugt, in der proletarischen Masse schlummere eine tiefe „antikapitalistische Sehnsucht“, die von der NSDAP zu organisieren sei. Auch als Gregor Straßers Stern im Herbst 1932 im Sinken begriffen war, sprach sich Bürckel von allen Gauleitern in Süddeutschland am eindeutigsten für die Unterstützung von dessen Politik aus, forderte auch in Anwesenheit von Straßers Nachfolger Robert Ley die revolutionäre Verwirklichung des „deutschen Sozialismus" durch die NSDAP und drohte den Kreisleitern, er werde jeden in seinem Gau „in Stücke reißen, der es wage, etwas gegen Gregor zu sagen und zu unternehmen".[1] Angesichts dieses konsequenten Linkskurses überraschte es nicht, daß der NSDAP der Pfalz sowohl auf der Mitglieder- wie auf der Wählerebene der Einbruch in die proletarische Klientel in weit höherem Maße als in anderen Reichsteilen gelang, und die pfälzische Partei vor 1933 „eine Gruppierung von Arbeitnehmern primär städtischen Zuschnitts"[2] darstellte. Nur die starke Stellung als Hitlers Beauftragter für die NSDAP des Saargebietes und als künftiger Leiter des Abstimmungskampfes an der Saar scheint Bürckel 1934 vor Nachstellungen der SS im Zusammenhang mit dem „Röhm-Putsch" geschützt zu haben.

Den ersten großen überregionalen Erfolg verzeichnete Bürckel am 13. Januar 1935 mit dem Votum der Saarländer für die Rückgliederung an das Deutsche Reich. Nach dem propagandistisch erfolgreichen Motto „Ich kenne keine Parteien mehr, nur noch Deutsche" war es ihm gelungen, eine überparteiliche Rückgliederungsbewegung ins Leben zu rufen, in der sich alle nicht-sozialistischen Parteien, einschließlich des Zentrums und der NSDAP, auflösten, in der aber weiterhin die Nationalsozialisten das Sagen hatten. Zugleich ließ er die Abstimmungsentscheidung entpolitisieren und auf die ausschließlich emotional geprägte Alternative „für Deutschland oder für Frankreich" reduzieren. Hatte er mit der taktisch geschickten Auflösung der NSDAP der antifaschistischen Opposition bereits den Wind aus den Segeln genommen, so machte er diese mit dem auch bei Arbeitern nicht wirkungslosen nationalen Appell nun fast völlig manövrierunfähig. Dem von der noch freien Saarpresse gezeichneten Bild des barbarisch-gewalttätigen Nationalsozialismus setzte er die sozialrevolutionäre Vision eines deutschen Sozialismus entgegen. Bürckels Rechnung ging auf. Mehr als 90 Prozent der Saarländer – unter ihnen fast die gesamte Anhängerschaft des Zentrums und zwei Drittel der ehemaligen Wähler von KPD und SPD – entschieden sich für die Rückgliederung und gegen die Freiheit. Dieser erste große außenpolitische Erfolg des neuen Regimes, der wesentlich Hitler zugeschrieben wurde, aber von Bürckel vorbereitet worden war, prädestinierte ihn zu größeren Aufgaben.

Als Hitler direkt unterstellter und mit nahezu unbeschränkten Vollmachten ausgestatteter Beauftragter für die Volksabstimmung in Österreich gelang es Bürckel innerhalb weniger Tage, aus dem nur lose geknüpften Netz der „nationalen Opposition“ eine schlagkräftige Wählerorganisation aufzubauen. Wie schon zuvor an der Saar versicherte er sich der Unterstützung des österreichischen Klerus, einschließlich des Wiener Kardinal-Erzbischof Innitzer, der Ende März 1938 eine Wahlempfehlung für den Anschluß veröffentlichen ließ. Und ähnlich wie an der Saar organisierte er eine aus Versprechungen, Überredung und gezieltem Terror bestehende Wahlkampagne, die nahezu alle Lebensbereiche erfaßte und, wie das Abstimmungsergebnis vom 10. April 1938 zeigte, mit 99,7 Prozent für den Anschluß noch erfolgreicher als drei Jahre zuvor im Saarland war.

Oberstes Ziel von Bürckels Politik war seit den zwanziger Jahren die Wiedergewinnung, besser noch: die Renationalisierung der, wie er glaubte, national abtrünnig gewordenen und pazifistisch verseuchten Arbeiterschaft für eine nationale Politik. Diese schien ihm nicht auf den ausgetretenen Pfaden konservativer und nationaler Politikmodelle möglich zu sein, sondern nur durch die Verwirklichung eines „nationalen Sozialismus“. Auch für Bürckel war der Erste Weltkrieg das Modell der ersehnten nationalen und wehrhaften Volksgemeinschaft, die im Zentrum aller seiner Überlegungen stand. Höchstes Ziel jeder Politik und damit höchste Form des Sozialismus überhaupt stelle die Bereitschaft dar, für die Gesamtheit zu sterben, wie sie gerade das Proletariat in den Schützengräben des Weltkrieges unter Beweis gestellt habe. Sozialismus lasse sich nicht verstandesmäßig definieren, wie dies im Marxismus geschehe, sondern nur „vom Herzen, vom Blut her spüren und verwirklichen ... Sozialismus ist als nichts anderes als Treue, Kameradschaft und Hingabe zum Volk“.[3] Bei Bürckel stand der inhaltsgeleerte, auf einen rein suggestiven Gefühlswert reduzierte Sozialismus-Begriff synonym für Gemeinsinn, Aufhebung der Klassengesellschaft und Volksgemeinschaft. Um den Deutschen die innere Kraft zum Einsatz für die Nation wiederzugeben, sei es notwendig, daß diese Gesamtheit für alle den gleichen Wert besitze. Dies aber – so Bürckel in seiner Kritik am Wilhelminischen Deutschland – sei nur dann der Fall, wenn alle Glieder der Nation die gleichen Rechte besäßen. Die Verpflichtung des einzelnen gegenüber der Nation begründe zugleich die Verpflichtung der Nation, den einzelnen an dieser auch gerecht zu beteiligen. Wer bereit sei, so Bürckels im Weltkriegserlebnis begründete egalitäre Rhetorik, „das Höchste zu vollbringen, für sein Vaterland zu sterben, dem gebührt auch der vollkommenste Rechtsanspruch und dessen Erfüllung“.[4] So wie der einzelne Proletarier im Schützengraben bereit gewesen sei, sein Leben für die Nation zu opfern, so habe sich die Nation des einzelnen anzunehmen, ihn mit gleichen Rechten auszustatten und sich im Notfall um ihn zu kümmern. Sozialismus sei daher die notwendige Voraussetzung des Nationalismus. So wie sich Sozialismus in seiner höchsten Form nicht im Fordern, sondern in der Bereitschaft und der Hingabe zum Volk realisiere, setze Nationalismus eine aktive Sozialpolitik und die Realisierung materieller Gleichheit wesensmäßig voraus: „Nationalisieren kann man nicht, indem man den Ärmsten der Nation das Recht verweigert.“[5]

Bürckels Vorstellung vom „nationalen Sozialismus“ besaß damit zwei Gesichter. In publizistischen und politischen Attacken wandte er sich gegen die Ausbeutung am Arbeitsplatz, gegen Preistreiberei, Mietwucher und ungerechte Behandlung. Der Kapitalismus sei nur mächtig geworden durch das Unrecht, das er anderen zugefügt habe. Damit sei dem Marxismus Tür und Tor geöffnet worden. Im NS-Staat demgegenüber sollten Löhne und Gewinne der privaten Verfügungsgewalt der Unternehmer entzogen werden und ausschließlich völkisch-sittlichen Grundsätzen unterliegen. Wiederholt griff Bürckel eine Unternehmerpraxis an, die Menschen zu Maschinen degradiere, attackierte „Lohnschinder und Preistreiber“ in der Öffentlichkeit als „Zutreiber des Bolschewismus“, kündigte an, die Zeiten einzelner Profitjäger gingen zu Ende, und warnte, wer sich dem Sozialismus nicht füge, werde als „Saboteur der Volksgemeinschaft“ behandelt.[6] Öffentlichkeitswirksam forderte er gleiche Weihnachtsgratifikationen für Angestellte und Arbeiter und die Einführung der Sechsstundenschicht für Untertagearbeiter. „Geldgierigen Volksschädlingen“ drohte er die Schließung ihrer Betriebe und das KZ an. Dies waren keineswegs propagandistische Floskeln. 1938 beispielsweise wies er die Gestapo an, den Direktor eines großen Werkes in Kaiserslautern in Schutzhaft zu nehmen, da dieser ein skandalöses Akkordsystem eingeführt und die Arbeitszeit eigenmächtig auf 14 Stunden erhöht habe. Bereits im Jahr zuvor hatte sich Bürckel aus dem Aufsichtsrat der Saargruben AG zurückgezogen, da sich das Unternehmen sozial schädigend verhalten habe und es einzelnen Betriebsführern noch immer nicht gelungen sei, „zur Gefolgschaft in ein Verhältnis zu kommen, das die Begründung und Sicherung einer echten Betriebs- und Volksgemeinschaft gewährleistet".[7]

Die andere Seite von Bürckels populistischem Antikapitalismus stellte das Engagement für eine aktivfürsorgliche Sozialpolitik dar. Innerhalb der NSDAP verstand sich Bürckel damit explizit als Vorreiter in sozialen Fragen. Bereits 1933 hatte er mit der Volkssozialistischen Selbsthilfe eine sozialpolitische Hilfsorganisation ins Leben gerufen, die sich aus Zwangsabgaben von besserverdienenenden Staats- und Kommunalbeamten finanzierte. Im zurückgegliederten Saarland widmete er sich zunächst der Beseitigung der Arbeitslosigkeit. Neben einem Arbeitsbeschaffungsprogramm umfaßte das groß angekündigte Projekt der „sozialen Aufrüstung" die Errichtung neuer Siedlungen, das spektakuläre Abbrennen von Elendsbaracken als „letzten Zeugnissen des Klassenhasses", die Durchsetzung der Feiertagsbezahlung in den Betrieben, die Einführung von Weihnachtszulagen auch für Arbeiter sowie die diktatorische Angleichung der Löhne der saarländischen Arbeiterschaft an die des übrigen Reiches. Demonstrativ setzte Bürckel dem von Goebbels 1936 verkündeten wirtschaftspolitischen Kampfmotto „Kanonen statt Butter" die Parole entgegen: „Kanonen sind gut, wertvoller sind Häuser für den Arbeiter!"[8] Das Vertrauen in die Arbeiter, so ließ er wissen, sei ein besseres Fundament für die Zukunft Deutschlands als das Paktieren mit dem Kapital. Und auch die ehemaligen Anhänger von KPD und SPD schrieb er nicht von vornherein ab. Vor jenen Marxisten, die „ehrlicherweise ein System beseitigen wollten, damit ihre Kinder wieder Brot haben und sie einen Platz an der Sonne", habe er mehr Respekt als vor so manchem Mitläufer der NSDAP.[9] Ihnen verzeihe er ihre Sünden und reiche ihnen die Hand. Für Goebbels ging Bürckel mit seiner Sozialpolitik zu weit. In seinem Tagebuch bezeichnete er ihn als „verantwortungslosen Radikalinski", der in Popularität mache, „während wir die Verantwortung tragen". Und auch Hitler sei über die sozialen Forderungen Bürckels „wütend" gewesen.[10]

Mit Kriegsbeginn verblaßte Bürckels sozialstaatliches Volksgemeinschaftsmodell und wich zunehmend der Propagierung der nationalen Wehr- und Leistungsgemeinschaft. Bürckel appellierte nun an die Arbeiter, unbezahlte „Panzerschichten" für die Wehrmacht zu fahren und machte sich zum Fürsprecher von Lohnverzicht und Arbeitszeitverlängerung.

Volksgemeinschaftsutopie und das Versprechen eines nationalen

Sozialismus waren gleichwohl nur die Sonnenseite von Bürckels Politikmodell, das die sozialistischen Traditionen der NSDAP stärker akzentuierte, als dies in anderen Gauen der Fall war. Die Schattenseite unterschied ihn schon weniger von den Gauleiter-Kollegen. Wie bei ihnen so war auch in seinem Begriff der Volksgemeinschaft immer schon die Ausgrenzung derjenigen mitgedacht, die aus politischen, sozialen oder rassischen Erwägungen nicht zur Volksgemeinschaft zählten bzw. sich ihr unwürdig erwiesen: vor allem die katholischen Pfarrer und Bischöfe, die seinem säkularen Gemeinschaftsmodell ihre christliche Gemeinschaftsutopie entgegenstellten, und die Juden, die von vornherein außerhalb der Volksgemeinschaft standen.

Nach dem Motto „Dem Kaiser, was des Kaisers ist, und Gott, was Gott ist“ drängte Bürckel auf die Unterordnung der Kirche unter den Primat der politischen Führung und die Beschränkung der Kirche auf den rein seelsorgerischen Sektor. Im Zentrum seiner Kirchenpolitik stand der Kampf gegen das konfessionelle Schulwesen, das – wie er kritisierte – in einem mittelalterlichen Anachronismus befangen, die Volksgemeinschaft spalte und die Existenzberechtigung verloren habe. In einem Überraschungscoup führte er im April 1938 als reichsweit erster Gauleiter die nationalsozialistische Gemeinschaftsschule ein. Oppositioneller katholischer Pfarrer entledigte er sich durch Unterrichtsverbot, Ausweisung und Schutzhaftnahme. Den für seinen Gau zuständigen Bischöfen von Trier und Speyer drohte er Vergeltung an, wenn sie sich nicht in den neuen Staat einfügten.

Auch in der sogenannten „Judenfrage“ verfolgte Bürckel seit 1933 eigene Wege, die sich in der Tradition der Straßer-Gruppe vom lauten „Radauantisemitismus“ des ›Stürmers‹ absetzten, gleichwohl aber auf dasselbe Ziel hinsteuerten. Anders als die meisten NS-Spitzenfunktionäre betrachtete er die „Judenfrage“ weniger unter rassenideologischen Aspekten als vielmehr von einem pragmatischen volkswirtschaftlichen und verwaltungstechnischen Standpunkt aus. Dabei waren für ihn drei Grundsätze maßgebend: Die Juden sollten bedingungslos aus dem Wirtschaftsleben ausgeschaltet und aus Deutschland ausgewiesen werden; diese „Entjudung“ müsse auf streng legalem Wege erfolgen und dürfe keine binnen- und exportwirtschaftlichen Schäden nach sich ziehen. Für Streichers Hetztiraden im ›Stürmer‹, für das öffentliche Anpöbeln von Juden und für das Plündern jüdischen Eigentums zeigte er kein Verständnis. Die „Judenfrage“ wollte Bürckel ausschließlich auf dem Wege der Emigration und der Ausweisung gelöst wissen. Bereits 1933 war sein erklärtes Ziel die Schaffung eines „judenfreien" Gaues Rheinpfalz gewesen, wozu er unmittelbar nach Hitlers Machteinsetzung Deportationslisten anfertigen ließ und noch im selben Jahr die erste illegale Deportation sogenannter 'Ostjuden' aus der Pfalz veranlaßte. Mit der Gründung der Zentralstelle für jüdische Auswanderung in Wien, deren Stellvertreter Adolf Eichmann war, forcierte er die Massenaustreibung der österreichischen Juden. Den Höhepunkt der von Bürckel initiierten Abschiebungspolitik bildete die Massendeportation von 1150 Juden aus der Saarpfalz im Oktober 1940 in die südfranzösischen Pyrenäenlager. Als erster Gauleiter konnte Bürckel Hitler nach Berlin melden, sein Gau sei nun „judenfrei".

Einen harten Kurs steuerte Bürckel mit der Volkstumspolitik im annektierten Lothringen. Auf sein Konto ging die Vertreibung von mehreren zehntausend französischsprechenden Bewohnern des Moseldepartements und eine rigide Kampagne zur „Entwelschung von Land und Leuten", wie es im NS-Jargon hieß.

Wie kaum ein anderer Gauleiter war Bürckel Verfechter eines Staatsmodells, das auf eine Erosion – ja man könnte sagen auf eine Refeudalisierung staatlicher Strukturen – hinzielte, wie sie Franz Neumann analysiert hat. Sein stark ausgeprägtes autokratisches Macht- und Autonomiestreben kollidierte sowohl mit den begrenzten Kompetenzen und politischen Einflußmöglichkeiten eines Gauleiters als auch mit den Prinzipien einer einheitlichen und zentralistisch organisierten staatlichen Bürokratie. Nach der Devise „Ich will nicht regieren in dem früher üblichen Sinne, sondern ich will politisch führen" erstrebte er die Unabhängigkeit bzw. den Primat der politischen Führung gegenüber dem Staat. Nach dem Vorbilde Hitlers als Parteiführer und Reichskanzler schwebte ihm eine Personalunion von Staats- und Parteiführung und damit die unumschränkte, nur mehr dem Führerwillen unterworfene Machtkonzentration in den Händen regionaler Gaufürsten vor. In der Praxis lief dieses Staatsverständnis auf die Aufhebung des Dualismus von Partei und Staat sowie auf die Aushöhlung des traditionellen Normenstaates zugunsten eines nurmehr nach parteipolitischen Zweckmäßigkeiten und dem Führerwillen organisierten Maßnahmenstaates hinaus. Dieses von Bürckel angestrebte Staatsmodell mußte nicht nur mit den traditionellen Institutionen des Normenstaates, sondern ebenso mit den konkurrierenden Herrschaftsinteressen anderer Träger des NS-Maßnahmenstaates – und hier insbesondere der SS – kollidieren.

Zunächst allerdings scheiterte der Plan einer Reichsreform, derzufolge die Reichsgaue zur Beschneidung des Einflusses nicht zuverlässiger Beamte den administrativen Vollzugsapparat übernehmen sollten, der bislang von den Reichsministerien ausgeübt wurde, am Widerstand des Reichsinnenministers, der die „Heranziehung eines Parteibonzentums" befürchtete. Erst durch das Gesetz über die vorläufige Verwaltung des Saarlandes von 1935 erwarb Bürckel die Kompetenzen eines Reichsstatthalters und damit die des Verwaltungschefs des ersten reichsunmittelbaren Territoriums, der für die Durchsetzung der von Hitler aufgestellten Politik zu sorgen hatte und nurmehr der Dienstaufsicht des Reichsministers des Inneren unterstand. Zielbewußt besetzte er die Schlüsselpositionen des neuen Reichskommissariats mit engen Vertrauten aus der Pfalz, die ihm bei der Aushebelung der traditionellen Verwaltungsbürokratie sekundierten. Weiterreichende Pläne, das Saarland administrativ mit der Pfalz zu einem neuen Reichsgau zu verschmelzen und damit den Einflußbereich auf staatlicher Ebene zu erweitern, ließen sich indes noch nicht realisieren. Erst die territorialen Neuerwerbungen des Reiches seit 1938 und schließlich der Krieg begünstigten Bürckels Pläne einer einheitlichen Verwaltung von Pfalz und Saarland und eröffneten ihm damit neue Betätigungsfelder. Ungehindert konnte er nun in die Organisation und Personalpolitik der allgemeinen Verwaltung eingreifen und die Idee vom Primat der Politik durchsetzen. Neue Machtkompetenzen, die noch über die der Reichsstatthalter im Altreich hinausgingen, brachte am 1. April 1940 Bürckels Ernennung zum Reichsstatthalter der Ostmark, der einer Dienstanweisung des Reichsinnenministers zufolge als „politischer Vertrauensmann des Führers" Einfluß auf die gesamte öffentliche Verwaltung seines Reichsgaues nehmen sollte. Da dieser zugleich NSDAP-Gauleiter war, sei er in der Lage, den politischen Gestaltungswillen der NSDAP auf die gesamte öffentliche Verwaltung in seinem Gau einwirken zu lassen. Der Primat der politischen Führung war damit in hohem Maße realisiert und der Einfluß oberster Reichsbehörden weitestgehend zurückgedrängt. Seit der Rückkehr in die Pfalz gebot Bürckel nun auch über die zu einer einheitlichen Administration zusammengelegten Behörden des Reichskommissariats des Saarlandes und des Regierungspräsidiums der Pfalz. Mit der Zusammenfassung der Dienststellen des Reichskommissariats der Saarpfalz und des neu geschaffenen Amtes eines Chefs der Zivilverwaltung in Lothringen im Amte des Reichsstatthalters der Westmark am 11. März 1941 gelang es Bürckel schließlich auch, das Gauimperium im Westen zu einem nur mehr von ihm beherrschten Vasallenstaat Hitlers auszubauen. Hier waltete er als unumschränkter, nur seinem Führer unterworfener Herrscher über alle Parteidienststellen und zivile Staatsbehörden.

Im System der konkurrierenden innerparteilichen Machtgruppen des Dritten Reiches geriet Bürckels autokratisches Streben und seine Vorstellung vom Primat der Politik notwendigerweise auch in Widerspruch zum Führungsanspruch von Himmlers SS, die sich als eigener Staat im Staate konstituiert hatte. Auch die SS und die von ihr beherrschte Gestapo waren für Bürckel nicht mehr als Hilfsorganisationen der Partei beim Kampf um den Erhalt der Macht. Daher mißfielen ihm Kompetenzen, die sich diese z.B. bei der politischen Gegnerbekämpfung und in Volkstumsfragen anmaßte. Umgekehrt forderte Bürckels exponierte Stellung als Chef der Zivilverwaltung in Lothringen die SS heraus, da dieser zugleich als oberste Aufsichtsbehörde auch dem Höheren SS- und Polizeiführer sowie dem Befehlshaber der Sicherheitspolizei und des SD Anweisungen erteilen konnte.

Drei Konfliktlinien scheinen Bürckels Verhältnis zur SS bestimmt zu haben: eine allgemeine Antipathie gegen das rassenbiologisch begründete Auslese- und Elitenprinzip der SS, das seiner Vorstellung von Volksgemeinschaft diametral entgegenstand; persönliche Aversionen gegen den Reichsführer SS, Heinrich Himmler, sowie schließlich die Ablehnung der SS als elitärer und machthungriger Parteiclique. Auf scharfe Kritik in SS-Kreisen traf nicht nur Bürckels Verteidigung eines Wehrmachts-Offiziers, der die SS als üble Polizeitruppe kritisiert hatte, sondern auch dessen Begrenzung der SS-Kompetenzen bei der Gegnerverfolgung. Gegen teilweise heftigen Widerstand der Gestapo hatte Bürckel in Wien die Freilassung von annähernd tausend Häftlingen aus Gefängnissen und Konzentrationslagern erwirkt, 1941 die „Verschubung“ des späteren französischen Außenministers Robert Schumann in ein KZ verhindert und sich 1942 einer Anordnung des SS-Obergruppenführers Müller vom Reichssicherheitshauptamt widersetzt, festgenommene lothringische Partisanen direkt ins KZ zu schicken. Seit 1942 soll Bürckel außerdem zunehmend Maßnahmen der SS kritisiert und sich im Sommer 1944 schließlich geweigert haben, sinnlose Befestigungsarbeiten in der Westmark vornehmen zu lassen, die seinen Gau unweigerlich zum Kriegsschauplatz gemacht hätten. Wegen solcher „Unstimmigkeiten mit der Reichsleitung" so Bürckels Frau später[11], habe die Parteikanzlei im September 1944 schließlich die Entmachtung Bürckels eingeleitet, die am 28. September 1944 möglicherweise in einem erzwungenen Selbstmord gipfelte. Bei allen Ungereimtheiten über die genauen Todesumstände kann eines als sicher gelten: Der durch Krankheit geschwächte rote Gaufürst der Westmark paßte nicht mehr in die politische Landschaft und war psychisch zudem kaum mehr in der Lage, den Intrigen und Entmachtungsplänen seiner Gegner zu widerstehen.

Die NS-Presse schilderte Bürckel nach dessen Tode als den überzeugten Typus des NS-„Antibonzen", der er vermutlich tatsächlich war. Als Populist in sozialen Fragen hatte er es sowohl verstanden, die „antikapitalistische Sehnsucht" der Masse als auch den versteckten proletarischen Nationalismus zu artikulieren. Als überzeugter Verfechter des NS-Gemeinschaftsmodells stand er zudem in deutlicher Konfrontation zur Industrie wie zur katholischen Kirche, was ihm weitere Sympathien bescherte. Im Gefolge der von ihm gewonnenen Abstimmungskämpfe an der Saar und in Österreich war Bürckel zu einem der mächtigsten Gaufürsten der NSDAP avanciert, dessen autokratischer Grundzug und regionalistische Orientierung dem nationalsozialistichen Zentralismus widersprachen und die Eigenständigkeit regionaler Gebilde bestärkten. Bei der Gewinnung der Arbeiterschaft setzte er eher auf eine aktive Sozialpolitik, denn auf die Repression der Gestapo, so wie er auch in der „Judenfrage" einen vergleichsweise gemäßigten Kurs steuerte. Als Vorreiter erwies sich Bürckel bei der Auflösung bzw. Okkupation staatlicher Strukturen durch die Partei. Innerparteilich kollidierte sein autokratisches Machtstreben vorrangig mit der SS, der er politische Führungskompetenzen absprach. Gleichwohl war Bürckel ein getreuer Vasall Hitlers und ein wichtiger Motor des NS-Führerstaatsmodells, der mit den Abstimmungserfolgen im Saarland und in Österreich entscheidend zur innenpolitischen Stabilisierung des NS-Regimes beigetragen hatte.

Anmerkungen

[1] Berlin Document Center: Personalakte Joseph Bürckel.

[2] Karl Heinz Rothenberger, Die NSDAP in der Pfalz. Sozialstruktur der Partei nach der Parteistatistik von 1935, in: Jahrbuch für westdeutsche Landesgeschichte 12 (1986), S. 206.

[3] NSZ-Westmark vom 8. 5. 1944.

[4] Saarbrücker Zeitung vom 14. 1. 1937.

[5] Wiener Zeitung vom 25. 3. 1938.

[6] NSZ-Rheinfront vom 29. 5. 1936, 26. 10. 1936, 7. 9. 1936.

[7] Bürckel an Oberberghauptmann Schlattmann, Aufsichtsratsvorsitzender der Saargruben AG, 20. 5. 1937, Zentrales Staatsarchiv Potsdam, Reichswirtschaftsministerium 11 898.

[8] Saarbrücker Zeitung vom 21. 4. 1936.

[9] Völkischer Beobachter vom 5. 2. 1939.

[10] Eintragungen vom 11. 5. und 8. 5. 1937, in: Die Tagebücher von Joseph Goebbels. Sämtliche Fragmente, hrsg. von Elke Fröhlich, Teil 1, Bd. 3, München 1987, S. 141 und 138.

[11] Hilde Bürckel an Heinrich Welsch, 17. 6. 1950, Landesarchiv Saarbrücken, Nachlaß H. Welsch 19.

Bibliographie

Quellen

Aufgrund der schwierigen Quellenlage stellt eine wissenschaftliche Bürckel-Biographie nach wie vor ein Desiderat der Forschung dar. Einen Aktenbestand, der Bürckels Tätigkeit umfassend dokumentiert, gibt es nicht. Hinweise auf sein Wirken finden sich verstreut in folgenden Archiven: Berlin Document Center, Bundesarchiv Koblenz, Landesarchive Saarbrücken und Speyer, Archives de la région lorraine et du département de la Moselle Metz, Stadtarchiv Neustadt a. d. Weinstraße, Institut für Zeitgeschichte/München. Programmatische Reden Bürckels finden sich abgedruckt in folgenden NS-Zeitungen: Der Eisenhammer (1926–1930), NSZ-Rheinfront (1930–1941), NSZ-Westmark (1941–1944), Wiener Zeitung (1938–1940).

Literatur

Ganz im Gegensatz zur zersplitterten Quellenlage ist die Beschäftigung mit Bürckel in der wissenschaftlichen Literatur erstaunlich intensiv. Die umfassendsten und kenntnisreichsten Anmerkungen zu Bürckel enthält noch immer die Dissertation von Dieter Wolfanger, Die nationalsozialistische Politik in Lothringen (1940–1945), Phil. Diss. Saarbrücken 1977. Unbefriedigend, weil lückenhaft und eine Reihe formaler und sachlicher Mängel aufweisend demgegenüber: Peter Hüttenberger, Die Gauleiter. Studie zum Wandel des Machtgefüges in der NSDAP, Stuttgart 1969. Mit der Rolle Bürckels als Gauleiter der Pfalz beschäftigen sich: Karl-Heinz Rothenberger, Die Pfalz im Dritten Reich, in: Pfalzatlas. Textband III, hrsg. von Willi Alter, Speyer 1981; Lothar Meinzer, Stationen und Strukturen der nationalsozialistischen Machtergreifung: Ludwigshafen am Rhein und die Pfalz in den ersten Jahren des Dritten Reiches, Ludwigshafen 1983; Hans Fenske, Die pfälzische NSDAP 1921–1932, in: Mitteilungen des Historischen Vereins der Pfalz 85 (1987), S. 347–381; ders., Keine verschworene Gemeinschaft. Die pfälzischen Nationalsozialisten in der Weimarer Republik, in: Zeitschrift für bayerische Landesgeschichte 52 (1989), S. 593–608. Hinweise zur Verbindung Bürckels zu Gregor Straßer gibt Udo Kissenkoetter, Gregor Straßer und die NSDAP, Stuttgart 1978. Mit Bürckels Rolle im Saarland und im Saarabstimmungskampf haben sich beschäftigt: Fritz Jacoby, Die nationalsozialistische Herrschaftsübernahme an der Saar. Die innenpolitischen Probleme der Rückgliederung des Saargebietes bis 1935, Saarbrücken 1973; Gerhard Paul, „Deutsche Mutter – heim zu Dir!" Warum es gelang, Hitler an der Saar zu schlagen. Der Saarkampf 1933 bis 1935, Köln 1984; ders., Die NSDAP des Saargebietes (1920–1935). Der Aufstieg der NSDAP in der proletarisch-katholischen Provinz, Saarbrücken 1987. Aus zeitgenössischer Sicht liegt hierzu die Studie eines Mitarbeiters Brückels vor: Karl Bartz, Weltgeschichte an der Saar, Neustadt a. d. Haardt 1935. Zu Bürckels Rolle als Reichskommissar des Saarlandes bzw. Reichsstatthalter der Westmark liegen folgende Veröffentlichungen vor: Hans Fenske, Josef Bürckel und die Verwaltung der Pfalz (1933–1940), in: Dieter Rebentisch/Karl Teppe (Hrsg.), Verwaltung contra Menschenführung im Staat Hitlers. Studien zum politisch-administrativen System, Göttingen 1986, S. 153–172; Hans-Walter Herrmann, Pfalz und Saarland in den Plänen zur Neugliederung des Reichsgebietes 1933–1941, in: Mitteilungen des Historischen Vereins der Pfalz 83 (1985), S. 321–361; Volker Rödel, Die Behörde des Reichsstatthalters in der Westmark, in: Jahrbuch für westdeutsche Landesgeschichte 10 (1984), S. 287–318; ders., Partei und staatliche Verwaltung in Joseph Bürckels Machtbereich, in: Zehn statt tausend Jahre. Die Zeit des Nationalsozialismus an der Saar 1935–1945, Saarbrücken 1987, S. 49–59. Zu Bürckels Tätigkeit in Österreich siehe ausführlich die Studien von Gerhard Botz, Die Eingliederung Österreichs in das Deutsche Reich. Planung und Verwirklichung des politisch-administrativen Anschlusses 1938 bis 1940, Wien 1988 (zweite und ergänzte Auflage); ders., Wien vom „Anschluß" zum Krieg. Nationalsozialistische Herrschaftsübernahme und politisch-soziale Umgestaltung am Beispiel der Stadt Wien 1938/39, Wien–München 1978 sowie Radomír Luža, Österreich und die großdeutsche Idee in der NS-Zeit, Graz 1977. Hinweise auf Bürckels Kirchenpolitik gibt Ferdinand Pauly, Zur Kirchenpolitik des Gauleiters J. Bürckel im Saargebiet (März–August 1935), in: Rheinische Vierteljahresblätter 35 (1971), S. 414–453. Mit der Judenpolitik Bürckels haben sich neuerdings beschäftigt: Jacob Toury, Die Entstehungsgeschichte des Austreibungsbefehls gegen Juden der Saarpfalz und Badens (22./23. Oktober 1940–Camp de Burs), in: Tel Aviver Jahrbuch des Instituts für deutsche Geschichte 15 (1986), S. 431–464 sowie Volker Rödel, Die Judenpolitik der pfälzischen NSDAP, in: Alfred Hans Kuby (Hrsg.), Juden in der Provinz. Beiträge zur Geschichte der Juden in der Pfalz zwischen Emanzipation und Vernichtung, Neustadt a. d. Weinstraße 1988, S. 87–102. Auf das sozialpolitische Engagement Bürckels hat erstmals verwiesen: Timothy W. Mason, Arbeiterklasse und Volksgemeinschaft. Dokumente und Materialien zur deutschen Arbeiterpolitik 1936–1939, Opladen 1975. Eine breit angelegte Darstellung hierzu findet sich jetzt auch bei Klaus-Michael Mallmann/Gerhard Paul, Herrschaft und Alltag. Ein Industrierevier im Dritten Reich, Bonn 1991.

6. Kurt Daluege – Der Prototyp des loyalen Nationalsozialisten

Von Caron Cadle*

Kurt Daluege, SS-Oberstgruppenführer und Chef der Ordnungspolizei, ist der Inbegriff des mittleren bis höheren Funktionärs, der mithalf, das Dritte Reich zu schaffen und aufrechtzuerhalten. Er gewann seinen Posten dadurch, daß er früh und inbrünstig die nationalsozialistische Weltanschauung übernahm, Adolf Hitler völlig ergeben war, hart arbeitete, rücksichtslos vorging und eine Begabung dafür besaß, zur rechten Zeit am rechten Ort zu sein. Aber Taktlosigkeit, die Neigung, sich leicht durch andere beeinflussen zu lassen, und die Überschätzung seiner eigenen Macht führten zusammen mit anderen Faktoren zu seinem plötzlichen Absturz.

Daluege wurde am 15. September 1897 in Kreuzburg (Oberschlesien) als Sohn eines mittleren Beamten – eines Landeskulturoberinspektors – geboren. Sein autoritärer Vater impfte ihm seinen eigenen Antisemitismus und übersteigerten Nationalismus ein. Anstelle derjenigen Jungen, die seine Eltern als passende Freunde für ihn ansahen, zog der junge Daluege allerdings Kameraden aus der Arbeiterschicht vor. Und er haßte das prestigebewußte Realgymnasium, in das man ihn schickte und in dem die erste Frage immer hieß: „Was ist dein Vater?"[1] Er schloß sich der Jugendbewegung „Wandervogel" an, angezogen von ihrer Ablehnung der „sterilen" Gegenwartskultur, ihrer Betonung der „Natur" und ihrem Versuch, eine „klassenfreie" Gesellschaft sowie eine im Deutschtum verwurzelte Kultur aufzubauen. Hochgewachsen, athletisch gebaut und energisch auftretend, wurde er ein „Wandervogel"-Führer. Im Ersten Weltkrieg kämpfte er als Freiwilliger, wurde wegen Tapferkeit ausgezeichnet und besuchte mit Erfolg die Offiziersschule; infolge einer schweren Verwundung im

* Aus dem Englischen übersetzt von Karl Nicolai.

April 1918 lag er jedoch sechs Monate im Lazarett und wurde nicht mehr Offizier. Das Kriegserlebnis veranlaßte ihn, das Wohl der Gruppe über das Wohl des einzelnen zu stellen, und schuf eine lebenslange Sehnsucht nach der „Frontgemeinschaft“ und der Gleichheit aller Menschen, die das gemeinsame Durchleben gefährlicher Situationen scheinbar herbeigeführt hatte.

Im Lazarett in Frankfurt an der Oder, von den Realitäten der Front abgeschirmt, erlebte Daluege die Niederlage Deutschlands als Schock. Er schloß sich dem „Selbstschutz Oberschlesien“ (SSOS) an, einer der zahlreichen paramilitärischen Gruppen (Freikorps), die aufgestellt wurden, um dem „Bolschewismus“ und „Tyrannei“ der Siegermächte entgegenzutreten; gleichzeitig arbeitete er ganztägig in einer Maschinenfabrik. Seine Rolle als SSOS-Führer 1918–1921 bei den laufenden Zusammenstößen zwischen den Volksgruppen in Oberschlesien, das der neuerrichtete polnische Staat zu annektieren suchte, endete mit der Schlacht am Annaberg (Mai 1921), in der eine Koalition deutscher Freikorps den letzten Versuch der Polen, das Gebiet gewaltsam zu besetzen, vereitelte. Danach zog Daluege nach Berlin, um an der Technischen Hochschule Charlottenburg Tiefbau zu studieren; gleichzeitig übernahm er die Führung des Berliner Ablegers des Freikorps Roßbach.

Im November 1922 verließ Daluege dieses Freikorps und trat dem autoritären, antisemitischen „Deutschvölkischen Schutz- und Trutz-Bund“ bei. Schließlich landete er bei der „Großdeutschen Arbeiterpartei“, der preußischen Entsprechung der „Nationalsozialistischen Deutschen Arbeiterpartei“ (NSDAP), die eine straffere Organisation und präziser formulierte Ziele bot. Im Frühjahr 1923 begegnete er in München dem NSDAP-Führer Adolf Hitler. Von den Reden und der Erscheinung Hitlers tief beeindruckt, wurde er dessen bedingungsloser Gefolgsmann. Während Hitlers „Bierhallenputsch“ im November 1923 wartete Daluege mit etwa dreißig Leuten in Berlin auf einen Telefonanruf aus München – entschlossen, die Eroberung der deutschen Hauptstadt zu versuchen. Sie warteten vergeblich. Um das anschließende Verbot der NSDAP zu umgehen, gründete Daluege mit einigen anderen eine neue paramilitärische Gruppe, den Berliner „Frontbann“. „Frontbann“ war auch der Deckname, den die „Parteiarmee“ der NSDAP, die SA, in Bayern angenommen hatte, um der Auflösung zu entgehen.

Seit 1923 war der Frontbann Bestandteil der Berliner Straßenszene:

er belästigte Juden und Ausländer, demonstrierte gegen die Weimarer Republik und engagierte sich in immer heftigeren Auseinandersetzungen mit den Sozialdemokraten und den Kommunisten. Es gab mehrere Tote; Daluege selbst wurde nach einem Zusammenstoß vorübergehend für tot erklärt. Trotz seiner ununterbrochenen politischen Aktivität brachte er es jedoch fertig, 1924 seine Prüfung als Tiefbau-Diplomingenieur abzulegen, 1926 die Nationalsozialistin Käthe Schwarz zu heiraten und bis Januar 1933 ganztägig als Ingenieur zu arbeiten.

Die Wiederzulassung der NSDAP Anfang 1926 spaltete den inzwischen auf 2000 Mann angewachsenen Berliner Frontbann. Nur 450 davon entschlossen sich, als Berliner SA (am 26. März 1926 von Daluege mitbegründet) offiziell der NSDAP beizutreten. Die Mitgliederzahlen der Berliner SA, ihre Aggressivität und ihre Reibereien mit der Berliner Parteiführung (beherrscht von den Brüdern Gregor und Otto Straßer, die Daluege als zu „zahm" ansah) nahmen jedoch rasch zu; es kam zu einer Spaltung, die Hitler veranlaßte, am 9. November 1926 Joseph Goebbels zum Gauleiter von Berlin zu ernennen. Daluege hatte zunächst einen eigenen Kandidaten vorgeschlagen, stellte sich dann aber mit seiner SA Goebbels gehorsam zur Verfügung.

Goebbels setzte die Berliner SA, die bereits mehrere tausend Mann zählte, bei seinem Versuch ein, Berlin durch eine Kombination von Wort (Pamphlete, Plakate, Reden etc.) und Tat (geplante Protestmärsche, Demonstrationen, Kundgebungen und eskalierende Gewalt) für die NSDAP zu gewinnen. Ebenso diente sie als Leibwache für Parteiredner. 1927 vermittelte Daluege zudem in einem erbitterten Streit zwischen Goebbels und Otto Straßer und konnte dadurch eine weitere Spaltung der Berliner NSDAP vorübergehend abwenden. Trotz seiner wachsenden Bedeutung wurde er bei der Reorganisation der SA auf Reichsebene 1928 jedoch nicht Oberführer eines der sieben SA-Bereiche. Der Grund dafür war möglicherweise, daß seine Tätigkeit als Ingenieur ihm für seine SA-Arbeit zu wenig Zeit ließ, vielleicht aber auch seine Neigung zu cholerischem Poltern oder seine gelegentliche Naivität, die ihm den Spitznamen „Dummi-Dummi" eingetragen hatte. Daluege fühlte sich übergangen, trat verbittert als Führer der Berliner SA zurück und blieb ein halbes Jahr lang dem aktiven Dienst fern. Im Juli 1929 wurde er schließlich in die Reichsführung der SA berufen, erhielt jedoch nur das Ehrenamt eines SA-Führers „zur besonderen Verwendung“ (ein Euphemismus, der beträchtliche Macht verleihen konnte, es jedoch in diesem Fall nicht tat).

Anfang 1930 fühlte sich Daluege wie viele andere „Alte Kämpfer“ der SA entfremdet. Die Weltwirtschaftskrise hatte deren Reihen mit Männern gefüllt, die offenkundig von den Suppenküchen der Partei, nicht von der Partei als solcher begeistert waren. Walter Stennes, der charismatische ehemalige Freikorpsoffizier, den man Daluege vorgezogen und zum SA-Oberführer Ost (Berlin) ernannt hatte, warf der NSDAP vor, sie sei „verbonzt“, baue eine neue luxuriöse Parteizentrale, statt die SA-Leute besser zu bezahlen, und übergehe auf ihren Parteilisten für Reichstags- und Landtagswahlen die SA-Führer. Um in Berlin ein Gegengewicht zu Stennes zu schaffen, bat Hitler Daluege, die Berliner SS – damals eine kleine elitäre Leibwache – zu übernehmen. Unter Heinrich Himmler, seit 1929 Reichsführer SS (RFSS), wurde die SS völlig umgeformt; ihre Betonung des elitären Leistungsgedankens und der totalen Loyalität gegenüber Hitler gefiel Daluege. Er trat aus der SA aus und schloß sich am 25. Juli 1930 der SS an. In weitestgehender Unabhängigkeit von Himmler, machte er aus der Berliner SS eine Geheimdienstorganisation der NSDAP zur Bespitzelung äußerer Gegner und der SA, aber auch eine der Partei völlig ergebene Kampftruppe.

Unmittelbar vor der Reichstagswahl im September 1930 organisierte Stennes einen SA-Streik gegen die NSDAP, um Hitler zu zwingen, den SA-Leuten mehr Geld und den SA-Führern mehr Macht zuzugestehen. Sieben Monate später, im sogenannten „Stennes-Putsch“ vom April 1931, versuchte er die SA Nord- und Ostdeutschlands von der Partei unabhängig zu machen. In beiden Krisen stand Dalueges Berliner SS treu zu Hitler, wenn sie auch nicht alles Parteieigentum in Berlin vor den Angriffen der zahlenmäßig weit überlegenen SA schützen konnte. Nach dem Streik verlieh Hitler Daluege in der SS den gleichen Rang, den Stennes in der SA innehatte. Als Stennes während seines „Putsches“ das Geld ausging und die meisten seiner Anhänger ihn im Stich ließen, war die Berliner SS endlich imstande, zurückzuschlagen, verlorenes Parteieigentum zurückzuerobern und alte Rechnungen zu begleichen.

Der „Stennes-Putsch“ brachte Daluege die bleibende Gunst Hitlers ein und kann als die Grundlage seiner Karriere bezeichnet werden. Zu einem Zeitpunkt, als sogar Joseph Goebbels’ Loyalität (fälschlicherweise) bezweifelt wurde, hatte Daluege sich als absolut zuverlässig erwiesen. Hitler nannte ihn „mein tapferer Kurt" und schrieb ihm einen lobenden Brief, der in den Worten gipfelte: „SS-Mann, Deine Ehre heißt Treue."[2] Himmler ließ später jedes Koppelschloß der SS mit der Inschrift „Meine Ehre heißt Treue" versehen. 1932 wurde Daluege nicht nur SS-Gruppenführer (im Rang eines Generalmajors), sondern bekam auch einen Sitz im Preußischen Landtag. Im Landtag war er Mitglied des „Chikago"- und des Polizeiausschusses (der letztere wurde bald scherzhaft als „Daluegen-Ausschuß" bezeichnet). Im Rahmen dieser Tätigkeit benutzte er Informationen, die seine stark angewachsene Berliner SS gesammelt hatte, um Untersuchungen gegen Korruption und Polizeibrutalität einzuleiten. Diese wiederum schlachtete er propagandistisch aus, um gegen die Juden und die Weimarer Republik zu hetzen. Außerdem setzte er sich in Zeitungsartikeln und Reden energisch für Hitlers Ernennung zum Reichskanzler ein.

Nach der Machtübernahme schloß sich Daluege – beunruhigt durch Horden machthungriger Parteigenossen, die nach Berlin strömten – Hermann Göring, dem nunmehr mächtigsten Mann in Preußen, an, um seine Stellung zu behaupten. Auf Anweisung Görings verwendete er Akten der Berliner SS, um Firmen und die Polizei von „unerwünschten" Elementen zu säubern. Man hat behauptet, Daluege habe sich zusammen mit Göring an einem Komplott beteiligt, um das Reichstagsgebäude in Brand zu stecken. Diese These ist jedoch inzwischen eindeutig widerlegt worden: Daluege wie Göring glaubten tatsächlich an einen unmittelbar bevorstehenden kommunistischen Aufruhr, sie benutzten den Reichstagsbrand als Vorwand, um viele, deren Namen auf bereits vorliegenden „schwarzen Listen" standen, zu verhaften oder hinzurichten.[3]

Am 11. Mai 1933 ernannte Göring Daluege zum Chef der Preußischen Polizei, und Daluege wiederum half Göring dabei, die Politische Polizei in Preußen zu seinem privaten Machtinstrument zu machen. Das mißfiel jedoch dem RFSS Himmler, denn der strebte eine zentrale Reichspolizei unter seiner eigenen Kontrolle an und war überzeugt, Hitler werde diesem Plan schließlich zustimmen, um die unaufhörlichen chaotischen Auseinandersetzungen zwischen Konkurrenten um die regionale und zentrale Polizeigewalt zu beenden.

Himmler versuchte Daluege zur Räson zu bringen. Dieser aber wehrte sich, zumal er bis dahin faktisch unabhängig vom RFSS agiert hatte. Von klugen Mitarbeitern manipuliert und vom eigenen Ehrgeiz getrieben, versuchte er seine Verbindungen zu Hitler, Göring und anderen auszunutzen, um selbst Chef einer etwaigen Reichspolizei zu werden. Im März 1933 lehnte er es sogar ab, Heydrich – die „rechte Hand“ Himmlers – zu empfangen, der als Abgesandter aus München zu ihm gekommen war. Himmler mußte Daluege als Führer der Berliner SS entlassen, um an deren Akten heranzukommen; Daluege reagierte darauf mit einem empörten Brief, in dem er darauf verwies, daß er bei Hitler in besonderer Gunst stehe.[4]

Im Dezember 1933 spürte Daluege jedoch allmählich, in welche Richtung die Dinge laufen würden. Innenminister Wilhelm Frick strebte ebenfalls nach der Kontrolle über eine etwaige Reichspolizei, und der ständige Machtkampf schuf in den Dienststellen der Polizei ein unerträgliches Klima der Intrige. Die Lage wurde noch komplizierter dadurch, daß Ernst Röhm, der Stabschef der SA, und seine zahlengewaltige Organisation unruhig wurden und eigene Forderungen an Hitler stellten. Aufgrund seiner Erfahrungen mit Stennes mag Daluege geahnt haben, daß Hitler Himmlers SS benutzen würde, um die von der SA drohende Gefahr niederzuschlagen. Er begann Himmler günstig zu stimmen, indem er ihm Anfang 1934 dabei behilflich war, das Hauptquartier der SS von München nach Berlin zu verlegen, und den RFSS mit Material versorgte, welches dieser gegen Göring sammelte.

Im April 1934 trat Göring die Preußische Geheime Staatspolizei an Himmler und Heydrich ab, die eine einheitliche Politische Polizei für das ganze Reich – die Gestapo – aufbauten. Wenige Wochen später wurde Daluege, mit Zustimmung Himmlers und Fricks, Chef der gesamten übrigen Polizei in Deutschland. Trotz dieser Annäherung an Himmler wurde Daluege in die Pläne, die Göring, Himmler und Heydrich gegen die SA schmiedeten, nicht eingeweiht: Vielleicht wollte man verhindern, daß der Erfolg des Unternehmens ihm angerechnet wurde; vielleicht befürchtete man aber auch, er könnte Hitler bitten, alte SA-Kameraden zu schonen. Am 30. Juni 1934 war Daluege verwirrt und empört, als Göring über seinen Kopf hinweg einen Teil seiner Polizeikräfte dirigierte. Als er dann das Ausmaß des Blutbades erkannte, glaubte er zunächst, man wolle auch ihn umbringen. Unter diesem Eindruck begab er sich direkt zu den Drahtziehern des „Röhm-Putsches“. Als er zu seiner großen Erleichterung feststellte, daß man ihm nicht nach dem Leben trachtete, gab er vor zu glauben, sie hätten tatsächlich eine finstere Verschwörung gegen Hitler vereitelt. Die ehrgeizigen Hoffnungen des eingeschüchterten Daluege lebten erst wieder auf, als Hitler ihn unter Umgehung Himmlers zum SS-Obergruppenführer beförderte. Er schloß ein Bündnis mit Frick, der immer noch hoffte, bei Hitler die Ernennung Dalueges zum Chef der gesamten deutschen Polizei – die auch die Gestapo umfassen und der Kontrolle des Reichsinnenministers unterstehen würde – durchsetzen zu können.

Daluege legte Hitler diesen Plan im Februar 1936 vor. Als aber am 17. Juni 1936 tatsächlich eine einheitliche deutsche Polizei geschaffen wurde, hieß ihr Chef Heinrich Himmler. Immerhin wurde – darauf bestand Hitler – Daluege nominell Himmlers Stellvertreter und Chef einer der beiden neuen Polizeiabteilungen, der Ordnungspolizei (Orpo), d. h. er befehligte seitdem die gesamte uniformierte Polizei und alle Feuerwehren in Deutschland. Daluege mußte jedoch die Kriminalpolizei an Heydrich abtreten, dessen Sicherheitspolizei (Sipo) die Kriminalpolizei und die Gestapo umfaßte. Dadurch war Heydrich Daluege an tatsächlicher Macht überlegen, obwohl er ihm formal rangmäßig untergeben war. Gleichwohl kam dieser relative Erfolg Dalueges für viele überraschend. Im März 1936 hatte er einen Herzinfarkt erlitten, der durch eine angeborene Syphilis verursacht wurde. In der SS kursierten daraufhin Gerüchte, die Syphilis habe ihn impotent und geistig labil gemacht. Diese Gerüchte wuchsen, als sich der kinderlose Daluege 1937 ärztlich für unfruchtbar erklären ließ, damit seine Frau einen Pflegesohn annehmen konnte. Danach brachte Käthe Daluege drei eigene Kinder zur Welt, worauf das Gerede über Impotenz verstummte; aber die Meinung, Dalueges geistige Fähigkeiten seien durch seine Krankheit beeinträchtigt, blieb immer noch weit verbreitet.

Da er beweisen wollte, daß er noch leistungsfähig war, arbeitete Daluege fleißig, um die Orpo zu organisieren und zu modernisieren. Wegen seines guten Verhältnisses zu Hitler machte ihn Himmler bei dem alljährlichen Kampf um Geldmittel zum Hauptsprecher nicht nur der Orpo, sondern auch der Sipo. Daluege beteiligte sich zudem an der Aufrüstung Deutschland: Seit 1933 hatte er militärische Einheiten aufgestellt, die als Polizei getarnt waren, etwa die Landespolizei, und 1935 in die Wehrmacht überführt wurden. Jetzt stellte er „Polizeibataillone“ der Orpo auf, die sich von denen der Wehrmacht praktisch nicht unterschieden.

Vor den Annexionen Österreichs, des Sudetenlandes und der

„Resttschechei“ sowie vor den Überfällen auf Polen und Rußland arbeitete Daluege genaue Pläne aus, die der Orpo ihre Rolle im Rahmen dieser Operationen zuwiesen. Verbände der Orpo erfüllten Polizeiaufgaben, bewachten Gefangene, Beutegut und „befriedeten“ die Zivilbevölkerung, indem sie Widerstand mittels „Hilfspolizisten“ niederschlugen, die an Ort und Stelle – meist aus unzufriedenen Minderheitengruppen – rekrutiert, bewaffnet und dann losgelassen oder systematisch eingesetzt wurden, um Juden und andere mißliebige Zivilisten umzubringen. Das Verhalten der Orpo in Osteuropa war berüchtigt: Schon im Februar 1940 verlangte das deutsche Heer, daß alle Verbände der Orpo aus Polen abgezogen und ersetzt werden sollten. Innerhalb des Reiches übernahm die Orpo Aufgaben wie die Bewachung von Zwangsarbeitern und Kriegsgefangenen, Luftschutzpatrouillen und die Beseitigung von Bombenschäden. Im Februar 1943 umfaßte die Orpo insgesamt fast 3 Millionen Mann.

Die Orpo war tief in den Holocaust verstrickt. Vor dem Krieg sorgte Daluege als leidenschaftlicher Antisemit für eine strenge Anwendung der Nürnberger Gesetze. Er war an der Planung und Inszenierung des „Kristallnacht“-Pogroms sowie an der darauffolgenden Enteignung der deutschen Juden beteiligt. Im Oktober 1941 unterzeichnete er den ersten Befehl zur Deportation deutscher Juden nach Polen. Seit diesem Zeitpunkt förderte die Orpo den Genozid, indem sie in Deutschland und im besetzten Europa Juden für den Abtransport zusammentrieb. Bataillone der Orpo erschossen auch seit 1941 in Osteuropa systematisch Hunderttausende von Juden und anderen „Unerwünschten“.[5]

Am 27. Mai 1942 wurde auf Heydrich, der jetzt nicht nur Chef der Sipo, sondern auch Stellvertretender Reichsprotektor in Böhmen und Mähren war, in Prag ein Attentat verübt. Daluege und Heydrich hatten miteinander vereinbart, wenn einer von ihnen ausfalle, solle der andere versuchen, dessen Posten in SS-Hand zu halten (Heydrich, jünger und in jeder Hinsicht fitter, nahm gewiß an, er werde von dieser Vereinbarung profitieren). Daluege flog nach Prag, und Hitler ernannte ihn vorläufig zum Stellvertretenden Reichsprotektor. Damit war er der mächtigste Mann in Böhmen und Mähren, denn der nominelle Reichsprotektor, Freiherr Constantin v. Neurath, war in Ungnade gefallen und beurlaubt worden. Zum Verdruß von Karl Hermann Frank, Heydrichs Stellvertreter im Reichsprotektorat, der sich begreiflicherweise Hoffnungen auf die Nachfolge gemacht hatte, wurde Daluege zum permanenten Nachfolger ernannt, als Heydrich Anfang Juni seinen Verletzungen erlag.

Die Rolle Dalueges bei der Untersuchung des Attentats auf Heydrich und bei den anschließenden Repressalien ist nicht ganz klar. Dalueges Privatkorrespondenz beweist, daß er die (richtige) Vermutung des Gestapoermittlers Heinz Pannwitz, die Attentäter seien von der tschechischen Exilregierung geschickt worden, übernahm, jedoch (fälschlicherweise) glaubte, sie hätten bei der lokalen Bevölkerung starke Unterstützung gefunden. Da er einen Aufstand befürchtete, setzte er zahlreiche Einheiten der Orpo und des Heeres ein, die eine gigantische Fahndung von Haus zu Haus durchführten, und ließ sich dann von Frank (der vielleicht Hitlers Absicht, Daluege als versöhnliche Galionsfigur zu benutzen, durchkreuzen wollte) zu drakonischen Vergeltungsmaßnahmen überreden, beispielsweise zur sofortigen Aburteilung und Hinrichtung eines jeden, der „das Attentat guthieß". Die Fahndung nach den Attentätern wurde dadurch nicht erleichtert.

Es kam zu massenhaften Festnahmen und Hinrichtungen, teilweise nach einem Quotensystem, das genaue Zahlen pro Ortschaft festlegte. Zwei Dörfer, deren Einwohner verdächtigt wurden, den Attentätern Unterschlupf geboten zu haben, wurden dem Erdboden gleichgemacht, die Männer an Ort und Stelle erschossen, die Frauen in ein Konzentrationslager gebracht: die Kinder begleiteten teils ihre Mütter, teils wurden sie zur Adoption durch SS-Familien freigegeben. Pannwitz behauptet, Lidice, das größere der beiden Dörfer (rd. 400 Einwohner), sei Hitler von Karl Böhme, dem Befehlshaber der Sipo im Reichsprotektorat, vorgeschlagen worden: Hitler habe daraufhin Frank angewiesen, Böhme mit der Vernichtung von Lidice zu beauftragen.[6] Auf jeden Fall erfuhr Daluege erst im nachhinein von der Aktion, unterzeichnete aber Befehle mit rückwirkender Kraft und befahl oder billigte alle anderen Maßnahmen.

Als Stellvertretendem Reichsprotektor gelang es Daluege, die Quoten der Rüstungsproduktion ebenso zu erfüllen wie die Forderungen nach Zwangsarbeitern. Er wurde jedoch nicht der große Versöhner, den Hitler gewünscht hatte. Vielmehr stritt er sich unaufhörlich mit Frank, und zeigte sich von seiner Doppelrolle als Orpo-Chef und Reichsprotektor zunehmend überfordert. Außerdem verärgerte er Himmler, als er sich von einem Mitarbeiter, dem Chef der Rechtsabteilung der Orpo, dazu überreden ließ, gegen die von Himmler angestrebte völlige Verschmelzung von SS und Polizei Einspruch zu erheben und zu versuchen, für die Polizei eine gewisse Eigenständigkeit zu bewahren. Schließlich machte Daluege einen dubiosen alten Freund, Walter Jurk, zum Verwalter des beschlagnahmten jüdischen Vermögens im Protektorat. Jurk verschwand mit zahlreichen Wertgegenständen, und möglicherweise eignete sich auch Daluege manches an. Dies wurde öffentlich bekannt und verursachte einen Skandal.

Der zweite Herzinfarkt Dalueges im Juni 1943 eröffnete Himmler die Chance, ihn nicht nur seines Amtes als Orpo-Chef zu entheben, sondern auch aus dem Reichsprotektorat zu verdrängen. Hitler, der Daluege 1942 den hohen Rang eines SS-Oberstgruppenführers (der dem eines Generalobersten entsprach) verliehen hatte, wollte ihn jedoch nicht gehen lassen. Daher täuschte der RFSS Besorgnis um den Kranken vor, befahl jedoch den SS-Ärzten, dem Patienten gegenüber den Ernst seiner gesundheitlichen Situation übertrieben darzustellen, und förderte die weitverbreitete Auffassung, Daluege sei geisteskrank. Abgeschirmt von seinen Mitarbeitern, Freunden und Familienangehörigen, mußte sich Daluege einer medizinischen Behandlung unterziehen, die ihn fast das Leben kostete. Das brachte ihn dazu, Hitler um einen ein- bis zweijährigen Urlaub zu bitten. Hitler schenkte ihm ein Gut, und Himmler sorgte dafür, daß es weit von Berlin entfernt war. Die persönlichen Privilegien wurden Daluege systematisch entzogen. Schließlich begriff er, daß Himmler entschlossen war, ihn für immer aus dem öffentlichen Leben zu verbannen, und brach mit ihm in einem letzten, verbitterten Brief.

Frank erhielt jetzt die wirkliche Macht im Reichsprotektorat Böhmen und Mähren, Himmler trieb die Vereinigung von Polizei und SS voran, und Daluege begab sich mit seiner Familie – nach vielen Verzögerungen – Ende 1944 auf sein Gut im Osten. Bald schon mußte er jedoch nach Berlin zurückfliehen, später nach Lübeck, wo Daluege Anfang Mai 1945 in Gefangenschaft geriet. Er kam zunächst nach Luxemburg, dann nach Nürnberg. Als man ihm eröffnete, er sei als Hauptkriegsverbrecher eingestuft, reagierte er wie vom Blitz getroffen. Und dabei ahnte er noch nicht einmal, daß die tschechische Regierung seine Auslieferung forderte. Daluege war den Alliierten hauptsächlich wegen des berüchtigten Massakers von Lidice bekannt. Die Tschechen waren offenbar bereit, auf die Auslieferung des Freiherrn v. Neurath, den die Alliierten in Nürnberg vor Gericht stellen wollten, ganz zu verzichten, falls sie dafür Daluege bekamen.[7] Ende Januar 1946 wurde ein Auslieferungsabkommen angekündigt. Ohne davon zu wissen, wurde Daluege im Mai nach Prag gebracht, wobei er glaubte, er solle nur gegen Karl Hermann Frank aussagen. Bei seiner Ankunft erfuhr er, daß man auch ihm den Prozeß machen würde. Seine wiederholten verzweifelten Proteste gegen diesen „vollkommenen Verrat" und seine Gesuche um Rückverlegung des Gerichtsstandes nach Nürnberg blieben unbeachtet. Daluege wußte (um mit seinem Hauptankläger, Jaroslav Drabek, zu sprechen), „was er von einem Prager Gerichtshof zu erwarten hatte".[8]

Es entbehrt nicht einer gewissen Ironie, daß es tatsächlich wohl angemessener gewesen wäre, Daluege in Nürnberg den Prozeß zu machen. Angesichts des gegen ihn vorliegenden Belastungsmaterials wäre seine Strafe dort freilich kaum weniger hart ausgefallen. Die Entscheidung, ihn an Prag auszuliefern, stützte sich auf die Rolle, die er bei den Repressalien für die Ermordung Heydrichs gespielt hatte, obgleich er bei den schwersten Repressalien nicht als Anstifter in Erscheinung getreten war. Dagegen trug er unbestreitbar Verantwortung für viel weiterreichende Verbrechen, etwa die vorsätzliche Vorbereitung des Krieges und die Beteiligung der Orpo sowohl an den Greueltaten der „Befriedung" in den von Deutschen besetzten Gebieten als auch an den Deportationen und Massenhinrichtungen des Holocaust.

Im Prozeß gegen Frank wies Daluege Versuche, ihn und seine angebliche Geisteskrankheit für die Heydrich-Repressalien verantwortlich zu machen, gelassen zurück. In seinem eigenen Prozeß, im Oktober 1946, wurde ihm eine lange Liste von Verbrechen zur Last gelegt: Unter anderem habe er bei der Besetzung tschechischen Territoriums geholfen, den Tod und die Enteignung von Tschechen verursacht, sie zur Zwangsarbeit geschickt und seine Stellung zur persönlichen Bereicherung mißbraucht. Er beteuerte, seine Absichten seien gut gewesen, er habe ein reines Gewissen und er werde „von 3 Millionen Polizisten geliebt".[9] Sein Glaube an Hitler blieb unerschüttert, und er schien bestürzt, als das Gericht seine Rechtfertigung, er habe stets nur die Befehle Hitlers befolgt, nicht akzeptierte. Er behauptete, sich nicht mehr erinnern zu können, bestritt trotz schriftlicher Beweise seine Schuld und suchte die Verantwortung auf den inzwischen hingerichteten Frank zu schieben. Am 15. Oktober suchte er sogar Geisteskrankheit vorzuschützen, vielleicht in der Hoffnung, es könnte sich endlich zu seinen *Gunsten* auswirken, wenn man ihn für geisteskrank halte. Er gab jedoch auf, „als er sah, ... daß ihm niemand glaubte".[10]

Am nächsten Tag machte er einen gefaßten, fast gelangweilten Eindruck und reagierte nicht, als Drabek die Todesstrafe für ihn forderte. In einer Einlassung erklärte er, warum er der NSDAP beigetreten war. Er betonte dabei seine Überzeugung, „das Wohl der Gemeinschaft“ sei „das Wohl des Einzelnen“.[11] Er bat um Gnade für seine Familie, die er seit Monaten nicht hatte sehen dürfen. Am 23. Oktober 1946 wurde er wegen Besetzung tschechischen Territoriums, wegen einiger besonders schwerer Repressalien für das Attentat auf Heydrich und weil er Tschechen zur Zwangsarbeit geschickt hatte, zum Tod durch den Strang verurteilt. Die Anklagen wegen Lidice und wegen Unterschlagung ließ man merkwürdigerweise fallen. Die Hinrichtung fand noch am gleichen Tag statt. Während er in seiner Zelle wartete, schnitt er sich mit einer Scherbe die Pulsadern auf, wurde jedoch entdeckt und verbunden. Seine letzten Worte waren – wie so vieles in seiner Karriere – typisch für den loyalen Nationalsozialisten: „Ich sterbe nicht als Christ, sondern als Staatsverbrecher. Mein Werk als Chef der Orpo ist nicht anerkannt worden.“[12]

Anmerkungen

[1] Kurt Daluege, autobiographische Aussage, o. D. (1945), S. 1, Daluege Biographical File I, National Archives, Washington, D. C.

[2] Heinz Höhne, Der Orden unter dem Totenkopf, Gütersloh 1967, S. 62–67. (Das dort genannte Datum für Dalueges Eintritt in die SS ist ungenau.)

[3] Rudolf Diels, Rundschreiben AZ: I 2 b 4270 VIII, 28. 2. 1933, im Nachlaß Daluege, Berlin Document Center, Berlin.

[4] Kurt Daluege, Schreiben an RFSS Himmler, 3. 10. 1933, Nachlaß Daluege, Berlin Document Center, Berlin.

[5] Eine neue überzeugende Darstellung der Hinrichtung oder Deportation von rd. 83 000 Juden durch ein einziges Bataillon der Orpo liefert Christopher R. Browning, Ordinary Men: Reserve Police Battalion 101 and the Final Solution in Poland, New York 1992.

[6] Stanislav F. Berton, Das Attentat auf Reinhard Heydrich vom 27. Mai 1942. Ein Bericht des Kriminalrats Heinz Pannwitz, in: Vierteljahreshefte für Zeitgeschichte 33 (1985), S. 689–693.

[7] Jaroslav Drabek, Interview, 31. 10. 1978.

[8] Kurt Daluege, zitiert bei Ivan Suk, The Irreconcilable Rival of K. H. Frank, Quelle unbekannt, Mai 1946, dem Autor durch Jaroslav Drabek mitgeteilt; Drabek, Interview, 31. 10. 1978.

[9] Kurt Daluege, in: Daluege kradl cesky a zidovsky majetek, Lidova Demokracie, Prag, 12. 10. 1946, S. 2.

[10] Drabek, Interview, 31. 10. 1978. Mehrere frühere Mitarbeiter sagten 1965 aus, daß Daluege tatsächlich geisteskrank war; aus ihren Begleitbriefen geht jedoch hervor, daß sie mit dieser Aussage lediglich seiner Witwe zu einer Hinterbliebenenrente verhelfen wollten.

[11] Kurt Daluege, zitiert in: Daluegovi navrzen trest smrti, Rude Pravo, Prag, 16. 10. 1946, S. 1.

[12] Kurt Daluege, in: Daluege odsouzen k trestu smrti a popraven, Lidova Demokracie, Prag, 24. 10. 1946, S. 2.

Bibliographie

Quellen

Die wichtigsten Primärquellen über Daluege finden sich in Berlin (besonders im Nachlaß Daluege des Geheimen Staatsarchivs Preußen und des Berlin Document Center), im Bundesarchiv in Koblenz und im Institut für Zeitgeschichte in München. In den USA befinden sich Originaldokumente (bzw. Kopien) hauptsächlich in den National Archives, Washington, D. C. (vor allem Akten und Mikrofilme zur Biographie Dalueges) und in der Hoover Institution, Palo Alto, California. Die Tagebücher von Joseph Goebbels (hrsg. von Elke Fröhlich, Teil I 1924–1941, München 1987) und die Protokolle der Nürnberger Kriegsverbrecherprozesse sind sehr wertvoll. Memoiren von Zeitgenossen Dalueges, die mit gewissen Vorbehalten als nützlich bezeichnet werden können, sind unter anderem: R. Diels, Lucifer ante portas. Zwischen Severing und Heydrich, Zürich 1949, sowie H. B. Gisevius, Bis zum bitteren Ende, Zürich 1946. Außerdem befragte ich Dr. Jaroslav Drabek, den Hauptankläger Dalueges in Prag, Lina Heydrich-Manninen, die Witwe Reinhard Heydrichs, sowie Josephine v. Behr-Grimme, Privatsekretärin bei Goebbels (1926–1929) und später bei Walter Stennes. Zeitgenössische Bücher über die Frühzeit der NSDAP, z. B. Kampf um Berlin, München 1932, sind mit Vorbehalt zu gebrauchen. Zwei angeblich von Daluege verfaßte Bücher – Tag der deutschen Polizei, München 1934, und: Der nationalsozialistische Kampf gegen das Verbrechertum, München 1937 – stammen von Ghostwritern und sind daher nur von begrenztem Interesse. Berichte über den Prozeß gegen Daluege, die 1946 in der tschechischen und internationalen Presse erschienen, sind aufschlußreich, aber voreingenommen.

Literatur

Die einzige biographische Arbeit über Daluege ist bisher C. Cadle, My Honor is Loyalty: The Biography of SS General Kurt Daluege, Princeton University 1979 (ungedruckt); die Veröffentlichung einer Biographie wird vorbereitet. Es gibt eine lange Liste von Werken, die bruchstückhafte und oft falsche Daten über Daluege enthalten. Nützlich sind: H. Buchheim, SS und Polizei im NS-Staat, Duisdorf 1964; H. Höhne, Der Orden unter dem Totenkopf, Gütersloh 1967; sowie R. L. Koehl, The Black Corps: The Structure and Power Struggles of the Nazi SS, Madison 1983. Weitere Interessante Hinweise findet man bei: S. Berton, Das Attentat auf Reinhard Heydrich vom 27. Mai 1942. Ein Bericht des Kriminalrats Heinz Pannwitz, in: Vierteljahrshefte für Zeitgeschichte 33 (1985); G. C. Browder, Foundations of the Nazi Police State: The Formation of Sipo and SD, Lexington (Kentucky) 1990; C. R. Browning, Ordinary Men (vgl. Anm. 5); H. W. Koch, Der deutsche Bürgerkrieg. Eine Geschichte der deutschen und österreichischen Freikorps 1918–1923, Berlin 1978; V. Kral, Die Deutschen in der Tschechoslowakei 1933–1947, Prag 1964; U. Lohalm, Völkischer Radikalismus, Hamburg 1970; und H. J. Neufeldt, J. Huck und G. Tessin, Zur Geschichte der Orpo 1936–1945, Koblenz 1957.

7. Wilhelm Frick – Reichsinnenminister und Rassist

Von Günter Neliba

Wilhelm Frick wurde am 12. März 1877 als jüngstes von vier Kindern eines Bezirksoberlehrers in Alsenz/ Bayerische Rheinpfalz geboren. Seine Vorfahren waren bäuerlicher Herkunft. Nach dem Besuch des Gymnasiums in Kaiserslautern studierte er Jura und legte 1903 die Staatsprüfung für den höheren Justiz- und Verwaltungsdienst ab. Von 1907 bis 1917 war er am Bezirksamt in Pirmasens tätig. Sein Bestreben, nach München an die Polizeidirektion zu kommen, erfüllte sich 1917 mit der Übernahme der dortigen Kriegswucher-Abteilung. Dabei sammelte er Erfahrungen, die bei der Herausbildung seiner antisemitischen Einstellung mitgewirkt haben. Zur Armee war er offenbar aus gesundheitlichen Gründen nicht eingezogen worden. Von 1919 bis 1921 leitete Frick in der Poilizeidirektion München die Politische Abteilung. Er unterstützte die kleine NS-Bewegung besonders bei der Plakatzensur und bei der Genehmigung von Versammlungen. Während der ersten Begegnung mit Hitler im Amtszimmer des Polizeipräsidenten Pöhner unterbreitete Frick Vorschläge, wie weitere Aufführungen eines jüdischen Theaterstückes verboten werden könnten. Hitler[1] sprach später voll Anerkennung über das tadellose Verhalten Fricks, der in München „als stellvertretender Polizeipräsident mit seinen Fingerzeigen die Parteiarbeit im damaligen Umfang erst ermöglicht" und die „Bewegung auch immer gedeckt" habe. Der „höhere Staatsbeamte" Frick habe sich um die Herstellung eines nationalen Bayern verdient gemacht.

Am Abend des Hitler-Putsches vom 8. November 1923 hielt sich Oberamtmann Frick, der seit Februar 1923 die Leitung der Kriminalpolizei übernommen hatte, im Münchner Polizeipräsidium in seinem Dienstzimmer auf. Dort spielte er den Nichtwissenden und wartete auf telefonisch übermittelte Meldungen über den Stand des Putsches im Bürgerbräukeller, um zugunsten der nationalistischen Verbände eingreifen zu können. Er übernahm die Polizeidirektion vorübergehend und entwarf u. a. ›Grundsätze der Polizeidirektion für die Handhabung der Pressezensur‹. Mit Pöhner, den Hitler zum Ministerpräsidenten Bayerns ernannt hatte, wollte er die Abfassung von zwei Erlassen über Standgerichte zum Abschluß bringen. Ein nationales Staats-Tribunal sollte errichtet und die „Schufte des Verrats" vom 9. November 1918 für „vogelfrei" erklärt werden.[2] Aber schon in der Nacht zum 9. November 1923 wurde Frick verhaftet und dann wegen Beihilfe zum Hochverrat zu einem Jahr und drei Monaten Festungshaft verurteilt, allerdings auf Bewährung. Seine Freilassung erfolgte am 1. April 1924, und seine Dienstentlassung wurde per Berufungsurteil des Disziplinarhofes rückgängig gemacht.

Bereits im Mai 1924 über eine Liste der Deutschvölkischen Freiheitspartei in den Reichstag gewählt, hielt er dort am 2. Juni 1924 seine erste Rede. Von Beginn seiner Abgeordnetentätigkeit an erwies er sich als radikaler Gegner des Parlaments, das er zur Werbung für die nationale Sache benutzte. Er setzte sich für die Haftentlassung „völkischer" Abgeordneter ein, die aus „reinstem vaterländischen Wollen" gehandelt hätten. Hitler stellte später fest, daß er ohne Frick „auch nie aus dem Kittchen (Gefängnis)"[3] herausgekommen wäre. Frick trat schließlich am 1. September 1925 in die NSDAP ein. Im Parlament profilierte er sich mit antisemitischen und rassenideologischen Reden, kämpfte für die Aufhebung der Rede- und Versammlungsverbote der NS-Bewegung und lieferte – seit 1927/1928 Fraktionsführer von sieben bzw. zwölf Abgeordneten der NSDAP – viele Beiträge zur Diffamierung des politischen Gegners. Er forderte seit 1924 die Ausweisung der seit 1914 zugewanderten Juden, den Ausschluß der Juden aus öffentlichen Ämtern und verwahrte sich gegen die angebliche „Beherrschung" Deutschlands durch Juden und marxistische „Dolchstoßpolitiker". Seine Stellungnahmen zum Entwurf des neuen Strafgesetzbuches enthielten die Forderungen nach besonderen Bestimmungen „für Rasseschutz und Rassereinheit" und nach einem Verbot von „Rassenmischehen", vor allem zwischen Ariern und Juden. Einer „Rassenvermanschung" müsse mit strafrechtlichen Mitteln entgegengetreten werden. Zu den radikalen Parlamentsanträgen Fricks zählte ein Antrag zum ›Schutz der Deutschen Nation‹ vom März 1930. Darin wurde nicht nur die Todesstrafe für „Landesverrat", „Volksverrat" und „Wehrverrat" gefordert, sondern auch Zuchthausstrafen für

„Rassenverrat". Persönlich demonstrierte Frick seinen tiefverwurzelten antisemitischen Affekt, als er am 10. Mai 1932 im Reichstag erklärte, daß der Anblick des anwesenden Polizeivizepräsidenten Weiß „geradezu aufreizend" wirke und die „Ordnung dieses Hauses"[4] störe. Mit allen ihm zur Verfügung stehenden Mitteln beteiligte er sich im Laufe von acht Jahren an der Zerstörung des parlamentarischen Systems der Weimarer Republik, das er mit einer Herrschaft der „Minderwertigen, der Niederrassigen, der Juden und des Geldsacks"[5] gleichsetzte.

Als die NSDAP in der Koalitionsregierung Thüringens den Posten eines Ministers zu besetzen hatte, wählte Hitler Frick als Verwaltungsfachmann und wegen seiner bedingungslos nationalsozialistischen Gesinnung aus. Vom 23. Januar 1930 bis 1. April 1931 amtierte Frick als Innen- und Volksbildungsminister und versuchte, in Thüringen sowohl auf dem Sektor Polizei und Verwaltung als auch auf kulturpolitischem Gebiet nationalsozialistische Ziele durchzusetzen. Die „Säuberung" des Weimarer Schloßmuseums von „entarteten" und „kulturbolschewistischen" Kunstwerken, der Erlaß ›Wider die Negerkultur für deutsches Volkstum‹, die Berufung des Rasseforschers Günther an die Universität Jena und die Einführung antisemitischer Schulgebete gehörten zu den von Frick veranlaßten Maßnahmen. Er erklärte den Beamten in Thüringen, daß ihm Volk und Vaterland alles bedeuteten, und versuchte unter Ausnutzung seines Amtes, Hitler die deutsche Staatsbürgerschaft zu verschaffen. Wenn auch in Parteikreisen als Bürokrat wenig geschätzt, erfuhr Frick durch seine Arbeit in Thüringen eine beträchtliche Steigerung seines Ansehens. Gregor Straßer hatte Frick schon 1930 als einen „Staatsmann großen Formats"[6] bezeichnet. Obwohl Frick zeitweise mit Straßer sympathisierte, hatte das stabile Vertrauensverhältnis zwischen Hitler und Frick Bestand. Hitler zufolge gebührte Frick ein „hoher Anteil am Sieg der nationalsozialistischen Revolution".[7]

Am 30. Januar 1933 wurde Frick von Hitler beauftragt, den Posten des Reichsinnenministers zu übernehmen. Damit erhielt Frick, dessen Erfahrungen im Parlament, in einer Landesregierung und in allgemeinen Verwaltungsangelegenheiten für Hitler unentbehrlich waren, eine Schlüsselposition in der Reichsregierung. Er beteiligte sich wesentlich an der Machteroberung und Machtbefestigung des NS-Regimes. Bei der nationalsozialistischen „Machtergreifung" in den außerpreußischen Ländern und bei der Ausarbeitung und Durchsetzung der wichtigen Verordnungen und Staatsgrundgesetze der Jahre 1933/34 wirkte er entscheidend mit.

Die Errichtung des Ausnahmezustandes und des Einparteienstaates sowie die Einsetzung von Reichsstatthaltern fanden mit seiner Beteiligung statt. Im Kabinett führte er wiederholt das Wort und begegnete den konservativen Mitgliedern mit energischen Einwänden. Der Staatsautorität versuchte er mehr Geltung zu verschaffen, damit eigenmächtige Aktionen von Parteidienststellen eingedämmt werden konnten. Allerdings blieb das Dauerproblem des Dritten Reiches, die Regelung des Verhältnisses von Partei und Staat, bestehen, das Frick durch eine klare Abgrenzung von Zuständigkeiten und Aufgabenaufteilungen zu lösen trachtete. Die Beseitigung der Länderhoheit durch das Neuaufbaugesetz vom 30. Januar 1934 führte wegen der dort festgelegten Dienstaufsicht des Reichsministeriums des Innern über die Reichsstatthalter zu anhaltenden Spannungen. Die Reichsstatthalter waren nämlich zugleich Gauleiter der NSDAP, somit Hitler unmittelbar unterstellt und auf ihre eigenständige Macht bedacht. Gegen die Intentionen des Reichsinnenministers wurden wesentliche Bestimmungen des 2. Reichsstatthaltergesetzes (1935) nur in wenigen Fällen Realität. Die dort vorgesehene Personalunion für die politische Führungs- und Verwaltungsspitze eines Landes wollte Hitler offensichtlich nicht generell eingeführt wissen. Während der Reichsinnenminister eine geordnete Einheitlichkeit und Straffung der Verwaltungseinteilung anstrebte, bevorzugte Hitler Ausnahmeregelungen mit Sondervollmachten und die Einsetzung von Sonderbehörden. Frick, als Fraktionsführer inzwischen zum Reichsleiter ernannt, besaß in der Partei keine eigene Machtbasis, um seinen Vorstellungen Nachdruck verleihen zu können.

Durch die 1934 erfolgte Zusammenlegung der Innenministerien des Reiches und Preußens waren Frick zwar erhebliche Machtbefugnisse zugewachsen, doch konnte er sie wegen fehlenden Rückhalts bei Hitler nicht zum Aufbau einer Einheitlichkeit des Behördenorganismus nutzen. Nachdem Frick bereits 1933 einige Aufgabengebiete an das Reichspropagandaministerium und 1934 auch noch den Bereich Wissenschaft, Erziehung und Volksbildung hatte abgeben müssen, verlor er 1935 zudem seine Zuständigkeit für die Kirchenpolitik. Den Konflikt zwischen den Deutschen Christen und dem Pfarrernotbund konnte er nicht lösen. Seiner Absicht, die Rechtsverwirrung in der evangelischen Kirche durch einen „Akt der Reichsgesetzgebung autoritär“ zu regeln, stimmte Hitler nicht zu.

Die Verabschiedung der Deutschen Gemeindeordnung im Jahre 1935, die nur mit Zugeständnissen an die NSDAP möglich war, betrachtete Frick als wichtigen Meilenstein auf dem Wege zur Reichsreform. Die übrigen Pläne zur Reichsreform territorialer und struktureller Art scheiterten jedoch – mit Ausnahme der Bildung von Groß-Hamburg – an Hitlers Einspruch.

Auf dem Gebiet der Rassen- und Erbgesundheitspolitik erreichte Fricks Tätigkeit zwischen April und Juli 1933 einen ersten Höhepunkt. Die antisemitischen und erbbiologischen Gesetzgebungsakte verliehen seinem Amt Gewicht und brachten die Erfüllung seiner Zielsetzungen aus der Weimarer Zeit: die Einführung des sogenannten Arierparagraphen im Berufsbeamtengesetz, die Beschränkung des Schul- und Universitätsbesuches für Juden, sowie den Widerruf von Einbürgerungen. Er drängte im Sommer 1933 auf die Fertigstellung des Gesetzes über die Zwangssterilisation zur Verhütung erbkranken Nachwuchses. Frick hatte am 28. Juni 1933 ein bevölkerungspolitisches und rassenideologisches Grundsatzprogramm verkündet, das mit weitreichenden Planungen die zielgerichtete Initiative des Reichsinnenministers verdeutlichte. Dem Staat verhalf Frick durch das Gesetz zur Vereinheitlichung des Gesundheitswesens zu stärkeren Einwirkungsmöglichkeiten. Mit Hilfe einer erbbiologischen Bestandsaufnahme wollte er Maßnahmen vorbereiten, die der „Reinerhaltung des Volkskörpers" dienen sollten. Gesetzgebung und Verwaltungsmaßnahmen waren unabdingbare Voraussetzungen für die Realisierung ideologischer Vorstellungen.

An der Entstehung der Nürnberger Rassengesetze (1935) war Frick in stärkerem Maße beteiligt, als man bislang vermutete. Die überlieferten Entwurfsunterlagen enthalten z. B. seine handschriftlichen Anmerkungen zur Definition des Juden. Danach sollte schon ein jüdischer Eltern- oder Großelternteil für die Einstufung maßgebend sein. Seine radikale Haltung bestimmte auch das Vorgehen gegen die 'Mischlinge', die möglichst bald „zum Verschwinden" gebracht werden sollten. Das deutsche Volk müsse von dem „Wahn internationaler Kreuz- und Querrassigkeit"[8] befreit werden. Er verfolgte hartnäckig und systematisch das Ziel, alle Bereiche der Gesellschaft und alle Berufsgruppen den antisemitischen Grundsätzen der NSDAP zu unterwerfen. Bereits am 3. September 1935 verfaßte er ein vertrauliches Schreiben und am 14. Juni 1938 ein geheimes Exposé über die ›Juden in der Wirtschaft‹, um deren Einfluß zurückzudrängen. Im Frühjahr

1938 wurden das Gesetz über die Änderung von Familiennamen und Vornamen, dessen schleppende Entstehung Frick wiederholt monierte, und die Verordnung zur Kennzeichnung von Angehörigen jüdischer Abstammung verabschiedet. Dies war ein wesentlicher Schritt zu ihrer späteren völligen Entrechtung, an der Frick bis zum Juli 1943 durch seine Verordnungsgewalt mitwirkte. Befragt nach den Massenmorden an den Juden, antwortete er 1946 dem Gefängnispsychologen, daß man bei der Ausarbeitung der Nürnberger Gesetze nicht daran gedacht habe: „Es kann so gekommen sein, aber es war nicht so gedacht."[9] Übrigens wurden Frick die Vorgänge im Osten spätestens dann bekannt, als er sich auf einer Dienstreise am 18. Juni 1942 im Landratsamt Warthbrücken/Reichsgau Wartheland aufhielt, etwa 10 Kilometer vom Vernichtungslager Kulmhof/Chelmno entfernt.

In einem anderen Bereich der Innenpolitik, dem Polizeiwesen, mußte Frick eine beträchtliche Schwächung seiner Position hinnehmen. Zwar hob Frick 1941 hervor, die Einsetzung Himmlers zum Reichsführer-SS und Chef der Deutschen Polizei sei durch Führererlaß unter seiner „Leitung"[10] erfolgt. Die Übernahme des Polizeikommandos durch Himmler brachte jedoch eine Ausgliederung der Polizei aus der inneren Verwaltung. Frick hatte seit 1933/34 durch die Unterstützung von Bestrebungen zur Bildung einer reichseinheitlichen Polizei Himmler sogar indirekt in die Hände gearbeitet. Weil Hitler hinter Himmlers Vorgehen stand, konnte Frick auch die ihm zustehenden Aufsichts- und Koordinierungsaufgaben bei der Schutzhaftpraxis kaum wahrnehmen. Gleichwohl war Frick mit der Existenz von Konzentrationslagern einverstanden und unterschrieb das (3.) Gestapogesetz vom 10. Februar 1936, demzufolge Verfügungen und Angelegenheiten der Geheimen Staatspolizei „nicht mehr der Nachprüfung durch die Verwaltungsgerichte"[11] unterlagen.

Auf dem Gebiet der Beamtenpolitik, seiner eigentlichen Domäne, konnte Frick mit der Verabschiedung des Deutschen Beamtengesetzes im Januar 1937 eines seiner Ziele erreichen. In langwierigen Verhandlungen versuchte er die traditionellen Rechte und Pflichten der Beamten mit der Forderung nach politischer Einsatzfreudigkeit für den NS-Staat zu verbinden. Er nahm dabei in Kauf, daß bei einer „Berichterstattung über parteischädigende Vorgänge" für die Beamten der Grundsatz der Einhaltung des Dienstweges durchbrochen wurde.

Als einen weiteren Erfolg seiner Tätigkeit konnte Frick auch die Errichtung von Reichsgauen verbuchen, einer neuen „Organisationsform im großdeutschen Staatsrecht".[12] Durch die Eingliederung Österreichs und des Sudentenlandes ließen sich die Pläne für die Homogenisierung der Verwaltungsstruktur mit der Personalunion Gauleiter/Reichsstatthalter verwirklichen. Um diese Zeit wurde Frick zwar noch von Hitler zu den „großen deutschen Namen"[13] gezählt, der Höhepunkt erfolgreicher politischer Vorhaben des Reichsinnenministers war aber bereits überschritten. Frick mußte sich Anfang Dezember 1938 eingestehen, daß er über eine „maßgebliche Einwirkung" nicht mehr verfügte, um die „einheitliche Ausrichtung bei Reformmaßnahmen" sicherstellen zu können.[14] Eine Übertragung des Reichsgaumodells auf das alte Reichsgebiet lehnte Hitler ab. Auch eine vorgeschlagene Angleichung der Wehrkreiseinteilung an die Verwaltungseinheiten blieb aus. Frick beklagte das Weiterbestehen eines „Wirrwarrs von Zuständigkeiten"[15], konnte aber nichts gegen die Vorstellungen Hitlers ausrichten, dem endgültige Festlegungen nicht zusagten, weil er freie Hand für fallweise Entscheidungen behalten wollte. Hitlers zunehmende Abneigung gegenüber dem Bürokraten Frick belegt auch die von Goebbels überlieferte Bemerkung, daß Frick froh sein könnte, wenn er in den geplanten Senat, ein Gremium von erprobten Nationalsozialisten, überhaupt noch hineinkäme.

In den Friedensjahren zielten viele der von Frick eingeleiteten Maßnahmen auf die „Wehrhaftmachung" des deutschen Volkes. Er wollte eine innere Ordnung herstellen, damit Voraussetzungen für die „Behauptung und Durchsetzung nach außen"[16] geschaffen und ein Zustand „äußerer Stärke" (1939) herbeigeführt werden konnten. Zu Beginn des Krieges wurde Frick als Generalbevollmächtigter für die Reichsverwaltung zwar Mitglied des Ministerrats für die Reichsverteidigung. Seine Bemühungen, Vereinheitlichungen und Vereinfachungen der Verwaltung mit Personaleinsparungen wirksam werden zu lassen, scheiterten jedoch nicht zuletzt an der wiederholten Weigerung Hitlers, die Kompetenzen des Generalbevollmächtigten für die Reichsverwaltung zu erweitern. Zudem wurde Frick auch keine Durchsetzungskraft mehr zugetraut. Er erhielt trotz wichtiger Anliegen kaum noch Gelegenheit, Hitler Vortrag zu halten. Hitler war vor allem mit Fricks Grundsätzen der Personalpolitik, mit der Forderung nach „reichseinheitlicher" Gesetzgebung und mit der „überorganisierten" Verwaltung nicht einverstanden. Nach den Eintragungen im Goebbels-Tagebuch äußerte sich Hitler „sehr bitter" darüber, daß es Tage dauert, bis man Frick auf seinem Landsitz am Starnberger See zu einer Unterschrift bewegen könne. Frick sei „in keiner Weise der Verwaltung und der inneren Organisation des Landes“ gewachsen. Das Reichsministerium des Innern sei nicht imstande, die „Führungsaufgaben des Reiches zu zentralisieren und die Durchführungsaufgaben zu dezentralisieren“.[17]

Hitler war jedoch nicht bereit, den Vorstellungen Fricks über eine starke Zentralgewalt und über eine Veränderung des Verwaltungsapparates durch klare Kompetenzabgrenzungen zuzustimmen. Der Diktator verlegte sich vielmehr auf die Etablierung von führerunmittelbaren Institutionen und Sonderbehörden. Er duldete ein pluralistisches Herrschaftsgefüge mit desorganisierter Verwaltungsstruktur. Die von Frick vorgeschlagene Konzentration in Kriegszeiten, eine Gleichschaltung der Parteigaue mit den Verwaltungsbezirken, wurde mit einer Verzögerung von zwei Jahren erst Ende 1942 verwirklicht.

Immerhin bot die Annexions- und Gewaltpolitik des NS-Regimes dem Reichsinnenminister Gelegenheit, das von ihm favorisierte Reichsgaumodell in den neu gebildeten Reichsgauen Danzig-Westpreußen und Wartheland zu realisieren. Mit Erfolg versuchte er hier, gemäß Hitlers Forderungen zum Teil gegen die Widerstände der klassischen Ressorts, eine „Einheit zwischen politischer Führung und Verwaltung“[18] zu erreichen.

Seit Frühjahr 1942 waren Fricks Dienste als „Paragraphenschuster“ endgültig nicht mehr gefragt. Während er früher die wichtigen Staatsgrundgesetze vorzubereiten hatte, wurden jetzt die am 26. April 1942 verkündeten absolutistischen Vollmachten Hitlers von der Reichskanzlei ausgearbeitet. In Anspielung auf Frick äußerte Hitler, es gebe verdiente Nationalsozialisten, die nicht „über ihren eigenen Schatten springen könnten“.[19] Gleichwohl ließ sich Frick, der zu seinem 65. Geburtstag eine Dotation von 250000,– RM erhalten hatte, als unbeugsamer Anhänger Hitlers im August 1943 von diesem überreden, die Stelle des Reichsprotektors in Böhmen und Mähren zu übernehmen. In Prag war Frick jedoch nur eine Repräsentationsfigur, weil die Regierungsgeschäfte dort von Staatsminister Karl Hermann Frank wahrgenommen wurden.

Vor dem Nürnberger Militärgerichtshof wurde Frick nach den Anklagepunkten II, III, IV (Verbrechen gegen den Frieden, Kriegsverbrechen, Verbrechen gegen die Menschlichkeit) zum Tode verurteilt. Wegen der Vorbereitung eines Angriffskrieges nach Punkt I der Anklage erfolgte jedoch keine Verurteilung. Im Verlauf des Prozesses lehnte Frick als einziger der Angeklagten ein Verhör in eigener Sache ab, weil eine Transaktion von Staatsgeldern aus Prag bekannt geworden war. Das Geld (850000,– RM) wurde in München bzw. Starnberg auf Konten von Fricks Familienangehörigen und Verwandten verteilt. Ob seine Aussageverweigerung eine Verteidigungsstrategie war oder ein gewisses Schuldeingeständnis darstellte, muß offen bleiben.

Goebbels unternahm in einer Tagebuchnotiz einen Versuch, Frick als Persönlichkeit in ihrer Gesamtheit zu erfassen. Danach bekam dieser „manchmal einen Radikalkomplex“, der es ihm erlaubte, dann wieder „ein Jahr lang Bürokrat zu sein“.[20] Im Wesen Fricks war eine tief verwurzelte ideologisch-rassistische Grundeinstellung mit der Gründlichkeit und Hartnäckigkeit eines Verwaltungsbeamten eine enge Kombination eingegangen. Als einer der Spitzenfunktionäre des Dritten Reiches stellte er unter Verletzung der Menschenrechte den Verwaltungsapparat in den Dienst der Durchführung der Zwangssterilisation, der Ausgrenzung der Juden und der Tötung „lebensunwerten Lebens“. Zu den sogenannten Euthanasiemaßnahmen leistete er mit seinem Ministerium Beihilfe. Mit einer von ihm unterschriebenen Verordnung forderte er die Räumung der Heil- und Pflegeanstalten, deren Insassen schließlich getötet wurden. Durch die Koppelung von legalistisch-bürokratischen Prinzipien mit fanatisch-rassistischen Grundüberzeugungen gehörte Frick zur Elite des NS-Staates und war ein Gehilfe seiner Verbrechen.

Frick konnte als Politiker nur dann erfolgreich sein, wenn er Hitlers Autorität nicht entbehren mußte. Er verdankte seinen Aufstieg vom bayerischen Verwaltungsbeamten bis zum Reichsminister und Reichsprotektor der 25jährigen „engen Verbindung mit Hitler“[21], die trotz vorübergehender Trübung und nachlassender Anerkennung eine Konstante in seinem Leben blieb.

Anmerkungen

1 H. Picker, Hitlers Tischgespräche, Stuttgart 1977, S. 160; A. Hitler, Mein Kampf, München 1932, S. 403.

2 StA Mü/Pol. Dir. Mü 6710, 6711.

3 H. Picker (Anm. 1), S. 160.

4 Berliner Börsenzeitung vom 27. 5. 1939.

5 Verhandlungen des Reichstages, Bd. 394, S. 12460 (27. Januar 1928).

[6] BA NS 26 vorl. 1403.
[7] Völkischer Beobachter Nr. 73 vom 14. 3. 1934.
[8] W. Frick/A. Gütt, Nordisches Gedankengut im Dritten Reich, München 1936, S. 5–8.
[9] G. M. Gilbert, Nürnberger Tagebuch, Frankfurt a. M. 1962, S. 276.
[10] BA R 18/5105 Bl. 119–123.
[11] H. Buchheim u. a., Anatomie des SS-Staates, Bd. 1, 2. Aufl., München 1979, S. 46, 47.
[12] RVBl., Jg. 1939, Bd. 60, S. 465–473.
[13] G. Botz, Die Eingliederung Österreichs in das Deutsche Reich, 3. Aufl., Wien 1988, S. 34.
[14] BA R 43 II/703, Bl. 35–37, 44, 45, 47–49.
[15] Rundschreiben des RMdI an die Obersten Reichsbehörden vom 23. 12. 1938.
[16] W. Frick, Der Führer, in: Dt. Verwaltung 16 (1939), S. 228.
[17] BA NL 118, Nr. 49, 50, 54 (Goebbels-Eintragungen vom 7. 1. 1943, 23. 1. 1943, 11. 5. 1943).
[18] BA R 18/5442, Bl. 539–541.
[19] H. Picker (Anm. 1), S. 160.
[20] BA NL 118, Nr. 64 (Goebbels-Eintragung vom 16. 8. 1937).
[21] Der Senator für Inneres – Spruchkammer Berlin (Az Sprka 115/59).

Bibliographie

Quellen

Zur Person waren am ergiebigsten die im Bayerischen Hauptstaatsarchiv München (Bay HStA) und im Berlin Document Center (BDC) vorhandenen Unterlagen, die durch Material aus Regionalarchiven ergänzt wurden. Mitteilungen einiger Zeitzeugen konnten in der Form von veröffentlichten Aufzeichnungen, Tagebucheintragungen und Aussagen vor Gericht herangezogen werden. Von Frick selbst existierten nur Aussagen während des Hitler-Prozesses (1924) und zwei Briefe aus der Untersuchungshaft (1923/24) sowie einige eidesstattliche Erklärungen, 1945 in Nürnberg unterschrieben. Über sein Auftreten in der Öffentlichkeit gaben Redebeiträge im Reichstag seit 1924 und Ansprachen, Aufsätze und Zeitungsartikel einigen Aufschluß. Die überlieferten Schriftstücke des Bundesarchivs Koblenz (BA) und des zentralen Staatsarchivs Potsdam (ZStA) dokumentieren über weite Strecken seine dienstliche Tätigkeit.

Literatur

Zeitgenössische, aber tendenziöse Darstellungen stammen von Fricks engsten Mitarbeitern, herausgegeben in dem Sammelwerk von StSekr. H. Pfundtner,

Dr. W. Frick und sein Ministerium, München 1937. Ein untergebener Beamter, H. Fabricius, verfaßte im Stil eines Hofbiographen zwei Abhandlungen: Dr. Frick – Ein Lebensbild des Reichsministers des Innern, Berlin 1938 sowie Frick, der revolutionäre Staatsmann, Berlin 1939 (3. Aufl.). Über die Entwicklung und organisatorische Struktur des Innenressorts berichtete F. A. Medicus, Das Reichsministerium des Innern, Berlin 1940.
Teilaspekte der Rolle Fricks während des NS-Regimes behandelten die Arbeiten von K. D. Bracher/G. Schulz/W. Sauer, Die nationalsozialistische Machtergreifung (1962), von H. Mommsen, Beamtentum im Dritten Reich (1966) und M. Broszat, Der Staat Hitlers (1969) sowie die Untersuchungen von E. N. Peterson, The Limits of Hitler's Power, Princeton, New Jersey 1969, von J. Caplan, Government without Administration, Oxford 1988 und von D. Rebentisch, Führerstaat und Verwaltung im Zweiten Weltkrieg, Stuttgart 1989. G. Schulz, Neue Deutsche Biographie, Bd. V, Berlin 1961 bietet den besten Überblick zu Fricks Leben und Tätigkeit. Eine umfassende politische Frick-Biographie des Verfassers erschien 1992 beim Schöningh-Verlag, Paderborn.

8. Walther Funk – Vom Journalisten zum Reichswirtschaftsminister

Von Ludolf Herbst

Der langjährige Reichswirtschaftsminister und Präsident der Reichsbank Walther Funk gehörte zweifellos zur politischen Prominenz des Dritten Reiches, spielte aber im nationalsozialistischen Herrschaftssystem nur eine untergeordnete Rolle.

Die Gründe hierfür lagen in seiner Persönlichkeit. Funk fehlte es ebenso an Ehrgeiz und Machtwillen wie an der Fähigkeit, einen komplizierten Apparat mit Zielstrebigkeit und Durchsetzungsvermögen zu leiten und sich im täglichen Machtkampf notfalls mit Skrupellosigkeit durchzusetzen. Er neigte zum laisser-faire und war der Fülle seiner Aufgaben weder fachlich noch politisch gewachsen. Funk war eine unpolitische Natur mit ausgeprägten privaten Neigungen und einem Hang zu den angenehmen Seiten des Lebens. Er interessierte sich für Literatur und Musik, spielte gern und offenbar mit einigem Erfolg Klavier, blieb den Zeitgenossen als charmanter und zuweilen humorvoller Plauderer in Erinnerung, aß gern und gut und war ein Liebhaber erlesener Weine. Manchen galt er als Quartalsäufer und jedenfalls neigte er dazu, Problemen auszuweichen und seine Zuflucht im Alkohol zu suchen.[1] Funk war zu vorsichtig und zu introvertiert, um im großen Stil korrupt zu sein, und doch war er auf vielerlei Weise korrumpierbar. Die Industrie hatte sich seiner schon zu Beginn der dreißiger Jahre durch Geldzuwendungen versichert, und er blieb während der gesamten Zeit des Dritten Reiches ein verläßlicher, loyaler Anwalt industrieller Interessen. Loyal war er aber vor allem gegenüber dem harten Kern der nationalsozialistischen Machthaber. Hitler übte bis zum Schluß eine eigentümliche Faszination auf ihn aus, die es Funk nicht möglich machte, sich auch nur zu Gehör zu bringen, wenn er – was selten genug vorkam – abweichender Auffassung war. Er liebte die Unbequemlichkeiten nicht, die damit verbunden sind, eine eigene Meinung zu äußern oder gar durchzusetzen. Auch Hitler hatte sich der Loyalität Funks zudem durch Geldzuwendungen versichert.[2]

Seine Karriere hatte Funk nicht zuletzt der Tatsache zu danken, daß er als loyaler Vollstrecker der Wünsche anderer galt. So begann er als vertrauter persönlicher Berater des Parteiführers Adolf Hitler, wurde dann zum loyalen Mitarbeiter des Reichspropagandaministers Goebbels und übte seine wichtigsten Ämter als treuer „Gefolgsmann" des Chefs der Vierjahresplanbürokratie Hermann Göring aus. Am Ende des Krieges, als er eine Kompetenz nach der anderen an den immer mächtiger werdenden Rüstungsminister Albert Speer verlor, suchte er schließlich Anlehnung bei Heinrich Himmler. In der „Götterdämmerung" des Regimes, als Göring, Himmler und Speer ihre eigenen Wege zu gehen versuchten, blieb Funk – aufkeimende Zweifel im Alkohol ertränkend – seinem „Führer" weniger aus Überzeugung als aus Bequemlichkeit treu. Aufgrund seines Ministerrangs und der Rolle, die Wirtschaft und Finanzen für die Kriegsvorbereitung, die Kriegführung und die wirtschaftliche Ausbeutung der europäischen Länder im Zweiten Weltkrieg spielten, wurde auch Funk vor dem Nürnberger Militärtribunal angeklagt. Man befand ihn der Teilnahme an der Planung, Entfesselung und Durchführung eines Angriffskrieges sowie der Verbrechen gegen das Kriegsrecht und gegen die Menschlichkeit für schuldig, anerkannte aber strafmildernd, daß er eine bedeutende, aktive Rolle in diesen Zusammenhängen nicht gespielt hatte, so daß er nicht zum Tode, sondern nur zu lebenslänglichem Gefängnis veurteilt wurde. Es paßt zum biegsamen, wenig standfesten Charakter dieses Mannes, daß Funk vor dem Gericht leugnete, von den Judenverfolgungen gewußt zu haben. Es konnte ihm aber nachgewiesen werden, daß er in der Reichsbank ein Golddepot errichten ließ, in dem die SS Juwelen, Zahngold und Bargeld im Holocaust vergaster Juden aufbewahrte. Manches spricht dafür, daß Funk von Anfang an wußte, was sich in diesem Depot befand.[3]

Walther Immanuel Funk wurde am 18. August 1890 in Trakehnen in Ostpreußen geboren.[4] Sein Vater war Meliorationsbaumeister der dortigen königlichen Gestüte. Die Familie, an sich in Königsberg ansässig, gehörte zum wohlhabenden Besitz-Bürgertum der Stadt. Die Mutter, Sophie Urbschat, entstammte einer Handwerkerfamilie. Im Elternhaus genoß Funk eine an der Musik und den bildenden Künsten orientierte Erziehung. Zum Studium ging Funk zunächst nach Berlin.

Er immatrikulierte sich in der Philosophischen Fakultät und belegte Vorlesungen in Philosophie, Geschichte, Literatur und Musik. Offenbar wußte Funk nicht, was er werden wollte. Nach einer Orientierungsphase, wie sie für Studenten seiner Herkunft und materiellen Lage nicht untypisch war, wechselte er die Fakultät, studierte Rechts- und Staatswissenschaften und dann Volkswirtschaft. Er hörte bei Adolph Wagner, Gustav von Schmoller und Max Sering. Für kurze Zeit studierte er auch in Leipzig. Parallel zum Studium, noch in Berlin, wandte sich Funk dem Wirtschaftsjournalismus zu und trat im Alter von 22 Jahren in das Handelsbüro von Julius Stringe ein, wo er als Börsenjournalist arbeitete. Als der Erste Weltkrieg ausbrach, wurde Funk eingezogen, wegen eines Blasenleidens aber bereits 1916 wieder entlassen.[5] Er kehrte in seinen Beruf zurück und fand am 1. Juli 1916 eine Anstellung als Redakteur am Handelsteil der ›Berliner Börsenzeitung‹, deren Chefredakteur er 1920 wurde.

Die politische Orientierung der Berliner Börsenzeitung ist als gemäßigt „konservativ“ im Sinne der DVP zu kennzeichnen. Sie vertrat die Interessen der Industrie, und Funk fügte sich in diese Ausrichtung offenbar problemlos ein. Er kämpfte 1919 gegen die Sozialisierungsbestrebungen ebenso wie später gegen die Lohnforderungen der Gewerkschaften und betonte, daß man die Unternehmen in einer kapitalistischen Wirtschaft steuerlich nicht zu sehr belasten dürfe, wolle man die Investitionsbereitschaft erhalten. Der schreibfreudige Journalist profilierte sich durch eine Reihe von Büchern und Broschüren zu vorwiegend industriewirtschaftlichen Themen und erlangte 1923, auf dem Höhepunkt der Inflation, einen gewissen Ruhm durch den Vorschlag, eine „Goldmarkbank der deutschen Wirtschaft“ zu errichten. Namhafte Fachleute wie Helfferich, Luther und Schacht, die im Auftrag der Regierung an der Währungsreform arbeiteten, konsultierten ihn.[6]

Die politische Orientierung des parteilosen Journalisten ist nicht mit Sicherheit zu bestimmen. Die Leichtigkeit, mit der er in der Inflationszeit dem parlamentarischen System vorwarf, versagt zu haben, und die „diktatorische Machtanwendung“ nahelegte, verriet erhebliche Distanz gegenüber der demokratischen Staatsform. Andererseits war Funk kein blindwütiger Gegner der Weimarer Republik und bewegte sich mit seinen Kommentaren und Vorschlägen zur Wirtschaftspolitik durchaus im Rahmen konstruktiver Kritik. Den Einstieg in das konservativ-rechte Lager fand er durch seine ebenso wirtschaftspolitisch wie nationalpolitisch begründete Gegnerschaft gegen den Dawes-Plan und den Young-Plan. Nun häufen sich die verbalen Ausfälle gegen das parlamentarische System.[7]

Mit dem Durchbruch der NSDAP zur Massenpartei im September 1930 begann Funks Hinwendung zum Nationalsozialismus, den er als Bewegung der „deutschen Jugend“ begriff. Es waren gleichwohl persönliche Gründe, die Funk zum Nationalsozialisten werden ließen. Ende des Jahres 1930 wurde ihm nahegelegt, den Chefredakteursessel in der ›Berliner Börsenzeitung‹ zu räumen. Er versuchte sich selbständig zu machen, kam dann aber in Kontakt mit führenden Leuten der Reichsorganisationsleitung der NSDAP.[8] Der NSDAP, die nicht über renommierte Nationalökonomen verfügte und im Begriff war, sich die Reputation einer regierungsfähigen Partei zu erwerben, empfahl sich Funk als Fachmann und wegen seiner guten Kontakte zur Industrie. Im Frühjahr 1931 wurde Funk Hitler vorgestellt, der – wie Funk in Nürnberg aussagte – auf ihn „den Eindruck einer außergewöhnlichen Persönlichkeit“ machte.[9] Der Wirtschaftsjournalist und der Parteichef fanden sich im gemeinsamen Bekenntnis zum privaten Unternehmertum und zum Leistungsprinzip. Noch im Protokoll der Vernehmung vor dem Nürnberger Gerichtshof klingt nach, wie unkritisch der erfahrene Journalist Hitler begegnete und wie sehr er sich von Anfang an in den Bann schlagen ließ.

Funk brachte Hitler mit einigen prominenten Wirtschaftsführern und Industriellen zusammen, darunter Kurt Schmitt, Generaldirektor der Allianz und später für kurze Zeit Reichswirtschaftsminister der Regierung Hitler. Funk verfügte darüber hinaus über gute Beziehungen zu Emil Kirdorf (Ruhrkohlesyndikat), Friedrich Springorum (Hoesch AG), Kurt v. Schröder (Bankhaus Stein, Köln), Fritz Thyssen und Albert Vögler (Vereinigte Stahlwerke AG) und natürlich zu Hjalmar Schacht (Reichsbankpräsident bis 1931 und dann wieder unter Hitler). Offenbar gelang es Funk – und dies wird Hitler vor allem beeindruckt haben –, nicht unerhebliche Finanzmittel für die NSDAP in der Industrie locker zu machen.[10] Der frisch gewonnene Hitler-Anhänger Funk trat am 1. Juni 1931 in die NSDAP ein (Mitglieds-Nr. 551712) und bekam sogleich im Juli ein allerdings sehr kurzlebiges Reichstagsmandat, das im Februar 1933 bereits wieder erlosch. Innerhalb der Organisationsleitung der NSDAP fungierte er als „Wirtschaftsberater“, wurde am 22. September stellvertretender Vorsitzender des Reichswirtschaftsrats der NSDAP und leitete die Abteilung „Privatwirtschaft“.[11] In diesen Funktionen hatte er direkt mit Hitler zu tun und übte vorübergehend einen gewissen Einfluß auf die wirtschaftspolitische Linie der NSDAP aus. Er zeichnete mitverantwortlich für die Annäherung an die Industrie, die die NSDAP auf Anraten Hjalmar Schachts nach dem Juli-Wahlkampf 1932 vollzog. Zusammen mit Gottfried Feder verfaßte er im Oktober 1932 das ›Wirtschaftliche Aufbauprogramm der NSDAP‹, mit dem die Nationalsozialisten in den Novemberwahlkampf gingen. Es löste das von Gregor Straßer formulierte wirtschaftliche Sofortprogramm der NSDAP ab und korrigierte es in einigen wesentlichen Punkten: das Recht auf Arbeit verschwand aus dem Zielkatalog der NSDAP, statt einer Höherbesteuerung der großen Einkommen wurden nun Steuerentlastungen und Zinssenkungen angekündigt. Von Investitions- und Preiskontrollen war nicht mehr die Rede; die antikapitalistische Terminologie des Sofortprogramms wurde getilgt und dem Export wieder eine größere Bedeutung zugemessen. Die Arbeitsbeschaffungsmaßnahmen, die den Kern des Sofortprogramms gebildet hatten, verblieben im wirtschaftspolitischen Zielkatalog der NSDAP, allerdings wurde die „produktive Kreditschöpfung“ auf 3 Milliarden RM begrenzt.[12] Zweifellos trugen diese Korrekturen die Handschrift Funks, auch wenn natürlich berücksichtigt werden muß, daß die Leitlinien von Hitler und Schacht vorgegeben waren.

Wie unbedeutend Funks Rolle als Wirtschaftsberater der NSDAP gleichwohl war, kann daraus ersehen werden, daß er mit der Machtergreifung in ein neues Tätigkeitsfeld überwechselte. Er wurde am 30. Januar 1933 zum Reichspressechef ernannt und leitete – nachdem im März 1933 das Reichspropagandaministerium geschaffen worden war – die Presseabteilung der Reichsregierung als Staatssekretär dieses Ministeriums. In dieser Funktion wurde er mitverantwortlich für die Gleichschaltung der Presse, ohne freilich eine herausragende Rolle zu spielen. Seine Aufgabe bestand vornehmlich darin – und hier sind die Gründe für seine Ernennung zu suchen –, regelmäßig Vortrag beim Reichspräsidenten Hindenburg zu halten. Gerade weil Funk lediglich ein in der Wolle gefärbter Nationalsozialist, weil die Personaldecke der NSDAP knapp war, weil er über gute Manieren verfügte und Hindenburg ihm zudem persönlich vertraute, empfahl er sich für diese Aufgabe. Nach Hindenburgs Tod wurde Funk als Reichspressechef praktisch überflüssig. Er trug nun auch Hitler nicht mehr vor. Dieser arbeitete vorwiegend mit Otto Dietrich zusammen, der seit

1931 Reichspressechef der NSDAP war und Funk 1937 als Pressechef der Reichsregierung und als Staatssekretär im Reichspropagandaministerium ablöste. Im Propagandaministerium war Funk schon vorher völlig an den Rand gedrängt worden.[13]

Funk ließ sich offenbar ohne Widerstand ins zweite Glied abschieben. Diese Eigenschaft vor allem empfahl ihn für die Ernennung zum Reichswirtschaftsminister. Hjalmar Schacht, der dieses Amt seit dem 30. Juli 1934 ausübte, hatte dem forcierten Aufrüstungstempo, mit dem Hitler Ende 1936 die unmittelbare wirtschaftliche Kriegsvorbereitung einleitete, wachsenden Widerstand entgegengesetzt. Er befürchtete von der hierzu erforderlichen, erheblichen Ausweitung der Staatsverschuldung inflationäre Tendenzen und warnte vor den negativen Konsequenzen, die die weitere Steigerung der Aufrüstung für die Außenwirtschaft und für die binnenwirtschaftliche Entwicklung Deutschlands haben mußte. Hitler übertrug daher Hermann Göring die Aufgabe, die deutsche Wirtschaft durch einen zweiten Vierjahresplan „binnen vier Jahren kriegsfähig" zu machen, der sich hierfür eine eigene Sonderbürokratie schuf, die sogenannte Vierjahresplanbehörde.[14] Göring faßte die rüstungswichtigen Teile der Wirtschaftsressorts, des Reichswirtschaftsministeriums, des Reichsarbeitsministeriums und des Reichsernährungsministeriums in der neuen Behörde zusammen und stellte eine enge personelle Verknüpfung mit der Industrie her, vor allem mit der IG-Farbenindustrie AG und der Schwerindustrie.

Göring wurde auf diese Weise zum Superminister und Wirtschaftsdiktator, eine Rolle, die sich mit einem ebenso ehrgeizigen wie kommpetenten und machtbewußten Reichswirtschaftsminister, wie Schacht es war, auf Dauer nicht vertrug. Am 26. November 1937 wurde Schacht daher von seinen Ämtern als Reichswirtschaftsminister und Generalbevollmächtigter für die Wirtschaft entbunden. Göring übernahm seine Funktionen zunächst kommissarisch und gliederte wesentliche Teile der Vierjahresplanbürokratie nun in das Reichswirtschaftsministerium ein, das „zum bloßen Exekutivorgan des Beauftragten für den Vierjahresplan degradiert und formal und faktisch an dessen Weisungen gebunden" wurde.[15] Göring, der von der Wirtschaft selbst nichts verstand und sich des bürokratischen Ballasts entledigen wollte, den die Leitung eines weiteren großen Ministeriums neben dem Reichsluftfahrtministerium mit sich brachte, suchte nun einen Fachmann, der sich für die Rolle des Erfüllungsgehilfen eignete.

In dieser Situation erinnerte man sich an Funk, der die Gewähr dafür bot, als „treuer Gefolgsmann“ ein möglichst reibungsloses Funktionieren der Rüstungswirtschaft zu garantieren. Im Februar 1938 wurde Funk daher zum Reichswirtschaftsminister und Generalbevollmächtigten für die Wirtschaft ernannt und übernahm im Januar 1939 auch das Reichsbankpräsidium von Schacht, der zunächst noch in diesem Amt verblieben war.

Der Wechsel von Schacht zu Funk beseitigte freilich nicht nur die Widerstände gegen die Aufrüstung, sondern schuf auch wesentliche Voraussetzungen dafür, daß der Ausschaltung der Juden aus der Wirtschaft, die der Reichswirtschaftsminister zweifellos hätte verzögern oder bremsen, wenn auch vielleicht nicht verhindern können, kein Widerstand durch den zuständigen Ressortminister entgegengesetzt wurde. Funk errichtete vielmehr bei seinem Amtsantritt ein „Judenreferat“ im Reichswirtschaftsministerium, dessen Aufgabe es war, die Arisierung der Wirtschaft voranzutreiben.[16] Nicht daß Funk ein fanatischer oder auch nur überzeugter Antisemit gewesen wäre. Man wird seinen Beteuerungen vor dem Nürnberger Gerichtshof wohl Glauben schenken können, daß er privat immer gut mit Juden ausgekommen und ihnen völlig unvoreingenommen begegnet sei. Ihr Schicksal ließ ihn offenbar auch nicht völlig kalt. So ist glaubhaft überliefert, daß er über den Judenpogrom in der Nacht vom 9. auf den 10. November 1938 Abscheu empfand und ebenso wie sein Chef Hermann Göring die Verschwendung wirtschaftlicher Ressourcen beklagte. Doch kaum war die Schreckensnacht vorüber, da ließ sich Funk am 15. November 1938 öffentlich ganz anders vernehmen. Wider besseres Wissen und wohl auch eigenes Empfinden sprach er davon, daß der Pogrom als eine „gewaltsame Entladung der Empörung des Volkes auf Grund eines verbrecherischen jüdischen Anschlages gegen das deutsche Volk“ zu begreifen sei.[17] Offenbar meinte Funk seine Position als Chef eines der wichtigsten Ministerien durch beflissenen Verbalradikalismus untermauern zu müssen.

Betrachtet man den Wechsel von Schacht zu Funk aus dem Blickwinkel der NS-Judenpolitik, so war eine wichtige Veränderung eingetreten: der neue Minister brachte nicht mehr die Courage auf, Sachargumente zum Schutz der Juden intern oder gar öffentlich zu mobilisieren. Funk übernahm nun als zuständiger Minister die Verantwortung für die Arisierungen, mit denen die jüdischen Geschäftsleute und Unternehmer in Deutschland von Staats wegen ihres Besitzes und damit ihrer Existenzmöglichkeiten beraubt wurden. „Damals“, so bekannte er in Nürnberg, „hätte ich zurücktreten sollen, ich bin schuldig“.[18]

Funk hat die Machtfülle, die er auf dem Papier besaß, in den nächsten Jahren nicht zu nutzen gewußt und sich nicht aus dem Schatten Görings lösen können. Im Grunde blieb er als Minister an dessen Weisungen gebunden, so daß seine Position eher der eines Staatssekretärs als eines Ministers glich. Dennoch prägte er bis zu einem gewissen Grade die nationalsozialistische Wirtschaftspolitik. Funk war ein Gegner der im Zuge der forcierten Aufrüstung immer mehr vordringenden staatlichen Reglementierung der Wirtschaft und hielt, da er in Hitlers geheime Absichten nicht eingeweiht war und eher in Kategorien der Friedenswirtschaft als in jenen der Wehr- und Kriegswirtschaft dachte, eine entschlossene und durchgreifende Mobilisierung aller Kräfte für unnötig. Das führte nach Ausbruch des Zweiten Weltkrieges zu erheblichen Differenzen mit dem Chef des Wehrwirtschafts- und Rüstungsamtes, General Thomas, der für energische Rüstungsanstrengungen eintrat. Nach Kriegsausbruch gab Funk die Devise "business as usual" aus und trug wesentlich dazu bei, daß die deutsche Kriegswirtschaft zunächst so viele friedensmäßige Standards zu wahren suchte wie möglich.[19]

Am 22. Juni 1940, dem Tag des deutsch-französischen Waffenstillstandes, als der militärische Sieg des nationalsozialistischen Deutschland in greifbare Nähe gerückt zu sein schien, erteilte Göring Funk den Auftrag, den Aufbau einer europäischen Wirtschaft unter deutscher Hegemonie vorzubereiten.[20] Diese Aufgabe war Funk auf den Leib zugeschnitten; denn nun konnte er daran gehen, den Abbau der rüstungs- und kriegswirtschaftlichen Reglementierungen, die ihm von jeher ein Dorn im Auge gewesen waren, zu planen und sich der Illusion hingeben, unter dem Hakenkreuz ließe sich eine „neue europäische Wirtschaftsordnung“ aufbauen. Diese sollte sich nach Funks Plänen harmonisch in die Weltwirtschaft einfügen und schrittweise zu einer Lockerung der staatlich reglementierten Außenwirtschaft gelangen. Er ging dabei von einem Ordnungsmodell aus, das die Mitte zwischen dem Liberalismus der zwanziger Jahre und der nationalsozialistischen Kommandowirtschaft halten sollte und das man als staatlich gelenkte freie Unternehmerwirtschaft bezeichnen könnte. Funk scheute sich nicht, zu diesem Zweck Anlehnung bei namhaften ordoliberalen Nationalökonomen wie Walter Eucken, Franz Böhm, Leonhard Miksch, Erich Preiser und Herbert von Beckerath zu suchen, von denen er sich die Ausarbeitung einer neuen deutschen Volkswirtschaftslehre erhoffte. Die Realitäten des Krieges erstickten diese Ansätze freilich im Keim.

Als der Rußlandfeldzug im November/Dezember 1941 vor Moskau stecken blieb und das Ende der Blitzkriegsphase eingeläutet war, setzte mit der sogenannten „Totalisierung" der Rüstungswirtschaft, deren Organisator Albert Speer wurde, eine radikale Kurskorrektur ein.[21] Funk geriet mit seiner Auffassung nun in Gegensatz nicht nur zu den Notwendigkeiten des Krieges, sondern auch zur vorherrschenden Politik des Regimes. Das Reichswirtschaftsministerium verlor eine Kompetenz nach der anderen an das Reichsministerium für Rüstung und Kriegsproduktion, und Funk geriet zusammen mit seinem Patron Hermann Göring völlig in den Schatten von Speer.

Sein Ministerium blieb nach der letzten Revision der Kompetenzen zugunsten von Speer im September 1943 zuständig für den Außenhandel und die Versorgung der Bevölkerung sowie für grundsätzliche Fragen der Wirtschaftspolitik.[22] Nun griff Himmler nach dem Reichswirtschaftsministerium und schickte mit Franz Hayler und Otto Ohlendorf zwei Wirtschaftsfachleute ins Ministerium, die zugleich hohe Ränge in der SS innehatten. Sie besetzten die Positionen des Staatssekretärs und des Unterstaatssekretärs und machten den Minister politisch zur Marionette. Auf der anderen Seite gab es in den wirtschaftspolitischen Auffassungen wesentliche Gemeinsamkeiten zwischen Funk und seinen politisch weit wichtigeren Untergebenen. Sie traten gemeinsam für eine stärkere Trennung von Staat und Wirtschaft ein, wollten den Bürokratisierungstendenzen entgegenwirken und orientierten sich ebenfalls am Modell einer gelenkten freien Unternehmerschaft. Damit verfolgten sie freilich mehr Friedens- als Kriegsziele und tatsächlich bereiteten Ohlendorf und Hayler abgedeckt durch das Reichssicherheitshauptamt die deutsche Wirtschaft in enger Zusammenarbeit mit der Reichsgruppe Industrie auf die Nachkriegszeit vor. Auch Funk hatte am Ende des Krieges begriffen, daß Deutschland seine imperialen Ambitionen noch im Krieg zurückschrauben müsse, wollte es nach dem Krieg eine Rolle in Europa spielen. Mit Vorliebe sprach er in seinen Reden[23], von der Europäischen Wirtschaftsgemeinschaft gleichberechtigter Nationen, die es in Zukunft herzustellen gelte. Die Realität am Ende des Krieges sah freilich anders aus. Die gebeutelten europäischen Völker, an deren Ausbeutung Funk kräftig mitgewirkt hatte, wollten von Deutschland verständlicherweise zunächst einmal nicht mehr viel wissen. Doch auf lange Sicht gehörte dem Europagedanken die Zukunft: Hätte Funk nicht das „Pech" gehabt, Hitlers Reichswirtschaftsminister zu werden, hätte er durchaus aktiv an der Gestaltung Nachkriegseuropas teilnehmen können.

Anmerkungen

1 Henry A. Turner jr. (Hrsg.), Hitler aus nächster Nähe. Aufzeichnungen eines Vertrauten (Otto Wagener) 1929–32, Frankfurt a. M. 1978, S. 389 ff.; Hans Kehrl, Krisenmanager im Dritten Reich, Düsseldorf 1973, S. 247. Vgl. Willi A. Boelcke, Die deutsche Wirtschaft 1930–1945. Interna des Reichswirtschaftsministeriums, Düsseldorf 1983, S. 188 f.

2 Turner (Anm. 1), S. 390; IMG Bd. XIII, S. 158 ff.

3 IMG Bd. I, S. 79 f. und 413; Bd. XIII, S. 181 ff. und 186 ff.

4 Akte Funk des Berlin Document Center; IMG Bd. XIII, S. 89 ff.; Paul Oestreich, Walther Funk. Ein Leben für die Wirtschaft, München 1940.

5 IMG Bd. XIII, S. 90.

6 Walther Funk, Die Goldmarkbank der deutschen Wirtschaft, Berlin 1923; Oestreich (Anm. 4), S. 34 und 40 ff.

7 Ebd., S. 39 und 74 f.

8 IMG Bd. XIII, S. 91; Turner (Anm. 1), S. 372.

9 IMG Bd. XIII, S. 94.

10 Turner (Hrsg.), (Anm. 1), S. 373; Ingeborg Esenwein-Rothe, Die Wirtschaftsverbände von 1933 bis 1945, Berlin 1956, S. 186; Henry A. Turner, German Big Business and the Rise of Hitler, Oxford U. P. 1985, S. 149 ff.

11 Verfügung Adolf Hitlers am 22. Sept. 1932, Akte Funk des Berlin Document Center.

12 IMG Bd. XXX, S. 354; Bd. XIII, S. 100 ff.; Gottfried Feder, Kampf gegen die Hochfinanz, 5. Aufl., München 1934, S. 171 ff. Vgl. Avraham Barkai, Das Wirtschaftssystem des Nationalsozialismus, Köln 1977, S. 41 ff.

13 IMG Bd. XXXII, S. 354 f. und Bd. XIII, S. 105 ff.

14 Wilhelm Treue, Hitlers Denkschrift zum Vierjahresplan 1936, in: Vierteljahrshefte für Zeitgeschichte 3 (1955), S. 184 ff. Vgl. Dieter Petzina, Autarkiepolitik im Dritten Reich. Der nationalsozialistische Vierjahresplan, Stuttgart 1968, S. 54 ff. und 57 ff.

15 Petzina (Anm. 14), S. 67.

16 Kehrl (Anm. 1), S. 140 f. Vgl. Helmut Genschel, Die Verdrängung der Juden aus der Wirtschaft im Dritten Reich, Göttingen 1966.

[17] Frankfurter Zeitung v. 17. November 1938, Nr. 587, S. 2; IMG Bd. XIII, S. 163 ff.

[18] IMG Bd. XIII, S. 135.

[19] Georg Thomas, Geschichte der deutschen Wehr- und Rüstungswirtschaft (1918–1943/45), hrsg. v. W. Birkenfeld, Boppard/Rhein 1966, S. 74 ff., 163 f., 173 ff.; (Rolf Wagenführ), Die deutsche Industrie im Kriege 1939–1945, hrsg. v. Deutschen Institut für Wirtschaftsforschung, Berlin 1954, S. 27 f.

[20] BA R 43 II/311, Bl. 42.

[21] Ludolf Herbst, Der totale Krieg und die Ordnung der Wirtschaft, Stuttgart 1982, S. 207 ff.

[22] RGBl. I, 1943, S. 529 f.; BA R 3/1965, Bl. 238 f.

[23] Vgl. z.B. Walther Funk, Wirtschaftsordnung gegen Währungsmechanismus, Rede v. 7. Juli 1944 (als Manuskript gedruckt), vgl. Herbst (Anm. 21), S. 300 ff.

Bibliographie

Quellen

Ein Nachlaß Funk ist bisher nicht aufgetaucht. Den umfassendsten biographischen Einstieg verschaffen: Der Prozeß gegen die Hauptkriegsverbrecher vor dem Internationalen Militärgerichtshof, Nürnberg 1948, Bd. I, S. 79 f.; Bd. V, S. 174 ff.; Bd. XIII, S. 89 ff.; Bd. XXXI, S. 428 ff. Dagegen enthält die Akte Funk im Berlin Document Center nur wenig. Für Funks Tätigkeit als Journalist vgl. seine Beiträge in der Berliner Börsenzeitung, Jahrgänge 1916–1930 sowie seine veröffentlichten Broschüren. Eine Aufstellung befindet sich im Reichshandbuch der Deutschen Gesellschaft, Berlin 1930, S. 510. Für die Tätigkeit Funks als Wirtschaftsberater der NSDAP vor der Machtergreifung sind die Aufzeichnungen von Otto Wagener heranzuziehen (Archiv des IfZ, ED 60). Sie sind ausschnittsweise veröffentlicht: Henry A. Turner jr. (Hrsg.), Hitler aus nächster Nähe. Aufzeichnungen eines Vertrauten 1929–32, Frankfurt a. M. 1978. Die Tagebücher von Joseph Goebbels sind für die Tätigkeit Funks im Propagandaministerium nur von peripherer Bedeutung. Für diese Zeit ist auf die Akten des Reichsministeriums für Volksaufklärung und Propaganda zurückzugreifen, die sich im Bundesarchiv Koblenz und Potsdam befinden (R 55 bzw. 50.01). Ergänzende Materialien enthalten die Bestände des Reichsministeriums für Wirtschaft (BA/R7) und für Rüstung und Kriegsproduktion (BA/R 3). Eine Sammlung verfilmter Akten zu Funk besitzt das Archiv des IfZ.

Literatur

Eine wissenschaftlichen Ansprüchen genügenden Biographie Walther Funks liegt bisher nicht vor. Wegen deutlich hagiographischer Züge nur mit Vorsicht zu verwenden ist: Paul Oestreich, Walther Funk. Ein Leben für die Wirtschaft, München 1940. Vgl. im übrigen Friedrich Facius, Wirtschaft und Staat, Die Entwicklung der staatlichen Wirtschaftsverwaltung in Deutschland, Boppard/Rhein 1959; Willi A. Boelcke, Die deutsche Wirtschaft 1930–45. Interna des Reichswirtschaftsministeriums, Düsseldorf 1983; Dietmar Petzina, Autarkiepolitik im Dritten Reich. Der nationalsozialistische Vierjahresplan, Stuttgart 1968; Ludolf Herbst, Der Totale Krieg und die Ordnung der Wirtschaft, Stuttgart 1982.

9. Odilo Globocnik – Himmlers Vorposten im Osten

Von Peter Black*

Im Jahr 1943, während einer Inspektionsreise durch das besetzte Polen, die auch eine Lagebesprechung über die Vernichtung der polnischen Juden einschloß, charakterisierte Maximilian v. Herff, der Chef des SS-Personalhauptamtes, den SS- und Polizeiführer (SSPF) des Bezirks Lublin, Odilo Globocnik, den der Reichsführer SS Heinrich Himmler mit dieser gräßlichen Aufgabe betraut hatte, folgendermaßen:

> Vollnatur mit all ihren großen Licht- und Schattenseiten. Wenig auf das Äußerliche gebend, fanatisch von der Aufgabe besessen, sich bis ins Letzte für sie einsetzend ohne Rücksicht auf Gesundheit oder äußerlichen Dank. Sein Draufgängertum läßt ihn oft die gegebenen Grenzen sprengen und die ihm innerhalb des [SS]-Ordens gezogenen Grenzen vergessen, jedoch nicht aus persönlichem Ehrgeiz, sondern vielmehr aus Besessenheit um der Sache willen. Der Erfolg spricht unbedingt für ihn.[1]

Diese Analyse zeigt ein durchgehendes Muster in der Karriere dieses NSDAP-Organisators und SS-Offiziers, der seine Verstöße gegen den nationalsozialistischen Verhaltenskodex durch die immer fanatischere Verfolgung und Durchsetzung der nationalsozialistischen Politik wettmachte.

Globocnik wurde am 21. April 1904 als Sohn österreichisch-slowenischer Eltern im multinationalen Triest geboren, das damals die wichtigste Hafenstadt der Habsburgermonarchie war. Sein Vater, ein k. und k. Rittmeister und später ein höherer Postbeamter, starb an Tuberkulose, als Globocnik noch ein Kind war. Danach ließ sich die verwitwete Mutter, die aus der ungarischen Wojwodina stammte, in Klagenfurt nieder. Obgleich beide Eltern slawische Namen trugen (der Mädchenname der Mutter war Petschina), konnte Globocnik zu-

* Aus dem Englischen übersetzt von Karl Nicolai.

mindest teilweise eine deutsche Abstammung für sich beanspruchen – beide Großmütter hatten deutsche Familiennamen. Das verfügbare Quellenmaterial enthält keinen Hinweis darauf, daß Globocnik sich seiner Herkunft schämte (er versuchte nie, seinen Namen einzudeutschen) oder daß irgendeiner seiner zahlreichen Feinde diese Frage aufgeworfen hätte. Aber sein Fanatismus spiegelt vielleicht die Mentalität des in einem Vielvölkerstaat geborenen Grenzlanddeutschen wider, der sich selbst und anderen beweisen mußte, daß sein Engagement für die Sache total war.

Nachdem er sechs Jahre lang in Triest die Volksschule besucht hatte, trat der junge Globocnik 1914 in die Militär-Unterrealschule in St. Pölten ein. Die Auflösung der Habsburgermonarchie als Folge des Ersten Weltkrieges erforderte einen Wechsel seiner beruflichen Perspektiven: 1919 wechselte er auf die Höhere Staatsgewerbeschule in Klagenfurt, wo er bis 1923 das Bauingenieurwesen studierte – ohne allerdings einen Abschluß zu erreichen. 1918, im Alter von 14 Jahren, hatte er sich einer der zahlreichen Heimwehreinheiten angeschlossen, die man hastig aufstellte, um das Klagenfurter Becken gegen einfallende südslawische Truppen zu verteidigen. Nachdem die Grenze zwischen Österreich und Jugoslawien im Oktober 1920 durch eine Volksabstimmung festgelegt worden war, trat Globocnik den kärntnerischen Sturmabteilungen (SA) der NSDAP bei. Als er 1923 beim städtischen Elektrizitätswerk Klagenfurt eine Stelle fand, arbeitete er außerdem in der NS-Betriebszellenorganisation mit und wurde 1930 im Gau Kärnten für die Propaganda zuständig. Offiziell trat er erst am 1. März 1931 in die NSDAP ein.

Als Bundeskanzler Engelbert Dollfuß am 19. Juni 1933 die NSDAP in Österreich verbot, nutzte Globocnik seine Beziehungen in seiner Geburtsstadt Triest, um einen Kurier- und Nachrichtendienst aufzubauen, der – auf dem Umweg über ein Zimmermädchen in Interlaken und drei Außenhandelsfirmen in Mailand und Padua – geheime Hilfsgelder aus dem Deutschen Reich einschleuste und dafür Nachrichtenmaterial über politische Organisationen und Aktivitäten in Österreich lieferte. Dadurch erwarb er sich die Bewunderung seines politischen Mentors, des Kärntner Gauleiters Hubert Klausner, und dessen engen Freundes Friedrich Rainer, der als Klausners politischer Berater fungierte. Aber auch Reinhard Heydrich, der Chef des Sicherheitsdienstes (SD), wurde auf ihn aufmerksam. Durch ihn kam Globocnik am 1. September 1934 in die SS.

Als Hitler nach dem mißlungenen Putsch der österreichischen Nationalsozialisten vom Juli 1934 eine reichsdeutsche Einmischung in die österreichische Innenpolitik untersagte, entwickelten Rainer und Globocnik – als Stellvertreter Klausners – eine neue politische Linie gegenüber dem christlichsozialen Nachfolger von Dollfuß, Kurt v. Schuschnigg. Die „Kärntner" lehnten politisch ungezielten Terror ab; sie widersetzten sich auch einer passiven Haltung, die auf einen künftigen „Anschluß" nur hoffte, und sie verwarfen Versuche, durch ideologische Zugeständnisse an das Schuschnigg-Regime eine Rückkehr in die Legalität zu erreichen. Wie Rainer später erklärte, traten er und Globocnik für die Umwandlung der österreichischen NSDAP in eine Kaderpartei ein, die sich auf den Wiederaufbau der zerschlagenen Gliederungen, weltanschauliche Schulung sowie die Aufrechterhaltung einer Untergrundpresse und eines effektiven Nachrichtendienstes konzentrierte. In den Monaten nach dem Putsch reiste Globocnik „in ganz Europa"[2] herum, errichtete heimliche Druckpressen und Propagandastationen und lieferte Nachrichten als Gegenleistung für Hilfsgelder, die er an österreichische Parteigenossen und ihre Angehörigen weitergab.

Um den von Behörden und Polizei ausgeübten Druck zu mindern und Möglichkeiten zu schaffen, die illegale NS-Organisation zu stärken und deren Weltanschauung zu verbreiten, suchten die „Kärntner" Kontakt zur Regierung Schuschnigg durch Persönlichkeiten, die einerseits auf den „Anschluß" hinarbeiteten und die Ziele der „Bewegung" guthießen, andererseits sich aber von der illegalen Organisation distanzierten, Gewalt verabscheuten und bereit waren, die eine Bedingung Schuschniggs zu erfüllen, über die er nicht mit sich reden ließ: die Anerkennung des österreichischen Staates. Solche Persönlichkeiten, etwa der Wiener Rechtsanwalt Arthur Seyß-Inquart, konnten mit Schuschnigg verhandeln, ohne die illegale Partei zu kompromittieren oder durch sie kompromittiert zu werden. Der österreichisch-deutsche Vertrag vom 11. Juli 1936 verpflichtete Hitler, auf Einmischung in die inneren Angelegenheiten Österreichs zu verzichten, und Schuschnigg, Vertreter des „deutschnationalen Gedankengutes" in den österreichischen Staatsapparat aufzunehmen. Als Hitler – trotz der zornigen Proteste Globocniks – Globocnik und Rainer am 16. Juli befahl, sich jeder illegalen Tätigkeit zu enthalten, schien Seyß-Inquart, der das persönliche Vertrauen Schuschniggs besaß, der beste Garant dafür zu sein, daß die NS-Interessen in Österreich vertreten wurden, ohne gegen den „Nichteinmischungsgrundsatz" zu verstoßen.

Im Gegensatz dazu suchte Josef Leopold, der niederösterreichische Gauleiter und populäre Landesleiter der österreichischen NSDAP, sich selbst als kompetenten Verhandlungspartner für Schuschnigg zu präsentieren. Leopold, der die Gunst Görings genoß, verachtete den Intellektuellen Seyß-Inquart als einen „Mitläufer" und mißtraute den Bestrebungen der „Kärntner", die nach seiner Auffassung die Interessen der NS-Bewegung „einer ihr fremden Führerschicht" opferten. Globocnik, der – nach dem Aktenvermerk eines Beamten der Deutschen Botschaft – zu den jüngeren Führern gehörte, „die in der Kampfzeit der letzten zwei Jahre die Partei verwaltet haben und sich jetzt von der Mitbestimmung nicht ausschließen wollen", kritisierte die Bereitschaft Leopolds, die Partei durch die Anerkennung des österreichischen Staates zu kompromittieren. Es endete damit, daß der Landesleiter Leopold im September 1937 Globocnik aus der Partei ausschloß und dadurch Verhältnisse im Untergrund schuf, die der österreichische SS-Führer Ernst Kaltenbrunner „ungemein bedauerlich"[4] fand.

Obwohl Globocnik noch jung war und in der Partei keinen hohen Rang innehatte, nutzte er seine Beziehungen zu Heydrich und Himmler, um Hitler und Göring für Seyß-Inquart als den Vertreter der nationalsozialistischen Idee in Österreich zu gewinnen – ein Prozeß, der darin gipfelte, daß Leopold am 21. Februar 1938 als Landesleiter der illegalen österreichischen NSDAP durch Klausner abgelöst wurde. Als Seyß-Inquart nach der Berchtesgadener Konferenz vom 12. Februar 1938 zum Innenminister ernannt wurde, benutzten Rainer und Globocnik den illegalen Apparat, den sie inzwischen beherrschten, um nationalsozialistische „Siegeskundgebungen" zu organisieren, was Schuschnigg veranlaßte, sich für die verhängnisvolle Volksabstimmuung zu entscheiden: eine Entscheidung, die dann den „Anschluß" auslöste.

Angesichts der wichtigen Rolle, die er bei der Imagepflege Seyß-Inquarts in Berlin und bei der Herbeiführung der NS-Machtergreifung in Österreich in der Nacht vom 11./12. März 1938 gespielt hatte, war Globocnik über die unmittelbaren Folge des „Anschlusses" enttäuscht. Sowohl von Seyß-Inquart als auch von Himmler ignoriert, verfaßte er ein Memorandum, in dem er seine und Rainers Rolle bei den Ereignissen verklärte und argumentierte, der Triumph des Nationalsozialismus in Österreich liege „nicht in der Korrektur von Grenzen“, sondern

in der Erringung der Macht in einem Staate, der dann ... gesamtvölkische Aufgaben ... selbständig durchführt, gleichgültig ob dieser Volksteil im Kernstaat des gesamten Volkes lebt oder außerhalb desselben.[5]

Verärgert durch die öffentliche Verherrlichung der Rolle Seyß-Inquarts beim „Anschluß“, legte Globocnik im Mai 1938 Heß sein Memorandum vor, zog jedoch wie der gleichermaßen enttäuschte Rainer die Konsequenz, „die gegebene Sachlage hinzunehmen und nach neuen, positiven Arbeitsmöglichkeiten in der Partei zu suchen“.[6] Globocnik strebte den Posten des Gauleiters von Wien an. Obwohl die Meinung vertreten wurde, es wäre „unbedingt gut“, wenn er „einige Zeit in der Zentralstelle der Partei [in Berlin] arbeiten“[7] könnte, wählte ihn Josef Bürckel, den Hitler zum „Reichskommissar für die Wiedervereinigung Österreichs mit dem Deutschen Reich“ ernannt hatte, auf Empfehlung Klausners im Mai 1938 für diesen Posten aus.

Als Gauleiter versprach Globocnik, die zerrüttete Gauorganisation wiederaufzubauen, die – als Trägerin der NS-Weltanschauung in Österreich – den Vorrang der „politischen Initiative“ gegenüber dem Staatsapparat besitzen werde. Er verpflichtete sich aber auch öffentlich, „die zweite politische Zentrale [im Reich], die einst Wien verkörperte, restlos und für alle Zeiten zu zerschlagen“. Seine Versuche, diese Ziele zu verwirklichen, hätten fast seine Karriere ruiniert, denn sie waren gekennzeichnet durch anmaßende Prahlerei, dunkle Drohungen gegen nicht näher bezeichnete Feinde und zwielichtige Manipulationen bei der Beschlagnahme von Geldern und Grundbesitz. Innerhalb von sechs Monaten hatte er praktisch alle seine wichtigsten Verbündeten in der Stadt gegen sich aufgebracht. Seine Versuche, der Wiener Stadtverwaltung Geld für Baumaßnahmen zu entziehen, empörten Oberbürgermeister Hermann Neubacher. Weil Globocnik für die Auslöschung Österreichs als eines geographischen Begriffes eintrat und weil er – wenige Tage nachdem NS-Rabauken das Palais des Wiener Kardinals Innitzer geplündert hatten – einer „Reihe politisierender Kleriker ..., [die] versuchen, die Bevölkerung gegen den Staat aufzuputschen“, Vergeltung androhte[8], verlor er die Unterstützung des Reichsstatthalters Seyß-Inquart. Andererseits bekämpfte oder ignorierte er die Maßnahmen zentraler Staatsbehörden des Deutschen Reiches und bezeichnete sie gegenüber Bürckel als eine Einmischung von außen, die den Primat der Partei gefährde. Er reizte sogar seinen SS-Kameraden Kaltenbrunner (nunmehr Höherer SS- und Polizeiführer in Wien), indem er nach den Ausschreitungen der „Kristallnacht" vom 9./10. November 1938 entgegen dem Verbot des Polizeichefs verfügte, daß „besonders legitimierte politische Leiter" versiegelte jüdische Geschäfte und Privathäuser betreten dürften.

Bürckel förderte Globocniks Versuche, sich in Wien eine Machtbasis aufzubauen, und unterstützte ihn in den meisten der sich daraus ergebenden Konflikte. Als die straff zentralisierte Parteikasse in München unter F. X. Schwarz es ablehnte, diverse bombastische und oft abenteuerliche Projekte zu finanzieren, prahlte Globocnik, „er würde schon wieder geeignete Wege finden, um zu Geld zu kommen". Dies gelang ihm durch einfallsreiche Methoden, z. B. Schmiergeldzahlungen, Anleihen aus dem Amt Bürckels, Verwendung von beschlagnahmtem Eigentum und Vermögen ohne Erlaubnis des Parteischatzmeisters und Beute aus „Arisierungsmaßnahmen". Globocnik benutzte diese Geldmittel, um Pfründen in die Wiener Gauorganisation einzubauen, zinslose Darlehen an alte Kameraden (darunter Friedrich Rainer) zu geben, schlechtgeplante Bauprojekte anzufangen, bankrotte NS-Verlage zu unterstützen und Immobilien zu überhöhten Preisen aufzukaufen. Im September 1938 berichtete der Vertreter des Schatzmeisters Schwarz in Wien, diese „unkontrollierbare Finanzpolitik" bringe den Gau an den Rand einer „restlosen Pleite".[9]

Wegen Globocniks schroffer Arroganz, seines unqualifizierten Finanzgebarens und des Scheiterns seiner Bemühungen, sich in Wien eine Hausmacht zu schaffen, wurde schon im August 1938 seine Absetzung gefordert. Bürckel, dessen Methoden der Geldbeschaffung sich von denen Globocniks kaum unterschieden, stützte ihn zumindest bis Oktober, als er erfuhr, daß Göring den Gauleiter ablösen wolle. Da er Neubacher, den Kandidaten Görings, und den früheren Gauleiter Alfred Frauenfeld, den Favoriten Hitlers, als potentielle Rivalen seiner eigenen Machtposition fürchtete, überredete Bürckel den späteren Reichsmarschall, Globocnik noch eine letzte Chance zu geben. Aber Schwarz, verbittert durch den Mißbrauch finanzieller Mittel und durch die schimpfliche Behandlung seiner Vertreter in Wien, drohte Bürckel an, er werde den österreichischen Gauen die Gelder sperren, falls nicht alle Finanzangelegenheiten sofort der Kontrolle seiner Vertreter unterstellt würden, und er verwies darauf, daß er in diesem

Punkt die Unterstützung Hitlers habe. Da kapitulierte Bürckel und befahl Globocnik am 6. Dezember 1938, einen Rechenschaftsbericht über seine Ausgaben vorzulegen. Dieser spürte das nahende Verhängnis und bat Ende Dezember um eine Audienz bei Heß in Berlin, um seine Entlassung abzuwehren; am 30. Januar 1939 akzeptierte Hitler jedoch widerstrebend seine Amtsenthebung.

Himmler versetzte ihn zur SS-Verfügungstruppe, wo er an einer „nervös bedingten Schlaflosigkeit" litt. Dann bot er ihm eine neue Chance, sich zu bewähren, indem er ihn am 1. November 1939 zum SS- und Polizeiführer für den Distrikt Lublin im neuerrichteten „Generalgouvernement" (Polen) ernannte. Erleichtert und begeistert schickte Globocnik ein Danktelegramm an Himmler, um ihm zu versichern, der SSPF Lublin und seine Männer würden „alles einsetzen, um Ihnen auf unseren Plätzen kleine Helfer sein zu können".[10]

Obwohl Globocnik Kompetenzstreitigkeiten provozierte, für Unregelmäßigkeiten bei der Abwicklung von beschlagnahmtem jüdischen Eigentum und für (selbst nach NS-Maßstäben) übertrieben harte Vergeltungsaktionen gegen die polnische Bevölkerung verantwortlich war, nahm er in Himmlers Zukunftsvisionen für den besetzten Osten einen prominenten Platz ein. Überzeugt von seiner Dankbarkeit, seiner Treue, seinem weltanschaulichen Eifer und seinem Einfallsreichtum beim Lösen von Problemen, ernannte ihn der Reichsführer am 17. Juli 1941 zum „Beauftragten für die Errichtung der SS- und Polizeistützpunkte im neuen Ostraum". In dieser Eigenschaft hatte Globocnik die Aufgabe, riesige Siedlungen deutscher Wehrbauern in Polen und Sowjetrußland zu planen, die unter der Leitung von SS und Polizei nach dem neuesten Stand der industriellen und landwirtschaftlichen Technik gegründet und geführt werden sollten. Zur Planung der zukünftigen Stützpunkte ließ Globocnik Arbeitsgruppen junger SS-Fachleute (Ingenieure, Architekten, Diplomlandwirte, Bevölkerungsexperten, Klimatologen usw.) nach Lublin kommen. Ihre Pläne sahen die Evakuierung von Polen und Juden aus den für deutsche Besiedlung ausgewählten Gebieten vor.

Im Juli 1941 schlug Globocnik vor, die Stadt Lublin und der Kreis Zamosc sollten einen Gürtel volksdeutscher Besiedlung bilden, der schließlich mit Stützpunkten im Baltikum und in Siebenbürgen verbunden sein würde. Dieser Siedlungsring sollte „das verbleibende Polentum [in dem ‚westlichen Zwischengebiet'] siedlungsmäßig ‚einkesseln' und allmählich wirtschaftlich und biologisch erdrücken".[11]

Mit Zustimmung Himmlers machte sich Globocnik zwischen Ende November 1942 und März 1943 an die Zwangsevakuierung von nahezu 110000 Polen und Ukrainern aus 300 Dörfern in den Kreisen Zamosc, Hrubieszow und Tomaszow-Lubelski und später, im August 1943 (im Zusammenhang mit der „Sicherungsaktion Werwolf"), im Kreis Bilgoraj. Schlecht geplant, übereilt und mit skrupelloser Brutalität durchgeführt, riefen die Evakuierungen im Distrikt ein Chaos hervor. Als deutsche Siedler in den Kreisen Zamosc und Hrubieszow von enteigneten polnischen Bauern, die, um sich der Evakuierung zu entziehen, in die Wälder geflohen waren, angegriffen wurden, führte das zu noch brutaleren Vergeltungsmaßnahmen gegen die verbliebenen Polen, was in diesen bisher ruhigen Kreisen einen allgemeinen Widerstand heraufbeschwor. Der Distriktgouverneur Emil Zörner argumentierte, unterstützt vom Generalgouverneur Hans Frank, wenn man die Deportationen nicht stoppe, werde nicht nur die effektive Sicherheit, sondern auch die landwirtschaftliche Produktion zusammenbrechen. Obwohl Himmler den Generalgouverneur belehrte, man dürfe „bei diesem Vorhaben auch nicht überängstlich sein"[12], trug Globocniks Bevölkerungspolitik im Kreis Zamosc zweifellos dazu bei, daß er im September 1943 seines Amtes enthoben wurde.

Der grausigste und folgenreichste Beitrag Globocniks zum NS-Staat hängt mit seinem scheußlichsten Auftrag zusammen: die Ermordung von mehr als einer Million polnischer Juden zwischen März 1942 und August 1943. Später bezeichnete man das – zu Ehren des Chefs des Reichssicherheitshauptamtes, Reinhard Heydrich, der Anfang Juni 1942 an den Folgen eines Attentats gestorben war – als „Aktion Reinhard". Diese Aktion umfaßte: die Gesamptplanung und Koordinierung der Deportation aller Juden aus dem Generalgouvernement in die Vernichtungslager Treblinka im Distrikt Warschau bzw. Sobibor und Belzec im Distrikt Lublin, die Vernichtung der Juden durch Erstickung mittels Kohlenmonoxyd, die Erfassung und Verwertung der persönlichen Habe der Opfer und deren Weiterleitung an verschiedene Reichsbehörden. Manche Juden, die arbeitsfähig waren und Fertigkeiten besaßen, die man für die Kriegsindustrie des Reiches brauchte, sollten in besondere Lager kommen. Dort sollten sie bis zur völligen Erschöpfung arbeiten und dann ebenfalls „liquidiert" werden. Unter der Leitung von Leuten aus der Führerkanzlei, die bereits Erfahrungen mit den Euthanasie-Tötungen im Reich (1939–1941) gesammelt hatten, begannen die Todesfabriken im Frühjahr 1942 zu arbeiten. Die Wachmannschaften setzten sich aus Einheiten zusammen, die man aus sowjetischen Kriegsgefangenen im Distrikt Lublin rekrutiert und im Ausbildungslager Trawniki geschult hatte. Um die Deportationen zu koordinieren, errichtete Globocnik in Lublin ein kleines Büro unter seinem österreichischen Landsmann Hermann Höfle. Dieser traf mit lokalen SS-, Polizei- und Zivilbehörden die notwendigen Vereinbarungen und lieferte „technische Experten" und „Trawniki-Leute", wie man sie für besondere Arbeitsgänge benötigte. 30000 Lubliner Juden waren die ersten, die man im März und April 1942 in Belzec umbrachte. Während des Sommers organisierte Höfle die Deportation von nahezu 300000 Juden aus dem Warschauer Ghetto. Bis zum Sommer 1943 wurden in den Vernichtungslagern der „Aktion Reinhard" mindestens 1750000 Juden ermordet.

Himmler wählte Globocnik für diese zentrale weltanschauliche Aufgabe, aus, weil er von seinem Engagement für die Sache und seinem Willen überzeugt war, den Auftrag ohne Rücksicht auf bürokratische, technische und menschliche Hindernisse zu erledigen. Als der Reichsführer im Juli 1942 anordnete, die Judenvernichtung zu beschleunigen, bedankte sich Globocnik schriftlich bei Karl Wolff, dem Chef von Himmlers Persönlichem Stab, für „so viel neue Arbeit"; damit würden „alle unsere geheimen Wünsche ... in Erfüllung" gehen. Vielleicht drängte Globocnik Himmler sogar zu dieser Anordnung; denn wenige Wochen vorher hatte er Viktor Brack (Führerkanzlei) das Anliegen vorgetragen, „die ganze Judenaktion so schnell wie nur irgend möglich durchzuführen, damit man nicht eines Tages mitten drin steckenbliebe".[13] Aufgrund seiner in der Vergangenheit mit Globocnik gemachten Erfahrungen verlangte Himmler eine Schlußabrechnung über die Wertgegenstände, die von der „Aktion Reinhard" erfaßt worden waren. Globocnik kam dieser Aufforderung eifrig nach, denn er wollte den Eindruck zerstreuen, „daß ich in allen Wirtschaftsangelegenheiten nicht die nötige Ordnung halte". Himmler dankte Globocnik für die „großen und einmaligen Verdienste, die Sie sich ... für das ganze deutsche Volk erworben haben".[14]

Als die „Aktion Reinhard" praktisch abgeschlossen war und die Kreise Zamosc und Bilgoraj aufgrund der Umsiedlungsmaßnahmen des SSPF sich in einem chaotischen Zustand befanden, entschloß sich Himmler, Globocnik im Sommer 1943 aus Lublin abzuberufen. Die Beziehungen zwischen dem SSPF und dem Distriktgouverneur

Zörner waren nie gut, und sie verschlechterten sich bis zu Zörners Ablösung im März 1943 immer mehr. Aber auch mit dem Nachfolger Zörners, Himmlers Schwager Richard Wendler, kam Globocnik nicht besser aus. Am 4. Juli 1943, als sein Streit mit Wendler sich zu einem offenen Konflikt wegen Umsiedlungsmaßnahmen im Zusammenhang mit der Operation „Werwolf" entwickelte, äußerte Globocnik selbst gegenüber Himmler den Wunsch, „ob es nicht möglich wäre, daß er irgendwie andere Arbeit bekäme". Während Himmler erwog, Globocnik zum HSSPF Rußland-Mitte zu ernennen, verlangte Wendler am 27. Juli die Versetzung Globocniks aus Lublin, denn dessen Umsiedlungsmaßnahmen seien ein „eklatanter Fehlschlag ..., sodaß [man] jetzt nur noch von einem Saustall reden kann infolge hin und herziehender Bevölkerungsteile".[15] Obwohl Himmler an Wendler schrieb, man müsse „die ungeheure Arbeitskraft und Dynamik dieses Mannes" würdigen, der „wie kein zweiter für die Kolonisation im Osten geschaffen" sei[16], war er wahrscheinlich erleichtert, als die Kapitulation der Regierung Badoglio am 3. September dem Reich die Gelegenheit lieferte, Oberitalien zu besetzen. So konnte der Reichsführer Globocnik als HSSPF für die neuerrichtete „Operationszone Adriatisches Küstenland" nach Triest schicken, wo sein alter Kamerad Friedrich Rainer, inzwischen Gauleiter von Kärnten, die Zivilverwaltung innehatte. Da Globocnik sich Hoffnungen machte, seine Vernichtungs- und Umsiedlungspolitik dort weiterführen zu können, nahm er einen Großteil seines Stabes der „Aktion Reinhard" und der SSPF Lublin – in vielen Fällen ohne Erlaubnis des SS-Personalhauptamtes – mit nach Triest. Seine Polizeikräfte waren jedoch so schwach, die Position der Wehrmacht so stark und die Kriegführung der lokalen Partisanen so effektiv, daß er diese Hoffnungen begraben mußte.

Der Aufstieg Globocniks im SS-Apparat beruhte auf seinem weltanschaulichen Engagement für den Nationalsozialismus, auf seiner persönlichen Ergebenheit gegenüber Hitler und Himmler und auf seiner rücksichtslosen Durchsetzung ihrer rassen- und siedlungspolitischen Vorstellungen. In diesem „ideologischen Klientelismus" spiegelte sich aber auch ein persönliches, seelisches Bedürfnis wider: demonstrativ nachzuweisen, daß er mit Recht jener mythischen Welt angehörte, die der Nationalsozialismus seinen Anhängern bot. Globocniks „Draufgängertum", das vielleicht teilweise mit seiner nach NS-Maßstäben unorthodoxen Abstammung zusammenhing und das durch die persönlichen und rechtlichen Schwierigkeiten, die seine unorthodoxen Methoden ihm einbrachten, zweifellos genährt wurde, fand die volle Anerkennung Himmlers. Der Reichsführer war daher stets bereit, immer wieder auftretende „Übereiltheiten“ und „Torheiten“ zu übersehen. Und Hitler selbst schätzte Männer, die aus eigenem Ehrgeiz „beharrlich, zäh, aber auch – wenn notwendig – rücksichtslos die Interessen der Nation wahrnehmen“.[17]

Gleichwohl war Globocnik ein innerlich gequälter Mensch, der seine Unsicherheit bezüglich seines Status innerhalb der NS-Bewegung, und seine Angst, für seine Verbrechen bestraft zu werden, nie überwand. Sein Hunger nach Belohnung ist gut bezeugt.[18] Mögliche geheime Zweifel sind weniger bekannt. Die Quellen deuten darauf hin, daß zumindest im Jahre 1943 die Angst vor Vergeltung für seine Rolle bei der „Endlösung“ seine „Arbeitsfreude“ beeinträchtigte. Bei einer Besprechung seines Stabes in Lublin, sagte er im Hinblick auf die Räumung des Warschauer Ghettos angeblich zu Höfle, er könne seine dreijährige Nichte nicht mehr anschauen, „wenn [er] an die anderen Kinder denke“. Gegenüber einem anderen Mitarbeiter soll er einmal im Rausch bekannt haben: „Ich bin nicht mehr mit dem Herzen dabei, aber ich bin so tief in die Dinge verstrickt, daß mir nichts anderes übrigbleibt, als mit Hitler zu siegen oder unterzugehen.“ Und derselbe Mann, der 1942 noch geprahlt hatte, die Durchführung der „Endlösung“ sollte auf ehernen Tafeln verewigt werden, plädierte anderthalb Jahre später schließlich für die Vernichtung aller einschlägigen Dokumente.[19] Mit der Führung der „Aktion Reinhard“ hatte Odilo Globocnik trotzdem das Ziel seines Lebens letztlich erreicht: seinen Namen auf ein „Ruhmesblatt“ in der Geschichte des Dritten Reiches zu schreiben. Als das Reich zusammengebrochen war und Himmler Selbstmord begangen hatte, folgte dieser weltanschauliche „Frontkämpfer“[20] ein letztes Mal dem Beispiel seines Reichsführers: Als er am Morgen des 31. Mai 1945 von britischen Truppen gefangengenommen wurde, machte er seinem Leben ein Ende.

Anmerkungen

[1] Beurteilungsnotiz des SS-Gruf. v. Herff o. D. (Mai 1943), O. Globocnik SS-Personalakte, Berlin Document Center (BGC).

[2] Friedrich Rainer, Rede vom 11. 3. 1942, 4005–PS, IMG XXXIV, S. 14.

[3] Memorandum (nicht unterzeichnet; aus dem Text ergibt sich jedoch, daß es von Globocnik verfaßt wurde), Mai 1938, RG-242, T-84/16/44257, National

Archives (NA), Washington, DC. Zu Globocniks eigenen Kommentaren über die Strategie der „Kärntner" und zu seiner Einschätzung Seyß-Inquarts vgl. ebd., 44252–44254.

[4] Leopold an Hitler, 22.8. 1937, RG-238, NG-3578, NA; Vermerk von Altenburg, 22.9. 1936, RG-242, T-120/1173/475664f., NA; Globocnik-Memo (s. Anm. 3), 44255f.; Kaltenbrunner an Keppler, 3.9. 1937, RG-242, T-120/751/344886f., NA.

[5] Globocnik-Memo (s. Anm. 3), 44251.

[6] Rainer an Bürckel, 6.7. 1939, 812-PS, IMG XXVI, S. 348.

[7] Aktennotiz, unterzeichnet Opdenhoff, 2.4. 1938, RG-242, T-580/62/Ordner 304 II, NA.

[8] Globocnik, Reden vom 11.6. und 12.10. 1938, zitiert bei Gerhard Botz, Der Nationalsozialismus in Wien. Machtübernahme und Herrschaftssicherung 1938/1939, Buchloe 1988, S. 203, 209, 385–387.

[9] Geheimbericht des Reichsamtsleiters Meiler, 3.8. 1938, RG-242, T-580/60/Ordner 302 I, NA; Meiler an Saupert, 2.9. 1938, ebd., Rolle 61, Ordner 303 I.

[10] Attest des Standortarztes der SS-Verfügungstruppe, 6.7. 1939, O. Globocnik SS-Personalakte, BDC; Fernschreiben Globocnik an Himmler, 30.12. 1939, Akte Adjutantur des Führers, NS 10/73, Bl. 20, BAK.

[11] Müller (RuSHA/Lublin) an Hofmann (Chef RuSHA), 15.10. 1941, O. Globocnik SS-Personalakte, BDC.

[12] Himmler an Frank, 3.7. 1943, RG-238, NO-2444, NA.

[13] Globocnik an Wolff, 22.7. 1942, O. Globocnik SS-Personalakte, BDC; Brack an Himmler, 23.6. 1942, RG-238, NO-205, NA.

[14] Globocnik an Himmler, 5.1. 1944, PS-4024, IMG XXXIV, S. 70f.; Himmler an Globocnik, 30.11. 1943, ebd., S. 69f.

[15] Himmler an Krüger, 5.7. 1943, O. Globocnik SS-Personalakte, BDC; Wendler an Himmler, 27.7. 1943, ebd.

[16] Himmler an Wendler, 4.8. 1943, ebd.

[17] Henry Picker (Hrsg.), Hitlers Tischgespräche im Führerhauptquartier, Stuttgart 1976, S. 490.

[18] Rainer an Wolff, 23.10. 1939, RG-242, T-175/84/2609847, NA; Krüger an Himmler, 20.6. 1940, ebd., 2609850f.; Brandt an Globocnik, 18.1. 1941, O. Globocnik SS-Personalakte, BDC; Globocnik an Heckensteller (Pers. Stab RFSS), 23.2. 1941, ebd.; Wolff an Globocnik, 13.8. 1942, ebd.

[19] Vernehmung Müller, 5.11. 1947 (s. Anm. 11), 879; Aussage des Fabrikanten Schultz, zitiert bei Heinz Höhne, Der Orden unter dem Totenkopf. Die Geschichte der SS, Frankfurt 1969, S. 405; Globocnik an Himmler, 5.1. 1944, 4024-PS, IMG XXXIV, S. 70f.

[20] So charakterisiert Globocnik sich selbst in einem R. u. S. Fragebogen, o. D. (1944), O. Globocnik SS-Personalakte, BDC.

Bibliographie

Quellen

Quellenmaterial zu Globocnik findet man vor allem in seiner umfangreichen SS-Personalakte im BDC. Wichtige Informationen für die Lubliner Zeit enthalten: Das Diensttagebuch des deutschen Generalgouverneurs in Polen 1939–1945, hrsg. von Werner Präg und Wolfgang Jacobmeyer, Stuttgart 1975; die Dokumente des RFSS und Chefs der deutschen Polizei (RG-242, T-175, NA), die Protokolle des Verfahrens gegen Hans Franks Stellvertreter, Josef Bühler (Warschauer Hauptkommission für die Ermittlung von NS-Verbrechen) und die Dokumente des Lubliner Distriktgouverneurs (Staatliches Provinzarchiv, Lublin). Für Globocniks Tätigkeit in der illegalen österreichischen NSDAP und als Gauleiter sind die Akten des Deutschen Auswärtigen Amtes, die sich auf Österreich beziehen (RG-242, T-120, NA), eine wichtige Informationsquelle, ferner die Dokumente aus Bürckels Reichskommissariat in Wien (RG-242, T-84, T-580, NA; Allgemeines Verwaltungsarchiv, Wien). Aufschlußreich ist auch der Nachlaß von Arthur Seyß-Inquart (BAK). Unentbehrlich sind schließlich die Gerichtsprotokolle des Internationalen Militärgerichtshofs in Nürnberg, besonders die Reihen PS und NO, sowie die Vernehmungen nach Kriegsende.

Literatur

Obwohl keine Biographie vorliegt, nimmt Globocnik in diversen Werken der Sekundärliteratur einen prominenten Platz ein. Um hier nur die wichtigsten für seine Tätigkeit in Österreich zu erwähnen: W. Rosar, Deutsche Gemeinschaft. Seyß-Inquart und der Anschluß, Wien 1971, sowie G. Botz, Der Nationalsozialismus in Wien. Machtübernahme und Herrschaftssicherung 1938/1939, Buchloe 1988. Globocniks gesamtes Wirken in Lublin ist geschildert bei Z. Mankowski, Miedzy Wisla a Bugiem 1939–1944, Lublin 1978. Die besten Darstellungen der Umsiedlungsmaßnahmen sind immer noch R. L. Koehl, RKFDV. German Resettlement and Population Policy, Cambridge 1957, und M. Broszat, Nationalsozialistische Polenpolitik 1939–1945, Frankfurt 1965. Für die Rolle Globocniks bei der „Endlösung" sind wichtig: R. Hilberg, Die Vernichtung der europäischen Juden, 3 Bde., Frankfurt 1990; Y. Arad, Belzec, Sobibor, Treblinka. The Operation Reinhard Death Camps, Bloomington 1987 und A. Rückerl, NS-Vernichtungslager im Spiegel deutscher Strafprozesse, München 1977.

Hinweis

Der vorliegende Beitrag unterliegt der alleinigen Verantwortung des Verfassers und ist nicht als offizielle Verlautbarung des Justizministeriums der Vereinigten Staaten zu betrachten.

10. Arthur Greiser – Ein Motor der „Endlösung“

Von Ian Kershaw*

Der Name Arthur Greisers ist unauslöschlich mit nationalsozialistischer Grausamkeit in Polen verbunden. Zwischen Oktober 1939 und Januar 1945 war er Verwaltungs- und Parteichef des größten annektierten Teils von Polen, der ursprünglich „Reichsgau Posen“ hieß und vom 29. Januar 1940 an „Reichsgau Wartheland“ (meist „Warthegau“) genannt wurde. Unter Greiser wurde der Warthegau ein „Mustergau“ hinsichtlich des Versuchs, die Region vollständig und innerhalb kürzester Zeit zu germanisieren – eine Aufgabe, die Greiser mit missionarischem Eifer und größter Rücksichtslosigkeit anging. Dies bedeutete für die unterjochten Polen, der grausamen Verfolgung und dem willkürlichen Terror eines Polizeistaates ausgeliefert zu sein. Das Schicksal der jüdischen Minderheit im Warthegau war noch schrecklicher. Greiser spielte eine führende Rolle bei der schrittweisen Durchführung der antijüdischen Politik, die zum Völkermord führte. Das erste Vernichtungslager, in dem mit dem Massenmord an den europäischen Juden begonnen wurde, Chelmno, befand sich in seinem Gau.

Eine einseitige Konzentration auf die Biographie Greisers birgt die Gefahr in sich, die Geschehnisse im Warthegau übermäßig zu personalisieren. Es kann jedoch in verschiedener Hinsicht aufschlußreich sein, Greiser zum Mittelpunkt der Betrachtungen zu machen, wenn sein Fall als paradigmatisch für die Rolle gesehen wird, die nationalsozialistische Gauleiter bei der Durchsetzung der „Neuen Ordnung“ in den besetzten Ostgebieten spielten.

Erstens kann die Fallstudie Greisers in gewisser Weise Aufschluß darüber geben, inwieweit ideologische Motivation eine Schlüsselrolle in der NS-Barbarei spielte. Zweifelsohne kann Greiser gewisser-

* Aus dem Englischen übersetzt von Jutta Witzel.

maßen als eine weitere Verkörperung der „Banalität des Bösen“ betrachtet werden. In seinem Fall wäre es jedoch irreführend, ihn lediglich als einen skrupellosen und amoralischen Opportunisten bei der Erreichung und Ausübung von Macht zu betrachten. Dabei würde die Bedeutung von Greisers ideologischer Überzeugung erheblich unterschätzt. Eine tiefe Verbundenheit mit ‘Völkischen’ Idealen, die schon in jungen Jahren entstanden war, die tiefe Ablehnung des Nachkriegsvertrags und der Verlust der deutschen Gebiete (besonders seiner eigenen Heimat) an Polen, unerschütterlicher ideologischer Glaube an die „große Aufgabe“ der Germanisierung im Osten und der bedingungslose Glaube an Hitler stellten zweifelsohne die mächtigste Triebkraft für die Handlungen Greisers dar.

Zweitens verdeutlicht der Fall Greisers beispielhaft, wie die untergeordneten Führer sich von vornherein weigerten, irgendeine persönliche Schuld für Verbrechen gegen die Menschlichkeit anzuerkennen. Neben den Entschuldigungen und Lügen, die er während der Gerichtsverhandlung nach dem Krieg zu seiner Verteidigung vorbrachte, war Greiser offenbar psychisch unfähig, irgendeine persönliche Verantwortung anzuerkennen. Die Selbsttäuschung spiegelte möglicherweise zum Teil den völligen Zusammenbruch seines eigenen Wertesystems wider, wie auch die Zerstörung seines idealisierten Führerbildes. Dies wurde nun durch das Bild eines Hitler ersetzt, der allein für sämtliche Übel verantwortlich ist, derer er, Greiser, jetzt angeklagt wurde. Die Selbsttäuschung spiegelte jedoch auch die Art der NS-Herrschaft wider. Sowohl das Prinzip des bedingungslosen Gehorsams gegenüber Vorgesetzten als auch die chaotischen Strukturen der Verwaltung und der Organisation des NS-Staates ermöglichten es Greiser – und ebenso vielen anderen –, sich selbst als hilflose Opfer und nicht als Haupttäter der nationalsozialistischen Rassenpolitik darzustellen.

Drittens gibt die Fallstudie Greisers Anhaltspunkte dafür, wie ideologische Maximen im Dritten Reich in zunehmend radikalere politische Handlungsanweisungen umgesetzt wurden. Denn Greiser selbst war – ganz im Gegensatz zu seiner Selbstdarstellung als ein bloßes Werkzeug Hitlers und Himmlers – in Wirklichkeit in entscheidenden Situationen der Initiator und Urheber barbarischer Maßnahmen gegenüber Polen und Juden, wobei er fest davon ausging, daß er mit Hitlers Zustimmung handelte. Die Antizipation der angenommenen Wünsche und Absichten Hitlers bot für Individuen wie Greiser nicht nur einen Weg zu einem bisher unvorstellbaren persönlichen Aufstieg, sondern auch die Möglichkeit der Ausübung einer praktisch unbeschränkten Macht zur Einführung radikaler politischer Maßnahmen. Dies wurde besonders in dem rücksichtslosen „Volkstumskampf" deutlich, den die nationalsozialistischen Eroberer von 1939 an in den annektierten Teilen Polens durchführen sollten.

Arthur Greiser wurde als Sohn Gustav Greisers, eines kleinen Beamten, und seiner Frau Ida am 22. Januar 1897 in Schroda in der Provinz Posen geboren. Er verließ das Gymnasium in Hohensalza ohne Abitur, um sich am 4. August 1914 freiwillig zum Marinedienst zu melden. Er diente im Marinekorps Flandern, wurde später als Flieger ausgebildet und bis zum Ende des Krieges den Kampfflugzeugeinheiten in Zeebrugge und Oostende zugeteilt.

Der Krieg war eine prägende Erfahrung für Greiser. Er war zu Recht stolz auf seinen Militärdienst, da er mehrmals ausgezeichnet wurde, unter anderem mit dem Eisernen Kreuz I. Klasse. Er pries die „Frontsoldaten"-Mentalität, mit der er sich identifizierte. Der Krieg, die Niederlage und der Verlust der ehemals preußischen Provinzen an Polen scheinen jedoch – wenn man von der Heftigkeit seiner späteren Aussagen ausgeht – starke nationalistisch-völkische Ressentiments Polen gegenüber hinterlassen zu haben, und ebenso den brennenden Wunsch, die verlorenen Gebiete für Deutschland zurückzuholen. Solche Ressentiments wurden zweifelsohne durch Greisers Mitgliedschaft im Freikorps Grenzschutz Ost in der Zeit von 1918 bis 1921 noch in hohem Maße verstärkt. Seine unsichere finanzielle Lage in den Jahren unmittelbar nach dem Krieg verstärkten vermutlich ebenfalls seine antipolnischen Gefühle. Schon bald fand die völkische Politik sein Interesse. 1922 trat er der Deutsch-Sozialen Partei in Danzig bei und zwei Jahre später wurde er eines der ersten Mitglieder des Danziger 'Stahlhelms'.

Greiser war anscheinend arbeitslos, als er am 1. Dezember 1929 der NSDAP beitrat. Im Verlauf seines Prozesses behauptete er nach 1945, daß ihn weder „Programmpunkte" noch „außenpolitische Vorstellungen" zum Eintritt in die NSDAP bewogen hätten; ausschlaggebend sei für ihn nur „die Lösung der großen sozialen Frage" gewesen. Und er habe geglaubt, daß „in dem Wirrwarr der Parteienpolitik nur Hitler zu dieser Lösung fähig sein würde".[1] Es besteht jedoch wenig Zweifel daran, daß für Greiser in Anbetracht seiner 'Laufbahn' in Danzig und später im Warthegau die „soziale Frage" gleichbedeutend mit der „Volkstumsfrage" war. Sein Interesse konzentrierte sich damals und auch später auf die Entschädigung für den Verlust der deutschen Gebiete an Polen. Insofern verkörperte Hitler für ihn die größte Hoffnung, nachdem seine frühere „Laufbahn“ ihn bereits auf ein ideologisches Gebiet geführt hatte, das nun vorwiegend von der NSDAP vereinnahmt wurde.

Ein Aspekt seines Hintergrundes war jedoch für Parteimitglieder der „Kampfzeit“ ungewöhnlich: Zwischen 1921 und 1928 war Greiser Mitglied einer Freimaurerloge in Danzig gewesen. Diese Tatsache trat in den 30er Jahren während der Konflikte innerhalb der Danziger Partei zutage. Wahrscheinlich wurde über die Angelegenheit nur aufgrund von Greisers guter Verbindung zu Himmler hinweggesehen, unter dessen Schirmherrschaft er Mitte der dreißiger Jahre zum SS-Ehrenführer ernannt wurde.

Innerhalb der Danziger NSDAP eröffneten sich schnell neue Möglichkeiten für Greiser. Er war ehrgeizig und wußte ebenfalls die parteiinternen Kämpfe zwischen den einzelnen Gruppen geschickt auszunutzen. Als Albert Forster Ende 1930 und zwei Jahre nach den internen Unruhen von Hitler zum Gauleiter von Danzig ernannt wurde, wurde Greiser sein Stellvertreter. Sein Aufstieg ging weiter. Er leitete die NSDAP-Fraktion im Danziger Volkstag, wurde 1933 zum Vizepräsidenten und Senator des Innern ernannt und wurde am 28. November 1934 Nachfolger Herrmann Rauschnings (der zum Rücktritt gezwungen worden war) als Präsident des Senats. Der Weg verlief jedoch nicht geradlinig an den „Fallen“ der Danziger politischen Szene vorbei. Er überlebte Beschuldigungen wegen finanzieller Unregelmäßigkeiten bezogen auf ein Spielklubkasino in Zoppot. Doch dies führte – im Zusammenhang mit den Gerüchten über die Umstände der Auflösung seiner Ehe – zu einem Skandal, der eine Zeitlang seine politische Karriere bedrohte. Greiser seinerseits bereute lediglich, daß es in Danzig nicht möglich war, seine Ankläger – er nannte sie „Lumpen und Verbrecher“ – so zu behandeln, wie sie im Reich behandelt worden wären, das heißt sie „an die Wand“ zu stellen.[2]

Greisers persönliche Briefe aus den dreißiger Jahren an seine Freundin Maria Körfer (eine Berliner Klavierspielerin, die später auf öffentlichen Konzerten im Warthegau spielte), die seine zweite Frau wurde, werfen ein Licht auf seinen Charakter. Die Briefe sind durchgängig sentimental und betonen wiederholt „Stärke“, „Härte“ und andere „männliche Tugenden“, die Greiser bei sich selbst vorzufinden meinte. Dies spiegelt möglicherweise die unterschwellige Unsicherheit eines Menschen wider, der seinen Weg zur Spitze erkämpft hatte, seine politische Karriere und sein persönliches Leben jedoch in Aufruhr sah. Greiser vermittelt den Eindruck, egoistisch, eingebildet und arrogant gewesen zu sein. Seine erste Frau behandelte er offenbar während der Auflösung der Ehe schäbig. Seinen Kindern gegenüber konnte er ebenfalls hochfahrend und unbeugsam sein. Er drohte seiner 18jährigen Tochter Ingrid, daß seine „Freundschaft" zu ihr zu Ende sei, wenn sie nicht einen weniger verschwenderischen Lebensstil annähme. Und als sein Sohn Peter ein schlechtes Schulzeugnis von der NS-Schule in Feldafing bekam, schalt Greiser ihn mit folgenden Worten: „Wenn Du mein gutes Wollen für Dich und Dein Leben enttäuschst, dann bist Du auch nicht wert, Sohn eines Vaters zu sein, der solche Opfer für Dich bringt."[3]

Greiser war offenbar eine klassische „autoritäre Persönlichkeit". Gegenüber seinen Vorgesetzten, besonders gegenüber Hitler selbst, gab er sich scheinbar unterwürfig. Gegenüber seinen Untergebenen war er tyrannisch. Nach dem Krieg drückte ein leitender Funktionär im Warthegau seine Meinung wie folgt aus: „Man konnte mit Greiser nie ‚warm' werden. Man merkte, auch wenn er sich einen kameradschaftlichen Anstrich gab, daß er eifersüchtig darüber wachte, daß von seiner ‚Autorität' nichts verlorenging, auch stellte sich bald heraus, daß er gerne einen gegen den anderen ausspielte."[4]

Als Präsident des Danziger Senats hatte Greiser häufig Kontakt mit ausländischen Diplomaten, insbesondere mit Vertretern des Völkerbundes. Er konnte auf andere einen guten Eindruck machen. Der Hohe Kommissar Carl J. Burckhardt beschrieb ihn mit „weich, mit gütigen Zügen", „umgänglicher und verständiger Mann"[5] (im Vergleich zum ordinären und unflexiblen Demagogen Forster), von schneller Auffassungsgabe und als sehr fähig. Die positiven Eigenschaften, die er in Greiser entdeckt zu haben glaubte, waren jedoch in den Umständen begründet. Wenn Greiser die Interessen Danzigs in diplomatischen Kreisen entsprechend den Anweisungen aus Berlin förderte, und vor allem vor dem Hintergrund der negativen Gegenfigur Forsters, konnte Greiser in seinen Ansichten als vernünftig, sogar gemäßigt erscheinen. Es kann jedoch kein Zweifel darüber bestehen, daß er in ideologischen Fragen nicht weniger nachgiebig war als der Danziger Gauleiter selbst. Später wurde Greiser kein anderer Mensch; es hatten sich vielmehr die Umstände geändert, so daß er sich veranlaßt sah, „mit anderen Karten zu spielen“. In einem Punkt hatte Burckhardt Greiser jedoch gut eingeschätzt: Greisers „freie Betätigung des Urteils [wurde] augenblicklich gelähmt“, meinte Burckhardt, „sobald Hitlers Gunst in Frage stand. Für diese Gunst war kein Preis zu hoch, von Hitler ausgehend galt ein Wunsch noch mehr als ein Befehl“.[6] Diese Einschätzung betont zu Recht Greisers Eifer, Hitlers mutmaßliche Wünsche zu befriedigen.

In den Jahren unmittelbar vor dem Krieg, in denen Greiser unter den internen Kämpfen in Danzig litt, hatte er nicht das Gefühl, die Gunst Hitlers zu genießen, der eindeutig seinen damaligen Hauptgegner Forster unterstütze. Er hatte sich jedoch bereits als die Art von politischem Leiter verdient gemacht, nach der Hitler zur Herstellung der „neuen Ordnung“ in Polen suchte. Nach dem deutschen Angriff auf Polen wurde ihm die Leitung des annektierten Gebietes seiner Heimatprovinz Posen angeboten – und von Hitler mit ungewöhnlich weitreichenden Kompetenzen bezüglich der staatlichen Verwaltung und mit persönlicher Verantwortlichkeit Hitler selbst gegenüber ausgestattet. In seiner Position als Reichsstatthalter wie auch als Gauleiter der Partei stellte Greiser sicher, daß die NSDAP in weit größerem Maße als im Altreich einen direkten Einfluß auf die Exekutive des Staates ausüben konnte.

Während der folgenden Jahre war der Warthegau Schauplatz einer grausamen Verfolgung der einheimischen polnischen Bevölkerung. Massendeportationen, die mit schrecklicher Brutalität durchgeführt wurden, begannen bereits im Herbst 1939, um die Ansiedlung von Volksdeutschen zu ermöglichen, die aus dem Baltikum und anderen Teilen Osteuropas zum Warthegau transportiert wurden. Greiser stand dem SS-Terror keineswegs hilflos gegenüber, ohne in der Lage zu sein, ihn zu verhindern, wie er später während seines Prozesses behauptete. Er war vielmehr ein fanatischer Protagonist der schnellsten, umfangreichsten und brutalsten Deportationspolitik. Bis zum Jahre 1943 war ungefähr eine halbe Million Polen entwurzelt und deportiert worden, um die Ansiedlung von ungefähr 350000 Volksdeutschen zu ermöglichen. Der größte Teil dieses ungeheuer umfangreichen Deportations- und Neuansiedlungsprogramms wurde in Greisers Gau durchgeführt.

Greiser arbeitete auch sehr eng und beflissen mit der Sicherheitspolizei bei dem Versuch zusammen, eine Politik größtmöglichster Rassentrennung zwischen Deutschen und Polen durchzusetzen – eine

Politik, die im Warthegau strenger und grausamer als in irgendeiner anderen Provinz realisiert wurde.

Während in Westpreußen und Oberschlesien zum Beispiel eine schnelle Politik der „Eindeutschung“ eingeführt wurde, indem einfach mehrere tausend Polen durch zwangsweise Eintragung in Gruppe 3 der Deutschen Volksliste zu Deutschen erklärt wurden (und sie somit den Status „deutsche Staatsangehörigkeit auf Widerruf“ erhielten), hielt Greiser – entsprechend einer strengen Auslegung von Himmlers Anweisungen bezüglich Rassentrennung – an der genauesten Unterscheidung zwischen Deutschen und Polen fest. Im Januar 1944 gehörten lediglich 1,5% der Bevölkerung des Warthegaus von 4400000 der dritten Gruppe der Deutschen Volksliste an, verglichen mit 36% der Bevölkerung in Oberschlesien und 44% in Danzig-Westpreußen.

Die Politik der strengsten Trennung bedeutete einen systematischen Eingriff in jede Sphäre des polnischen kulturellen Lebens. Die polnische Sprache war in der Öffentlichkeit und in den Schulen verboten. Die Universität Posen wurde unmittelbar nach der Okkupation geschlossen – eine Neueröffnung als Deutsche Universität fand 1941 statt –, und die polnischen Professoren wurden verhaftet und interniert, deportiert bzw. in einigen Fällen ermordet. Die Veröffentlichung von Werken in polnischer Sprache war verboten, Verlage und Buchhandlungen wurden geschlossen. Greiser befahl Mitgliedern der HJ, Bücher aus Büchereien zu beschlagnahmen und zu verbrennen. Die Sammlungen der Museen und Kunstgalerien wurden konfisziert. Theater, Kinos und Rundfunkstationen wurden in deutsche Einrichtungen umgewandelt.

Der massive Angriff auf die katholische Kirche sollte die Eliminierung jedes religiösen Ausdrucks polnischer nationaler Identität bewirken und gleichzeitig den nationalsozialistischen Angriff gegen das Christentum weiter vorantreiben, als dies im Altreich möglich gewesen war. Auch hier war Greiser, unterstützt von seinem Vertreter und alten Anti-Kirchen-Kämpfer August Jäger, die treibende Kraft für eine radikale Politik, hinter der die Person Martin Bormanns stand. Bis zum Jahre 1941 waren 94% der Kirchen und Kapellen in der Diözese Posen-Gnesen geschlossen, 11% der Geistlichen ermordet und die große Mehrheit der übrigen deportiert bzw. in Gefängnisse und Konzentrationslager eingesperrt worden.

Von Greisers Herrschaft wurde jeder Bereich des polnischen wirtschaftlichen und gesellschaftlichen Lebens betroffen. Die Polen wurden von Industrieunternehmen und den meisten Berufen ausgeschlossen. Polnische Bauernhöfe und Geschäftsbesitz wurden beschlagnahmt. Die Polen wurden gezwungen, härter sowie für weniger Lohn zu arbeiten als Deutsche. Es wurden den Polen besondere Einkaufszeiten zugewiesen, und durch eine Vielzahl niederträchtiger Maßnahmen wurde ihre Benachteiligung bei der Benutzung öffentlicher Verkehrsmittel, beim Betreten öffentlicher Parks und sogar beim Zutritt zu Kinderspielplätzen festgelegt.

Eine von Greiser am 22. September 1940 unterzeichnete Anordnung versuchte, die völlige Trennung von Polen und Deutschen sicherzustellen, indem sie drakonische Strafen für jeden Deutschen androhte, der nicht unbedingt notwendige Kontakte mit Polen unterhielt. Dies kam einer formellen Forderung an die politischen Führer im Warthegau gleich, im „Volkstumskampf ... brutal, hart und nochmal hart" zu sein.[7]

Da die Polen nun ohne Staatsangehörigkeit waren und den Status bloßer „Schutzangehöriger" des Reiches innehatten, waren sie jedweden legalen Schutzes gegenüber einem Strafsystem beraubt, das immer mehr die Form harter Verurteilungen oder willkürlicher Polizeimaßnahmen annahm. Die Zahl der Polen, die aufgrund kleiner Vorgehen grausam bestraft bzw. in Lager gebracht wurden, war enorm hoch. Öffentliche Hinrichtungen fanden beinahe täglich statt.

Am schlimmsten war die Situation der kleinen jüdischen Minderheit im Warthegau, die sich hauptsächlich im Gebiet um Lodz konzentrierte. Ohne Verzögerung begann eine brutale Deportationspolitik zum Generalgouvernement, die sich jedoch bald als unhaltbar erwies. Da die Warthegau-Führer bestrebt waren, die Juden in ihrem Gebiet „loszuwerden", sich jedoch nicht in der Lage sahen, diese zu deportieren, waren sie mit ihrer anti-jüdischen Politik in eine Sackgasse geraten. In diesem Zusammenhang wurde in Greisers Reichsstatthalterei bereits im Juli 1941 erstmals die Möglichkeit einer Liquidierung der Juden zur Sprache gebracht, deren Unterbringung in Ghettos nur als temporäre Lösung gedacht gewesen war.

Zu diesem Zeitpunkt mußte Greiser zu dieser Angelegenheit noch gesondert Stellung nehmen. Als jedoch die systematische Tötung der Juden im Vernichtungslager in Chelmno im Dezember 1941 begann, wurde er nicht nur in die Pläne über die Liquidierung der Juden im

Warthegau eingeweiht, sondern spielte dort auch eine wichtige Rolle bei der Entstehung der Idee der „Endlösung“.

In einem Nachkriegsprozeß gab Greiser Hitler, Himmler und der Polizeiführung die gesamte Schuld für die Ermordung der Juden. Die Beweise vermitteln jedoch ein anderes Bild. Obwohl die detaillierte Organisation des Vernichtungsprogramms von dem Büro der Sicherheitspolizei in Posen aus durchgeführt wurde, lag die Verantwortung insgesamt jedoch bei Greiser als Reichsstatthalter, der notwendigerweise an den verwaltungsmäßigen Anweisungen beteiligt werden mußte.

Weiterhin gibt es Beweise dafür, daß Greiser Himmler um Erlaubnis bat, Massentötungen von Juden durchführen zu dürfen, und daß die Anweisung bezüglich der Tötungen an die Behörden des Werthegaus von Greiser selbst kam. In einem Brief an Himmler vom 5. Mai 1942 sprach Greiser von der „von Ihnen im Einvernehmen mit dem Chef des Reichssicherheitshauptamtes SS-Obergruppenführer Heydrich genehmigte[n] Aktion der Sonderbehandlung von rund 100000 Juden in meinem Gaugebiet“.[8] Und in einem Bericht der Gestapo Lodz vom 9. Juni 1942 stand ausdrücklich, daß „nach Anweisung des Gauleiters ... alle nicht arbeitsfähigen Juden“ „evakuiert“ – ein Euphemismus für „vernichtet“ – werden sollten.[9]

Es ist offenkundig, daß Greiser bereit war, die Initiative in bezug auf den Völkermord zu ergreifen. Der Brief an Himmler vom 5. Mai 1942 bezieht sich auf ein neues Ersuchen Greisers, 35000 Polen liquidieren zu dürfen, die unheilbar an Tuberkulose erkrankt waren. Obwohl Himmler ursprünglich zustimmte, traten Probleme hinsichtlich der polizeilichen Überwachung auf, und man wies Greiser darauf hin, daß er die Erlaubnis Hitlers selbst benötigen würde. Diesbezüglich schrieb Greiser unter Bezugnahme auf die Vorgehensweise, die er bei Behandlung der „jüdischen Frage“ angewandt hatte, wie folgt neuerlich an Himmler: „Ich für meine Person glaube nicht, daß der Führer in dieser Angelegenheit noch einmal befragt werden muß, um so mehr, als er mir bei der letzten Rücksprache erst bezüglich der Juden gesagt hat, ich möchte mit diesen nach eigenem Ermessen verfahren.“[10]

Auf dem Höhepunkt seiner Macht im Juni 1942 bekräftigte Geiser öffentlich und schamlos das Ziel der Durchführung der rassistisch-imperialistischen Politik im Warthegau: „Wenn einmal andere Völker in ihrer jahrhundertelangen Geschichte dadurch gut gelebt haben, daß sie fremde Völker für sie arbeiten ließen, ohne sie entsprechend zu bezahlen und ohne ihnen gegenüber Gerechtigkeit walten zu lassen, so wollen wir als Deutsche aus dieser Geschichte lernen. Wir wollen unser eigenes Licht nicht unter den Scheffel stellen; im Gegenteil, wir müssen allesamt zu einem Herrenvolk werden."[11]

Diese Anerkennung und Rechtfertigung der nationalsozialistischen Repression und Ausbeutung kann neben Greisers Verteidigungsrede in der Gerichtsverhandlung nach 1945 gestellt werden, in der er behauptete, nichts weiter als ein Sündenbock für die Verbrechen seiner Chefs zu sein – eine Aussage, die höhnisches Gelächter im Gerichtssaal hervorrief.

Das Bild einer tragischen Figur, das Greiser erstaunlicherweise von sich selbst hatte, war nicht auf seine öffentliche Verteidigung beschränkt. In einem Brief an seine Frau kurz vor seiner Verhandlung schrieb er: „Die wirklich Schuldigen haben sich der Verantwortung entzogen, an der Spitze Hitler und Himmler! Du weißt am Besten, daß wir es abgelehnt haben, das Gleiche zu tun, weil ich mir nichts habe zu Schulden kommen lassen und ein gutes Gewissen hatte. Für diese anständige Gesinnung sitze ich nun im Gefängnis ..."[12]

Diese Selbsttäuschung war wahrscheinlich eine psychische Reaktion auf die Schwere der Verbrechen, in die er verwickelt war. Es kann ebenfalls ein Abwehrmechanismus gewesen sein, der dadurch ausgelöst wurde, daß er in seinen „glorreichen Tagen" gemeint hatte, für ein Ideal zu arbeiten, an das er inbrünstig glaubte, verkörpert in der „heroischen Vision" des Führers, und daß er stets seine eigenen Handlungen mit der Ermächtigung kraft eines besonderen Auftrags von Hitler rechtfertigte. Nach den Worten eines Untergebenen Greisers ließ der Reichsstatthalter keine Gelegenheit aus, zu betonen, „daß er persona gratissima beim Führer wäre"[13] und daß er die Aufmerksamkeit des Reichsführers SS hätte. Greiser selbst erwähnte wiederholt „die mir vom Führer persönlich erteilten Sondervollmachten"[14], die – so behauptete er – aufgrund der Art der durchzuführenden Aufgaben entsprechend Hitlers Aussage umfangreicher als in anderen Gebieten des Reiches sein mußten. Nach den Äußerungen eines anderen Zeitgenossen „kannte seine Dankbarkeit keine Grenzen", nachdem Hitler ihm einmal diese uneingeschränkte Macht verliehen hatte.[15]

Da er sich selbst jahrelang als das besondere Instrument der Politik des „Führers" im Osten gesehen hatte, war es wahrscheinlich relativ einfach, sich selbst davon zu überzeugen, daß er – als sich sein Traum in einen Alptraum verwandelt und die quasi zum Gott erhobene Person im Zentrum seines Glaubenssystems zu Selbstmord als Ausweg gegriffen hatte – nicht so sehr Instrument, sondern vielmehr Opfer von Hitlers Politik gewesen war.

Am 9. Juli 1946 stellte Greiser beim polnischen Staatspräsidenten ein Gnadengesuch, wobei er erstaunlicherweise behauptete, daß er stets für eine Politik der Verständigung mit Polen gearbeitet habe und nicht in Hitlers Pläne eingeweiht gewesen sei. Noch unglaublicher war angesichts seiner Rolle in der Zerstörung der polnischen katholischen Kirche seine Bitte um Fürsprache an den Papst. Beide Gesuche waren jedoch erfolglos, was vorherzusehen war. Am 14. Juli 1946 wurde Greiser vor den Augen der Bewohner Poznans gehängt, die so schrecklich unter seiner Herrschaft gelitten hatten.

Anmerkungen

[1] Zentrale Stelle der Landesjustizverwaltungen, Ludwigsburg (= ZSL), Anklageschrift, S. 197.

[2] Instytut Zachodni, Poznan (= IZ), Dok. I-941, Brief an Maria Koerfer, 16. 11. 34.

[3] Glowna Komisa Badania Zbrodni Hitlerowskich w Polsce (= GKBZHP), Prozeß Artura Greisera (= PAG), 6, Bl. 3–4.

[4] GKBZHP, PAG, 36, Bl. 462.

[5] Carl J. Burckhardt, Meine Danziger Mission 1937–1939, München 1962, S. 78.

[6] Burckhardt, S. 78.

[7] ZSL, Anklageschrift, S. 38.

[8] Berlin Document Center (BDC), Personalakte Greiser (PG), Greiser an Himmler, 1. 5. 42.

[9] Adalbert Rückerl, Nationalsozialistische Vernichtungslager im Spiegel deutscher Strafprozesse, München 1977, S. 252.

[10] BDC, PG, Greiser an Himmler, 21. 11. 42.

[11] IZ, Dok. I-176, S. 20.

[12] ZSL, Polen 365, Bl. 410–12.

[13] GKBZHP, PAG, 36, Bl. 463.

[14] GKBZHP, PAG, 11, Bl. 52.

[15] Burckhardt (Anm. 5), S. 79.

Bibliographie

Quellen

Die wichtigsten Sammlungen von Aufzeichnungen befinden sich in: Glowna Komissa Badania Zbrodni Hitlerowskich W Polsce Archiwum, Warschau (Greisers Gerichtsverhandlung); Zentrale Stelle der Landesjustizverwaltungen, Ludwigsburg (Kopien wichtiger Unterlagen, einschließlich der Anklageschrift); Wojedwodzkie Archiwum Panstwowe w Gdansku (Senatsakten); Archiwum Panstowe Poznan (Best. Reichsstatthalter); Instytut Zachodni Poznan (verschiedene Akten über Greiser); Berlin Document Center (die persönliche Akte Greisers); National Archives Washington (IRR, Box 69, XE000933); Bundesarchiv Koblenz (Best. R49, R58 und NS6) und Institut für Zeitgeschichte, München (Kopien relevanter und wichtiger Unterlagen). Als Sammlungen, die veröffentlicht wurden, ist besonders Documenta Occupationis, herausgegeben vom Instytut Zachodni, insbesondere die Bände IV, V und VII, Poznan, 1949, 1952, 1969, zu nennen.

Literatur

Es gibt keine Biographie über Greiser, die folgenden Werke beziehen sich jedoch häufig auf ihn: C.J. Burckhardt, Meine Danziger Mission 1937–1939, München 1962; H.S. Levine, Hitler's Free City, Chicago 1973; M. Broszat, Nationalsozialistische Polenpolitik 1939–1945, Frankfurt a.M. 1975; C. Madajczyk, Die Okkupationspolitik Nazideutschlands in Polen 1939–1945, Berlin 1987.

11. Franz Gürtner – Justizminister unter Hitler

Von Lothar Gruchmann

Der national-konservativ gesinnte Franz Gürtner wurde 1933 von Hitler aus den vorangehenden Kabinetten v. Papen und v. Schleicher als Reichsjustizminister übernommen und leitete die Geschicke der deutschen Justiz bis zu seinem Tode im Januar 1941. Was bewog diesen fähigen Juristen, weiter im Amt zu bleiben, nachdem sich der verbrecherische Charakter des Regimes offenbart hatte? War er ein von Ehrgeiz, Geltungsbedürfnis und Machthunger besessener „Aufsteiger" aus kleinen Verhältnissen, ein skrupelloser Opportunist ohne Moral? Oder blieb er als versteckter „Widerstandskämpfer" für das Recht, um Schlimmeres, d. h. das weitere Abgleiten in den Willkürstaat unter einem nationalsozialistischen Nachfolger zu verhindern? Wurde er dabei zur tragischen Gestalt, indem er durch ständige Kompromisse in die Verbrechen der Führung verstrickt und in die ausweglose Situation ihres Erfüllungsgehilfen gedrängt wurde, aus der ihn schließlich der Tod befreite?

Gürtner wurde am 26. August 1881 in Regensburg als Sohn eines Lokomotivführers geboren. Aufgrund seiner hervorragenden Reifeprüfung am dortigen Königlich-Neuen Gymnasium vom Juli 1900 bekam er einen Freiplatz in der Stiftung des Königlichen Maximilianeums in München, der ihm das Jurastudium an der Universität ermöglichte. 1904 legte er die Referendarprüfung, 1908 die zweite Staatsprüfung mit guten Leistungen ab. Anschließend arbeitete er einige Monate als Syndikus eines Brauereiverbandes. Dabei bestärkten schwierige Lohnverhandlungen mit den Gewerkschaften seine Abneigung gegen jegliche pluralistische Ordnung mit widerstreitenden Interessengruppen. Seine Vorliebe für autoritäre Strukturen, wie sie im Staatsapparat und in der Armee vorherrschten, ließ ihn 1909 als Staatsanwalt in den bayerischen Justizdienst eintreten, wo er wegen seiner Qualifikation ins Justizministerium abgeordnet wurde. Ab

August 1914 nahm er mit dem bayerischen 11. Infanterieregiment, bei dem er 1904 als Einjährig-Freiwilliger gedient hatte, an den Kämpfen der Westfront teil, erhielt 1916 das Eiserne Kreuz I. Klasse und wurde 1917 Hauptmann. Zum deutschen Expeditionskorps an die Palästinafront versetzt, zeichnete er sich 1918 bei den Rückzugskämpfen durch seine „unerschütterliche philosophische Ruhe", seine Zähigkeit und seinen „durch alle Widerwärtigkeiten hindurchreichenden Humor" aus.[1] Bei seiner Rückkehr in die Heimat, die nach einem langwierigen Seetransport erst im März 1919 erfolgte, fand er alle politischen Werte, die er aufgrund seines Werdeganges schätzte, zerstört: die Monarchie abgeschafft, das Heer zerschlagen, das Reich ohnmächtig dem Diktat der Sieger unterworfen und durch innere Gegensätze zerrissen. Die Hauptschuld dafür gab Gürtner der Sozialdemokratie, die nach seiner Ansicht jene Werte von jeher untergraben hatte und mit der Errichtung einer schwachen parlamentarisch-demokratischen Republik nunmehr der radikalen Linken keinen Einhalt gebieten konnte. Einen Ausweg sah er in der Stärkung der national-konservativen Kräfte und in der Aufrichtung eines autoritären Staates mit einer von wechselnden Parlamentsmehrheiten unabhängigen Regierung. Als Gürtner im April 1919 seinen Dienst als Staatsanwalt in München wieder aufnahm, mußte er das von ihm als erniedrigend empfundene Zwischenspiel der Räteherrschaft erleben. Nach deren Niederwerfung wurde er vorübergehend an die Münchener Stadtkommandantur abgeordnet, um gegen strafverdächtige Umstürzler zu ermitteln. In dieser Zeit gewann er die Auffassung, daß man Bürgerkriegszeiten „nicht mit dem Strafgesetzbuch messen" könne[2], daß bei politischen Verbrechen die jeweiligen Beweggründe geprüft und das „nationale" Motiv der Verteidigung und Stärkung des Staatswesens bei der Strafzumessung berücksichtigt oder notfalls durch Gnadenakt gemildert werden sollte. Diese Grundsätze, die er später als Justizminister gegenüber den völkisch-nationalistischen „vaterländischen" Verbänden in Bayern vertrat, sollten für ihn auch im Dritten Reich Gültigkeit behalten. Sie förderten eine unterschiedliche Strafpraxis gegen politische Täter von rechts und links und ordneten die Gerechtigkeit der Politik unter.

Nach einer dreimonatigen Beurlaubung für eine Beschäftigung bei der Bayerischen Vereinsbank und seiner Heirat mit einer aus einer Offiziersfamilie stammenden Frau im Juli 1920 wurde Gürtner – dem seine Vorgesetzten überdurchschnittliche Fähigkeiten, Charakterfestigkeit, „ein ruhiges, klares Urteil“ und „eine tiefgründige Auffassung und Behandlung seiner Geschäftsaufgaben“ bescheinigten[3] – Anfang August 1920 zum Landgerichtsrat ernannt und von Justizminister Roth zum Dienst ins Ministerium berufen. Dort übernahm er 1921 das Begnadigungswesen und wurde zum Oberregierungsrat befördert. Trotz seiner Sympathie für die politischen Rechte nutzte er die neue Stellung nicht zu ungesetzlichen Handlungen aus. Der SPD-Reichstagsabgeordnete Levi nahm seine Beschuldigung, Gürtner habe im März 1921 die Aussetzung des Haftbefehls gegen zwei mutmaßliche Fememörder veranlaßt, nach der Untersuchung durch den Femeausschuß des Reichstages im Oktober 1926 wieder zurück. Am 4. August 1922 wurde Gürtner als Vertrauensmann der deutschnational orientierten bayerischen Mittelpartei zum Justizminister in der bürgerlichen Koalitionsregierung Graf Lerchenfeld ernannt; er sollte dieses Amt in den folgenden vier Kabinetten unter v. Knilling und Held bis zum Juni 1932 innehaben. Er verteidigte die föderative Justizhoheit Bayerns gegen Eingriffe des Reichs bei der Durchführung des Republikschutzgesetzes und erreichte hinsichtlich der Besetzung und Zuständigkeit des Staatsgerichtshofs in geduldigen Verhandlungen Zugeständnisse. Ferner sah er seine Aufgabe darin, durch eine entsprechende Personalpolitik die bayerische Justizbeamtenschaft, die den Umbruch 1918/19 ohnehin unberührt überstanden hatte, im „nationalen Sinn“ integer zu halten. Gegenüber den radikalen „vaterländischen“ Verbänden einschließlich der Nationalsozialisten verhielt sich Gürtner nachgiebig. Zwar lehnte er deren Ziel eines gewaltsamen Umsturzes ab, sah aber Teile der Hitlerbewegung als im „nationalen“ Sinn wertvoll an und meinte, sie für die Politik der bayerischen Regierung gewinnen zu können. So hielt er 1923 eine Anklage gegen Hitler und andere rechtsradikale Führer wegen unerlaubter Bildung bewaffneter Haufen am 1. Mai vorerst zurück – sie konnte nach dem Hitler-Prozeß 1924 legal fallengelassen werden –, damit deren Verbände in den Plan des Generalstaatskommissars v. Kahr einbezogen werden konnten, Berlin von der „Ordnungszelle“ Bayern aus unter Druck zu setzen, um von Reichspräsident Ebert die Einsetzung eines ohne Parlament regierenden „nationalen Direktoriums“ zu erreichen. Von Eingriffen in die von ihm stets verteidigte Unabhängigkeit der Gerichte hielt er sich frei; bei deren unterschiedlichen Spruchpraxis gegen rechts und links waren sie auch nicht notwendig. Das gilt auch für den Hochverratsprozeß gegen Hitler wegen des Putschversuchs von 1923, den Gürtner am 8./9. November als Gefangener eines SA-Kommandos erlebte. Seine Einflußnahme bestand lediglich darin, die Durchführung des Prozesses in München – statt vor dem Leipziger Staatsgerichtshof – zu erreichen, um die dem Triumvirat Kahr-Lossow-Seißer und damit der bayerischen Staatsautorität abträgliche Vorgeschichte des Putsches nicht an die Öffentlichkeit zu bringen. Die Verurteilung zur Mindeststrafe und die baldige Entlassung auf Bewährung verdankte Hitler nicht dem Minister, sondern den bayerischen Gerichten.

Im Mai 1932 wurde Gürtner von der Universität Würzburg die Ehrendoktorwürde verliehen. Als seine Ministerstellung wegen der radikalen Opposition der bayerischen Deutschnationalen gegenüber dem Kabinett Held immer unhaltbarer wurde, nahm er im Juni die Berufung zum Reichsjustizminister in der Regierung v. Papen an, die als „überparteiliches" Präsidialkabinett mit Hilfe des Notverordnungsrechts (Art. 48 der RV) regierte und damit seinen politischen Anschauungen weitgehend entsprach. Doch folgte er Papens „Preußenschlag" zur Beseitigung des Dualismus Reich – Preußen aus verfassungsrechtlichen Bedenken nur zögernd und lehnte Papens Staatsstreichabsichten wegen der Gefahr eines Bürgerkrieges ab. Reichskanzler v. Schleichers gescheiterten Versuchen, seiner Präsidialregierung eine breitere politische Basis im Volk zu geben, stand er dagegen mit Sympathie gegenüber.

Die Übernahme in die Regierung Hitler verdankte Gürtner nicht – wie manchmal behauptet – einer „Begünstigung" der Nationalsozialisten während seiner bayerischen Ministerzeit. Hitler selbst erklärte, er habe sich „geradezu zu einer abgeklärten Objektivität durchringen müssen, um den Mann, der ihn seinerzeit eingesperrt habe, zum deutschen Justizminister zu machen".[4] Ihn bewog dazu vielmehr Gürtners wiederholt bewiesenes Geschick, „nationale" Belange mit der Rechtsordnung in Einklang zu bringen. Zudem genoß Gürtner in der Justizbeamtenschaft ein hohes Maß an Vertrauen, das ein Nationalsozialist als Minister nicht hätte gewinnen können. Gürtner wiederum ging mit den von Hitler 1933 proklamierten außen- und innenpolitischen Zielen weitgehend konform und hoffte vor allem mit der Stabilität versprechenden Regierung Hitler die längst fällige Strafrechtsreform durchführen zu können, die in der Weimarer Zeit wegen der wechselnden Mehrheiten im Reichstag nicht vorangekommen war. Die ungesetzlichen Handlungen der Nationalsozialisten wertete er als vorübergehende Erscheinungen einer „revolutionären Phase“; wie die meisten Konservativen verkannte er die Dynamik und den rechtszerstörenden Charakter der NS-Bewegung gründlich. Zudem waren auch Gürtners Prinzipien von „Rechtsstaatlichkeit“, die gesetzmäßiges Handeln der Staatsorgane und die Unabhängigkeit der Gerichte einschlossen, nicht unverbrüchlich, da er die „Staatsräson“ über das Recht stellte. So bejahte er die für die Herstellung einer stabilen antipluralistischen Ordnung „vorübergehende“ Inhaftierung aktiver politischer Gegner; sie sollten jedoch weiterhin unter dem Recht stehen, d.h. aufgrund eines normativ geregelten Verfahrens verhaftet und weder getötet noch verletzt werden. Gürtners jahrelange Versuche, in das Schutzhaftverfahren Rechtsanwälte einzuschalten, die Bewachungsvorschriften in den KZs denen der Justizvollzugsanstalten anzugleichen und Verbrechen der SS-Bewacher an den Schutzhäftlingen gerichtlich verfolgen zu lassen, scheiterten. Sein Bestreben, „nationale“ Motive bei Straftaten von Angehörigen der NS-Bewegung nur dann gelten zu lassen, wenn sie Verbrechen nicht lediglich bemänteln sollten, wurde durch Hitlers Gnadenpraxis durchkreuzt. Vergeblich blieben auch seine Bemühungen, die außergerichtliche Verfolgung von Straftaten und die Korrektur „ungenügender“ gerichtlicher Urteile durch Himmlers Polizei auszuschalten. Diese Bemühungen unternahm Gürtner durchaus nicht nur aus Ressortegoismus. Hinter seiner Absicht, ungesetzliche Willkür zu beschneiden, sind ethische Motive erkennbar. Aber wie Gürtner durch die Unterordnung des Rechtsstaates unter die Staatsräson der Führung das Tor für die Suspendierung des Rechts öffnete, machte ihn seine Vorstellung vom autoritären Staat gegenüber dem Regime ohnmächtig. Er gab seinen Widerstand stets auf, wenn Hitler als oberster Träger der Staatsgewalt „rechtsverbindlich“ entschied. Seine Haltung gegenüber der Euthanasie, von deren Beginn er erst Monate später erfuhr, legt dafür ein beredtes Zeugnis ab. Aber nicht nur durch die Hinnahme von Verbrechen, sondern durch deren rechtliche Abschirmung und Normierung wurde Gürtner zusehends in das Unrecht verstrickt: so bei der Legalisierung der Morde vom 30. Juni 1934 durch ein nachträgliches Gesetz, das sie als „Staatsnotwehr“ für rechtens erklärte (und damit der Ermittlung durch die Staatsanwälte entzog) und mit dem er die ungesetzliche Aktion als einmalige Ausnahme normativ aufzufangen suchte. Damit wirkte er der Theorie Carl Schmitts entgegen, daß Hitler auch „oberster Richter“ sei und selbst jedermann legal zum Tode verurteilen könne.

Gürtner war kein Antisemit: bei der 'Säuberung' der Justizbeamtenschaft aufgrund des Berufsbeamtengesetzes vom April 1933 – die in den Ländern noch von den neu ernannten Justizministern vorgenommen wurde – behielt er im Reichsjustizministerium seine „nichtarischen" Mitarbeiter selbst noch nach dem Inkrafttreten des Reichsbürgergesetzes 1935 so lange wie möglich bei. Auch setzte er 1933 gegen den Widerstand der nationalsozialistischen Landesjustizminister für die jüdischen Rechtsanwälte die gesetzlichen Ausnahmeregelungen zugunsten von Frontkämpfern und Altanwälten durch. Andererseits beugte er sich 1938 der Forderung auf Beseitigung dieser Ausnahmen, nachdem er die Mindestversorgung der ausscheidenden Anwälte gesichert hatte, und setzte auch der Nichtverfolgung bzw. Niederschlagung von Straftaten, die in der „Reichskristallnacht" begangen wurden, keinen Widerstand entgegen. Gürtners persönliche Integrität und menschliche Gesinnung zeigten sich in der Behandlung zahlreicher Eingaben, die von Unrechtsmaßnahmen Betroffene vertrauensvoll an ihn richteten und denen er auch nach Möglichkeit half. In einer von seinem persönlichen Referenten – dem später als Widerstandskämpfer ermordeten Hans v. Dohnanyi – mit seinem Wissen bis Ende 1938 geführten Dienstchronik wurden die Korrespondenzen über NS-Verbrechen und Korruptionsfälle von Parteiführern festgehalten.

Der 1935 abgeschlossene Aufbau einer einheitlichen Reichsjustiz durch die Überführung der Justizverwaltung von den Ländern auf das Reich war weitgehend Gürtners Werk. Bei der nunmehr zentral gehandhabten Personalpolitik für den höheren Dienst suchte er angesichts des Mitspracherechts der NSDAP bei Ernennungen und Beförderungen das Kriterium der fachlichen Qualifikation gegenüber der Parteimitgliedschaft durchzusetzen, mußte aber oft genug Kompromisse schließen. Mit seiner Absicht, ein antiliberales „autoritäres" Strafrecht zu schaffen, das ein scharfes Vorgehen gegen das Verbrechertum und einen wirksamen Schutz des „nationalen" Staates ermöglichen sollte, kam Gürtner den Forderungen der NS-Führung nach strafrechtlicher Sicherung ihrer Herrschaft entgegen. Dabei mußte er allerdings die Enttäuschung erleben, daß die unter seiner Leitung in mehrjähriger Arbeit fertiggestellten Entwürfe eines neuen Strafgesetzbuches und einer neuen Strafprozeßordnung wegen des Widerstandes von seiten der Partei durch Hitler nicht in Kraft gesetzt wurden. Doch wurde unter Gürtner durch zahlreiche Einzelgesetze ein Strafrecht eingeführt, das sich zur Vernichtung der nach Kriegsausbruch als innere „Volksfeinde“ angesehenen Rechtsbrecher eignete. Zusammen mit der Errichtung der Sondergerichte und des Volksgerichtshofs und einem Prozeßrecht, das durch den Abbau rechtsstaatlicher Garantien ein schnelles Verfahren ermöglichte, gab er bereits die Grundlage für eine Rechtsprechung ab, die nach Gürtners Tod vor allem in der zweiten Kriegshälfte zu unmenschlicher Härte führte und die Zahl der Todesurteile sprunghaft ansteigen ließ. Obwohl Gürtner die Justiz durch diese Maßnahmen zu einem Instrument machte, das weitgehend im Sinne der NS-Führung funktionierte, mußte er sich wiederholt vorwerfen lassen, daß sie ihre Aufgabe nur unzureichend erfülle. Gürtner suchte der Kritik schließlich durch eine „Lenkung“ der Rechtsprechung beizukommen, die sich allerdings noch nicht der von seinen Nachfolgern praktizierten direkten Einwirkung auf den erkennenden Richter, sondern noch allgemeiner Richtlinien und des Umweges über den weisungsgebundenen Staatsanwalt bediente, gleichwohl jedoch die Unabhängigkeit des Richters psychologisch beeinträchtigte.

Mit jedem Kompromiß, mit dem Gürtner unter Preisgabe rechtlicher Prinzipien den Forderungen der NS-Führung nachgab, um die Übernahme weiterer Aufgaben der Justiz durch Himmlers Willkürapparat aufzuhalten und ein Mindestmaß an gerechter Ordnung aufrechtzuerhalten, wurde er weiter auf den Weg des Unrechts gedrängt und lud persönliche Schuld auf sich. Laut Hitler ist es Gürtner „sehr schwergefallen, vom Juristischen abzukommen“, er habe „durch Drohungen [auf] der einen Seite und durch Verächtlichmachung auf der anderen Seite zu Entscheidungen gezwungen“ werden müssen, die nationalsozialistischen Bedürfnissen entsprachen.[5] Von gleichgesinnten Mitarbeitern bestärkt, verwarf Gürtner trotzdem den Gedanken an einen Rücktritt, um die Besetzung des Postens mit einem Nationalsozialisten zu vermeiden: die Entwicklung zum „Schlimmeren“ nach seinem Tode rechtfertigt diese Haltung nachträglich. Durch seine Entscheidung wurde er jedoch zwangsläufig zum Diener des Regimes und trug zu dessen Aufrechterhaltung bei; darüber hinaus ersparte sie ihm persönlich nicht, am 30. Januar 1937 gemeinsam mit den anderen nichtnationalsozialistischen Kabinettsmitgliedern von Hitler in die NSDAP aufgenommen und mit dem Goldenen Parteiabzeichen bedacht zu werden. Nach verschiedenen Berichten litt Gürtner in den letzten Monaten vor seinem Tod zunehmend unter dem Mißerfolg seiner Bemühungen um das Recht und empfand sein Amt als eine

Bürde. Mitte Dezember 1940 gaben ihm ein mehrtägiger Besuch im Generalgouvernement und eine Aussprache mit Hans Frank in Krakau über die „Entwicklung des Polizeigewaltregimes"[6] weitere Beweise vom Ausmaß der Verbrechen an Polen und Juden sowie von der Ausweglosigkeit seines Unterfangens, das Unrecht im NS-Staat einzudämmen. Von dieser Reise kehrte Gürtner krank zurück und starb am 29. Januar 1941 in Berlin.

Anmerkungen

[1] Lutz Graf Schwerin von Krosigk, Es geschah in Deutschland. Menschenbilder unseres Jahrhunderts, Tübingen u. a. 1951, S. 318.

[2] Wilhelm Hoegner, Der schwierige Außenseiter. Erinnerungen eines Abgeordneten, Emigranten und Ministerpräsidenten, München 1959, S. 15.

[3] Personalakten des Reichsjustizministeriums Dr. h.c. Franz Gürtner, Bundesarchiv Koblenz.

[4] Henry Picker, Hitlers Tischgespräche im Führerhauptquartier 1941–42, Bonn 1951, S. 212, Eintragung vom 29. 3. 1942.

[5] Ebd., S. 211 f.

[6] Hans Frank, Im Angesicht des Galgens. Deutung Hitlers und seiner Zeit aufgrund eigener Erlebnisse und Erkenntnisse, München – Gräfelfing 1953, S. 132.

Bibliographie

Quellen

Das Aktenmaterial zur Tätigkeit Gürtners als bayerischer Justizminister und Reichsjustizminister 1922 bis 1941 ist so umfangreich, daß auf den Nachweis im Buch des Verfassers (vgl. unten) verwiesen wird. Dort (S. 1232 f.) sind auch die wichtigsten Veröffentlichungen aus der Feder Gürtners aufgeführt. Als biographische Quellen im engeren Sinn seien genannt: die Personalakten des Reichsjustizministeriums Dr. h.c. Franz Gürtner im Bundesarchiv Koblenz, die Spruchkammerakten Dr. Franz Gürtner in der Registratur S des Amtsgerichts München aus dem Nachlaßverfahren 1945/50 sowie der umfangreiche Nachlaß Gürtners, der sich im Besitz des Sohnes Dr. Fritz Gürtner in München befindet.

Literatur

Die Dissertation von Ekkehard Reitter, Franz Gürtner. Politische Biographie eines deutschen Juristen 1881–1941, Berlin 1976, leidet darunter, daß die Angaben zu Gürtners Persönlichkeit, seinen Anschauungen, seiner Familie und privaten Beziehungen verstreut dargestellt sind, persönliche Äußerungen aus der Zeit als Reichsminister weitgehend fehlen und sich seine Person daher von der geschilderten Justizgeschichte nicht deutlich genug abhebt. Die im Eigenverlag erschienene Schrift: Fritz Gürtner/Franz Gürtner, Franz Gürtner. An der Spitze der Justiz in revolutionärer Zeit 1921–1941, München 1978, ist eine Gegendarstellung zu Reitters Buch aus der Sicht der Söhne Gürtners, deren apologetischer Argumentation nicht immer gefolgt werden kann. Die entgegengesetzte Position bezieht Theo Rasehorn, Hitlers Justizminister. Zu einer Biographie über Franz Gürtner, in: Juristenzeitung (1977), 165–167, der von Gürtner das Bild eines gefühlsarmen „Ehrgeizlings" von „selbstsüchtigem, schrankenlosem Opportunismus" entwirft. Den Versuch einer ausführlicheren Darstellung des Lebens und Wirkens Gürtners unter Verwendung umfangreichen unveröffentlichten Materials, die zu einer ausgewogeneren Beurteilung der Persönlichkeit kommt, unternahm der Verfasser Lothar Gruchmann, Justiz im Dritten Reich 1933–1941. Anpassung und Unterwerfung in der Ära Gürtner, 2. Aufl., München 1990, besonders im biographischen Teil (S. 9–83). Eine auf die Reichsministerzeit beschränkte Skizze bietet Hans Hattenhauer, in: Bundesministerium der Justiz (Hrsg.), Vom Reichsjustizamt zum Bundesministerium der Justiz. Festschrift zum 100jährigen Gründungstag des Reichsjustizamtes am 1. Januar 1877, Köln 1977, 91–93. Die Schilderung aus der Sicht des „Kollegen" liefert der ehemalige Reichsfinanzminister Lutz Graf Schwerin v. Krosigk, Der Sisyphos am Berg des Unrechts. Franz Gürtner, in: (Ders.), Es geschah in Deutschland. Menschenbilder unseres Jahrhunderts, Tübingen 1951, 317–352. Kürzere biographische Artikel finden sich in verschiedenen Nachlagewerken, so in: Reichshandbuch der deutschen Gesellschaft, Berlin 1930, 617 f.; Deutsches Führerlexikon 1934/35, Berlin 1934, 20; Hans Heinz Satila-Mantau (Hrsg.), Unsere Reichsregierung, 2. Aufl., Berlin 1939, 177–180; Biographisches Staatshandbuch, Bern u. a. 1963, 437; Neue Deutsche Biographie, Bd. VII, Berlin 1966, 288 f., und Robert Kuhn, Deutsche Justizminister 1877–1977, Köln 1977, 83.

12. Ernst Hanfstaengl – Des „Führers“ Klavierspieler

Von David G. Marwell*

Während viele von Hitlers frühen Vertrauten aufgrund ihres ideologischen Fanatismus oder wegen ihrer bloßen Brutalität in Erinnerung sind, ist Dr. Ernst Franz Sedgwick „Putzi“ Hanfstaengl vor allem für sein Talent als Klavierspieler, seine starke Persönlichkeit und seine Clownerie bekannt; insbesondere jedoch wegen eines Streichs, der ihm am Vorabend seines fünfzigsten Geburtstags im Februar 1937 gespielt wurde. Der ausgeklügelte Streich, von den Führern des Reichs während einer Unterhaltung in der Mittagspause in der Reichskanzlei ausgeheckt, war gedacht, Hanfstaengls Mut auf die Probe zu stellen, und sollte gleichzeitig eine Revanche für seinen Anspruch sein, er habe als Deutscher, der während des Ersten Weltkriegs in New York gelebt hatte, genauso viel Mut bewiesen wie ein Soldat an der Front. Der Köder für Hanfstaengl war dabei seine Rehabilitierung, die Aussicht, das Wohlwollen des Führers wiederzuerlangen – das er in den frühen Tagen der Bewegung innegehabt, einige Jahre zuvor jedoch verloren hatte.

Es fällt schwer, sich ein einziges Ereignis im Leben eines Menschen vorzustellen, das dieses Individuum derart deutlich charakterisieren könnte. Den Vorwand des Streichs zu verstehen, die Wirkung des Köders und die Konsequenz, die sich daraus ergab, heißt eine ganze Menge über Hanfstaengl selbst wie über seine Verbindung mit Adolf Hitler und der nationalsozialistischen Bewegung zu verstehen. Der Vorwand für den Streich ging auf Hanfstaengls Erfahrungen während des Ersten Weltkriegs zurück, die ihrerseits von den Einzelheiten seiner familiären Herkunft bestimmt waren.

Obgleich Hanfstaengl in der Nähe der Wiege des Nationalsozialismus geboren wurde, war sein Hintergrund von Einflüssen gekenn-

* Aus dem Englischen übersetzt von Anke Weichenhain.

zeichnet, die von den zentralen Themen der nationalsozialistischen Bewegung weit entfernt lagen und unter den frühen Anhängern der Partei einzigartig waren. Das Familienleben seiner Kindheit war durch eine Mischung von amerikanischem Brahman und intellektueller deutscher Kultur gekennzeichnet. Hanfstaengl wurde am 11. Februar 1887 in München als viertes von fünf Kindern geboren. Das Zuhause seiner Kindheit, eine prachtvolle Villa in der Nähe der Isar, war ein Ort, an dem sich die bekannten Zeitgenossen der Kunst-, Musik- und Literaturszene trafen und Amerikaner Station auf ihrer «grand tour» machten.

Seine beiden Vornamen Franz und Sedgwick verkörperten die beiden Seiten der Familie: Franz hieß er nach seinem Großvater väterlicherseits, einem ungemein talentierten Lithographen, der in der Mitte des 19. Jahrhunderts die Familienfirma gegründet hatte, und Sedgwick nach der Familie seiner Mutter, alteingesessenen Neuengländern, die sich zweier Generäle in der Armee der „Union" während des Amerikanischen Bürgerkriegs rühmten. Die Hanfstaenglsche Firma hatte ein revolutionäres Verfahren für die lebensnahe Reproduktion von Gemälden entwickelt, und sie erfreute sich einer weltweiten Reputation, mit Geschäftsstellen in London und New York. Hanftstaengls Vornamen und das, wofür sie standen, verhinderten nicht, daß Ernst „Putzi" genannt wurde, ein Spitzname aus seiner Kindheit, der ihm lebenslang – in deutlichem Kontrast zu seinen fast zwei Metern Körpergröße – anhaftete.

Gegen Ende seiner Schulzeit entschied Hanfstaengl, als jüngerer Sohn ohne eine klar vorgezeichnete Zukunft (sein älterer Bruder sollte Chef der Firma in München werden), sein Glück im Lande seiner Mutter zu suchen und die New Yorker Geschäftsstelle des Familienbetriebs zu übernehmen. Um sich jedoch für diese Aufgabe vorzubereiten, benötigte er zunächst eine amerikanische Ausbildung und schrieb sich 1909 in Harvard ein. Hanfstaengl zeichnete sich im Unterricht in Harvard nicht sonderlich aus (häufig wurde er den akademischen Anforderungen nicht gerecht), aber aufgrund seiner unterhaltsamen und einnehmenden Persönlichkeit und vor allem seiner außerordentlichen Fähigkeiten am Klavier wurde er zu einem der beliebtesten Mitglieder seiner Klasse.

Nach seinem Harvardabschluß kehrte Hanfstaengl nach Deutschland zurück, und nach einem freiwilligen Dienst im Königlich Bayerischen Infanteriegarderegiment, einem Studium der Lithographie in

Wien und praktischen Erfahrungen im Münchner Familienbetrieb kam er im November 1911 in New York City an. Dort ergriff er die sozialen und ökonomischen Möglichkeiten, die das Geschäft und seine Umgebung boten. Er machte die Filiale in der Fifth Avenue zu dem „wahrscheinlich erfolgreichsten Fachgeschäft für Bilder in New York“[1], sammelte einen interessanten Zirkel von Freunden um sich und schuf Kontakte, die er ausgiebig pflegte. Im Harvard-Club traf er Franklin Roosevelt, der, unter anderen, sich zu diesem riesigen klavierspielenden Deutschen hingezogen fühlte. In Greenwich Village war er ein gerngesehener Stammgast im Salon der Mabel Dodge. Am Nordufer von Long Island hielt er den Kontakt zu der „Gesellschaft“ aufrecht. Diese Zeit war ein Höhepunkt in Hanfstaengls Leben, denn er hatte geschäftlich wie privat Verbindungen geknüpft, die es ihm erlaubten, seine Persönlichkeit auf ihn befriedigende Weise auszuleben, und er hatte, zumindest für kurze Zeit, die Kluft seiner eigenen Herkunft überbrückt, indem er das Geschäft seines Vaters im Land seiner Mutter erfolgreich repräsentierte.

Der Krieg veränderte alles. Er beraubte Hanfstaengl nach und nach allen Erfolges, den er in New York erzielt hatte. Die Auswirkungen dieser vier Jahre sind für das Verständnis von Hanfstaengl zentral, und in vielerlei Hinsicht können sie auf die eine Tatsache reduziert werden, daß er, als in Europa der Krieg ausbrach, nicht nach Deutschland zurückkehrte. Seine Abwesenheit sollte dazu beitragen, den Rest seines Lebenswegs vorherzubestimmen, und seine defensive Prahlerei über den Mut, dessen es bedurfte, sollte schließlich zu dem bekannten Streich führen.

Während der Periode der amerikanischen Neutralität 1914–1916, mit ihrer ansteigenden Deutschfeindlichkeit, entfremdete sich Hanfstaengl mehr und mehr seinen Freunden, und als Amerika schließlich in den Krieg eintrat, wurde sein Geschäft konfisziert. Am bedeutsamsten war jedoch, daß der Krieg ihm seinen liebsten Bruder nahm. Egons Tod in der Nähe von Peronne Anfang Mai 1915 traf fast zeitgleich mit dem Untergang der „Lusitania“ zusammen, so daß Hanfstaengls persönliche Trauer und seine Schuldgefühle, nicht an der Seite seines Bruders in den Schützengräben gelegen zu haben, durch die wegen der Versenkung des Schiffes auftretenden starken Ausbrüche anti-deutscher Ressentiments in den USA verschlimmert wurden. Das intensive Schuldgefühl, das Hanfstaengl empfand, bildete einen unterbewußten Antrieb, der für seine folgenden Beziehungen und Aktivitäten eine gewisse Rolle spielte und ironischerweise auf indirektem Wege auch zu seinem zukünftigen Exil führen sollte. Während Hanfstaengls Kriegserfahrungen objektiv wohl kaum des gleichen Muts bedurften, der einem Frontkämpfer abverlangt wurde, hinterließen sie ihn doch zweifellos gezeichnet.

1920 heiratete Hanfstaengl Helen Niemeyer, eine deutschstämmige Amerikanerin, und im Verlauf eines Jahres wurde ein Sohn geboren, den man nach dem gefallenen Bruder Egon nannte. Diese Geburt hat Hanfstaengl wahrscheinlich die Dringlichkeit vor Augen geführt, nach Deutschland zurückzukehren und gleichzeitig aber auch eine neue, enge Verbindung zu Amerika geschmiedet. Obgleich Hanfstaengl behauptet hat, daß er mit seiner Rückkehr nach Deutschland „eine Zukunft in einem zerstörten Land"[2] suchte, wäre es doch zutreffender, zu sagen, daß er auch auf der Suche nach einer Vergangenheit war. Er war zehn Jahre nicht in Deutschland gewesen. Während dieser Dekade war eine Welt untergegangen. Ein großer Teil seiner Generation war im Krieg gefallen, und die Familie seiner Jugend, sein Vater und zwei Brüder, fehlten. Das Deutschland, in das Hanfstaengl zurückkehrte, war durch Niederlage, Unordnung, blutige Konflikte und Instabilität gekennzeichnet. War ihm der Schmerz, Zeuge dieses Zusammenbruchs gewesen zu sein, erspart geblieben, so wurde ihm doch auch der Prozeß einer stufenweisen Anpassung an diese neuen Gegebenheiten verwehrt. Er mußte einen Weg finden, sich wieder in seine Familie und seine Heimat einzugliedern.

Im Zuge dieses Sich-Einpassens wurde Hanfstaengl Adolf Hitler vorgestellt, und ironischerweise war es ein weiteres Beispiel für den Einfluß Amerikas auf Hanfstaengls Leben, daß diese Vorstellung von einem Amerikaner gefördert worden war: Im November 1922 befand sich Captain Truman Smith, amerikanischer Militärattaché in Berlin, auf einer Inspektionssreise über politische Bewegungen in München. Er hatte Adolf Hitler interviewt und auf Vorschlag eines amerikanischen Botschaftsbediensteten, der Hanfstaengl aus den Vereinigten Staaten kannte, auch ein Treffen mit Hanfstaengl vereinbart. Smith berichtete Hanfstaengl über Hitler, und als er München verlassen mußte bevor er einer Versammlung der NSDAP beiwohnen konnte, bat er Hanfstaengl, statt seiner daran teilzunehmen.

Hanfstaengl, der bisher noch nicht von Hitler gehört hatte, ging zu der Versammlung und war fasziniert. Als er viele Jahre später über

Hitler schrieb, schilderte er dessen außergewöhnliche Macht der Rede in seinen frühen Jahren:

> Wer Hitler als Redner nur aus den Veranstaltungen der späteren Jahre kennt – als den schon zur Maßlosigkeit entarteten, tobenden Demagogen und Diktator am Mikrophon –, hat keine Vorstellung von dem registerreichen und volltönenden Instrument seiner natürlichen, nicht künstlich verstärkten Stimme in den ersten Jahren ...[3]

Wieviel Sinn und Anklang Hitlers Worte für Hanfstaengl auch beinhalten mochten, so war es doch die Person Hitler, die die Anziehungskraft ausübte.

Es gibt viele Berichte über Personen, die sich der Hitler-Bewegung nach nur einer Begegnung anschlossen; darunter gibt es Fälle, in denen dieser Anschluß eine dramatische ideologische Kehrtwende bedingte. Viele dieser Fälle ereigneten sich um die Zeit, als Hanfstaengl Hitler traf. Es mag übertrieben sein zu behaupten, daß er (und andere) eine „Konversions-Erfahrung" durchlebten; als Hanfstaengl Hitler zum erstenmal sah, kannte er kaum dessen Namen, und nachdem er ihn hatte sprechen hören, war er ein veränderter Mann – für den Rest seines Lebens.

Was war die Grundlage dieser machtvollen Anziehungskraft? Obgleich der Krieg seit mehr als vier Jahren vorüber war, waren seine Auswirkungen auf Hanfstaengl noch stark. In Hitler und den Anhängern der Bewegung sah er die „Kriegskameraden" seines gefallenen Bruders Egon. Über die erste Begegnung mit Hitler schrieb Hanfstaengl später: „Der Geruch des Weltkriegs hing noch merklich in [seinen] Kleidern."[4] Hanfstaengl erkannte in der Zuhörermenge zudem auch einige Mitglieder seines früheren Regiments, und dies erinnerte ihn zugegebenermaßen daran, daß er nicht am Krieg teilgenommen hatte. Hitler bot Deutschland ein Programm, das die Niederlage von 1918 ungeschehen machen würde, und eröffnete Hanfstaengl eine Möglichkeit – dieses Mal – mitzukämpfen. Darüber hinaus mag ein noch stärkeres Element vorhanden gewesen sein: Hitler erinnerte Hanfstaengl an seinen gefallenen Bruder, es gab eine unheimliche physische Ähnlichkeit.

Von dieser ersten Begegnung an war Hanfstaengl von Hitler fasziniert. Er wohnte nicht nur allen öffentlichen Versammlungen der Partei bei, sondern machte es außerdem zu seiner Gewohnheit, montags im Café Neumaier anwesend zu sein, wenn Hitler vor einer kleinen Gruppe der „alten Garde“ sprach. hier wurde er allmählich als ein regelmäßiger Teilnehmer bekannt und lernte selbst die Menschen kennen, die Hitler umgaben. Hitler sprach während dieser Zusammenkünfte *en famille*, und nach einem solchen Abend lud er Hanfstaengl ein, mit ihm spazierenzugehen und den Vortrag des Abends zu diskutieren. Dergestalt trafen sich Hanfstaengl und Hitler immer öfter. Es dauerte jedoch bis Januar 1923, ehe Hanfstaengl Hitler zum erstenmal in sein Haus einlud, ihre Beziehung beinahe tägliche Kontakte einschloß und über das Politische auf andere Gebiete beiderseitigen Interesses ausgedehnt wurde: Musik, Kunst und Geschichte.

Wir haben versucht, Hitlers Anziehungskraft auf Hanfstaengl auf einer bewußten wie unbewußten Ebene zu erklären. Eine andere und viel schwierigere Aufgabe ist es, die Anziehungskraft Hanfstaengls auf Hitler zu verstehen. Hitler war, wie viele andere, zweifelsohne von Hanfstaengls Persönlichkeit amüsiert und angezogen, die, wie wir bereits gesehen haben, die Basis für Hanfstaengls Erfolg sowohl in Harvard wie auch in New York war. Aber Hanfstaengl bot verschiedene weitere Anziehungspunkte: eine schöne Frau, ein ruhiges Heim, US-Dollars und wertvolle Kontakte sowie ein wunderbares Talent, Wagner auf dem Klavier in genau der Art zu spielen, die Hitler liebte.

Hitler wurde bald ein ständiger Gast im Hanfstaenglschen Haus, wo er bei dem jungen Egon gut ankam. Helen zufolge blieb Hitler stundenlang, um mit Hanfstaengl verschiedene Probleme zu diskutieren oder seine Kriegserlebnisse zu erzählen. Hitler genoß es, Situationen auf dem Schlachtfeld nachzuspielen, und mit seinem meisterhaften Talent für Imitationen ahmte er die unverwechselbaren Detonationen der britischen, französischen oder deutschen Artillerie nach. Wenn er bestimmte Schlachten beschrieb, die an der Somme zum Beispiel, hatte Hanfstaengl die Möglichkeit, sich in die Zeit zurückzuversetzen, um eine Vorstellung von dem zu erhaschen, was er versäumt hatte.

Seit Beginn seiner Verbindung mit Hitler kümmerte sich Hanfstaengl um die ausländische Presse; er diente als inoffizieller Presseoffizier, eine naturgemäße Berufung, da er nicht nur großes Interesse an der ausländischen Presse hatte, sondern auch über die erforderlichen sprachlichen Fähigkeiten verfügte sowie darüber hinaus einflußreiche Kontakte besaß. Es ist bekannt, daß er Hitler bedeutenden und reichen deutschen Familien vorgestellt und geholfen hat, ihn salonfähig zu machen. Zusätzlich bot Hanfstaengl taktischen und politischen Rat an, dessen Leitmotiv die Bedeutung einer rationalen Beziehung zu Amerika war. Sein wichtigster Beitrag war jedoch finanzieller Art. Noch bevor Hanfstaengl in die Partei eingebunden war, erkannte man dort die Notwendigkeit eines effektiveren Parteiorgans. Im März 1923 brachte Max Amann, der Herausgeber des ›Völkischen Beobachters‹, Hanfstaengl dazu, dem Franz Eher Verlag 1000 Dollar zu leihen. Mit dem Geld – zu dieser Zeit eine große Summe – wurde eine Rotationspresse gekauft, und die Zeitung wurde auf ein größeres „amerikanisches“ Format umgestellt.

Obgleich Hanfstaengl am Bierhallen-Putsch vom 8. November 1923 teilnahm, war er (wieder) nicht anwesend, als die Schießerei begann. Hitler, der während des Schußwechsels verletzt wurde, floh zu Hanfstaengls unweit von München gelegenem Landhaus in Uffing, wo er festgenommen wurde. Hanfstaengl flüchtete ebenfalls aus München und verbrachte eine kurze Zeit im Exil in Salzburg.

Im Zuge der Reorganisation der Partei im Jahr 1925 zog sich Hanfstaengl für ein paar Jahre von Parteiaktivitäten zurück, um sich stattdessen akademischen und geschäftlichen Vorhaben zuzuwenden. Diese Periode war einerseits durch eine familiäre Tragödie, dem nach langer Krankheit erfolgten Tod der Tochter im Jahr 1928, gekennzeichnet und andererseits durch persönlichen Erfolg mit der Fertigstellung seiner Dissertation in Geschichte an der Universität München und dem Coup, den er für den Familienbetrieb landete, indem er noch nie gekannten Zugang zur Gemäldegalerie im Louvre erhielt, um diese zu photographieren.

Hanfstaengl behauptet, im September 1930 von der Partei zurückgeworben worden zu sein. Infolge der überraschenden Ergebnisse der Partei bei den Septemberwahlen stand Hitler im Blickfeld des äußerst großen Interesses der ausländischen wie der deutschen Presse. Hanfstaengl nahm seine Rolle gegenüber der ausländischen Presse wieder auf und versuchte, Hitlers Image sowie das der Bewegung im Ausland, insbesondere in den Vereinigten Staaten, zu pflegen. Mit diesen Aktivitäten untrennbar verwoben war sein Impuls zur Eigenwerbung. Indem er Hitler und die nationalsozialistische Bewegung der ausländischen Presse gegenüber repräsentierte, rückte er selbst ins Rampenlicht. Gleichzeitig konnte er die psychisch belohnende Aufgabe genießen, dem Land seiner Mutter die Aktivitäten in seinem Vaterland zu interpretieren. Anfang des Jahres 1932 ernannte Hitler Hanfstaengl offiziell zum Auslandspressechef der NSDAP. Ausgenommen eine

Position in der Außenpolitik – die er begehrte – hätte Hanfstaengl keinen befriedigenderen Posten finden können.

Hanfstaengl begleitete Hitler während des Reichspräsidentschaftswahlkampfes des Jahres 1932 als Mitglied von dessen unmittelbarem Gefolge. Der Wahlkampf war von Trubel und Wahlkampfreden gekennzeichnet, die Hitler durch ganz Deutschland reisen ließen, mit einem Programm, das pro Tag mehrere größere Reden und Massenversammlungen umfaßte. Ein Vertreter der ausländischen Presse, Sefton Delmer vom ›London Daily Express‹, der einen Teil der Kampagne im Flugzeug des „Führers" miterlebte, legte in seinen nach dem Krieg verfaßten Memoiren nahe, Hitlers Wahlkampf sei stark von Hanfstaengls Erinnerungen an verschiedene Präsidentschaftswahlkämpfe in den Vereinigten Staaten beeinflußt gewesen, mit ihren Paraden, der Musik und dem "Barnum and Baily ballyhoo".[5]

Unter anderem deshalb, weil Hanfstaengls Position sowohl ungewöhnlich als auch improvisiert war, fällt es schwer, den administrativen Kontext zu rekonstruieren, in dem sie angesiedelt war. Sogar zeitgenössische Beobachter bedurften der Hilfe, um sich in den konkurrierenden Zuständigkeitsbereichen und dem komplizierten Organisationsaufbau, die den Presseapparat des Dritten Reichs charakterisierten, zurechtzufinden. Hanfstaengl hatte im wesentlichen zwei Funktionen. Als Leiter der ausländischen Presseabteilung innerhalb des Presseamts der NSDAP mußte er sich mit dem Reichspressechef Otto Dietrich koordinieren. Als Auslandspressechef war er jedoch direkt Hitler unterstellt; in dieser Eigenschaft waren seine Aufgaben weniger geregelt und formalisiert, und sie veränderten sich mit der Zeit. Weder eine Bürokratietheorie noch eine Geschichte der Verwaltung können genau aufzeigen, welcher Art Hanfstaengls Position war, denn sie war eng mit der Persönlichkeit dieses überempfindlichen Kauzes verbunden.

Hanfstaengl nutzte seine Position als Plattform, um so viel Einfluß wie möglich auf Hitler auszuüben, während er gleichzeitig die Aufmerksamkeit, die man ihm zollte, auskostete. Die anfallenden täglichen Verpflichtungen, die Hanfstaengl zu erledigen hatte, wurden von seinen Mitarbeitern wahrgenommen. Um sich zu beschäftigen und seinen Ambitionen und seiner Persönlichkeit weiteren Ausdruck zu verleihen, engagierte sich Hanfstaengl in einer Reihe von künstlerischen und publizistischen Unternehmungen, zusammen mit nicht sanktionierten Exkursen in die Außenpolitik. Während seiner Jahre als Auslandspressechef veröffentlichte er zwei Bücher mit Karikaturen über Hitler, komponierte die Musik für den bedeutenden Film ›Hans Westmar‹, und assistierte auch bei dessen Produktion, schrieb und produzierte ein weiteres Filmprojekt, ›Volk ohne Raum‹ (das Goebbels noch vor der Fertigstellung verbot), und komponierte verschiedene Musikstücke, von denen ›Hitler-Junge Quex‹ und ›Deutsche Föhne‹ die bekanntesten waren.

Die achtzehn Monate nach dem Machtantritt der Nationalsozialisten werden häufig als die Periode der Gleichschaltung beschrieben, in der praktisch jede Instititution in Deutschland unter nationalsozialistische Kontrolle gebracht wurde. Von der Ernennung Adolf Hitlers zum Reichskanzler bis zur Ermordung von Ernst Röhm als Verräter wurde Deutschland umgestaltet. Auch Hanfstaengls Position änderte sich. Vor dem Machtantritt, als Hitler ausländische Korrespondenten als Führer der NSDAP empfing, war Hanfstaengl offiziell für die Repräsentation Hitlers gegenüber der ausländischen Presse zuständig. Nach der Machtergreifung, als Hitler Reichskanzler war, und nach Hindenburgs Tod, als er zusätzlich Reichspräsident wurde, wurde die Pressestelle des Propagandaministeriums die verantwortliche Stelle.

Nach dem „Röhm-Putsch" veränderte sich die Atmosphäre in Deutschland dramatisch. Die nationalsozialistische Revolution war in einer öffentlichen, bedrohlichen Weise blutig geworden. Die relative Freiheit, die die ausländische Presse genossen hatte, wurde davon beinahe sofort betroffen. Hanfstaengls persönliche und berufliche Freiheit litt unter ähnlichen Auswirkungen. Er verlor sogar den begrenzten Einfluß, den er in den frühen Jahren auf Hitler gehabt hatte, und im Oktober 1934 wurde er aus der Reichskanzlei verbannt, wodurch er sein wichtigstes und wertvollstes Kapital verlor – den Zugang zu Hitler.

Obgleich er Hitler ergeben war, ist Hanfstaengl mit anderen Anhängern Hitlers stets uneins gewesen. Einige hielten ihn zu sehr für den Hanswurst, als daß sie ihn ernst nahmen, manche waren wegen seines „amerikanisierten Hintergrunds" mißtrauisch, wieder andere ärgerten sich über seine Verbindung zu Hitler. Hanfstaengl hatte mit einem anderen frühen Anhänger der Partei, dem umstrittenen Kurt Luedecke, eine bekannte Fehde ausgetragen. (Diese Fehde war sogar der unmittelbare Anlaß für Hanfstaengls Verbannung aus der Reichskanzlei.) Hanfstaengl haßte Alfred Rosenberg, der seines Erachtens Hitlers unwürdig war, und er verachtete und mißtraute

Joseph Goebbels, den er beschuldigte, gegen ihn zu intrigieren. Es läßt sich jedoch keine einzelne Intrige oder Rivalität anführen, die dafür ausschlaggebend gewesen wären, daß Hanfstaengl in Ungnade gefallen ist. Eine um sich greifende Feindseligkeit innerhalb von Hitlers engerem Zirkel, verbunden mit der verringerten Freiheit und dem Status der ausländischen Presse trug zu seinem Sturz bei. Seine Gegner waren jedoch mit seinem Verlust an Ansehen noch nicht zufriedengestellt. Das Mittel, zu dem sie griffen, war ein kompliziert inszenierter Streich, der umwerfend effektvoll war, doch eine unvorhergesehene Wendung nahm.

Am 10. Februar 1937 unerwarteterweise nach Berlin gerufen, wurde Hanfstaengl über eine „spezielle Mission" nach Spanien instruiert, die er für den Führer übernehmen sollte. Von der Aussicht auf Rehabilitierung erregt, traf er sich mit Fritz Wiedemann, Hitlers Adjutanten, mit Ingmar Berndt, dem Leiter der Presseabteilung des Propagandaministeriums und wichtigen Assistenten von Goebbels sowie mit Hermann Göring. Seine Instruktionen lauteten, sich um die deutschen Korrespondenten, die in Spanien über den Bürgerkrieg berichteten, zu kümmern. Er erhielt von Göring den zusätzlichen Auftrag, als sein persönlicher Beobachter zu fungieren und ihm direkt Bericht über die Situation zu erstatten. Die geheime Mission sollte am folgenden Tag zum Flugplatz Staaken außerhalb Berlins beginnen.

Die Abflugszenen wurden von einem Kameramann des Propagandaministeriums pflichtgemäß aufgenommen: Hanfstaengl war mit einem Fallschirm ausgestattet, in seinem Gebrauch unterwiesen und wiederholt vor den Gefahren, die ihn im kriegserschütterten Spanien erwarten würden, gewarnt worden. Als sie sich in der Luft befanden, erklärte ihm der Pilot Franz Frodl, einer Vereinbarung folgend, die mit ihm vor dem Flug getroffen worden war, daß er nicht angewiesen sei, ihn, wie Hanfstaengl erwartete, nach Salamanca zu fliegen, sondern ihn vielmehr hinter den „feindlichen" Linien abspringen zu lassen. Die, die den Streich ausgeheckt hatten, beabsichtigten, Hanfstaengl der Aussicht auf physische Gefahr in einem Kriegsgebiet auszusetzen, als Quittung für seine prahlerischen Bemerkungen über seinen Mut in New York während des Ersten Weltkriegs. Der Pilot sollte umherfliegen, damit Hanfstaengls Angst und Konfusion zunähmen und dann, einen Motorschaden vortäuschend, in der Nähe von Leipzig landen, wo wartende Wochenschau-Kameras den „Helden" Hanfstaengl 'herausgleitend' aufnehmen konnten. Der Streich wurde durch die Entscheidung des Piloten, aus Sicherheitsgründen auf einem anderen Flugplatz zu landen, dieser Auflösung beraubt. Hanfstaengl mißverstand diesen Streich als ein Mordkomplott; er glaubte, er sollte von den Loyalisten in Spanien gefangengenommen und als Spion exekutiert werden. Knapp dem entronnen, was er für einen Mordversuch hielt, brach er am nächsten Tag in die Schweiz auf und begann ein Exil, das ihn weitere zehn Jahre – und für einen weiteren Weltkrieg – von Deutschland entfernt halten sollte. Eine Woche später diente der Film über Hanfstaengls „Spanische Mission" als Abendunterhaltung. Goebbels schrieb in sein Tagebuch „Abends zu Hause Filme geprüft. Hanfstängl auf der Reise nach ‚Spanien'. Zum Kranklachen."[6]

Im April 1937 zog Hanfstaengl nach London, wo er bis zu seiner Verhaftung als feindlicher Ausländer zu Kriegsbeginn im September 1939 lebte. Dieser Lebensabschnitt war durch eine anhaltende Spannung zwischen seinem Wunsch, nach Deutschland zurückzukehren, angetrieben von seinem andauernden Hingezogensein zu Hitler gekennzeichnet, und seiner Furcht, solch eine Rückkehr könnte nicht nur mögliche physische Risiken nach sich ziehen, sondern auch die Gefahr, weiterhin nicht ernstgenommen zu werden. Offizielle wie inoffizielle Bitten der NS-Führung zeigten deutlich, daß sie seine Rückkehr wollte, obgleich die Gründe hierfür nicht klar sind. Persönliche Briefe von Göring und Bormann konnten Hanfstaengl nicht von der Ernsthaftigkeit ihres Angebots, sein Ansehen wiederherzustellen, überzeugen. Hanfstaengls nicht verhandelbare Bedingung für eine Rückkehr war ein persönlicher Brief mit einer Entschuldigung von Hitler selbst. Als der Krieg herannahte, sah sich Hanfstaengl mit der entsetzlichen Aussicht konfrontiert, abermals zu Kriegszeiten außerhalb Deutschlands 'gefangen' zu sein. Da seine Bedingungen nicht erfüllt wurden, brach er schließlich Mitte August 1939 mit Deutschland.

Als einer der ersten deutschen Staatsangehörigen, die von den Briten im Zweiten Weltkrieg interniert wurden, begann Hanfstaengl seine Einkerkerung in einem behelfsmäßigen Kamp in London und beschloß sie zweieinhalb Jahre später in einer Festung in Kanada. Während eines Großteils dieser Zeit versuchte er vergeblich, aus der Haft entlassen zu werden. Nachdem sein Sohn, der Deutschland mit ihm verlassen hatte, sich der amerikanischen Armee anschloß und nachdem die Vereinigten Staaten in den Krieg eingetreten waren, bot Hanfstaengl der Regierung der Vereinigten Staaten seine Dienste an.

Da sein Sohn Soldat und somit gefährdet war, war Hanfstaengl entschlossen, während dieses Kriegs nicht untätig zu bleiben. Aufgrund der persönlichen Intervention von Präsident Roosevelt, seinem Bekannten aus dem Harvard Club in New York, wurde Hanfstaengl von britischer in amerikanische Haft überstellt und in einem Bauernhaus in der Nähe von Washington D. C. untergebracht. Mehr als zwei Jahre lang hörte er in einer geheimen Mission mit dem Decknamen "S-Project" deutsches Radio ab und stellte den US-Kriegsplanern sein Wissen über die Funktionsweise des engeren Zirkels der nationalsozialistischen Führung zur Verfügung.

Hanfstaengl wurde Ende 1944 in britische Haft zurückübergestellt und nach dem Krieg 1946 nach Deutschland repatriiert. Er starb 1975 in München.

Anmerkungen

[1] Picture and Gift Journal, Chicago: August 1934 (Bayerische Staatsbibliothek, Ana 405/27/VI '34).

[2] BStB: Ana 405/25/III.

[3] E. Hanfstaengl, Zwischen Weißem und Braunem Haus, München 1979, S. 36.

[4] BStB: Ana 405/35.

[5] S. Delmer, Trail Sinister: An Autobiography, London 1961.

[6] Tagebucheintrag für den 19. 2. 1937; in: E. Fröhlich (Hrsg.), Die Tagebücher von Joseph Goebbels. Sämtliche Fragmente. Teil I: 1924–1941, Bd. 3, München 1987, S. 49.

Bibliographie

Quellen

Obgleich die Bayerische Staatsbibliothek in München über eine Sammlung von Hanfstaengls Papieren verfügt, befinden sich die wichtigsten Aufzeichnungen im Besitz seiner Familie. Eine Sammlung von Interviewniederschriften mit Hanfstaengl, die im Besitz von Brian Connell sind, der Hanfstaengl bei dessen Memoiren zur Seite stand, und eine Sammlung, die von John Toland, der Hanfstaengl für seine Biographie über Hitler ausführlich interviewte, in der "Library of Congress" hinterlegt wurde, sind nützlich, müssen jedoch mit Vorsicht benutzt werden. Die Archive der Harvard-Universität haben eine Sammlung über Hanfstaengl, und die FDR Bibliothek im

Hyde Park sowie die diplomatische Vertretung der National Archives in Washington sind im Besitz von Aufzeichnungen über das "S"-Projekt.

Literatur

Hanfstaengls eigene Memoiren ›Unheard Witness‹ (Philadelphia 1957 [in England als: Hitler: The Missing Years, London 1957 veröffentlicht]) und ›Zwischen Braunem und Weißem Haus‹ (München 1971) müssen vorsichtig verwendet werden. Die Dissertation des Autors ›Unwonted Exile: A Biography of Dr. Ernst „Putzi" Hanfstaengl‹ (State University of New York at Binghamton, 1988) konzentriert sich auf die Periode von Hanfstaengls Exil. Beinahe ganz auf Memoiren basierend, widmet Philip Metcalfe in ›1933‹ ein Drittel seiner Schilderung Hanfstaengl. Über die Familie Hanfstaengl siehe: H. Gebhardt, Franz Hanfstaengl: von der Lithographie zur Photographie, München 1984. Zu zeitgenössischen Ansichten über Hanfstaengl vgl. F. von Plümer, Die Wahrheit über Hitler und seinen Kreis, München 1925, und E. von Schmidt-Pauli, Die Männer um Hitler, Berlin 1933, sowie M. Dodd, Through Embassy Eyes, Garden City 1940. Hanfstaengls eigene Publikationen schließen das ›Hitler-Liederbuch 1924‹ (München 1924) und ›Hitler in der Karikatur der Welt: Tat gegen Tinte‹ (Berlin 1933/1934) ein.

13. Walther Hewel – Ribbentrops Mann beim „Führer“

Von Enrico Syring*

Albert Speer zufolge gehörte Walther Hewel zu den „nächsten Bekannten“ Adolf Hitlers. Er sei beim deutschen Diktator „persona gratissima“ gewesen, wird auch von anderer Seite bestätigt. Als „Alter Kämpfer“, „Blutordensträger“, „rheinische Frohnatur“, charmanter Plauderer und Mann von Welt zählte Hewel seit seiner Rückkehr nach Deutschland Anfang 1936 bis zu seinem Selbstmord in Berlin in den ersten Maitagen 1945 ohne größere Unterbrechungen und nahezu unangefochten zum engsten persönlichen Kreis um den deutschen Diktator. Er war dort in diesen Jahren schlicht allgegenwärtig. Seit März 1938 „Ständiger Beauftragter des Reichsministers des Auswärtigen beim Führer“ nahm er zudem als Inhaber hoher SS-Ränge eine der wichtigsten „Gelenkstellen“ im politischen Apparat des Dritten Reiches ein. Martin Bormann wurde später in einer ähnlichen Verbindungsposition, der zwischen Partei und Staatsführung, zu einem der mächtigsten Männer Deutschlands. Wie nutzte Hewel die erheblichen Einflußmöglichkeiten, die ihm seine Stellung einräumte? In welchem Maße gestaltete dieser Mann, dessen herausragende Eigenschaft seine allgemeine persönliche Beliebtheit war, die politische Wirklichkeit des nationalsozialistischen Deutschen Reiches mit?

* DANK für zweckdienliche Hinweise oder Auskünfte zur Person Hewels habe ich folgenden Personen bzw. Institutionen abzustatten: Herrn Dr. Biewer (Politisches Archiv des Auswärtigen Amtes, Bonn), den Damen und Herren vom Bayerischen Hauptstaatsarchiv und vom Staatsarchiv in München, Frau Inga Haag und Herrn David Irving (beide London), Herrn Dr. Paul Schmidt-Carell (Rottach-Egern), Herrn Reinhard Spitzy (Maria Alm), dem Historischen Archiv der Stadt Köln und dem Nordrhein-Westfälischen Hauptstaatsarchiv (Düsseldorf).

Walther Hewel wurde am 25. März 1904 in Köln geboren. Sein Vater war der mittelständische Industrielle Anton Hewel, der dort zusammen mit einem Teilhaber eine Kakao-Fabrik betrieb; seine Mutter Elsa kam als Freiin von Lindenfels zur Welt. Es war die Geborgenheit einer Familie des gehobenen Bürgertums, in der Hewel heranwuchs. Früh, bereits im Jahre 1913, starb sein Vater, und seine Mutter versuchte daraufhin, so gut es ging, in dessen unternehmerische Fußstapfen zu treten: sie übernahm die Anteile ihres verstorbenen Ehemannes an der genannten Fabrik. Die materielle Situation der Familie wurde vom Tod des Vaters zunächst nicht beeinträchtigt.

Walther Hewel legte im Frühjahr 1923 am Realgymnasium in Köln-Deutz sein Abitur ab und arbeitete danach für sechs Monate als Praktikant in einer Maschinenfabrik am Ort. Offenbar wollte er sich damit auf den Eintritt in die väterliche Firma vorbereiten. Im Oktober des gleichen Jahres nahm er, so gibt er in seinen SS-Akten an, das Studium der Fächer „Technik und Wirtschaft" an der Technischen Hochschule zu München auf und trat in den „Stoßtrupp Hitler" ein, der als eine Art persönliche Leibgarde Hitlers zu verstehen ist und vor allem die Aufgabe hatte, den nachmaligen „Führer" in den Parteiversammlungen zu schützen.

Welche Motive Hewel zu diesem Schritt veranlaßten, ist nicht eindeutig zu klären. Er mag über die von Rudolf Heß in München aufgestellte „Studentenkompanie" der NSDAP zur „Bewegung" gestoßen sein, denn immerhin fällt auf, daß er später, während seines langjährigen Auslandsaufenthaltes, in stetem, wenn auch lockerem Briefkontakt mit dem „Stellvertreter des Führers" blieb. Auch könnte ein Ereignis eine Rolle gespielt haben, das sicherlich zu den einschneidendsten Erfahrungen des jungen Mannes gehörte: der Verlust des väterlichen Vermögens, der jedoch nicht genau zu datieren ist. Hewel selbst macht in seinen SS-Akten dazu widersprüchliche Angaben: Einmal führt er die Inflation als Ursache an, ein anderes Mal behauptet er, „betrügerische Verwaltung" sei der Grund für den Konkurs der väterlichen Firma im Januar 1926 und für den Verlust des gesamten Familienvermögens gewesen.

Auch wenn nicht zu klären ist, ob dieses Erlebnis an ihn herantrat, *bevor* oder *nachdem* er sich dem „Stoßtrupp Hitler" anschloß, so bleibt doch festzuhalten, daß Hewel in den Jahren zwischen 1923 und 1926 einen „sozialen Absturz" im „freien Fall" und ohne jede mildernde „Abfederung" zu verkraften hatte, der ihn rauh aus seiner vorgezeichneten Lebensbahn und dem gewohnten materiellen Wohlstand herausriß.

Am Hitlerputsch vom 9. November 1923 nahm der damals 19jährige Student als Fahnenträger des „Stoßtrupp Hitler" teil. Er gehörte zu denjenigen, die auf einen Befehl Hermann Görings den Versuch unternahmen, die Münchener Post zu besetzen. Im sogenannten „kleinen Hitler-Prozeß", nach der Niederschlagung des absurden Unternehmens, war Hewel dann der einzige der Putschisten, der vor Gericht zugab, beim Zusammenstoß mit der Landespolizei vor der Münchener Feldherrnhalle zurückgeschossen zu haben. Noch während des Zweiten Weltkrieges pflegte Hitler zu erzählen, der junge Student habe damals mit seiner Pistole so „eifrig" gefeuert, daß ihm, Hitler, der er neben Hewel gelegen hätte, „fast das Ohr geplatzt wäre".[1]

Wegen Beihilfe zum Hochverrat zu einer Festungshaftstrafe von einem Jahr und drei Monaten und zu einer Geldstrafe von 30 Goldmark – ersatzweise zu drei Tagen Festungshaft – verurteilt, wurde Hewels Strafe zunächst zur Bewährung ausgesetzt. Nach Abschluß des Gerichtsverfahrens versuchte er, sein Studium wieder aufzunehmen, und leistete während der Semesterferien weitere „praktische technische Arbeit" in einer Altonaer Maschinenfabrik.

Im August 1924 wurde ihm die Bewährung entzogen, und er trat im Oktober in der Festung Landsberg, in der auch Hitler einsaß, seine Haftstrafe an. Zwei aus dieser Zeit erhalten gebliebene Aufzeichnungen geben Einblick in die Gedankenwelt, in der sich der junge Student damals bewegte und das Selbstverständnis, das ihm sein „Führer" damals vermittelte: Hitler pfeife auf die sogenannte Intelligenz, so schrieb Hewel im Dezember des gleichen Jahres, „die allen Entschlüssen 1000 Bedenken entgegensetzt. Diejenigen der Intelligenz, die er braucht, kommen von selbst zu ihm, und das werden seine Führer".[2] Und in etwa zur gleichen Zeit widmete ihm Hitler folgenden Leitsatz: „Sie müssen sich gegenseitig wieder achten lernen, die Arbeiter der Stirne den Arbeiter der Faust und umgekehrt. Keiner von beiden bestünde ohne den anderen. Aus ihnen heraus muß sich ein neuer Mensch kristallisieren: Der Mensch des kommenden Deutschen Reiches!"[3] Offenbar spielte der Gedanke der „Volksgemeinschaft" für Hewel damals also eine ganz besondere Rolle.

Nach seiner Begnadigung im Dezember 1924 auf freien Fuß gesetzt, sah sich Hewel eigenen Angaben zufolge aus „wirtschaftlichen Gründen" gezwungen, sein Studium aufzugeben. Im Februar 1925 trat er als kaufmännischer Volontär in eine Im- und Exportfirma im Hamburger Freihafen ein. Im März 1926 reiste er von dort aus „auf Anregung und mit Hilfe eines holländischen Kaufmanns" nach Großbritannien, um dort seine englischen Sprachkenntnisse zu vervollkommnen. Hewel lebte dort zunächst drei Monate beim Direktor einer Landschule in Oxted, Surrey, bevor er nach London übersiedelte, wo er „Aufträge in der engl.[ischen] Geschäftswelt" erledigte.[4] Während dieser und der folgenden Zeit blieb er in lockerem Briefkontakt mit Rudolf Heß und, wie es scheint, über diesen auch mit Adolf Hitler.

Im März 1927 fuhr Hewel, auf „eigene Faust" und „um die Welt kennenzulernen", wie er später schrieb, von London aus nach Niederländisch-Indien und trat dort in die Dienste der "Anglo Dutch Plantations of Java Ltd.", des damals größten englischen Plantagenkonzerns in Indien. Von 1927 bis 1934 war Hewel, zunächst als Pflanzungsassistent, dann als leitender Assistent auf verschiedenen Chinin-, Tee- und Kautschukplantagen seiner Gesellschaft tätig. Er betätigte sich offenbar so erfolgreich, daß er im Jahre 1934 in die Zentralverwaltung seines Konzerns versetzt wurde. Die Phase seiner Pflanzertätigkeit blieb zeitlebens der zentrale Bezugspunkt für Hewel, auf den er in Gesprächen immer wieder gern zurückkam; die Erinnerung an sein frühes politisches Engagement pflegte er hingegen kaum noch.

Während all dieser Jahre waren seine Sympathien für den Nationalsozialismus gleichwohl nie erloschen, und so nimmt es nicht wunder, daß er nach Hitlers Machtantritt am 30. Januar 1933 sogleich der Auslandsorganisation der NSDAP beitrat und dort schließlich als „Dezernent niederländisch–indischer Außengebiete", „Wirtschaftsstellenleiter für Bandoeng" und „Pressereferent der Landesgruppe Niederländisch–Indien" fungierte.

Wie es scheint, brachte es Hewel im Laufe seiner Tätigkeiten in Fernost zu einem eigenen Vermögen, denn als er sich Ende 1935, „auf Anregung von oberster Stelle", also auf persönlichen Wunsch Hitlers hin, wie er immer wieder stolz betonte, zur Rückkehr nach Deutschland entschloß, verband er seine Heimfahrt mit einer viermonatigen Weltreise „auf eigene Rechnung", die ihn über Java, China, Japan, Hawaii und die Vereinigten Staaten führte. Als er im April 1936 wieder in Deutschland eintraf, gab es wohl kaum einen zweiten Nationalsozialisten, der über vergleichbar breit gefächerte Auslandserfahrungen verfügte.

Es war mithin nur folgerichtig, daß er alsbald in die Leitung der Auslandsorganisation der NSDAP eintrat und auch sofort wieder uneingeschränkten Zugang zum engsten persönlichen Kreis um Hitler hatte. Inbesondere hierdurch wurde er für den damaligen deutschen Botschafter in Großbritannien, Joachim von Ribbentrop, interessant, der darunter litt, erst 1932 zur NSDAP gestoßen zu sein, somit selbst über keine repräsentative Parteivergangenheit verfügte und sich gerade deshalb gerne mit sogenannten „alten Kämpfern" umgab; da kam ihm der weitgereiste „Blutordensträger" und Hitler-Vertraute Walther Hewel gerade recht: er holte ihn im Februar 1937 in seine eigene „Dienststelle" und setzte ihn dort als Referenten und alsbald Hauptreferenten seines Englandreferates ein, eine Tätigkeit die Hewel „fast wöchentlich" nach Großbritannien und zum damaligen deutschen Botschafter Ribbentrop führte.

Nachdem Ribbentrop Außenminister geworden war, trat Hewel, seit dem 12. September 1937 SS-Angehöriger und dort in einer „Blitzkarriere" inzwischen zum SS-Obersturmbannführer (= Oberstleutnant) aufgestiegen, im März 1938 als „Ständiger Beauftragter des Reichsministers des Auswärtigen beim Führer" in den „Stab des Führers" ein. Zu seinen Aufgaben gehörte es nun, dem deutschen Diktator anhand von im Auswärtigen Amt zusammengestellten Unterlagen außenpolitische Ereignisse vorzutragen, Entscheidungen einzuholen, sich und Ribbentrop über kommende Vorhaben auf dem laufenden zu halten und die Aktivitäten Hitlers und seines Außenministers – so gut es eben ging – vorab aufeinander abzustimmen. Bei vielen Unterredungen Hitlers mit ausländischen Staatsmännern und Diplomaten fungierte er zudem als Dolmetscher bzw. Protokollant. Im Rahmen dieser Tätigkeit stieg Hewel im Jahre 1943 schließlich in den Rang eines Botschafters auf.

Aufgrund seiner großen persönlichen Beliebtheit beim „Führer" war seine Position gegenüber seinem Dienstherrn außerordentlich stark. Da sich Ribbentrop nur selten im persönlichen Umkreis Hitlers blicken ließ, wurde ihm sein „Verbindungsmann" zusehends unentbehrlicher. Hewel scheint sich dieser Tatsache durchaus bewußt gewesen zu sein, denn Albert Speer überliefert eine Szene, die sich offenbar häufiger zugetragen hat und in der sich Hitler und der Vertreter des Außenministeriums gemeinsam über Ribbentrop lustig machten: „Auch fand Hitler ein Vergnügen daran, sich von [...] Hewel [...] in allen Einzelheiten den Inhalt der Telefongespräche mit dem Reichsaußenminister erzählen zu lassen. Er gab ihm sogar Ratschläge, wie man seinen Chef in Unruhe versetzen oder verwirren könne. Manchmal stellte er sich zu Hewel, der ihm bei zugehaltenem Telefon wiederholen mußte, was Ribbentrop sagte, und Hitler flüsterte ihm die Antworten zu. Meist handelte es sich dabei um sarkastische Bemerkungen, die die ständige Sorge des mißtrauischen Außenministers verstärken sollten, unzuständige Kreise könnten in außenpolitischen Fragen Hitler beeinflussen und seine Zuständigkeit in Frage stellen."[5]

Daran, daß Hewel mit der Zeit starke persönliche Animositäten gegenüber Ribbentrop hegte, ihn für „dumm, dreist und humorlos", für „keinen Gentleman" hielt und ihn verachtete[6], kann nach Lage der Quellen kaum ein Zweifel bestehen. Hinzu kamen erhebliche politische Differenzen, die, so scheint es, im Umkreis der Sudetenkrise im September 1938 erstmals in aller Deutlichkeit zutage traten: Hewel engagierte sich rückhaltlos zugunsten einer friedlichen Beilegung des Konflikts und geriet in diesem Zusammenhang sowohl mit Hitler als auch mit dem Reichsaußenminister aneinander. Ribbentrop argwöhnte, Hewel gehe – unabhängig von seinen amtlichen Weisungen und Aufgaben – eigene politische Wege und versuchte sich an seinem „Verbindungsmann" vorbei mit Hitler ins Benehmen zu setzen. Franz Sonnleithner, dem er diese Aufgabe zugedacht hatte, erinnert sich: „Als ich die Reichskanzlei betrat, kam mir schon Hewel entgegen und sagte mir sofort mit der ihm eigenen Offenheit, daß er mich nicht zu Hitler lassen werde, solange er diese Aufgabe der persönlichen Verbindung RAM–Hitler habe. Er werde sich physisch vor die Türe [!] zu Hitlers Arbeitszimmer legen, um meinen Eintritt zu verhindern. Ich möchte doch seinen Standpunkt verstehen, er werde durch eine solche Laune des RAM in der Reichskanzlei unmöglich."[7]

Es war die unterschiedliche Einschätzung der britischen Haltung und Politik, die vor allem für Zündstoff zwischen Hewel und Ribbentrop, aber auch zwischen Hewel und Hitler sorgte: Hewel machte nie einen Hehl aus seiner probritischen Einstellung und hielt den deutschen Diktator für von Ribbentrop in dieser Frage schlecht beraten. Er versuchte unermüdlich, den schlechten Einfluß, den der Reichsaußenminister nach seiner Auffassung auf den „Führer" ausübte, durch sein persönliches Engagement wieder auszugleichen. Daß Hitler seine „heimliche Liebe" für England nie ganz aufgab und sich daher in seiner Einstellung ihm gegenüber nahezu bis zu seinem Tode schwankend zeigte, mag Hewel eine stete Ermutigung gewesen sein.

Auch kann dem „Verbindungsmann" des Reichsaußenministers ein erhebliches Maß an Zivilcourage nicht abgesprochen werden: Er war einer der ganz, ganz wenigen, die es noch bis weit in den Krieg hinein wagten, Hitler offen zu widersprechen und auch ihm gegenüber mit allem Nachdruck eine eigenständige Meinung zu verfechten.

Nach der Sudetenkrise kam es im Jahre 1939 über die unterschiedliche Einschätzung der britischen Haltung zum deutschen Konfrontationskurs gegenüber Polen neuerlich zu Auseinandersetzungen. Die Vorstellung eines Krieges zwischen Deutschland und Großbritannien war Hewel nahezu unerträglich, und er versuchte länger als andere, nach Kräften zu seiner Vermeidung beizutragen. Am 25. August 1939 zeigte er sich sehr erleichtert darüber, daß Hitler den bereits gegebenen Angriffsbefehl in letzter Minute noch einmal zurückgezogen hatte, und äußerte gegenüber dem Diplomaten Peter Kleist: „Jetzt können Sie wieder Ihre Pferdchen anspannen und nach Polen reisen. Für Sie kommt jetzt eine Zeit intensiver diplomatisch-politischer Arbeit."[8] Er war außer sich über die Haltung des Oberbefehlshabers des Heeres, Generaloberst von Brauchitsch, der am Abend des gleichen Tages zu Hitler eilte, um ihn, der nach Rücknahme des bereits erteilten Angriffsbefehls psychisch zusammengebrochen war, mit dem Hinweis darauf aus seiner Lethargie zu reißen, die Wehrmacht könne noch acht Tage lang an der polnischen Grenze konzentriert bleiben. Ein deutscher Angriff bleibe innerhalb dieser Frist zu jeder Zeit realisierbar. Brauchitsch sei sich wohl gar nicht klar darüber, was er mit dieser Botschaft angerichtet habe. Und am 27. August notierte Hitlers Heeresadjutant Engel in sein ›Tagebuch‹: „Gestern [d. h.: am 26. August] war ein Zusammenstoß mit Hewel, mit dem [der] F.[ührer] wetten wollte, daß die Engländer auch im Kriegsfalle mit Polen nicht in den Krieg eintreten würden. Hewel widerspricht auf das heftigste und sagt wörtlich: ‚Mein Führer, unterschätzen Sie die Briten nicht. Wenn die merken, daß es einen anderen Weg nicht mehr gibt, dann sind die ganz stur und gehen ihren Weg. Ich glaube, ich kann das besser beurteilen als mein Minister.' [Der] F.[ührer] war sehr verärgert und brach das Gespräch ab."[9]

Hewel trug seine persönliche und politische Abneigung gegen Ribbentrop in dieser Zeit unverhohlen zur Schau, und auch Hermann Göring sah in ihm in diesem Punkte einen „Geistesverwandten" und bemerkte ihm gegenüber am 1. November 1939 in aller Offenheit, „er

[Göring] wolle diesen ekelhaften Kerl [Ribbentrop] ‚nach Kriegsende erledigen', jetzt könne er leider nichts machen".[10]

Im Sommer 1940, nach dem deutschen Sieg über Frankreich, gehörte Hewel zu denjenigen, die sich bei Hitler nachdrücklich für den Versuch einsetzten, eine Verständigung mit Großbritannien zu erreichen. Überhaupt scheint zu jener Zeit die Hochphase von Hewels politischem Einfluß auf seinen „Führer" angebrochen zu sein, die in etwa bis zum Winter 1941/42 währte: Offenbar führte die Hartnäckigkeit, mit der Ribbentrop damals seine „Kontinentalblock-Konzeption" verfocht, die darauf abzielte, unter Einschluß der Sowjetunion und Japans einen Zusammenschluß von Landmächten gegen die anglo-amerikanischen Seemächte zu errichten, zu einer zeitweiligen Verstimmung zwischen dem Außenminister und Hitler. Vielleicht stand Hewel dessen eigener Vorstellung darüber, wie das strategische Dilemma, in dem er Deutschland gefangen sah, aufzulösen sei, durch die Eroberung der Ressourcen der europäischen Sowjetunion nämlich, näher als Ribbentrop. Jedenfalls bezeugt Hitlers Luftwaffenadjutant Nicolaus von Below, daß Hewel in der zweiten Hälfte des Jahres 1940 zum bevorzugten außenpolitischen Gesprächspartner des „Führers" wurde.

Von dieser zeitweiligen auch politischen Vorzugsstellung legt Hewels Tagebuch aus dem Jahre 1941 Zeugnis ab. Es ist ein Einzelstück, reicht vom 10. Januar bis zum 31. Dezember 1941 und belegt, auch wenn wir über Hewels persönliche Gedanken und Auffassungen nur sehr wenig erfahren, welchen erheblichen politischen und Stimmungsschwankungen Hitler in diesem Zeitraum unterworfen war, der sich damals mit seinem Vertrauten in praktisch allen laufenden Angelegenheiten besprach.

Hewel bestärkte Hitler in der Auffassung, daß die Zeit gegen das Deutsche Reich arbeite, und drängte darauf, den Krieg zu einem Ende zu bringen, bevor die Vereinigten Staaten zu einem Eingreifen in der Lage seien. Möglicherweise war er bereit, Hitlers Konzeption zur Führung eines „Weltblitzkrieges" (Andreas Hillgruber) gegen die Sowjetunion als Lösung für das strategische Dilemma, in dem sich das Deutsche Reich 1940/41 sah, zumindest mitzutragen.

Inwieweit er sich auch die Überzeugung Hitlers zu eigen machte, der Krieg gegen die Sowjetunion müsse als „Weltanschauungskrieg", als rassenideologischer Vernichtungskrieg geführt werden, ist anhand der vorliegenden Quellen nicht zu klären. Überhaupt ist es schwierig,

Hewels Einstellung zur nationalsozialistischen Rassenideologie insgesamt zu bestimmen. Zwar bedauerte er gelegentlich, daß der Krieg wohl den Niedergang der „weißen Rasse“ in Fernost zur Folge haben werde, und zitiert in seinem Tagebuch von 1941 dann und wann zustimmend abfällige Bemerkungen, die Hitler in engstem Kreise über „die Juden“ fallen ließ. Auch mokierte er sich zuweilen darüber, daß diese oder jene Person noch immer mit Juden zusammenarbeite, doch ob sich hierin tatsächlich rassenideologische Überzeugungen oder bloße Lippenbekenntnisse niederschlugen, ist nicht mit Sicherheit zu entscheiden.

Ebensowenig kann die Frage beantwortet werden, was Hewel vom Massenmord an den europäischen Juden während des Zweiten Weltkrieges wußte. Zwar übte er in Abwesenheit Hitlers im engsten Kreise verhaltene Kritik an der deutschen Politik im besetzten Polen, doch kann daraus nicht ohne weiteres auf eine nähere Kenntnis des tatsächlichen Geschehens geschlossen werden. Was die Kriegführung gegen die Sowjetunion anlangt, so erinnert sich der damalige Abwehrconfident Reinhard Spitzy, Hewel habe ihm erzählt, „daß es beim Vormarsch in der Ukraine grausam zugehe, und er selbst eine Synagoge gesehen habe, in der eingeschlossene Juden von der Bevölkerung verbrannt worden seien. [–] Er war entsetzt, fand es grauenhaft, erklärt mir aber dezidiert [. . .], daß die Unmenschen, die solches verbrochen hatten, der urkainischen Bevölkerung angehört hätten, die nach dem Abzug der bolschewistischen Truppen Rache an der Judenschaft genommen hatten, welche sie für Ursprung und Stütze des kommunistischen Regimes hielten. Ein großer Teil der Kommissare seien wirklich Juden gewesen, die im kommunistischen Staat und in seiner Wirtschaft leitende Stellen innehatten und tyrannisch regierten. Es handelte sich also laut Hewel um spontane wütende Racheakte und Ausbrüche aufgestauten Hasses gleich nach dem Rückzug der kommunistischen Truppen und lange vor der Einsetzung einer verantwortlichen deutschen Militärverwaltung“.[11]

Wie es scheint, ist Hewel hinsichtlich des Ausgangs des „Weltblitzkrieges“ gegen die Sowjetunion sehr bald zunehmend skeptischer geworden. Er soll bereits im September 1941 auch in der Absicht nach Spanien und Portugal geflohen sein, Kontakt mit potentiellen Mittelsmännern zu westalliierten Diplomaten aufzunehmen, von denen er annahm, sie könnten ihm vielleicht bei der Vorbereitung einer Friedensinitiative von Nutzen sein.

Die Friedensfühler nach Westen wurden im Jahre 1942 fest institutionalisiert. Ribbentrop wurde dabei mehr und mehr als Hindernis betrachtet, das Hitler ausschließlich geschönte Berichte zuleite und ihn so über die wahre Lage auf dem Sektor der internationalen Politik systematisch und vorsätzlich täusche. Hewel schloß sich offenbar einem Kreis von Gleichgesinnten an, dessen Verbindungen im Auswärtigen Amt bis zu dem Kreis um Staatssekretär Luther reichte und im Reichssicherheitshauptamt bis zum Chef des SD-Ausland, Walter Schellenberg. Allerdings muß wohl davon ausgegangen werden, daß Hewel weder das Ausmaß noch die genaue Stoßrichtung dieser Fronde überblickte, deren Häuptern es um nicht weniger als um eine Amtsenthebung Ribbentrops ging. Nachdem diese „Verschwörung" aufgeflogen war, distanzierte er sich jedenfalls mit aller Schärfe und Eindeutigkeit von einem derartigen Vorhaben.

Auf alle Fälle konnte im Sommer 1942 Reinhard Spitzy mit Rückendeckung Schellenbergs nach Madrid entsandt werden. Seine Aufgabe war dabei folgende: „Ich war nun endlich in der Lage, mich interessanten und entscheidenden Dingen zuzuwenden, so der Aufnahme von Kontakten mit dem Westen, sinnvoller Berichterstattung über wichtige Persönlichkeiten, Geschehnisse, Absichten und voraussichtliche Entwicklungen. In erster Linie bediente ich Schellenberg, den Canarisladen immer weniger und last but not least besonders Hewel. Meine Strategie mußte eine doppelte sein. Einerseits galt es, Fäden nach dem Westen herzustellen – womöglich unter Umgehung der unentwegten probolschewistischen Kreuzzügler Roosevelt und Churchill [!] – die zu den entscheidenden alliierten Stellen liefen. Andererseits mußte man versuchen, durch geeignete Berichterstattung an richtiger Stelle in Berlin mäßigend zu wirken. Und zwar bei Hitler via Hewel, bei Himmler über Schellenberg und bei Göring durch Max Hohenlohe, der sich mit dem Reichsmarschall sehr gut verstand."[12]

Hewel legte Hitler nicht nur diese Berichte vor, sondern unterbreitete auch jene Denkschriften, die wohl aus dem Kreis des ehemaligen deutschen Botschafters in Moskau Graf von der Schulenburg stammten und nachdrücklich für eine Änderung der deutschen Besatzungspolitik in der Sowjetunion plädierten. Auch scheint er von den deutsch-sowjetischen Friedensfühlern in Stockholm zumindest gewußt zu haben. Es ist anhand der Quellen nicht völlig auszuschließen, daß es hierüber allmählich auch zu einer vorsichtigen politischen Annäherung zwischen Hewel und Ribbentrop kam.

Hitler hat all diese Schriftstücke, die Hewel ihm vorlegte, brüsk zurückgewiesen. Beider Verhältnis zueinander hat unter diesen Vorgängen offenbar sehr gelitten, denn unter Hewels nach wie vor häufig überlieferten Äußerungen einer rückhaltlosen persönlichen Bewunderung mischen sich seitdem gelegentlich auch resignierende Töne. Beispielsweise beklagte er wiederholt, Hitler entwickele sich zunehmend zu einem Sultan, an dessen Hof sich kein Mensch mehr ein Wort zu sagen traue. Und im Sommer 1943 erklärte er mehrfach gegenüber seinem Freunde Reinhard Spitzy: „Wenn ich das, was du mir mitteilst, dem Führer weitersage, übergibt er mich dem Chef seines Begleitkommandos, dem Rattenhuber, zur Exekution. Eine Salve, ein Gnadenschuß im Hof der Reichskanzlei, und alles ist aus. Und wer weiß, welches Schwein oder welcher Depp dann mein Nachfolger wird."[13]

Als weiteres Zeichen der politischen Entfremdung zwischen Hewel und Hitler mag auch der Umstand zu verstehen sein, daß sich der deutsche Diktator seit dieser Zeit auch von anderen Personen, beispielsweise vom Gesandten Franz Sonnleithner, zur außenpolitischen Lage vortragen ließ. Ein übriges tat der Flugzeugabsturz, den Hewel im April 1944 als einziger und mit schweren Verbrennungen überlebte. Auch nachdem seine Gesundheit schließlich wiederhergestellt war, zeigte Hitler eine merkwürdige Scheu, seinen alten Gefolgsmann von neuem in die angestammte Position einzusetzen. Die beiden sahen sich erst im Dezember 1944 wieder, als das „Führerhauptquartier" am Vorabend der Ardennenoffensive von Rastenburg in Ostpreußen nach Bad Nauheim verlegt wurde.

Spätestens seit dem Scheitern der Ardennenoffensive unterstützte Hewel in rückhaltloser Offenheit die verzweifelten Versuche Ribbentrops und Schellenbergs, in letzter Minute noch Friedensfühler zu den Westmächten auszustrecken, und drängte Hitler immer wieder vergeblich, die politische Initiative zur Beendigung des Krieges zu ergreifen. Es scheint ihm durchaus bewußt gewesen zu sein, welch großes persönliches Risiko er dabei einging, denn Ribbentrops Staatssekretär von Steengracht zitierte ihn im Nürnberger Hauptkriegsverbrecherprozeß aus der Erinnerung so: „‚Heute wäre fast meine letzte Stunde dagewesen. Goebbels kam vom Führer heraus, er berichtete über die deutschen Zukunftsaussichten, so, wie sie der Führer durch den Tod des Präsidenten Roosevelt verursacht sah, und entwarf ein durchaus hoffnungsvolles Zukunftsbild. Ich, Hewel, war der Ansicht, daß ein solches Urteil nicht gerechtfertigt war und bemerkte dies vorsichtig gegenüber Goebbels. Dieser geriet in helle Wut und nannte mich einen alles demoralisierenden Geist, der jedem anständigen Menschen gleich seine gute Stimmung und Hoffnung vertrampele. ‚Ich war gezwungen', so sagte Hewel, ‚anschließend privat zu Goebbels zu gehen und ihn zu bitten, die Sache auf sich beruhen zu lassen. Denn, hätte er meine Ansicht dem Führer mitgeteilt, so hätte dieser lediglich auf den Knopf gedrückt und sich Rattenhuber, den Chef seines Sicherheitsdienstes, rufen lassen, um mich abzuführen und zu erschießen'."[14]

Hewel blieb bis zuletzt bei seinem noch immer bewunderten „Führer" im Bunker unter der Reichskanzlei. Nach dessen Tod unternahm er zusammen mit der noch verbliebenen Bunkerbesatzung einen Ausbruchsversuch. Gerüchten zufolge soll ihm Hitler das Versprechen abgenommen haben, sich keinesfalls in sowjetische Gefangenschaft zu begeben, um dort nicht zu Äußerungen veranlaßt zu werden, die ihn zum Verräter an seinem Idol werden ließen. Einer anderen Version zufolge war es das berüchtigte Flugblatt Ilja Ehrenburgs an die Soldaten der Roten Armee, mit dem er diese bei Überschreitung der deutschen Grenze zur Rache an den Deutschen aufrief, das Hewel jede Hoffnung raubte. Jedenfalls entzog er sich am 2. Mai 1945 durch Selbstmord der unmittelbar bevorstehenden Gefangennahme: Als das Versteck seiner Gruppe von Soldaten der Roten Armee umstellt war, schoß er sich – wie Hitler – mit einer Pistole in die Schläfe und zerbiß gleichzeitig eine Zyankali-Phiole.

Wie nun ist Walther Hewels Rolle im „Dritten Reich" zu interpretieren? War er mehr als nur ein Original, der allseits beliebte „lebenslustige Rheinländer" oder der charmante Plauderer in Hitlers Umgebung? Es war wohl vor allem ein regelrechter „Treuekomplex" gegenüber Hitler, der ihn zum Nationalsozialisten machte. Ideologisch spielten dabei allenfalls vage „Volksgemeinschafts"-Vorstellungen eine Rolle. Im Laufe der Zeit entwickelte er „eine Art Sohn-Vater-Verhältnis zu Hitler [...]; und wie oft bei Vater und Sohn, so bildete sich auch zwischen Hewel und Hitler neben der loyalen Anhänglichkeit Enttäuschung, Ärger, Widerspruch, Zweifel und Verdruß".[15] Hewels Auslandserfahrungen befähigten ihn zudem zu einem eigenständigen politischen Urteil. Seine persönliche Geradlinigkeit brachte ihn dazu, seine Auffassungen in aller Offenheit zu vertreten. Er war ein wichtiger Augen- und Ohrenzeuge in Hitlers engster Umgebung. Dieser schätzte ihn offenbar nicht nur als charmanten Unterhalter, sondern er besprach mit ihm zeitweise nahezu alle laufenden

Angelegenheiten. Das scheint darauf hinzudeuten, daß er Hewels unabhängiges Urteil guthieß, gerade *weil* es so offen verfochten wurde und weil er der persönlichen Loyalität seines Vertrauten jederzeit sicher sein konnte: Hewel mochte völlig anderer Auffassung gewesen sein, hatte Hitler einmal entschieden, so respektierte er dessen Entscheidung.

„Daß bei Hewel von vielen Seiten Anliegen und Informationen und Ratschläge anfielen, ist sicher. Man wußte, er ist beim Führer wohlgelitten, hat Einfluß, [ist] also ein ‚Beziehungsfaktor' an höchster Stelle. Und er war ein sympathischer, liebenswerter und intelligenter Mann; hatte gar nichts von einem Apparatschik, war kein Ellenbogen-Typ und jeder Intrige abhold. [...] Das wußten Weizsäcker so gut wie Luther, Spitzy so gut wie mancher Botschafter, die Frontoffiziere seiner Bekanntschaft und die Nachrichtendienst-Funktionäre. [–] Aber Hewel war auch gescheit, erfahren und [...] bequem genug, nicht jedem Wunsche Folge zu leisten."[16] Gleichwohl konnte er, wenn er es für geboten hielt, ganz außerordentlich hilfsbereit sein.

Was seine eigene Karriere anbelangt, so war Hewel offenbar ohne jeden Ehrgeiz. Es genügte ihm, in der Nähe seines bewunderten Idols weilen zu dürfen. „Und natürlich fand er es faszinierend, ständig eingebunden zu sein in die Geheimnisse der großen Politik und des Krieges."[17] Auch als ihm die militärische Niederlage Deutschlands im Kriege zunehmend zur Gewißheit wurde und er politisch Einfluß zu nehmen versuchte, überwand er niemals seine persönliche Bindung an Hitler. Nur allzu lange war er bereit, sein eigenes politisches Urteil der Treue zu seinem „Führer" unterzuordnen.

Anmerkungen

[1] F. von Sonnleithner, Als Diplomat im „Führerhauptquartier". Aus dem Nachlaß, München – Wien 1989, S. 82.

[2] Zitiert nach D. Irving, Führer und Reichskanzler. Adolf Hitler 1933–1945, München – Berlin 1989, S. 37f.

[3] Zitiert nach ebd., S. 42f.

[4] Hewel im Lebenslauf in seiner SS-Personalakte (BDC).

[5] A. Speer, Erinnerungen, Frankfurt a. M. – Berlin – Wien 1969, S. 111.

[6] So Reinhard Spitzy in einem Schreiben vom 17. April 1991 an den Verfasser.

[7] F. von Sonnleithner (Anm. 1), S. 12.

[8] P. Kleist, Zwischen Hitler und Stalin 1939–1945, Bonn 1950, S. 70. Ähnlich auch A. von Kessel, Verborgene Saat. Aufzeichnungen aus dem Widerstand 1933 bis 1945, hrsg. von P. Steinbach, Berlin – Frankfurt a. M. 1992, S. 171.

[9] H. von Kotze (Hrsg.), Heeresadjutant bei Hitler. Aufzeichnungen des Majors Engel, Stuttgart 1974 (= Schriftenreihe der Vierteljahrshefte für Zeitgeschichte, Nr. 29), S. 60. Ähnlich auch F. Hesse, Das Vorspiel zum Kriege. Englandberichte und Erlebnisse eines Tatzeugen 1935–1945, Leoni am Starnberger See 1979, S. 174 ff. u. S. 181.

[10] H. Groscurth, Tagebücher eines Abwehroffiziers 1938–1940. Mit weiteren Dokumenten zur Militäropposition gegen Hitler, hrsg. von H. Krausnick, H. C. Deutsch und H. von Kotze, Stuttgart 1970 (= Quellen und Darstellungen zur Zeitgeschichte, Bd. 19), Anhang I, Nr. 33, S. 403.

[11] R. Spitzy, So haben wir das Reich verspielt. Bekenntnisse eines Illegalen, München – Wien 1986, S. 426 f.

[12] Ebd., S. 442 f.

[13] Ebd., S. 470.

[14] Der Prozeß gegen die Hauptkriegsverbrecher vor dem internationalen Militärgerichtshof Nürnberg. 14. November 1945 – 1. Oktober 1946, 42 Bde., Nürnberg 1947–1949, Bd. X, S. 128.

[15] So Paul Schmidt-Carell in einem Schreiben vom 23. September 1992 an den Verfasser.

[16] Ebd.

[17] Ebd.

Bibliographie

Quellen

Das unmittelbar dokumentarische Quellenmaterial über Hewel ist spärlich. Am aussagekräftigsten sind noch seine SS-Personalakten aus dem Berlin Document Center und sein Tagebuch aus dem Jahre 1941, das in einer transkribierten Fassung als Bestandteil der Sammlung Irving im Archiv des Instituts für Zeitgeschichte in München liegt. Hier ist Hewels Reise nach Portugal und Spanien vom September 1941 belegt. David Irving (London) verfügt über Kopien des kargen persönlichen Nachlasses von Walther Hewel. Eine beglaubigte Abschrift des unter anderen auch ihn betreffenden Urteils im „kleinen-Hitler-Prozeß“ ist im Staatsarchiv München unter der Signatur JuVollZA Landsberg 21 zugänglich. Alle übrigen Prozeßunterlagen wurden offenbar während des Zweiten Weltkriegs vernichtet. Im Jahre 1943 verbrannten während eines Bombenangriffs die Originale seiner Personalakten beim Auswärtigen Amt. Die dürftige Ersatzüberlieferung ist im Politischen Archiv des Auswärtigen Amtes in Bonn einzusehen. Bruchstückhafte Informationen über

Hewel finden sich praktisch in allen wichtigen Quelleneditionen über Hitler. Hewel taucht oft mittelbar als Berufungsinstanz bei der Überlieferung von Hitler-Äußerungen auf. Dies besonders bei L. Hill (Hrsg.), Die Weizsäcker-Papiere 1933–1950, Frankfurt a.M. – Berlin – Wien 1974 und E. von Weizsäcker, Erinnerungen, München – Leipzig – Freiburg i. Br. 1950.
Angesichts der schlechten Primärquellenlage sind zur Person Hewels für die Zeit nach 1937 die Erinnerungen von ehemaligen Vorgesetzten, Freunden und Mitarbeitern von besonderer Bedeutung. So vor allem N. von Below, Als Hitlers Adjutant 1937–45, Mainz 1980; F. Hesse, Das Vorspiel zum Kriege. Englandberichte und Erlebnisse eines Tatzeugen 1935–1945, Leoni am Starnberger See 1979; J. von Ribbentrop, Zwischen London und Moskau. Erinnerungen und letzte Aufzeichnungen, aus dem Nachlaß hrsg. v. A. von Ribbentrop, Leoni am Starnberger See 1961; F. von Sonnleithner, Als Diplomat im „Führerhauptquartier". Aus dem Nachlaß, München – Wien 1989 und R. Spitzy, So haben wir das Reich verspielt. Bekenntnisse eines Illegalen, München – Wien 1986. Zu den verschiedenen Versionen von Hewels Grundmotivation zum Selbstmord bei Kriegsende vgl. H. Baur, Ich flog Mächtige der Erde, Kempten (Allgäu) 1956 und E. Kempka, Die letzten Tage mit Adolf Hitler, Preußisch Oldendorf ^{2}1976. Für die Umstände von Hewels Tod ist E.-G. Schenck, 1945 – Als Arzt in Hitlers Reichskanzlei, Stockach 1985 die zentrale Quelle, deren Verfasser unmittelbar vor Hewels Selbstmord ein längeres Gespräch mit ihm führte.

Literatur
Eine Hewel-Biographie gibt es nicht, und in der Literatur über den Umkreis Hitlers taucht er allenfalls punktuell auf. Einen kurzen Abriß seiner wichtigsten Lebensdaten bietet, wenn auch nicht ganz zuverlässig, R. Wistrich, Wer war wer im Dritten Reich. Ein biographisches Lexikon. Anhänger, Mitläufer, Gegner aus Politik, Wirtschaft und Militär, Kunst und Wissenschaft, Frankfurt a. M. 1987. Die überzeugendsten Reflexionen zu Hewels Rolle im Dritten Reich finden sich bei U. Bahnsen/J. P. O'Donell, Die Katakombe. Das Ende in der Reichskanzlei, Berg. Gladbach 1981. D. Irving, Führer und Reichskanzler. Adolf Hitler 1933–1945, München – Berlin 1939, wertet Hewel als Hitler-Quelle aus. Und H. R. Trevor-Roper, Hitlers letzte Tage, Frankfurt a. M. – Berlin – Wien ^{3}1973 liefert die früheste Darstellung der Umstände von Hewels Tod.

Zur von Hewels Dienstherrn bis 1940 betriebenen Außenpolitik vgl. W. Michalka, Ribbentrop und die deutsche Weltpolitik 1933–1940. Außenpolitische Konzeptionen und Entscheidungsprozesse im Dritten Reich, München 1980 (= Veröffentlichungen des Historischen Instituts der Universität Mannheim, Bd. 5). Ohne Hewel zu nennen, schildert C. R. Browning, Unterstaatssekretaer Martin Luther and the Ribbentrop Foreign Office, in: Journal of Contemporary History 12 (1977), S. 313–344 den Verlauf der Fronde gegen Ribbentrop im Auswärtigen Amt; vgl. dazu auch den Beitrag von H. J. Döscher im vorliegenden Band. Zur Rolle Hewels bei den Friedensfühlern nach Osten vgl. I. Fleischhauer, Die Chance des Sonderfriedens. Deutsch-sowjetische Geheimgespräche 1941–1945, Berlin 1986.

14. Erich Hilgenfeldt – Reichswalter der NSV

Von Herwart Vorländer

Seine Organisation zählte zu den bekanntesten, seine Person zu den unbekannten Erscheinungen des Dritten Reiches: Erich Hilgenfeldt, Leiter der NS-Volkswohlfahrt (NSV), der nach der Deutschen Arbeitsfront zweitgrößten NS-Organisation und eigentlichen Alltagsrepräsentanz der Partei. Mit ihren vielen Einzelwerken, insbesondere dem alljährlichen Winterhilfswerk (WHW) und seinen spektakulären Sammelaktionen, gehörte sie zu den Selbstverständlichkeiten des täglichen Lebens und war gleichzeitig kostbares Prestigeobjekt der Partei, gerühmt als der Welt größtes Hilfswerk, als das Hilgenfeldt sie mit ihren Milliardenbilanzen auf den jährlichen Reichsparteitagen präsentieren durfte.

Der Name Nationalsozialistische Volkswohlfahrt war von einem kleinen Berliner Verein übernommen worden, der, 1931 als nationalsozialistische Zelle im Bereich der Wohlfahrtspflege gegründet und vom Berliner Gauleiter Goebbels aufgrund seiner propagandawirksamen Tätigkeit gefördert, von der NSDAP-Reichsleitung in München jedoch abgelehnt worden war. Man assoziierte in der Partei den Begriff Wohlfahrt zumeist mit dem verhaßten Weimarer „System" und betrachtete die „Sozialisten der Tat", wie die Mitglieder des Berliner Vereins sich nannten, mit Skepsis. Als es nach Hitlers Machtantritt am 30. Januar 1933 den Nationalsozialisten darum gehen mußte, die jahrelang geschürte Unzufriedenheit sich nicht gegen sie selbst wenden zu lassen, und sie um eine glaubwürdige und effektive Sozialpolitik bemüht sein mußten, erschien es manchen als Gebot der Stunde, solche Wohlfahrtsbestrebungen der Partei, wie sie sich in dem Berliner Verein NSV, aber auch in anderen Reichsteilen manifestiert hatten, zu unterstützen, ja, sie reichsweit zusammenzufassen und im Rahmen der Partei zu organisieren. Berlin bot sich hierzu als die gegebene Ausgangsbasis an.

Freilich, so wie sie sich Anfang des Jahres 1933 darstellte, war die lokal orientierte Berliner NS-Volkswohlfahrt e. V., die in provisorisch hergerichteten Räumen ein kümmerliches Büro unterhielt, wenig geeignet als Basis und Zentrale eines propagandistisch brauchbaren Instruments nationalsozialistischer Sozialpolitik. Dies war die Stunde Erich Hilgenfeldts. Ohne bislang erkennbar an der Arbeit des Berliner Wohlfahrtsvereins beteiligt oder überhaupt in der Wohlfahrtspflege tätig gewesen zu sein, wurde er, als Mann der Partei und ihrer Berliner Führung, am 14. März 1933 durch den stellvertretenden Gauleiter Arthur Görlitzer mit der Leitung der NS-Volkswohlfahrt betraut. Sein Auftrag war klar, und die Fähigkeit des 1,87 Meter großen bulligen Mannes, sich gegen die mannigfachen Widerstände durchzusetzen und die NSV als schlagkräftigen Parteiverband reichsweit zu organisieren, wurde von Goebbels offenbar hoch eingeschätzt.

Georg Paul Erich Hilgenfeldt, nach eigener Angabe aus einem „alten märkischen Bauern- und Handwerkergeschlecht" stammend, war am 2. Juli 1897 in Heinitz im saarländischen Kreis Ottweiler geboren, hatte als Freiwilliger am Ersten Weltkrieg teilgenommen und war bald zum dekorierten Fliegeroffizier aufgestiegen. Nach Schulabgang mit Obersekundareife und nach abgebrochenem landwirtschaftlichem Studium hatte er in verschiedenen Betrieben der Holz- und Steinindustrie kaufmännische Tätigkeiten ausgeübt und dann bis 1933 eine Anstellung beim Statistischen Reichsamt in Berlin gefunden. Mit seiner sieben Jahre älteren Frau hatte er zwei Söhne. Seit 1925 war er Mitglied des Stahlhelm (bis 1928 oder 1929), seit August 1929 (gelegentlich gab er auch das Jahr 1928 an) der NSDAP und von Oktober 1929 an zwei Jahre lang auch der SA. Vom Blockleiter unter Bezirks-Propagandaleiter im damaligen Berliner Bezirk Süden war er 1932 zum Kreisleiter und zum Reichsredner der Partei und nach der Machtübernahme der Nationalsozialisten zum Gauinspekteur in Berlin aufgestiegen. Im Jahr 1932 hatte er eine dreimonatige Haftstrafe wegen unbefugten Waffentragens verbüßt.

Hilgenfeldt trat sein neues Amt unverzüglich an. Mit ihm kehrte, wie gleich seine ersten Rundschreiben zeigten, der Kommandoton einer straffen Organisationsführung ein. Um die NSV reichsweit zu zentralisieren und auf Befehl und Vollzug abzustellen, erschien ihm der Berliner Verein als die gegebene Plattform zur Errichtung einer Kommandozentrale für alle gleichgerichteten Bestrebungen im Reich. Deren Organisation wurde jener der Partei angeglichen. Hilgenfeldt, 'Reichswalter' der NS-Volkswohlfahrt, reklamierte für die NSV, die eigentliche Vollstreckerin des Willens des Führers zu sein und, im Gegensatz zur bisherigen gemeinschaftsschädigenden Wohlfahrtspflege, die das Kranke und Schwache unterstützt habe, „aufbauende“ Fürsorge und damit wirkliche nationalsozialistische „Volkspflege“ zu treiben: auf der Basis von „Rassenreinzucht“ und „Erbgesundheit“, mit bevölkerungs- und rassenpolitischer Zielsetzung und den Mitteln „ausmerzender Erbpflege“. Dies jedoch war nur zu realisieren, wenn es gelang, die gesamte Wohlfahrtspflege in die Hand zu bekommen, sie jedenfalls an der NSV auszurichten.

Die Schwierigkeiten, denen Hilgenfeldt sich gegenübersah, waren jedoch vielfältig und behinderten die Verwirklichung der hohen Ansprüche erheblich. Zum einen war die NSV, die er als Großverband zu organisieren antrat, auch in ihren reichsweiten Organisationsumrissen zunächst nichts weiter als ein unbedeutender Wohlfahrtsverein, dem sämtliche Mittel und Erfahrungen fehlten. Im Kreise der in der Deutschen Liga der freien Wohlfahrtspflege zusammengefaßten Spitzenverbände (unter ihnen die Arbeiterwohlfahrt, die kirchlichen und jüdischen Wohlfahrtsorganisationen, das Rote Kreuz und andere), bei der die nationalsozialistische Wohlfahrtspflege im Herbst des Vorjahres vergeblich wegen einer Mitgliedschaft sondiert hatte, konnte die NSV, die über keinerlei wohlfahrtspflegerische Einrichtungen verfügte, einheitlich kaum ernst genommen werden. Und die öffentliche Wohlfahrtspflege des Staates und der Kommunen lag vollends jenseits der Zugriffsmöglichkeiten.

Zum anderen gab es erhebliche Schwierigkeiten innerhalb der Partei selbst. Dort suchte jede Gliederung und Gruppierung so viele Kompetenzen wie möglich an sich zu ziehen. Etablierte Organisationen wie SA oder SS oder auch die Jugendführung und ebenso neue Organisationen wie die Deutsche Arbeitsfront besaßen oder errichteten für ihren Arbeitsbereich soziale Abteilungen, in denen sie ihre Mitglieder betreuten und überwachten und für die sie möglichst weitere Zuständigkeiten aus der öffentlichen und privaten Wohlfahrtspflege an sich zu ziehen trachteten. Einer integrativen Wohlfahrtspolitik im Rahmen der Partei, die alle nationalsozialistische Wohlfahrtspflege in einer Hand zusammenfassen würde, liefen diese Bestrebungen durchaus zuwider. Zudem war die NSV parteiamtlich noch nicht einmal anerkannt. Erst am 3. Mai 1933, nachdem sie unter Hilgenfeldts Führung erste Proben ihrer neuen organisatorischen

Schlagkraft in Form groß angelegter Sammelaktionen geliefert hatte, erkannte Hitler die NSV „als Organisation innerhalb der Partei für das Reich" an, mit der Zuständigkeit „für alle Fragen der Volkswohlfahrt und der Fürsorge".[1]

Diesen Rechtstitel und diese Kompetenzzuschreibung verstand Hilgenfeldt in der Folgezeit wirksam gegen eine Reihe innerparteilicher Rivalen einzusetzen. Auch in der Durchsetzung gegenüber den Spitzenverbänden der freien Wohlfahrtspflege kam er ihm zustatten. Hinter Hilgenfeldt und seiner sich zusehends festigenden Organisation stand jetzt die Autorität des „Führers" und der nationalsozialistischen „Bewegung". Und die Zeichen der „neuen Zeit" nicht verstanden zu haben war das letzte, was die Verbandsleitungen sich in diesen Monaten nachsagen lassen mochten. Zudem hatten sie die Versuche der verschiedenen nationalsozialistischen Organisationen, soziale und wohlfahrtspflegerische Zuständigkeiten an sich zu ziehen, mit wachsender Sorge verfolgt und hofften, in der NSV einen zumindest sachkundigeren und kooperativeren Ansprechpartner zu finden, der in die gemeinsame Arbeit wirksam eingebunden werden konnte.

Bereitwillig nahmen sie daher die NSV in ihrer Mitte auf, kamen auch Hilgenfeldts Forderung nach Umwandlung der Liga der freien Wohlfahrtspflege in eine „Reichsgemeinschaft" nach, in der nunmehr nur noch NSV (an erster und führender Stelle genannt), Innere Mission, Caritas und Rotes Kreuz als die staatlich anerkannten Spitzenverbände vertreten waren. Durch Verhandlungen und Druck erreichte Hilgenfeldt die Einverleibung der verschiedenen Selbsthilfeverbände sowie des Paritätischen Wohlfahrtsverbandes in die NS-Volkswohlfahrt, was dieser die Mittel und Einrichtungen in die Hand gab, die ihr bisher gefehlt hatten, zumal sie auch noch das Vermögen der Arbeiterwohlfahrt übernahm. Aufgabe der neuen „Reichsgemeinschaft der freien Wohlfahrtspflege" sollte es sein, „alle gesunden und lebendigen Kräfte des Volkes zu fördern und zu entwickeln und somit der Gesundheitsführung des Volkes zu dienen"[2] – womit nun, in Umkehrung der Vorstellung der anderen Verbände, diese in die Zielsetzung eingebunden waren, die Hilgenfeldt seit dem Frühsommer der NSV verordnet hatte.

Hilgenfeldt betrieb nun, stets protegiert von Goebbels und mit starker Rückendeckung durch den Innenminister Frick, eine weit angelegte Politik der Gleichschaltung der Wohlfahrtsverbände. Zugleich verfolgte er sein Ziel, auf der Grundlage der Führer-Anerkennung vom 3. Mai und der gewonnenen Machtbasis in der Reichsgemeinschaft auch in der Partei einen Macht- und Führungsanspruch durchzusetzen. Mit rivalisierenden Parteiorganisationen und -führern traf er schriftliche Vereinbarungen zur Kompetenzabgrenzung, so bereits am 3. August 1933 mit der Jugendführung. Und am 17. November wurde auf Anordnung Leys ein Amt für Volkswohlfahrt bei der Obersten Leitung der Partei eingerichtet, das fortan die NSV zu betreuen hatte. Amtsleiter wurde Erich Hilgenfeldt. Robert Ley leitete die Bekanntgabe dieser Ämterzusammenfassung mit dem Satz ein: „Die NS-Volkswohlfahrt ist und bleibt die große Wohlfahrtsorganisation des deutschen Volkes."[3]

Erheblich stärkte die Stellung des neuen Reichsamtsleiters, daß Hitler ihn im Sommer mit der Vorbereitung und Durchführung eines umfassenden Winterhilfswerkes beauftragt hatte. Es sollte ein alle bisherige Winterhilfe übertrumpfendes monumentales Werk werden, gleichermaßen zur effektiven Notbekämpfung wie zur Selbstdarstellung des neuen nationalsozialistischen Deutschland. In seiner neuen Eigenschaft als Beauftragter für das Winterhilfswerk (eine offiziell nicht von der Partei, sondern vom „deutschen Volk" getragene Aktion) konnte Hilgenfeldt, seit dem 16. September in Räumen des Reichstags residierend, nun die anderen Organisationen der Partei mit einbinden. In knappem Befehlston („Ich ordne an: ...") wandte er sich als „Reichsführer" des Winterhilfswerks (WHW) an Gauleiter und andere Partei- und Organisationsführer – was ihm kaum viele Freunde brachte, wohl aber den Respekt mancher, die über den „Wohlfahrtsverein" bisher gespottet hatten, dies teilweise wohl auch weiter taten, die Schlagkraft und wachsende Propagandawirksamkeit von NSV und WHW jedoch anerkennen mußten. Hilgenfeldt, im Herbst 1934 zum Hauptamtsleiter aufgestiegen und am 3. Mai 1935, dem zweiten Jahrestag der parteiamtlichen Anerkennung der NSV in das neue repräsentative Gebäude des Hauptamtes für Volkswohlfahrt am Berliner Maybachufer umgezogen, war als WHW-Reichsbeauftragter Chef einer Organisation, die in den folgenden Jahren mit Milliardenumsätzen zu einem volkswirtschaftlichen Faktor ersten Ranges werden sollte.

Die innerparteiliche Machtstabilisierung und Kompetenzausweitung kam wiederum Hilgenfeldts Gleichschaltungsbestrebung in der Wohlfahrtsarbeit zustatten. Deren verbliebene Verbände (Rotes Kreuz und die beiden kirchlichen Werke) waren in das WHW voll „eingebaut" worden und unterstanden insofern faktisch längst dem Führungsanspruch des NSV-„Reichswalters". Unter Berufung auf die von Ley ausgesprochene Monopolstellung der NSV sowie auf den nationalsozialistischen Totalanspruch und das Führerprinzip erreichte Hilgenfeldt im März 1934 die Umwandlung der Reichsgemeinschaft, in der er primus inter pares gewesen war, in eine Reichsarbeitsgemeinschaft unter seiner Führung. Dabei gelang es ihm, auf dem Hintergrund teilweise radikaler Forderungen und auch Übergriffe unterer NSV-Führer im Reich, sich als Exponent der Mäßigung und als verläßlicher Partner zu präsentieren, der als Führer der gesamten freien Wohlfahrtspflege das Wohl und Interesse aller ihrer Verbände wahre. Bei allem Mißtrauen seiner Partner verstand er es, eine Art von Schutzverhältnis zu suggerieren, durch das die Stärke der NSV, allen Differenzen zum Trotz, letztlich doch der gesamten freien Wohlfahrtspflege zugute komme und diese im neuen Staat am besten in der Obhut des nationalsozialistischen Verbandes und seines Reichswalters aufgehoben sei. Daß ihn mit den Vorsitzenden der konkurrierenden Verbände, insbesondere mit dem Caritas-Präsidenten Kreutz, dabei durchaus gegenseitige menschliche Achtung verband[4], zeigt, wie vielschichtig dieses Verhältnis, aber auch die Persönlichkeit Hilgenfeldts war.

Mit den beiden kirchlichen Verbänden – das Rote Kreuz war sehr bald gleichgeschaltet – ließ Hilgenfeldt den Kontakt bis zuletzt nicht abreißen, spielte wohl auch den einen gegen den anderen aus. Und er bediente sich in den Verhandlungen gerne seines Stellvertreters Hermann Althaus, des Leiters des Amtes Wohlfahrtspflege und Jugendhilfe (der eigentlich wohlfahrtspflegerischen Abteilung des Hauptamtes), der ursprünglich aus der Inneren Mission gekommen war. Hilgenfeldt trat, wie auch Althaus, in Sitzungen der Leitungsgremien der Inneren Mission und des Deutschen Caritasverbandes auf, redete die Versammelten als „Meine Mitarbeiter" auf dem „gleichen Arbeitsgebiet" und mit dem „gleichen heißen Bemühn" in dieser „Zeit des Kämpfens und des heiligen Streitens" an und versicherte, „daß es niemals meine Aufgabe sein könne, die auf dem Gebiete der freien Wohlfahrtspflege tätigen Kräfte zu zerschlagen", daß es vielmehr „auch dem Willen des Schöpfers gegenüber notwendig ist, diese Kräfte sich frei entwickeln und gestalten zu lassen".[5]

Die moderaten und gelegentlich sogar freundschaftlichen Töne waren dabei Teil einer Gesamtstrategie, deren Taktik wechseln und sich jeweiligen Gegebenheiten anpassen mochte, die aber insgesamt langfristig angelegt und deren Ziel die Ausschaltung jeder übrigen Wohlfahrtspflege und die Monopolisierung der NSV war. Hierzu hatte er bereits im Sommer 1933 einen offiziellen Auftrag der Parteiführung erlangen können. Sein Bestreben war es, dieses Ziel möglichst einvernehmlich, durch Überzeugung und nur notfalls durch Zwang zu erreichen. Und sein Vorgehen zeigt immer wieder den Wechsel zwischen Flexibilität und Härte, verbunden auch mit handfesten Intrigen. Während er bei den kirchlichen Verbänden um Kooperation und Vertrauen warb, unternahm er alles, um sie finanziell auszubooten, durch Kürzung und schließlich Streichung ihrer Anteile an den gemeinsam gesammelten WHW-Geldern, und indem er sich darum bemühte, daß ihnen die staatlichen Mittel nicht mehr bewilligt würden. Und als ihm die Reichsarbeitsgemeinschaft für seine divide-et-impera-Politik nicht mehr dienlich schien, löste er sie am 10. März 1940 kurzerhand auf. Erfüllungsgehilfe der NSV-Ambitionen war mittlerweile, und das wurde im weiteren Kriegsverlauf immer deutlicher, die Geheime Staatspolizei. Sie beschlagnahmte Heime und Kindergärten, um deren Erwerb die NSV sich vergeblich bemüht hatte, und stellte sie dieser zur Verfügung.

Hatte Hilgenfeldt bei seinem Vorgehen im Bereich der freien Wohlfahrtsverbände die staatlichen Stellen, allen voran das Reichsinnenministerium, hinter sich wissen dürfen, lagen die Dinge anders, wenn es darum ging, auch die öffentliche gesetzliche Wohlfahrtspflege in die Hand zu bekommen, die im staatlichen und kommunalen Zuständigkeitsbereich lag. In Verhandlungen mit dem Vorsitzenden des Deutschen Gemeindetages und Leiter des NSDAP-Hauptamtes für Kommunalpolitik, Reichsleiter Karl Fiehler, war es ihm im Januar 1936 gelungen, einen „Reichszusammenschluß“ von freier und öffentlicher Wohlfahrtspflege unter seiner, Hilgenfeldts, Leitung durchzusetzen. Dabei hatte er stets versichert, in die Kompetenzen der staatlichen und gemeindlichen Verwaltung nicht eingreifen zu wollen. Daß er jedoch genau dies anstrebte, lag ebenso in der Logik seiner Zielsetzung wie in der Penetrationsstrategie der Parteiführung, mit der er sich hier im Einklang wissen durfte – diesmal im Gegensatz zu Frick und seiner Ministerialbürokratie, die die zunehmenden Eingriffe der NSV ebenso mißtrauisch verfolgte, wie dies von seiten des Deutschen Gemeindetages und des NSDAP-Hauptamtes für Kommunalpolitik geschah. Wachsender Druck aus der Parteikanzlei (Bormann) einerseits und Versuche des Innenministers, durch rechtsverbindliche Fixierungen den Schaden zu begrenzen, andrerseits führten 1941 zur förmlichen Institutionalisierung weitgehender Zuständigkeiten der NSV, ohne daß diese sich jedoch an die Begrenzungen zu halten gedachte, wie Minister Frick und Reichsleiter Fiehler machtlos konstatieren mußten.

Der Gesamtbereich, auf den sich mittlerweile die Zuständigkeiten des Hauptamtes für Volkswohlfahrt erstreckten, war riesig und umfaßte nicht nur die genuinen wohlfahrts- und jugendpflegerischen Werke, zu denen an erster Stelle und als „Kernstück" der NSV das Hilfswerk „Mutter und Kind" gehörte, mit Land- und Heimverschikkungen, Gemeindepflegestationen, Beratungsstellen und Kindergärten. Zunehmend wurden auch alle Rand- und Nachbarbezirke einbezogen: Ausbildungsstätten für Volkspflegerinnen – entsprechende Kompetenzauseinandersetzungen mit Reichsminister Rust gewann schließlich Hilgenfeldt –, Jugendgerichtshilfe, Adoptionswesen und vieles mehr. Aber auch Bahnhofsdienste, in Konkurrenz zu den kirchlichen Bahnhofsmissionen, gehörten dazu; und vor allem die Organisation eigener Schwesternschaften, die, zentralisiert und unter intensiver weltanschaulicher Schulung – teilweise in NSV-eigenen Schulungsstätten und Krankenhäusern –, die NSV bei der Wahrnehmung ihrer „Gesundheitsführung" unterstützen und dann namentlich ab 1939 kriegswichtige Dienste versehen sollten. Hilgenfeldt war Leiter der NS-Schwesternschaft bzw. des im April 1942 gegründeten NS-Reichsbundes Deutscher Schwestern. Und er brachte das Kunststück fertig, mit Werbungs- und Abwerbungsaktionen die konfessionellen Schwestern nach Kräften zu verdrängen, auch Träger von Krankenhäusern zu entsprechenden Vertragskündigungen zu veranlassen und gleichzeitig – da die eigene Schwesternschaft zahlenmäßig bei weitem nicht ausreichte – die düpierten konfessionellen Verbände weitgehend mit Erfolg zu bewegen, für die Übergangszeit ihr Schwesternpersonal nicht zurückzuziehen, sondern mit der NSV „vertrauensvoll" zusammenzuarbeiten.

Nicht nur mit den freien Wohlfahrtsverbänden und den Trägern der staatlichen und kommunalen Wohlfahrtspflege gestalteten sich die Kooperationen zunehmend spannungsvoll und nahmen die Konfrontationen zu. Auch mit Parteiorganisationen, die, wie vor allem die NS-Frauenschaft, in diesen Bereichen vorgearbeitet hatten und die alles vereinnahmende Aktivität der NSV (seit März 1935 angeschlossener

Verband der NSDAP) mit einigem Ärger sahen, mußten durch immer wieder neue Absprachen und Vereinbarungen Kooperationsmöglichkeiten gefunden werden. Im Falle der NS-Frauenschaft und des Deutschen Frauenwerkes konnten die Spannungen wohl nicht zuletzt dank des jahrelangen persönlich engen Einvernehmens der beiden Organisationsspitzen[6] aufgefangen werden, zumal Hilgenfeldt seit 1934 auch oberste Leitungsfunktion in der NS-Frauenschaft ausübte.[7] Schwieriger gestaltete sich die Zusammenarbeit mit der Deutschen Arbeitsfront, deren Führer Robert Ley mit Hilgenfeldt eine dauerhafte gegenseitige persönliche Abneigung verband. Zu ständigen Reibereien und wiederholten Abschlüssen bereinigender Vereinbarungen kam es mit dem Reichsjugend- und dem Reichsgesundheitsführer. Immer wieder stieß Hilgenfeldt bei seinen weitgespannten Ambitionen auch an seine Grenzen, schmerzlich fühlbar in der eigenen Organisation auf deren unteren Ebenen im Reich, in den Gauen und Kreisen, und, namentlich den Kirchen gegenüber, bei der Schwesternfrage, obgleich er gerade dort wieder mit der ihm eigenen Mischung von Konzilianz und Härte, Diplomatie und Ranküne vorging.

Erich Hilgenfeldt, 1932 Mitlgied des preußischen Landtags und seit 1933 Mitglied des Reichstags, Inhaber zahlreicher Leitungs- und Ehrenämter in verschiedensten Bereichen, nach langjähriger Trennung von seiner Frau Ende 1940 geschieden und sogleich wiederverheiratet, war ein von Ehrgeiz besessener Mann. Seine ständige Bereitschaft, neue Arbeitsfelder zu übernehmen, und sein anerkanntes Organisationstalent ließen ihm im Laufe der Jahre manche Aufgaben zuwachsen, die mit der Wohlfahrtspflege wenig zu tun hatten. Im Rahmen des Vierjahresplans betraute Göring ihn mit dem als wirtschaftlich sehr wichtig eingestuften Amt eines Reichsbeauftragten für die Erfassung und Verwertung der Küchen- und Nahrungsmittelabfälle, eine recht banale Bezeichnung, die möglicherweise etwas von der Geringschätzung ausdrücken sollte, mit der man den beneideten Emporkömmling niederzuhalten versuchte. Daß Hilgenfeldt, zu seinem Leidwesen, nicht in den Rang der Reichsleiter der Partei aufgenommen wurde, kompensierte er, gewissermaßen an den Machtgegebenheiten der offiziellen Rangordnung vorbei, durch eine faktische Macht, die nicht auf Teilhabe an obersten Entscheidungen, wohl aber auf der die nationalsozialistische „Bewegung“ gegenüber dem „Normenstaat“ (Fraenkel) verkörpernden dynamischen Parteiorganisation und auf deren zunehmender – organisatorischer wie propagandistischer – Unentbehrlichkeit für das Regime und, natürlich, auf den immensen Geldmitteln beruhte.

Im Bewußtsein breiter Bevölkerungskreise, auch solcher, die dem Nationalsozialismus sonst eher kritisch gegenüberstanden, verkörperte die NSV das soziale Gewissen der Nation. Sie erschien vielen als die zeitgemäße Form, Gutes zu tun; und dies in einer überaus effektiven Weise, die alles Frühere in den Schatten zu stellen schien. Wenn irgendwo, dann manifestierte sich hier „Volksgemeinschaft". Dies begründete zu einem wichtigen Teil die faktische Loyalität, mit der die nationalsozialistische Führung in der Bevölkerung rechnen durfte. Damit aber erfüllte die NSV wiederum den zentralen „Erziehungs"-Auftrag, der ihr, insbesondere als Trägerin des Winterhilfswerks, von Hitler zugesprochen worden war. Der Auftrag der „Menschenführung" blieb bis zuletzt eins der wichtigsten Argumente Hilgenfeldts in der Durchsetzung von Kompetenzansprüchen gegen Rivalen in Partei und Staat.

Insbesondere die Empfänger der Hilfeleistungen empfanden naturgemäß ein politisches System, das sich in dieser Weise sozialkaritativ darstellte, als positiv. Aber auch auf die Spender, die über eine durch forcierten Opfer-Kult überhöhte massive Propaganda in diese Volkssolidarität eingebunden wurden, wirkte sich diese integrierende Kraft der NS-Wohlfahrtsorganisation aus. In gleichem Maße geriet jedoch der biologistisch-rassenideologische Aspekt der „ausmerzenden Erbpflege", der „nur" Randgruppen traf und sie ausgrenzte, aus dem Blickfeld.

Daß die NSV, die 1943 nach eigenen Angaben 17 Millionen Mitglieder zählte, im Krieg mit ihren umfassenden Hilfeleistungen bei Evakuierungen, erweiterter Kinderlandverschickung, Soldaten- und Flüchtlingsbetreuung und mit ihren Hilfen nach Bombenangriffen von besonderer Wichtigkeit und überdies letzter Hoffnungsträger vieler Menschen wurde, ließ schließlich sogar die Parteiführung auf Wege sinnen, die NSDAP von diesem Image profitieren zu lassen. So sollten NSV-Einrichtungen nur noch unter dem Namen der Partei firmieren. Dabei war solche Nothilfefunktion der NSV, wie der Krieg sie zunehmend erforderte, durchaus nicht das erstrebte Ziel Hilgenfeldts. Ihm, der jetzt den (inhaltlich bedeutungslosen) Rang eines Oberbefehlsleiters bekleidete, ging es um das, was er „aufbauende" Volkspflege nannte und in allererster Linie als rasse- und erbbiologische Aufgabe betrachtete. „Gutrassische" Kinder aus den im Krieg unterworfenen osteuropäischen Völkern „einzudeutschen" war ein Auftrag, den er eifrig aufgriff. Vermeidbare Unmenschlichkeiten erschienen ihm unzweckmäßig und waren zu unterlassen. Nach dem Besuch eines Heimes mit völlig unterernährten Kleinkindern von „Ostarbeitern" beschwerte er sich bei Himmler: Entweder man wolle sie zu nützlichen Arbeitern aufwachsen lassen, dann müsse man sie entsprechend ernähren; oder man wünsche ihr Weiterleben nicht, dann gebe es aber humanere und gleichzeitig ökonomischere Mittel, als sie zu quälen und dabei wertvolle Milch der Volksernährung zu entziehen.[8]

Hilgenfeldt war entschlossen, seinen Anspruch in der Familien- und Jugendpflege auch auf die Volkstumspolitik auszuweiten und dabei selbst den hier zuständigen Himmler zu überrunden. Himmlers „Lebensborn" unterstützte er, bis 1939 jedenfalls, mit Millionenbeträgen – aber auch mit dem Vorsatz, den „Lebensborn" schließlich selbst zu vereinnahmen.[9] Daß er sich 1942 sogar mit dem Reichsführer-SS anlegte, mit dem ihn eine enge Beziehung verband – Hilgenfeldt gehörte zum Freundeskreis Himmlers und bekleidete, nominell wenigstens, hohe SS-Ränge, seit 1942 den eines Gruppenführers –, demonstriert seine relativ unabhängige Stellung zu diesem Zeitpunkt im Machtgefüge der Partei. Hinter ihm standen Propagandachef Goebbels und Hitlers Parteikanzleichef Martin Bormann und wohl auch Hitler selbst. Und er durfte sich darauf verlassen, im Namen und Sinn der Partei zu handeln, wo immer er die Prestigeobjekte NSV und WHW zur Geltung brachte.

Hilgenfeldt, Hitlers ergebenes Werkzeug bis zuletzt, mußte jedoch mit ansehen, wie die Arbeitsmöglichkeiten seiner Organisation zunehmend den Zerstörungen der letzten Kriegsmonate zum Opfer fielen. Seine Versuche, die Kommandogewalt der Berliner Zentrale aufrechtzuerhalten, erwiesen sich als immer aussichtsloser. In den Straßen- und Häuserkämpfen in Berlin wurde der Gebäudekomplex seines Hauptamtes am Landwehrkanal zerstört. Er selbst kam um, nach unterschiedlichen Aussagen beim Kampf mit der Waffe in der Hand oder an den Folgen eines persönlichen Angriffs auf der Straße oder durch Selbstmord. Gesehen wurde seine Leiche zuletzt mit einem umgehängten Schild: „Hier liegt der Verbrecher Hilgenfeldt."[10]

Anmerkungen

[1] Herwart Vorländer, Die NSV. Darstellung und Dokumentation einer nationalsozialistischen Organisation, Boppard 1988, 14. 197 (Dok. 12).

[2] Ebd., 24.

[3] Ebd., 26. 208 (Dok. 26).

[4] Vgl. Hans-Josef Wollasch, Beiträge zur Geschichte der deutschen Caritas in der Zeit der Weltkriege. Zum 100. Geburtstag von Benedict Kreutz (1879–1949), hrsg. vom Deutschen Caritas-Verband, Freiburg i. Br. 1978, 157.

[5] Herwart Vorländer (Anm. 1), 37.

[6] Zu der persönlichen Beziehung Hilgenfeldts zu Gertrud Scholtz-Klink siehe Jill Stephenson, The Nazi Organization of Women, London 1981, 114f.

[7] In den NS-Jahrbüchern sowie in amtlichen Schreiben firmiert Hilgenfeldt als Hauptamtsleiter der NS-Frauenschaft, als der er die NSF-Führerin Scholtz-Klink, dort u. a. als seine Stellvertreterin bzw. als Amtsleiterin aufgeführt, im Februar 1934 ernannte.

[8] Schreiben Hilgenfeldts an Himmler, 11. August 1943, National Archives, Washington, D. C., NO-4665.

[9] Vgl. Georg Lilienthal, Der „Lebensborn e. V.". Ein Instrument nationalsozialistischer Rassenpolitik, Stuttgart – New York 1985, 129f., 206ff.

[10] Herwart Vorländer (Anm. 1), 174, Anm. 38.

Bibliographie

Quellen

Einige Personaldokumente befinden sich im Berlin Document Center. Dienstliche Korrespondenzen u. a. sind vor allem in NSV-Unterlagen erhalten, soweit solche noch vorhanden sind, im Bundesarchiv Koblenz (NS 37 u. a.) sowie in verschiedenen (Haupt-)Staatsarchiven, daneben im Archiv des Diakonischen Werkes der Evangelischen Kirche in Deutschland, Berlin und im Archiv des Deutschen Caritasverbandes, Freiburg i. Br. Reden Hilgenfeldts finden sich in Broschüren (Volkspflege, Idee der nationalsozialistischen Wohlfahrtspflege, Die NS-Volkswohlfahrt als Kulturträgerin u. a.) und verschiedenen Zeitschriften. Quellendokumentation im Dokumententeil von Herwart Vorländer, Die NSV. Darstellung und Dokumentation einer nationalsozialistischen Organisation, Boppard 1988.

Literatur

Eine Biographie Hilgenfeldts gibt es nicht. Seine Person tritt zumeist nur in den Publikationen in den Blick, die sich mit der NSV oder auch allgemeiner mit Wohlfahrtspflege in der NS-Zeit bzw. mit den konkurrierenden Wohlfahrtsorganisationen während dieser Jahre befassen. Zu ersteren: Herwart Vorländer, die NSV (s. o.); Eckhard Hansen, Wohlfahrtspolitik im NS-Staat. Motivationen, Konflikte und Machtstrukturen im „Sozialismus der Tat" des Dritten Reiches, Augsburg 1991; zu letzteren z. B. Jochen-Christoph Kaiser, Sozialer Protestantismus im 20. Jahrhundert. Beiträge zur Geschichte der Inneren Mission 1914–1945, München 1989.

15. Martin Luther – Aufstieg und Fall eines Unterstaatssekretärs

Von Hans-Jürgen Döscher

Martin Luther, Namensvetter des großen Reformators, machte zwischen 1938 und 1942 eine Blitzkarriere, die Auswärtigen Dienst des Deutschen Reiches ihresgleichen sucht im. Mit dem Aufstieg vom Parteireferenten zum Abteilungsleiter und Unterstaatssekretär im Auswärtigen Amt konnte sich Luther dank der Protektion durch Joachim v. Ribbentrop eine machtvolle Stellung verschaffen, deren Einfluß die traditionellen Befugnisse des Staatssekretärs sukzessive aushöhlte und schließlich übertraf.

Der Sturz Luthers im Jahre 1943 erschien nicht minder singulär und blieb überdies lange Zeit geheimnisumwittert. Als Luther Anfang 1943 im Vertrauen mit SS-Standartenführer Walter Schellenberg, dem Chef des Auslandsnachrichtendienstes der SS, den Reichsaußenminister v. Ribbentrop zum Rücktritt zwingen wollte, weil beide dessen Außenpolitik angesichts des verlustreichen Zweifrontenkrieges als verfehlt betrachteten, kam Luther nach dem Scheitern des Komplotts als privilegierter Schutzhäftling der SS ins Konzentrationslager Sachsenhausen. Ribbentrop soll gegenüber Hitler die Hinrichtung seines früheren Intimus gefordert haben. Doch Luther entging diesem Schicksal dank der Fürsprache durch Schellenberg und Himmler. Welche Gründe bewogen Luther zum Aufstand gegen seinen einstigen Protektor v. Ribbentrop? Warum verschonte ihn die SS-Führung vor der Hinrichtung?

Martin Luther wurde 1895 in Berlin geboren. Nach dem Abitur an einem humanistischen Gymnasium leistete er Kriegsdienst, den er 1918 als Leutnant der Reserve beendete. Dann betätigte er sich als Exportkaufmann. Seit 1932 Mitglied der NSDAP, übernahm er 1933 die Leitung der Wirtschaftsberatungsstelle beim Bezirksamt Berlin-Zehlendorf; 1935 wurde er stellvertretender Ortsgruppenleiter der NSDAP.

In dieser Funktion lernte Luther die Familie Ribbentrop kennen, die eine Villa in Dahlem (Bezirk Zehlendorf) bewohnte. Joachim von Ribbentrop, der außenpolitische Berater Hitlers und „Beauftragte der Reichsregierung für Abrüstungsfragen", verfügte seit 1934 über ein „Büro" und nach seiner Ernennung zum „Außerordentlichen und Bevollmächtigten Botschafter des Deutschen Reiches" 1935 über eine „Dienststelle", in der etwa 60 Mitarbeiter unterschiedlicher Vorbildung beschäftigt waren. Die Dienststelle Ribbentrop zählte mit dem Außenpolitischen Amt (APA) Rosenbergs, der Auslandsorganisation (AO) der NSDAP unter Gauleiter Bohle und diversen Führungsgremien für die Volkstumspolitik zu jenen Parteiinstitutionen, die neben dem Auswärtigen Amt, bisweilen auch gegen das Auswärtige Amt, außenpolitische Aktivitäten auf Geheiß Hitlers entfalteten – sehr zum Leidwesen der Berufsdiplomaten. Die konkurrierende Tätigkeit der Parteidienststellen untereinander wie gegenüber dem AA, der Kampf um Kompetenzen und Machtpositionen kennzeichnen die charakteristischen Strukturmerkmale des NS-Herrschaftssystems im außenpolitischen Bereich.

1936 wurde Luther Hauptreferent in der Dienststelle Ribbentrop. Als Hitler den bisherigen Reichsaußenminister Constantin Freiherrn von Neurath am 4. Februar 1938 durch Joachim von Ribbentrop ersetzte, gelangte Luther zusammen mit 27 weiteren Angehörigen der Dienststelle ins Auswärtige Amt. Gemeinsam waren den ehemaligen Referenten der Dienststelle Ribbentrop frühe Zugehörigkeit zur NSDAP oder einer ihrer Gliederungen, relativ niedriges Lebensalter und nicht zuletzt Loyalität gegenüber Ribbentrop, dem sie die Karriere im Auswärtigen Amt verdankten. Besondere Qualifikationen für den höheren Auswärtigen Dienst sind hingegen kaum erkennbar. Soweit bekannt, hat keiner von ihnen die traditionellen Laufbahnbedingungen für den höheren Dienst erfüllt. Gleichwohl rückten nicht wenige dieser Ribbentropschen Amateur-Diplomaten nach 1938 in Schlüsselpositionen des Auswärtigen Amtes ein, u. a.:

- Walther Hewel, 1938 Leiter des Persönlichen Stabes v. Ribbentrops, 1943–1945 Botschafter und Beauftragter des Reichsaußenministers im Führerhauptquartier;
- Paul Karl Schmidt, 1939 Vortragender Legationsrat und Pressereferent des Reichsaußenministers, 1940–1945 Gesandter I. Klasse und Leiter der Nachrichten- und Presseabteilung im AA;

- Horst Wagner, 1938 Wissenschaftlicher Hilfsarbeiter im Protokoll des AA, 1943–1945 Vortragender Legationsrat und Leiter der Referatsgruppe Inland II, Verbindungsführer des AA zum Reichsführer-SS Himmler;
- Gustav Adolf Baron Steengracht von Moyland, 1938 Legationssekretär im Persönlichen Stab des Reichsaußenministers, 1943–1945 Staatssekretär des AA.

Hewel, Schmidt und Wagner gehörten überdies der SS an, wie die meisten der aus der Dienststelle übernommenen Referenten. Luther und Steengracht hatten hohe SA-Ränge inne.

Die Einschleusung vertrauter Mitarbeiter aus der Dienststelle Ribbentrop in das Auswärtige Amt kennzeichnet sowohl das Mißtrauen des neuen Außenministers gegenüber den Berufsdiplomaten als auch sein Bemühen, Schaltstellen des AA sukzessive mit Altparteigenossen sowie SS- und SA-Führern zu besetzen, um auf diese Weise politische Konformität zu demonstrieren. Daß die Kritik aus den Reihen der NSDAP am „reaktionären“ Beamtenkörper und der Politik des AA auch nach der Berufung Ribbentrops zum Reichsaußenminister nicht verstummte, zeigen verschiedene Äußerungen Hitlers, Rosenbergs, Goebbels', Görings und Himmlers. Mit dem Einsatz seiner „diplomatischen Garde“ wollte Ribbentrop sowohl dieser Kritik begegnen als auch dem traditionell konservativem Amt gleichsam politisch zuverlässige „Korsettstangen“ einziehen. Dabei stütze er sich vornehmlich auf seinen Vertrauten Martin Luther.

Im Dezember 1938 wurde das Sonderreferat „Partei“ gebildet „zur einheitlichen Bearbeitung des Verkehrs zwischen dem Auswärtigen Amt und den Dienststellen der NSDAP, ihren Gliederungen und angeschlossenen Verbänden“. Luther avancierte zum Referatsleiter und Legationsrat I. Klasse. Im Mai 1940 ließ Ribbentrop dann die bis dahin selbständigen Sonderreferate „Partei“ und „Deutschland“ zur Abteilung „Deutschland“ vereinigen, mit deren Leitung er den Gesandten I. Klasse und Ministerialdirigenten Luther betraute. Ein Jahr später folgte die Beförderung Luthers zum Ministerialdirektor mit der Amtsbezeichnung Unterstaatssekretär.

Luthers kometenhafter Aufstieg offenbart nicht nur das besondere Vertrauen, dessen er sich beim Reichsaußenminister v. Ribbentrop erfreute, sondern auch die große Bedeutung, die dieser der Abteilung „Deutschland“ beimaß. Luther war neben den Direktoren der Politischen Abteilung und der Rechtsabteilung (Woermann bzw. Gaus) der einzige Abteilungsleiter, dem nach 1939 die Amtsbezeichnung Unterstaatssekretär verliehen wurde. Er soll aufgrund seiner Vertrauensstellung bei Ribbentrop zwischen 1940 und 1942 bestimmenden Einfluß auf Politik und Personal des AA ausgeübt haben. „Im AA hat nur Luther etwas zu sagen. Die Staatssekretäre des AA werden entweder bewußt schlecht behandelt (Weizsäcker) oder übergangen (Keppler, Bohle).“[1]

Nach Auffassung Schellenbergs (Chef SD-Ausland) hielt der Reichsaußenminister „von der Klugheit und Zuverlässigkeit seines Unterstaatssekretärs so große Stücke, daß er sich vor jeder wichtigen Entscheidung mit diesem beriet“.[2] Luther sei zwar ein kluger, aber zugleich brutal impulsiver Mensch, dem es vor allem um die Macht gehe und der im Grunde sogar eine Schwäche für die SS habe, auch wenn er der SA angehöre. Übereinstimmend mit Schellenberg wurde Luther auch von anderen Zeitgenossen als enorme Kämpfernatur, frech, brutal, ehrgeizig und machthungrig beschrieben.

Um seine Machtposition zu sichern, womöglich auszubauen, scheute sich Luther nicht, der personellen und institutionellen Einflußnahme durch die SS entgegenzutreten. Die 1941 zu beobachtende Berufung hoher SA-Führer zu Gesandten in den vom Dritten Reich abhängigen Staaten Südosteuropas war z. B. auf die Initiative Luthers zurückzuführen, der dadurch den Einfluß der SS auf dem Balkan zu neutralisieren suchte – letztlich ohne Erfolg, da die „SA-Gesandten“ im allgemeinen weder ihrer „diplomatischen“ Mission gerecht wurden noch den Einfluß der Reichsführung-SS nachhaltig einzudämmen vermochten. Ribbentrop folgte den personalpolitischen Vorschlägen Luthers zur Neubesetzung der südosteuropäischen Gesandtschaften mit SA-Führern, weil er von 1940 an seinen Alleinvertretungsanspruch in der Außenpolitik durch eigenmächtige, dem politischen Kurs des AA zuwiderlaufende Aktionen des Sicherheitsdienstes auf dem Balkan beeinträchtigt sah.

Der außerordentlich schnelle Aufstieg Luthers in eine Spitzenposition des AA und die Berufung mehrerer SA-Führer zu Missionschefs in den Hauptstädten Südosteuropas lösten unter den höheren Beamten des Auswärtigen Dienstes so ungewöhnlich kritische Reaktionen aus, daß sich Ribbentrop genötigt sah, seine Personalpolitik in einem scharf formulierten Runderlaß vom 8. Juni 1941 folgendermaßen zu rechtfertigen: „Die Personalpolitik und die Organisation des Auswärtigen Dienstes werden ausschließlich von mir selbst so bestimmt, wie die Durchführung der Außenpolitik des nationalsozialistischen Großdeutschland es sachlich erfordert. Alle Beamten und Angestellten, die von mir in den Auswärtigen Dienst berufen werden, haben sich ausschließlich als Gefolgsmänner des Reichsaußenministers zu fühlen und zu verhalten. [...] Von einer ‚SA-Politik', ‚SS-Politik' oder der Politik irgendeiner anderen Gliederung der Partei oder sonstiger Stellen außerhalb meines Ministeriums in meinem Amt zu sprechen, ist deshalb nichts als törichtes Geschwätz. [...] Ich werde jeden Beamten und Angestellten, der solche Äußerungen macht, am gleichen Tage, an dem ich davon erfahre, unnachsichtig aus dem Auswärtigen Dienst entfernen. Ebenso werde ich jeden Beamten und Angestellten sofort aus dem Auswärtigen Dienst entfernen, von dem ich den Eindruck gewinne, daß er sich in seiner dienstlichen Tätigkeit irgendwie von einer Stelle außerhalb des Auswärtigen Dienstes beeinflussen läßt."[3]

Da die SA seit der Ermordung ihres Stabschefs Röhm im Jahre 1934 als innenpolitischer Machtfaktor zu vernachlässigen war und überdies keine außenpolitischen Zielsetzungen verfolgte, muß angenommen werden, daß sich Ribbentrops Runderlaß allein gegen die Ambitionen der SS und ihrer Anhänger im Auswärtigen Dienst richtete. Deren Reaktion spiegelt sich in einem Bericht wider, den der Chef des SS-Hauptamtes, SS-Brigadeführer Berger, am 17. April 1941 an Himmler richtete. Seine Quintessenz lautete: „Alle Männer des AA, die der Schutzstaffel freundlich gegenüberstehen, sagen übereinstimmend, ohne sich gegenseitig zu kennen, daß der Reichsaußenminister durch Luther und einige Kreaturen desselben so in eine Sackgasse gedrängt worden sei, aus der er wahrscheinlich nicht mehr herauskomme. Schon heute sei ein Loslösen nicht mehr ohne Wunden möglich."[4]

Unterdessen gelang es Luther, die Kompetenzen der Abteilung Deutschland durch Bildung neuer und Einverleibung bestehender Referate aus anderen Abteilungen deutlich zu erweitern. Im August 1942 umfaßte die Abteilung Deutschland 12 Referate mit insgesamt etwa 190 Beamten und Angestellten.

Luther rekrutierte seine leitenden Mitarbeiter vornehmlich aus der Politischen Organisation der NSDAP, ihrer Gliederungen und angeschlossenen Verbände, wobei er sehr darauf achtete, daß SS- und SD-Angehörige nicht dominierten. Fast allen gemeinsam war die frühzeitige Mitgliedschaft in der NSDAP, politische Überzeugungstreue und ein ausgeprägtes Vertrauensverhältnis zu ihrem Förderer Luther.

Zwischen 1940 und 1942 usurpierte Luther zahlreiche neue Kompetenzen für seine Abteilung. Über das Referat D IV nahm er zum Beispiel Einfluß auf Herstellung und Vertrieb der für das Ausland bestimmten Propagandaschriften. Die Kompetenzen der Referate D II und D V nutzte er, um die außenpolitischen Aktivitäten aller innerdeutschen Dienststellen zu kontrollieren, vor allem jene des Reichssicherheitshauptamtes und der Abwehr. Nicht wenige Friktionen mit dem Chef der Sicherheitspolizei und des SD entstanden hauptsächlich aus der Einschleusung der Polizeitattachés und SD-Agenten in die diplomatischen Missionen; sie zeugen von der entschlossenen Haltung Luthers, die Zuständigkeit des Auswärtigen Amts gegenüber dem Machtanspruch der Dienststellen Himmlers zu behaupten.

Die Ursachen der Konflikte sind grundsätzlich nicht in mangelnder Bereitschaft des Auswärtigen Amts zur Zusammenarbeit mit den Dienststellen des Reichsführers-SS zu suchen, sondern in der auf Respektierung ihrer Kompetenzen bedachten Politik Ribbentrops und Luthers sowie in politischen und persönlichen Animositäten zwischen SS- und SA-Führern, so zum Beispiel zwischen dem Chef des Reichssicherheitshauptamtes, SS-Gruppenführer Heydrich, und dem Gesandten in Bukarest, SA-Obergruppenführer v. Killinger.

Politisch größere Bedeutung kam den Referaten D II und D III zu, in denen Angelegenheiten des Reichsführers-SS und des Reichssicherheitshauptamtes beziehungsweise die „Judenfrage“ und „Rassenpolitik“ federführend bearbeitet wurden. Im „Judenreferat“ (D III) des AA gingen die Berichte der Einsatzgruppen der Sicherheitspolizei und des SD ein, durch die das Auswärtige Amt seit September 1941 detailliert über Exekutionen Tausender Juden, Kommunisten und anderer „minderwertiger Elemente“ in den besetzten Gebieten der UdSSR unterrichtet war.

Im Herbst 1941 ist eine qualitative Veränderung der Pläne zur „Endlösung der Judenfrage“ nachweisbar. Am 29. November 1941 richtete der Chef des Reichssicherheitshauptamtes (Heydrich) das folgende Schreiben an Unterstaatssekretär Luther: „Lieber Parteigenosse Luther! Am 31. 7. 1941 beauftragte mich der Reichsmarschall des Großdeutschen Reiches [Göring], unter Beteiligung der in Frage kommenden anderen Zentralinstanzen alle erforderlichen Vorbereitungen in organisatorischer, sachlicher und materieller Hinsicht für eine Gesamtlösung der Judenfrage in Europa zu treffen und ihm in Bälde einen Gesamtenwurf hierüber vorzulegen. [...] In Anbetracht der außerordentlichen Bedeutung, die diesen Fragen zuzumessen ist, und im Interesse der Erreichung einer gleichen Auffassung bei den in Betracht kommenden Zentralinstanzen an den übrigen mit dieser Endlösung zusammenhängenden Arbeiten rege ich an, diese Probleme zum Gegenstand einer gemeinsamen Aussprache zu machen, zumal seit dem 15. 10. 1941 bereits in laufenden Transporten Juden aus dem Reichsgebiet einschließlich Protektorat Böhmen und Mähren nach dem Osten evakuiert werden."[5]

Zu dieser „Besprechung mit anschließendem Frühstück", die am 9. Dezember 1941, 12 Uhr, in der Dienststelle der Internationalen Kriminalpolizeilichen Kommission, Berlin, Am Großen Wannsee Nr. 56–58, stattfinden sollte, wurden neben Luther die Staatssekretäre und Amtsleiter der übrigen betroffenen Ressorts beziehungsweise Partei- und SS-Dienststellen geladen. Auf dem Schreiben Heydrichs vermerkte Luther mit Datum vom 4. Dezember 1941 für seinen Referatsleiter D III handschriftlich: „Pg. Rademacher [,] bitte Ogruf. Heydrich mitzuteilen, daß ich erkrankt bin, ihm für seine Einladung sehr danke und wenn irgend möglich teilnehme. Bitte mir für die Sitzung eine Aufzeichnung über unsere Wünsche und Ideen anzufertigen, bitte auch sofort StS. zu unterrichten." Darunter notierte Rademacher am 8. Dezember 1941 handschriftlich: „Statssekretär [v. Weizsäcker] ist unterrichtet. Sitzung ist auf unbestimmte Zeit verschoben."[6]

Und ebenfalls mit Datum vom 8. Dezember 1941 fertigte Rademacher auf Weisung Luthers die Aufzeichnung ›Wünsche und Ideen des Auswärtigen Amts zu der vorgesehenen Gesamtlösung der Judenfrage in Europa‹ an, die acht Punkte umfaßte:

1. Abschiebung aller im Deutschen Reich ansässigen Juden deutscher Staatsangehörigkeit unter Einbeziehung der kroatischen, slovakischen und rumänischen Juden nach dem Osten.
2. Abschiebung aller in den von uns besetzten Gebieten lebenden durch die jüngste Verordnung zum Reichsbürgergesetz staatenlos gewordenen Juden früherer deutscher Staatsangehörigkeit.
3. Abschiebung aller serbischen Juden.
4. Abschiebung der uns von der ungarischen Regierung übergebenen Juden.
5. Erklärung der Bereitwilligkeit gegenüber der rumänischen, slovakischen, kroatischen, bulgarischen und ungarischen Regierung, die in diesen Ländern lebenden Juden ebenfalls nach dem Osten abzuschieben.
6. Einflußnahme auf die bulgarische und ungarische Regierung, Judengesetze nach Nürnberger Vorbild einzuführen.
7. Einwirkung auf die übrigen Regierungen Europas zur Einführung von Judengesetzen.

8. Durchführung dieser Maßnahmen wie bisher im guten Einvernehmen mit dem Geheimen Staatspolizeiamt.[7]

Infolge der am 5. Dezember 1941 beginnenden sowjetischen Gegenoffensive sowie des japanischen Überfalls auf Pearl Harbor zwei Tage später konnte die auf den 9. Dezember terminierte Konferenz nicht stattfinden. Mit der Begründung, daß „die zur Erörterung stehenden Fragen keinen längeren Aufschub zulassen“, lud Heydrich durch Schreiben vom 8. Januar 1942 neuerlich zum 20. Januar 1942 in das Haus Am Großen Wannsee Nr. 56–58. An dieser unter der Bezeichnung Wannsee-Konferenz in die Geschichte eingegangenen Besprechung nahm Unterstaatssekretär Luther als einziger Vertreter des Auswärtigen Amts teil.

Die Tatsache, daß die geladenen Ressorts in der Regel durch ihre Staatssekretäre vertreten waren, wirft die Frage auf, warum Heydrich Unterstaatssekretär Luther und nicht den Staatssekretär v. Weizsäcker zur Wannsee-Konferenz gebeten hat. Mit letzter Sicherheit läßt sich diese Frage aus den Akten nicht beantworten. Für die Einladung Luthers dürfte vor allem der folgende Aspekt maßgeblich gewesen sein: Luther war nicht nur der zuständige Leiter jener Abteilung, in der die „Judenfrage“ federführend bearbeitet wurde, sondern auch – aufgrund seiner Vertrauensstellung zu Ribbentrop – der einflußreichste Spitzenbeamte des AA. Dagegen galt Staatssekretär v. Weizsäcker in der Reichsführung-SS als „der Mann ohne Verantwortung“, der nichts „auf die eigene Kappe“ nehme.[8] Wenn Luther zustimmte, konnte Heydrich erwarten, daß das Auswärtige Amt die Ergebnisse der Konferenz zur „Endlösung der europäischen Judenfrage“ unterstützte und für seinen Bereich durchsetzte.

Daß die „Wünsche und Ideen des Auswärtigen Amts zu der vorgesehenen Gesamtlösung der Judenfrage in Europa“ nicht nur Absichtserklärungen blieben, sondern auch weitgehend verwirklicht wurden, belegen die Akten des AA auf vielfältige Weise. Ohne die „diplomatische“ Vorbereitung, Mitwirkung und Abschirmung durch das Auswärtige Amt wäre die euphemistisch „Endlösung“ genannte Vernichtung der Juden West- und Südosteuropas kaum möglich gewesen.

Anzunehmen ist sodann die Intention Heydrichs, Luther durch Einladung in den Kreis der Staatssekretäre auszuzeichnen, um so diesen einflußreichen Widerpart der SS im Auswärtigen Amt zu korrumpieren. Für diese Annahme spricht die Tatsache, daß sich Luther im Laufe des Jahres 1942 zum Konfidenten des Reichssicherheitshauptamtes entwickelte und mit dessen Rückendeckung Anfang 1943 den Sturz v. Ribbentrops einzuleiten versuchte.

Die noch bis 1941 nachweisbaren Spannungen zwischen Luther und dem Reichssicherheitshauptamt wichen bis zum Sommer 1942 einer allmählich von Vertrauen getragenen Zusammenarbeit. Anfang August 1942, nach einem offenen Gespräch mit Himmler über die Ausweglosigkeit der deutschen Außenpolitik, will der Chef des SD-Ausland, SS-Standartenführer Schellenberg, vom Reichsführer-SS ermächtigt worden sein, ohne Wissen Ribbentrops „über die dem Auslandsnachrichtendienst zur Verfügung stehenden Kanäle Verbindungen zum Westen aufzunehmen", um „Deutschland aus der Sackgasse des Zweifrontenkrieges herauszubringen".[9] Im Anschluß an dieses Gespräch mit Himmler unterrichtete Schellenberg nach eigener Darstellung den Unterstaatssekretär Luther über seine „Auffassung hinsichtlich des unseligen Einflusses, den der Außenminister auf Hitler ausübte sowie andeutungsweise über [seine] künftigen Pläne". Bei dieser Gelegenheit habe er Luther um Hilfe gebeten, „entsprechendes Material an die Hand zu bekommen, um den Sturz Ribbentrops zu beschleunigen".[10]

Schellenbergs Pläne sollen bei Luther auf fruchtbaren Boden gefallen sein. „Es war nämlich in jener Zeit zwischen dem Außenminister und seinem früheren Intimus zu erheblichen Spannungen gekommen, die zum Teil privaten, zum anderen aber sachlichen Charakter trugen. So waren zwischen ihren beiden Frauen Differenzen eingetreten; überdies glaubte Luther, nicht länger Ribbentrops fortgesetzten und sich immer steigernden privaten Anforderungen an den geheimen Fonds des Auswärtigen Amtes nachkommen zu können. Bislang hatte er die extravagante Lebensweise seines Chefs zu decken gesucht, aber schließlich war Ribbentrop in seinen Ansprüchen so weit gegangen, daß Luther an dessen gesundem Verstand zu zweifeln begann. Unter anderem mußten, und dies mitten im Kriege, die Tapeten in der Ribbentropschen Villa viermal gewechselt werden, weil sie farblich seinem Geschmack nicht entsprachen."[11]

Im Januar 1943, als der Untergang der 6. Armee in Stalingrad absehbar wurde, stellte Luther ein Aktenstück zusammen, dessen Inhalt den Reichsaußenminister so disqualifizierte, daß er als geisteskrank und amtsunfähig erscheinen mußte. Wenngleich das Aktenstück dokumentarisch nicht nachweisbar ist, wird sein Inhalt von mehreren zeitgenössischen Beobachtern bestätigt. Im Vertrauen auf Schellenbergs und Himmlers Unterstützung hat Luther seinen Bericht verschiedenen Regierungsstellen übersandt „in der Hoffnung, auf diese Weise den Sturz Ribbentrops zu bewirken". Doch bevor Schellenberg die Bereitschaft Himmlers zum Sturz Ribbentrops gewinnen konnte, soll der Chef des Persönlichen Stabes Reichsführer-SS, Wolff, zugunsten des Reichsaußenministers bei Himmler interveniert haben mit den Worten: „Aber Reichsführer, Sie können doch nicht zulassen, daß SS-Obergruppenführer Joachim von Ribbentrop, einer der Höchstrangierenden in unserem Orden, von diesem Schuft Luther rausgeschmissen wird."[12] Anstatt das Aktenstück Hitler vorzulegen, wie Himmler es ursprünglich wünschte, schlug Wolff vor, zunächst Ribbentrop davon zu unterrichten. Wolff, der mit Ribbentrop befreundet war, hat das belastende Material dem Reichsaußenminister dann persönlich überbracht.

Vom 10. Februar 1943 an wurden Luther und drei seiner engsten Mitarbeiter (Büttner, Kieser und Rademacher) vom Chef der Gestapo, SS-Gruppenführer Müller, verhört und schließlich verhaftet. Mit einer Zusammenstellung der Vernehmungsprotokolle begab sich Ribbentrop dann ins Führerhauptquartier und berichtete Hitler.

Über den Verlauf des Gesprächs zwischen Ribbentrop und Hitler liegen unterschiedliche Darstellungen vor. Schellenberg zufolge soll Ribbentrop die Affäre mit den Worten kommentiert haben, „es handele sich um einen unerfreulichen Angriff eines untergeordneten Beamten auf die Außenpolitik, die Hitler selbst befohlen habe. Er verlangte daher, daß Luther wegen Ungehorsams seines Amtes enthoben und wegen Defätismus gehängt werde! Aber dies schien selbst Hitler zu viel. Offenbar besprach er die Sache mit Himmler, denn er beschränkte sich schließlich darauf, Luther zu entlassen und in ein Konzentrationslager zu sperren. [...] Die schweren Strafen, die Ribbentrop auch über Luthers Kollegen verhängt haben wollte, lehnte er [Himmler] jedoch ab und sorgte dafür, daß es bei einer Abkommandierung zum Frontdienst bei der Waffen-SS blieb."[13]

Nach der Darstellung Wollfs soll Hitler über die „Meuterei" Luthers sehr aufgebracht gewesen sein. Er habe dessen Erschießung und ein Standgerichtsverfahren gegen Rademacher und Büttner verlangt, die als geistige Urheber der Revolte angesehen worden seien. Ribbentrop habe jedoch gebeten, von diesen Maßnahmen abzusehen. So seien Rademacher und Büttner an die Front und Luther in ein Konzentrationslager gekommen. Wolffs Version erscheint nicht nur fragwürdig, weil sie die Urheberschaft der Revolte den Legationsräten Rademacher und Büttner zuschreibt, sondern auch Ribbentrop eine mäßigende Haltung attestiert. Welches Interesse sollte Ribbentrop an einer milden Bestrafung von Mitarbeitern gehabt haben, die bewußt seinen Sturz herbeiführen wollten?

Für die Glaubwürdigkeit der Darstellung Schellenbergs spricht vor allem die fürsorgliche Behandlung, die Büttner und Luther durch die SS erfuhren. Legationsrat I. Klasse SS-Sturmbannführer Büttner, Vertreter des Abteilungsleiters Luther, wurde im Februar 1943 aus dem Beamtenverhältnis entlassen und zur Frontbewährung als SS-Sturmmann einer SS-Panzerdivision zugeteilt. Auf Vorschlag von SS-Gruppenführer Berger, Chef SS-Hauptamt, dem Büttner nach wie vor angehörte, war Himmler gern bereit, aus dem Sonderkonto seines Persönlichen Stabes den gleichen Betrag an Büttner zu überweisen, den dieser bisher als Gehalt vom AA bezogen hatte.

Am 10. April 1944 wandte sich Frau Luther an den Reichsführer-SS mit der Bitte um Hafterleichterung für ihren Mann. Darauf teilte Himmler dem Chef der Sicherheitspolizei und des SD (Kaltenbrunner) durch Schreiben vom 5. Juni 1944 folgendes mit:

1. Ich habe den Brief der Frau Irmgard Luther vom 10. 4. 1944 zunächst dem Führer vorgelegt.
2. Der Führer entschied darauf, daß ich den Brief dem Reichsaußenminister zur Stellungnahme zuleiten sollte. Dies habe ich getan.
3. Der Reichsaußenminister ließ mir sagen, er möchte dazu nicht Stellung nehmen. Er hielte aber Luther für einen Verbrecher.
4. Ich habe diese Stellungnahme dem Führer gemeldet, worauf dieser wie folgt entschied: Der Schutzhaftgefangene, frühere Unterstaatssekretär im Auswärtigen Amt, Martin Luther kann im Laufe dieses Jahres in einem Haus am Rande des Konzentrationslagers wohnen und auch seine Frau kann dorthin ziehen. Er selbst ist im Lager jedoch in der Buchhaltung oder sonst an einer Bürostelle eines Wirtschaftsbetriebes zu beschäftigen. Seiner Frau ist das Zusammenziehen mit ihrem Mann freizustellen. Luther ist nicht berechtigt, den Lagerbereich zu verlassen. Diese Möglichkeit ist seiner Frau und ihm zu eröffnen.[14]

Der Tenor dieses Schreibens läßt deutlich erkennen, daß nicht Ribbentrop, sondern Himmler daran interessiert war, Luthers Haftbedingungen zu erleichtern. Dieser Befund widerlegt die offiziöse Darstellung, derzufolge Luther „jedenfalls zum Schluß von der SS fallengelassen und an Ribbentrop verraten worden“ sei.[15] Vermutlich stellte sich Himmler schützend vor Luther und Büttner, weil er Ribbentrop als zuständigen Ressortchef für die Ausweglosigkeit der deutschen Außenpolitik verantwortlich machte und ihn für die wünschenswerte Neuorientierung als Hindernis betrachtete.

Während Himmler letztlich jedoch zögerte, Ribbentrop fallenzulassen, wohl nicht nur mit Rücksicht auf die „Ordensregeln" der SS, sondern auch angesichts unwägbarer Reaktionen Hitlers, arbeitete Schellenberg nach wie vor auf die Ausschaltung Ribbentrops hin – und zwar keineswegs nur aus uneigennützigen Motiven. Schellenberg, den kritische Beobachter als intrigant und stets auf den eigenen Vorteil bedacht charakterisierten, war, soweit erkennbar, der geistige Urheber des Komplotts gewesen: Er habe sich Luthers bedient mit dem Ziel, Ribbentrop zu stürzen und dessen Nachfolge als Reichsaußenminister anzutreten. Ihm und nur ihm traute man diese Intrige zu. Das Komplott hatte zwar nicht den von Schellenberg gewünschten Erfolg, es decouvrierte ihn aber auch nicht. Im Gegensatz zu Luther blieb Schellenberg unangefochten im Amt.

Eine Mitwirkung traditioneller Teile der Berufsdiplomatie an dieser Revolte gegen den verachteten Außenminister v. Ribbentrop ist nicht erkennbar. Luther, als Protegé Ribbentrops vordem ebenso verhaßt wie sein Protektor, soll dagegen noch nachträglich Sympathien unter den Karrierediplomaten gewonnen haben, „weil er offenbar Ribbentrop erkannt und deutlich als geisteskrank bezeichnet hat".[16]

Martin Luther soll kurz nach dem Ende des Zweiten Weltkriegs an den Folgen einer Herzattacke in Berlin gestorben sein. Durch seinen frühen Tod im Alter von 49 Jahren entging er der strafrechtlichen Verfolgung im Wilhelmstraßen-Prozeß, den die Vereinigten Staaten von Amerika 1948/49 gegen den vormaligen Staatssekretär Ernst v. Weizsäcker und andere hohe Vertreter des Auswärtigen Amts u. a. wegen ihrer Beteiligung an Judenmorden führten.

Anmerkungen

1 Schreiben des Chefs SS-Hauptamt, Berger, v. 17. 4. 1941 an Himmler, in: BA Koblenz, NS 19 neu, 2798.

2 Walter Schellenberg, Memoiren, Köln 1959, S. 207.

3 NA Washington, T–120, roll 2541. Den Akten ist kein Fall zu entnehmen, in dem dieser Erlaß angewandt wurde.

[4] BA Koblenz, NS 19 neu, 2798.
[5] PA des AA Bonn, Inland II g 177.
[6] Ebd.
[7] Ebd.
[8] BA Koblenz, NS 19 neu, 2680.
[9] Schellenberg (Anm. 2), 283.
[10] Ebd., 290.
[11] Ebd.
[12] Ebd., 292.
[13] Ebd., 293.
[14] BA Koblenz, NS 19 neu, 2172.
[15] 100 Jahre Auswärtiges Amt, hrsg. vom Politischen Archiv des Auswärtigen Amts. Bonn 1970, S. 45.
[16] Die Hassell-Tagebücher 1938–1944, Aufzeichnungen vom Andern Deutschland, hrsg. von Friedrich Freiherr Hiller von Gaertringen, Berlin 1988, S. 356.

Bibliographie

Quellen

Zentrale Quellen zur Person und Tätigkeit Luthers sind im Politischen Archiv des Auswärtigen Amts Bonn überliefert (Dienststelle Ribbentrop, Handakten Luther, Inland II geheim und Inland II A/B) sowie im Berlin Document Center (SA-Personalakte Luther). Splitter finden sich im Bundesarchiv Koblenz, Bestand NS 19 neu (Persönlicher Stab Reichsführer-SS). Lesenswerte Urteile über Luther enthalten die Memoiren von Walter Schellenberg (Köln 1959), die erweitert und neu kommentiert unter dem Titel ›Aufzeichnungen. Die Memoiren des letzten Geheimdienstchefs unter Hitler‹ (Wiesbaden – München 1979) erschienen, und die Hassell-Tagebücher 1938–1944, Aufzeichnungen vom Andern Deutschland, hrsg. von Friedrich Freiherr Hiller von Gaertringen, Berlin 1988.

Literatur

Vergleichsweise umfassend sind die biographischen Notizen von Christopher R. Browning: Unterstaatssekretär Martin Luther and the Ribbentrop Foreign Office, in: Journal of Contemporary History 12 (1977), S. 313–344. Browning hat überdies Luthers Abteilung „Deutschland“ einer systematischen Analyse unterzogen in seiner Monographie The Final Solution and the German Foreign Office. A Study of Referat D III of Abteilung Deutschland 1940–43, New York – London 1978. Aufschluß zur Tätigkeit Luthers im Rahmen der Dienststelle Ribbentrop gibt die Untersuchung von Hans-Adolf Jacobsen, Nationalsozialistische Außenpolitik 1933–1938, Frankfurt a. M. – Berlin 1968.

Der Aufstieg Luthers und die Hintergründe seines Sturzes werden deutlich in der Gesamtdarstellung von Hans-Jürge Döscher, Das Auswärtige Amt im Dritten Reich. Diplomatie im Schatten der „Endlösung“, Berlin 1987, TB-Ausgabe Berlin 1991 (SS und Auswärtiges Amt im Dritten Reich).

16. Hermann Rauschning – Der fragwürdige Kronzeuge

Von Eckhard Jesse

I. Von Albert Speer abgesehen, hat kein anderer ehemaliger Nationalsozialist das Dritte Reich derart intensiv zu deuten versucht wie Hermann Rauschning. In dieser Rolle ist er der Nachwelt im Gedächtnis haften geblieben; weniger in seiner Eigenschaft als nationalsozialistischer Senatspräsident der Freien Stadt Danzig 1933/34. Insofern ist es unvermeidlich, nicht nur auf Rauschnings NS-Periode einzugehen (unter besonderer Berücksichtigung der – unterschiedlich interpretierten – Trennung von der NSDAP), sondern auch auf seine Werke, wenngleich notwendigerweise knapp. Die Karriere des konservativen Politikers im Dritten Reich war kurz, und zum Kern der NS-Elite gehörte er niemals. Er kam spät zur NS-Bewegung und verließ sie früh, allerdings wohl mehr unfreiwillig als freiwillig – zu einem Zeitpunkt, als nichts auf einen Abstieg der NSDAP hindeutete.

Geboren am 7. August 1887 im westpreußischen Thorn, entstammte Rauschning einer evangelischen Offiziers- und Gutsbesitzersfamilie. Nach einer Ausbildung im preußischen Kadettenkorps, die er aufgrund eines Herzfehlers abbrechen mußte, studierte er ab 1906 Germanistik, Geschichte und Musik in München und Berlin. Er schloß sein Studium 1911 mit einer Promotion zur Musikgeschichte Danzigs ab, die zwanzig Jahre später in einer veränderten Fassung als Buch erschienen ist. Als Kriegsfreiwilliger zum Offizier avanciert, kehrte er schwer verwundet in die Heimat zurück. Da Posen – Westpreußen nach dem Ersten Weltkrieg aufgrund der Versailler Bestimmungen an Polen gefallen war, engagierte er sich dort auf vielfältige Weise in volksdeutschen Organisationen – von der Leitung des deutschen Büchereiwesens bis zur Gründung von deutschen Zeitschriften. Doch angesichts der als immer einengender empfundenen „Entdeutschungspolitik" der Polen ließ er sich im Jahre 1926 als Gutsbesitzer und Landwirt auf dem Gebiet der unter dem Schutz und der Kontrolle des Völkerbundes stehenden Freien Stadt Danzig nieder, in Warnau an der Nogat, wo er einen Bauernhof erworben hatte. Den Deutschnationalen und monarchistischen Gedanken zugeneigt, ebenso aber den Ideen der „Konservativen Revolution", griff der Parteilose 1930 die „Entdeutschungspolitik" Polens in einem Buch heftig an, nicht zuletzt auch als Reaktion auf die eigenen Erfahrungen in Posen–Westpreußen. Etwas kryptisch heißt es am Ende: „Ideell gibt die dauernde Verletzung der Schutzbestimmungen des Versailler Vertrages durch Polen Deutschland die Handlungsfreiheit wieder, mag auch inzwischen durch die Folgen der Entdeutschungspolitik sich das Bevölkerungsverhältnis in den strittigen Gebieten zuungunsten des deutschen Volkes verändert haben. Es ist damit eine Lage geschaffen worden, die nun nicht mehr durch Teillösungen ihre Erledigung finden kann."[1] Von dieser eher polenkritischen, wenn nicht gar -feindlichen Politik sollte er als Senatspräsident von Danzig rasch abrücken.

Sein Aufstieg in der Politik vollzog sich schnell: In die NSDAP trat der intellektuell Wirkende und rhetorisch Versierte im Sommer 1931 ein und wurde ihr tonangebender Agrarexperte. Ein Jahr später übernahm er aufgrund seiner landwirtschaftlichen Aktivitäten den Vorsitz des Danziger Landbundes, einer Interessenorganisation der Bauern. Inzwischen SS-Standartenführer und stellvertretender Gauleiter, gelangte er mit dem 20. Juni 1933 in das Amt des Senatspräsidenten der Freien Stadt Danzig, nachdem die NSDAP am 24. Mai 1933 mit 50,03 Prozent dort gesiegt und 38 von 72 Mandaten im Volksrat erhalten hatte. Er stand zunächst – bis September 1933 – einem Koalitionskabinett von Nationalsozialisten und Zentrumsleuten vor, danach einer rein nationalsozialistischen Regierung. Rauschning vermochte es, durch verschiedene Maßnahmen die Entschuldung der Danziger Landwirtschaft voranzubringen. Weniger erfolgreich erwies er sich in der Wirtschafts- und Finanzpolitik. Rauschning strebte durch mehrere Abkommen eine Verbesserung des Verhältnisses zwischen Deutschen und Polen an. Der von Hitler seinerzeit gewünschte Abschluß des deutsch-polnischen Nichtangriffspakts von 1934 mag durch Rauschnings Initiativen gefördert worden sein. Jedenfalls fügten sich dessen Vorstellungen gut in das damalige, auf Annäherung an Polen ausgerichtete Konzept Hitlers ein. Wie einer Aufzeichnung des Reichsministers von Neurath über einen Empfang Rauschnings bei Hitler im Oktober 1933 zu entnehmen ist, „billigte der Kanzler die Bestrebungen der Danziger Regierung, soweit dies ohne Gefährdung des deutschen Charakters überhaupt möglich sei, zu einer Verständigung mit Polen auf allen Gebieten zu kommen".[2] Rauschning strebte mit dem polnischen Staatschef Pilsudski einen Ausgleich zwischen Deutschen und Polen an. So erreichte er die Auslastung des Danziger Hafens durch polnische Schiffe und stellte als Gegenleistung die polnische Minderheit in Danzig rechtlich mit der deutschen Bevölkerung gleich.

Die Danziger Zeit als Senatspräsident wurde jedoch von den Auseinandersetzungen mit dem fanatischen Gauleiter Albert Forster überschattet. Sie beruhten nicht notwendigerweise auf der Ablehnung der Partei oder Hitlers. Nicht nur in der Haltung zu Polen geriet Rauschning in Kollision mit seinem Gauleiter, der stärker auf einen innenpolitischen Konfrontationskurs setzte. Zwar versuchte Rauschning Danzig mehr und mehr im nationalsozialistischen Sinne umzugestalten und die Rechte der Juden zu beschneiden (z.B. durch Ausschluß aus den öffentlichen Berufsvertretungen), doch erschienen diese Maßnahmen Forster noch nicht durchgreifend genug.

Die notorischen Streitigkeiten hatten bereits in einem Gespräch zwischen Hitler, von Neurath und Rauschning am 17. Oktober 1933 Niederschlag gefunden, ohne daß sie aber an die Öffentlichkeit gedrungen waren: „Bei dem Empfang des Präsidenten des Danziger Senats, Herrn Rauschning, durch den Herrn Reichskanzler brachte Rauschning zunächst die Sprache auf die Schwierigkeiten, die ihm durch die lokale SA., SS. und auch den Gauleiter Forster immer wieder gemacht würden und die eine Gefährdung der Autorität der Danziger Regierung sowie ihrer Bestrebungen, zu einem Ausgleich mit Polen zu kommen, darstellten. Der Kanzler verwies Herrn Rauschning deswegen an den Stabschef Röhm, der von ihm Weisungen erhalten werde."[3] Der „Waffenstillstand" vom 8. Dezember 1933, der aufgrund der Intervention von Hitlers Stellvertreter Heß[4] zustande kam, hielt nicht lange: Der Gauleiter habe Eingriffe in Akte der Verwaltung zu unterlassen, der Senatspräsident sei für die gesamte Innen- und Außenpolitik dem Gauleiter verantwortlich.

Im Herbst 1934 spitzte sich die Situation zu: Wie aus einem ›Memorandum über die Lage Danzigs‹ vom 28. September 1934 hervorgeht – Rauschning ließ es Hitler über Außenminister von Neurath zukommen –, beschwerte er sich beim „Führer" und Reichskanzler über mannigfache Schwierigkeiten: „Ein weiteres Andauern derartig chaotischer Zustände, unabgegrenzter Befugnisse und einer Politik von Improvisationen und vagen Hoffnungen müssen nicht nur den Bestand Danzigs in Frage stellen, sondern die Existenz der nationalsozialistischen Bewegung in Danzig, die jederzeit die Probe einer vom Völkerbundrat angeordneten Wahl auszuhalten haben, vernichten."[5] Allerdings offenbart das Memorandum keineswegs einen fundamentalen Gegensatz zur Politik Hitlers. Reichsaußenminister von Neurath hat anläßlich der Übersendung der Denkschrift in einem Vermerk an den deutschen Diktator den Grund für die Gegensätze „in erster Linie in Eingriffen Forsters in die Verwaltung Danzigs" gesehen und Hitler demzufolge geraten, Gauleiter Forster die Anweisung zu geben, „sich jeder Eingriffe in die Exekutive zu enthalten".[6] Am 5. Oktober war Rauschning von Forster, der angesichts des dominierenden Einflusses von Gauleitern einen natürlichen Vorteil besaß, aufgefordert worden, unverzüglich zurückzutreten, und zwar wegen Krankheit. Wenn das nicht freiwillig geschehe, so werde ein förmliches Mißtrauensvotum im Volkstag erzwungen. Rauschning teilte Hitler am 8. Oktober mit, daß er „in selbstverständlicher Parteidisziplin" dem Ersuchen zum Rücktritt durch den Gauleiter Forster wohl nachzukommen gedenke, aber er halte es „angesichts der schweren außen- und innenpolitischen Lage Danzigs" für seine Pflicht, ihn, Hitler, auf die Folgen hinzuweisen. „Ich kann daher ohne Ihre ausdrückliche Zustimmung meinen Rücktritt nicht erklären."[7]

Am 11. Oktober kulminierte der Machtkampf: Rauschning hatte sich an das Auswärtige Amt gewandt und „die befristete Abberufung des Herrn Staatsrats Forster wegen Gefährdung der außenpolitischen Stellung und der Unabhängigkeit Danzigs von Polen"[8] verlangt. Laut einem Vermerk von Außenminister von Neurath hat dieser Rauschning am 13. Oktober mitgeteilt, daß Hitler sich nicht einzumischen gedenke. Er, Rauschning, müsse zurücktreten. „Ich [von Neurath] habe Herrn Rauschning sodann noch gewarnt, nach seinem Abgang etwa den Mittelpunkt einer Fronde zu bilden. Diese Warnung schien mir notwendig, weil der Ton und die Ausdrücke, in denen Herr Rauschning von seinen Gegnern in der Partei sprach, jedes Maß vermissen ließen. Mir gegenüber verstieg er sich zu der Drohung, daß ich für die Folgen verantwortlich sei, die sich aus der Weigerung des Führers, ihn gegenüber seinen politischen Gegnern in Danzig zu unterstützen, ergäben. Ich habe daraufhin das Gespräch abgebrochen."[9]

Auf das Schreiben des Fraktionsvorsitzenden der NSDAP vom

31. Oktober 1934, Wilhelm von Wnuck, die durch Krankheit bedingte „Führerlosigkeit des Staates“ zu beenden und „die erforderlichen Entschlüsse zu fassen“[10], reagierte Rauschning nicht im erwünschten Sinne. Er listete noch einmal die Konfliktpunkte auf und beendete seinen Brief mit den Worten: „Ich lehne den freiwilligen Rücktritt von meinem Amte ab und verweise auf die Notwendigkeit einer begründeten Mißtrauenserklärung.“[11] Das Mißtrauensvotum der Volkstagsfraktion der NSDAP vom 22. November führte einen Tag später zum Rücktritt Rauschnings von seinem Amt. Er machte seinem bisherigen Stellvertreter Arthur Greiser Platz, einem blindwütigen Nationalsozialisten, der 1946 in Polen gehenkt wurde. In einer Presseerklärung teilte Rauschning seinen Rücktritt ohne Angabe von Gründen mit.

Vor den Neuwahlen zum Volkstag am 7. April 1935 ließ er seine Präferenzen für die deutschnationale Liste durchblicken. Von dem fränkischen Gauleiter Julius Streicher böse diffamiert, wandte sich der inzwischen aus der Partei ausgeschlossene Rauschning nunmehr in einem offenen Brief an Forster, und gab die „Rücksichtnahme auf die Partei [auf], von der ich mich innerlich nur schwer getrennt habe“.[12] Er beschuldigte Forster, sich als unbeschränkter Diktator aufzuspielen, und bezog vehement Stellung gegen die Liste der NSDAP, die trotz starken Drucks nur 57,3 Prozent der Stimmen erreichte. Anschließend setzte sich Rauschning angesichts der für ihn bedrohlich gewordenen Situation ins Ausland ab, zunächst nach Polen, dann in die Schweiz, schließlich nach Frankreich, England und zuletzt nach Amerika.

Mehrfach tauchte Rauschnings Name im Zusammenhang mit einer avisierten deutschen Gegenregierung auf. Aber solche Pläne blieben ebenso Episode wie sein Kokettieren mit einer „Deutschen Freiheitspartei“ 1938 bis 1940. Von 1941 an ließ sich Rauschning in den USA nieder, davon lange Jahre in Portland/Oregon als Farmer. Viele Emigranten verhielten sich gegenüber dem ehemaligen Nationalsozialisten reserviert. Hingegen genoß Rauschning bei Repräsentanten seiner Gastländer einen gewissen Einfluß. Er erklärte schon sehr früh, wegen der rückwirkenden Rechtsetzung und der Beteiligung der Sowjetunion nicht als Kronzeuge vor dem Nürnberger Prozeß zur Verfügung zu stehen. Aber auch das Militärtribunal selbst lehnte seinerseits die von der Verteidigung gewünschte Ladung Rauschnings ab. Dieser hatte sich nach 1945 weiter als politischer Schriftsteller betätigt und in den fünfziger Jahren wie Heinrich Brüning gegen den Westintegrationskurs Adenauers votiert, ohne daß es ihm gelungen war, für seine außenpolitische Idee eines dritten Weges zwischen Ost und West auf sonderlich viel Resonanz zu stoßen. Vermutlich deshalb setzte er – Mitherausgeber der ›Blätter für deutsche und internationale Politik‹, mit deren verkappt kommunistischem Kurs ihn nichts verband – auch seine Absicht, nach Deutschland zurückzukehren, nicht in die Tat um. Er verstarb hochbetagt, fast fünfundneunzigjährig, am 8. Februar 1982 in Portland. Obgleich älter als Hitler, überlebte er mithin das Ende des Dritten Reiches um mehr als eine Generation.

II. Was war der Grund für den Bruch Rauschnings mit der NSDAP und für den der NSDAP mit Rauschning? Ging das Zerwürfnis ausschließlich auf die gegenseitige Abneigung zwischen Rauschning und dem Danziger Gauleiter Forster zurück, hatte sich bei Rauschning allmählich ein Lernprozeß herauskristallisiert, oder blieb er im Kern immer ein nationalbewußter Deutscher, der in die falsche Partei geraten war und aus der entfernten Danziger Sicht zunächst nur ein verschwommenes Bild von der machiavellistischen Politik des NS-Systems hatte? Wahrscheinlich ist es eine Gemengelage von Gründen, so daß die genannten folglich einander gar nicht völlig ausschließen müssen.

Rauschning wandte sich gegen die Annahme, bei seinem Kampf gegen Forster habe es sich „nur um eine der üblichen persönlichen Rivalitäten"[13] gehandelt. Darauf legte er nicht nur in den ›Gesprächen mit Hitler‹, sondern auch schon in den einleitenden Bemerkungen zur ›Revolution des Nihilismus‹ Wert. Dort hieß es, daß „mein Ausscheiden aus der nationalsozialistischen Partei und meine Gegnerschaft zu dem heutigen Regierungssystem in nichts anderem beruht, als daß ich zur deutschen Politik im wachsenden Maße aus sachlichen Gründen in Gegensatz kam und kommen mußte, wenn ich pflichtwidrig und gewissenlos handeln wollte".[14]

Wer die vorhandenen Quellen studiert, muß allerdings den Eindruck gewinnen, daß Rauschning seinerzeit ganz offensichtlich auf Konsens mit Hitler aus war. Das erwähnte Memorandum, ein Schlüsseldokument für die Bewertung Rauschnings, betont die „besondere Rechtslage"[15] Danzigs, die es innen- und außenpolitisch zur Zeit nicht gestatte, die Situation Danzigs grundlegend zu ändern. Rauschning warnte vor den Folgen mangelnder Vertragstreue, wie sie Gauleiter Forster propagierte. Vieles steht bei Rauschning unter dem Vorbehalt

„zurzeit".[16] Diese Taktik läßt sich unterschiedlich deuten: Ist es eine Taktik gegenüber der Weltöffentlichkeit oder eine solche gegenüber Hitler, um seine Zustimmung zu erlangen? Das Memorandum endet mit den folgenden Worten: „Ein weiteres Andauern derartig chaotischer Zustände, unabgegrenzter Befugnisse und einer Politik von Improvisationen und vagen Hoffnungen müsse nicht nur den Bestand Danzigs in Frage stellen, sondern die Existenz der nationalsozialistischen Bewegung in Danzig, die jederzeit die Probe einer vom Völkerbundsrat angeordneten Wahl auszuhalten haben wird, vernichten."[17] Rauschning hatte sich mit diesem Memorandum also noch keineswegs von der NS-Bewegung losgesagt, wie auch er sich später nicht von der Partei trennte, sondern Hitler von ihm. Aber selbst bei einem günstigen Ausgang für Rauschning wäre der Bruch vermutlich bei anderer Gelegenheit gekommen, bejahte er doch bei aller Verstrickung in das NS-System keineswegs den Totalitätsanspruch der Partei.

Der Senatspräsident will gedrängt worden sein, „die Verfassung durch brutale Behandlung der Opposition de facto zu ändern". Er stellte sich zunehmend als „das einzige Hindernis der Gleichschaltung Danzigs"[18] dar. Allerdings klingen die zeitgenössischen Proteste Rauschnings erstaunlich milde. Sein Verhältnis zur Partei sei dem eigenen Ermessen nach „unmöglich geworden. Nach meiner Rückkehr aus Genf stellte die Partei die Forderung, die Danziger Verfassung zu beseitigen, den Kampf um die Befreiung von der Vormundschaft des Völkerbundes aufzunehmen und eine rücksichtslose Politik gegen Polen zu führen. Als Einleitung dieses Kampfes sollte ich einige katholische Geistliche festnehmen lassen, die sozialistische Partei auflösen und besondere Maßnahmen gegen die jüdische Bevölkerung treffen. Ich lehnte das ab".[19] Das war keineswegs der Ausgangspunkt des Konflikts, wie er im Memorandum Rauschnings geschildert ist, wenngleich Forster in der Tat eine weitaus aggressivere Politik an den Tag legte als Rauschning, der davor gewarnt hatte, „eine rücksichtslose Innenpolitik in der Unterdrückung der Parteien durchzuführen".[20] Ein ihm zugetragenes Ansinnen, Gauleiter Forster als unerwünschten Ausländer auszuweisen und eine neue Regierung zu bilden, will er aus folgendem Grund abgewiesen haben: „Ich konnte nicht in demselben Atem Opposition zur Aufrechterhaltung der Verfassung und einen Staatsstreich machen"[21] – vor allem konnte er die machtpolitischen Gegebenheiten nicht außer Kraft setzen.

Für Theodor Schieder besteht „kein Zweifel", daß in der deutsch-polnischen Frage „die Wurzeln des Zerwürfnisses Rauschnings mit Hitler und dem Nationalsozialismus liegen".[22] Hitler habe im Gegensatz zu Rauschning keine echte Verständigung zwischen Deutschland und Polen über die Danzig-Frage angestrebt. Dieser hielt es für möglich, „Hitler zu einer maßvollen Politik der wirtschaftlichen und politischen Durchdringung Mitteleuropas zu bestimmen und sah Ansätze dazu in seiner Polenpolitik".[23] In der Tat dürfte es Rauschning mit seinem deutsch-polnischen Ausgleich angesichts der heiklen Lage Danzigs ernst gewesen sein – möglicherweise zur besseren Durchsetzung der Revisionsansprüche, vielleicht auch aus prinzipiellen Gründen.

III. Die Glaubwürdigkeit Rauschnings wird durch seine Veröffentlichungen nicht gestärkt. Im Jahre 1938, fast vier Jahre nach dem Ende seiner NS-Karriere, erschien ›Die Revolution des Nihilismus‹. Für Rauschning zählte Hitler in diesem Werk, das nur spärlich Hitler-Zitate verwendet, zu den machiavellistischen Revolutionären, die bedenkenlos und ohne Zielrichtung handelten. In Frankreich geriet der Renegat im Sommer 1939, wie Wolfgang Hänel in den achtziger Jahren herausgefunden hat, an den Agenten eines Pressebüros namens Emery Reves, der Rauschning ermunterte, seine ›Gespräche mit Hitler‹ zu Papier zu bringen. Der Familienvater in Geldnot ergriff, inzwischen zutiefst von der Inhumanität Hitlers überzeugt, die Gelegenheit beim Schopf und bauschte seine wenigen Besprechungen mit Hitler sensationsheischend auf. Der Erfolg des Unternehmens war gesichert.

Die mangelnde Authentizität der ›Gespräche mit Hitler‹ wirft kein günstiges Licht auf Rauschnings Motive, zumal er auch nach dem Krieg nicht von Passagen wie den folgenden abgerückt ist: „Diese Gespräche sind authentisch. Sie fanden im letzten Jahr vor der Machtergreifung und in den ersten beiden Jahren (1933/34) der nationalsozialistischen Herrschaft statt. Der Berichterstatter hat sich meist unmittelbar unter dem Eindruck des Gehörten Notizen gemacht. Vieles kann als nahezu wörtliche Wiedergabe gelten. Hier spricht sich Hitler im Kreise seiner Vertrauten hemmungslos über seine eigentlichen, vor der Masse geheim gehaltenen Ideen aus."[24] Diese Schilderung ist nicht haltbar. Es erscheint alles andere als plausibel, daß Hitler ausgerechnet ihm, der gewiß nicht als waschechter Nationalsozialist gelten konnte, seine geheimsten Ziele preisgegeben haben soll.

Schieder urteilt vorsichtiger, hält die ›Gespräche‹ zwar nicht für „wörtliche und protokollarische Überlieferung Hitlerscher Sätze und Sentenzen", bewertet sie gleichwohl als „Dokument von unbezweifelbarem Quellenwert": „Schließlich sind Rauschnings ›Gespräche mit Hitler‹ ein Dokument für den Autor selbst, der von der konservativen Revolution ausgehend in nahe Berührung mit der Bewegung Hitlers geriet, ihr in führender Funktion diente und sich dann mit tiefem Erschrecken abwandte. Diese nahe Berührung mit dem Nationalsozialismus, das Eintreten in den innersten Kreis schuf Voraussetzungen für ein Urteil über Hitler, über die kein Außenstehender verfügte und die deshalb zu ungewöhnlichen Ergebnissen führten."[25] Diese Interpretation trifft weder die Persönlichkeit Rauschnings noch dessen Werk: „Unbezweifelbarer Quellenwert"? – „Abwendung mit tiefem Erschrecken"? „Eintreten in den innersten Kreis"? – Von alledem kann keine Rede sein.

Fritz Tobias und Wolfgang Hänel, der sich weitgehend auf dessen Ergebnisse stützen konnte, haben hingegen zu Recht die Authentizität der ›Gespräche‹ bestritten und auf die nur wenigen Zusammentreffen Rauschnings mit Hitler hingewiesen, unter denen wohl kein einziges unter vier Augen gewesen ist. Wie sie mit einer Vielzahl von Beispielen belegen können, hat Rauschning Hitler Zitate anderer – auch aus der ›Revolution des Nihilismus‹ – in den Mund gelegt. Insbesondere das Kapitel ›Hitler privat‹, das in der deutschsprachigen Schweizer Ausgabe von 1940 fehlte, ist durch und durch unglaubwürdig – ein Produkt der Kriegspropaganda. Durch seine ›Gespräche mit Hitler‹ hat Rauschning die eigenen Motive im Aufbegehren gegen Forster nachträglich ins Zwielicht gerückt.

IV. Auch wenn der ehrgeizige Rauschning sich bei den Nationalsozialisten zunehmend als Fremdkörper empfunden haben mag und ihre Führer ihn wohl nicht als beispielhaftes Exemplar eines in der Wolle gefärbten NS-Funktionärs ansahen, gab es zunächst keinerlei Differenzen. So notierte Goebbels in seinem Tagebuch am 27. September 1933: „Er [Rauschning] sieht die Dinge klar und macht bestimmt keine Dummheiten."[26] Später, nach den ›Gesprächen mit Hitler‹, war Rauschning für den NS-Propagandaminister der „gemeinste Propagandist auf der Gegenseite"[27], vor dem man höllische Angst hatte, wie den Protokollen der geheimen, nur für einen ganz kleinen Kreis bestimmten Goebbels-Konferenzen zu entnehmen ist. Für Rauschning gilt das ebenso: Es sind von ihm zahlreiche panegyrische Ergüsse aus den Jahren 1933/34 auf die NS-Führung bezeugt, während Rauschning ab 1938 die Nationalsozialisten in Grund und Boden verdammte, nicht zuletzt wegen ihrer anfänglichen Politik, die er doch unterstützt hatte.

In Wirklichkeit gehörte Rauschning auch in der Zeit als Danziger Senatspräsident keineswegs zu den eingeweihten Größen des Dritten Reiches. Vom Berliner Machtzentrum als Danziger Senatspräsident in doppelter Hinsicht weit entfernt – Hitlers Ohr hatte der Danziger Gauleiter –, zählte er nicht zu den Nationalsozialisten, die den Rassismus auf ihr Panier geschrieben hatten. Dieser Umstand dürfte das Ende der Verbindung auf beiden Seiten präjudiziert haben. Insofern mögen die massiven Differenzen mit Gauleiter Forster typisch gewesen sein. Was als entlastend für Rauschnings Bruch gelten kann, muß als belastend für seine nachträglichen Beschuldigungen in puncto Glaubwürdigkeit zählen. Seine ›Gespräche mit Hitler‹ sind weithin Phantasieprodukte. Hitler würde einem derart „unsicheren Kantonisten" nichts Diskreditierendes anvertraut haben. Außerdem sind nur sehr wenige Gespräche im größeren oder kleineren Kreis überliefert. Man kann Rauschning nicht einerseits als genuin Konservativen charakterisieren und ihn dann im gleichen Atemzug als glaubwürdigen Zeugen für die Verruchtheit Hitlers hinstellen. Ein überzeugter Konservativer hätte dessen Haßtiraden sofort, spätestens nach seinem Ausscheiden 1934, der Öffentlichkeit bekannt gemacht – wenn sie denn gefallen wären.

Rauschning war vor seinem Zwischenspiel mit dem Nationalsozialismus ein Konservativer, der sich weder eindeutig den „konservativen Revolutionären" noch den Deutschnationalen zurechnen läßt. Sein Weg zum Nationalsozialismus basierte auf der Bejahung bestimmter Züge – wie etwa der propagierten Großmachtstellung Deutschlands, dem Kampf gegen das „Versailler System" und dem Antikommunismus. Mit der Rassenlehre des Nationalsozialismus vermochte Rauschning ebensowenig konform zu gehen wie mit der als revolutionär und plebejerhaft empfundenen NS-Bewegung, die er zunehmend als Form „eines neuen politischen Landsknechtswesens"[28] ansah. Hingegen durfte er sich mit dem „Tag von Potsdam" identifiziert haben. Bei ihm gibt es auch nach dem Bruch mit dem Nationalsozialismus in mancher Hinsicht eine Kontinuität seiner Ideen, was etwa die Warnung vor der modernen Massendemokratie betrifft, wenngleich die These, er sei „auch noch als Gegner dem NS innerlich verbunden“[29] gewesen, so nicht stimmt.

Anmerkungen

[1] H. Rauschning, Die Entdeutschung Westpreußens und Posens. Zehn Jahre polnische Politik, Berlin 1930, S. 398.

[2] Aufzeichnung des Reichsministers Frhr. von Neurath über einen Empfang Rauschnings bei Hitler am 17. Oktober 1933, abgedruckt in: Th. Schieder, Hermann Rauschnings ›Gespräche mit Hitler‹ als Geschichtsquelle, Opladen 1972, S. 66.

[3] Ebd., S. 66.

[4] Akten zur Auswärtigen Deutschen Politik, C/Bd. II/1, Nr. 109, S. 187.

[5] Memorandum des Senatspräsidenten der Freien Stadt Danzig Dr. Hermann Rauschning für Reichskanzler Hitler über den Reichsminister des Auswärtigen Freiherrn von Neurath, abgedruckt in: Th. Schieder (Anm. 2), S. 79.

[6] Reichsminister des Auswärtigen Freiherr von Neurath an Reichskanzler Adolf Hitler, abgedruckt in: Th. Schieder (Anm. 2), S. 67.

[7] Akten zur deutschen auswärtigen Politik 1918–1945, C/Bd. III, 1, Nr. 243, S. 462.

[8] Akten zur deutschen auswärtigen Politik 1918–1945, C/Bd. III, 1, Nr. 244, S. 463.

[9] Akten zur deutschen auswärtigen Politik 1918–1945, C/Bd. III, 1, Nr. 248, S. 486.

[10] Brief von W. von Wnuck an H. Rauschning, zitiert nach O. Röckh, Die Wahrheit über Danzig, Wien 1935, S. 34.

[11] Brief von H. Rauschning an W. v. Wnuck, zitiert nach: Ebd., S. 39.

[12] Offener Brief von H. Rauschning an W. Forster, zitiert nach: Ebd., S. 43.

[13] H. Rauschning, Gespräche mit Hitler, Zürich 1940, S. 206.

[14] Ders., Die Revolution des Nihilismus. Kulisse und Wirklichkeit im Dritten Reich, Zürich/New York 1938, S. 10.

[15] Memorandum (Anm. 5), S. 68.

[16] Ebd., S. 68, 70, 72, 74 u. ö.

[17] Ebd., S. 79.

[18] Ders. (Anm. 13), S. 182.

[19] Ebd., S. 204.

[20] Memorandum (Anm. 5), S. 73.

[21] Ders. (Anm. 13), S. 207.

[22] Th. Schieder (Anm. 2), S. 38.

[23] H. Rauschning (Anm. 13), S. 109.

[24] Ebd., S. 6.

[25] Th. Schieder (Anm. 2), S. 62.

[26] J. Goebbels, Tagebücher 1924–1945, hrsg. von R. G. Reuth, Bd. 2: 1930–1934, München 1992, S. 833 (27. September 1933).

[27] Ebd., Bd. 4: 1940–1942, München 1992, S. 1376 (31. Januar 1940).

[28] H. Rauschning (Anm. 14), S. 182.

[29] W. Ender, Konservative und rechtsliberale Deuter des Nationalsozialismus 1930–1945, Frankfurt a. M. 1984, S. 128.

Bibliographie

Quellen

Viele Quellen über Rauschning dürften verlorengegangen sein, als das Propagandaministerium nach den ›Gesprächen mit Hitler‹ Material über Rauschning zusammentragen ließ, das den Krieg nicht überdauert hat. Einige Schlüsseldokumente finden sich in den ›Akten zur deutschen auswärtigen Politik‹. Rauschning, der nach eigenem Bekunden Material auf der Flucht vor den Nationalsozialisten in Paris lassen mußte (Brief an F. Tobias vom 20. Januar 1960), hat sich nicht zusammenhängend, wohl aber in einigen seiner Bücher am Rande zu der eigenen Tätigkeit in der NS-Zeit geäußert: Die ›Gespräche mit Hitler‹, die bei ihrem Erscheinen Ende 1939 – nach Kriegsbeginn also – für Furore sorgten und nach 1945 zunächst als ergiebige Geschichtsquelle „ausgeschlachtet“ wurden, ziehen seriöse Historiker im Gegensatz zu früher kaum noch heran, auch nicht mehr die berühmte Stelle über Görings Erzählungen von „Details des Reichstagsbrandes“ (S. 76). In den ›Gesprächen mit Hitler‹ erläutert er beiläufig Gründe für das Zerwürfnis mit dem Nationalsozialismus, ebenso in dem folgenden Band: Die konservative Revolution. Versuch und Bruch mit Hitler, New York 1941. Rauschnings These über die Prinzipienlosigkeit Hitlers, die übrigens zu den Grundaussagen in den ›Gesprächen‹ in einem krassen Spannungsverhältnis steht, hat lange einen Zweig der NS-Forschung bestimmt: Die Revolution des Nihilismus. Kulisse und Wirklichkeit im Dritten Reich, Zürich 1938. Für das Selbstverständnis Rauschnings ist das Werk indirekt aussagekräftig, zum Beispiel im Hinblick auf die Erläuterung seiner Polenpolitik. Die zahlreichen Bücher Rauschnings nach 1945 geben so gut wie keinen Aufschluß über seine frühere politische Rolle, von wenigen biographischen Exkursen abgesehen (beispielsweise: H. Rauschning, Zwischen gestern und heute, in: Ders., Deutschland zwischen West und Ost, Berlin u. a. 1950, S. 15–55). Rauschnings Haltung als Danziger Senatspräsident kommt gut in der folgenden Broschüre zum Ausdruck: 10 Monate nationalsozialistische Regierung in Danzig. Rede des Präsidenten des Senats der Freien Stadt Danzig Dr. Hermann Rauschning in der Kundgebung der NSDAP am 7. April 1934, o. O. o. J. (1934). Rauschnings Vorgänger als Danziger Senatspräsident, der Deutschnationale E. Ziehm, schildert dessen Persönlichkeit aus eigenem Erleben: Aus meiner politischen Arbeit in Danzig 1914–1939, 2. Aufl., Marburg 1960. Die zeitgenössische Schrift von O. Roeckh (Die Wahrheit über Danzig, Wien 1935) liefert ebenfalls reichhaltiges dokumentarisches Material.

Literatur

Eine Biographie über Rauschning fehlt, wie überhaupt die Zeugnisse über ihn wegen der schlechten Quellenlage nur spärlich sind. Heranzuziehen ist die Arbeit von W. Ender (Konservative und rechtsliberale Deuter des Nationalsozialismus 1930–1945, Frankfurt a. M. 1984, Personalbibliographie: S. 394–401), die die Kontinuität von Rauschning betont und ihn extrem negativ sieht – im Gegensatz zu Th. Schieder, der dessen ›Gespräche‹ nicht nur zu rekonstruieren und ihren Quellenwert zu relativieren, sondern auch die politischen Vorstellungen Rauschnings herauszuarbeiten versucht hat: Hermann Rauschnings ›Gespräche mit Hitler‹ als Geschichtsquelle, Opladen 1972. Zu Recht weitaus schärfer sind mit Rauschning W. Hänel (Hermann Rauschnings ›Gespräche mit Hitler‹. Eine Geschichtsfälschung, Ingolstadt 1984) und F. Tobias (Auch Fälschungen haben lange Beine. Des Senatspräsidenten Rauschnings ›Gespräche mit Hitler‹, in: K. Corino [Hrsg.], Gefälscht! Betrug in Literatur, Kunst, Musik, Wissenschaft und Politik, Nördlingen 1988, S. 91–105) ins Gericht gegangen. Sie sprechen von Fälschung. Die von M. Broszat erwähnten „neu zugänglich gewordene(n) Dokumente" (Enthüllung? Die Rauschning-Kontroverse, in: H. Graml/K.-D. Henke [Hrsg.], Nach Hitler. Der schwierige Umgang mit unserer Geschichte. Beiträge von Martin Broszat, München 1986, S. 249–251, 251) enthalten zwar „einige neue Anhaltspunkte", jedoch keine Überraschungen, so daß es fraglich erscheint, „ob sich eine Rauschning-Dokumentation mit Hilfe dieses Materials wirklich lohnt" (Brief von M. Broszat an F. Tobias v. 10. September 1987). Recht gut erforscht ist die Danziger Zeit von H. Rauschning – etwa bei B.-J. Wendt, Danzig. Ein Bauer auf dem Schachbrett nationalsozialistischer Außenpolitik, in: M. Funke (Hrsg.), Hitler, Deutschland und die Mächte. Materialien zur Außenpolitik des Dritten Reiches, Düsseldorf 1976, S. 774–794. Seine Politik gegenüber den Polen wird wohlwollend beurteilt bei R. Breyer, Das Deutsche Reich und Polen 1932–1937. Außenpolitik und Volksgruppenfragen, Würzburg 1955. Eine knappe Würdigung Rauschnings, unter besonderer Berücksichtigung der ›Revolution des Nihilismus‹, findet sich bei G. Mann, Hermann Rauschning, in: Ders., Zeiten und Figuren, Frankfurt a. M. 1979, S. 117–131.

17. Hjalmar Schacht – Der Magier des Geldes

Von Harold James*

Horace Greeley Hjalmar Schacht hatte im Dritten Reich eine einzigartige Stellung inne. Er fiel nicht nur durch sein Alter und seine vornehme Art, sondern auch durch seine außergewöhnliche, aber aggressive Intelligenz auf. Deutlich älter als die übrigen Minister einer Bewegung, die sich ihrer jugendlichen Dynamik brüstete, hatte er bereits in der Politik der Weimarer Republik eine wichtige Rolle gespielt. Auf zahllosen Fotografien nach 1933 erscheint er immer von Männern in Uniform umgeben; er selbst trägt jedoch stets einen betont altmodischen Anzug mit hohem Stehkragen. Auch durch seine geistigen Fähigkeiten, die er nie zu verbergen suchte, hob er sich von seiner Umgebung ab. Psychologen der US-Army stellten zu seiner Genugtuung fest, daß er von allen Nürnberger Häftlingen den höchsten Intelligenzquotienten besaß.[1]

Seine Herkunft ist vielleicht nicht untypisch für die NS-Elite: In einer Welt, in der bürgerliche Werte bedroht waren, stammte er aus einer gefährdeten Familie der Oberschicht. Sein Vater war ein liberaler Lehrer, William Schacht, der die USA und den Journalismus so sehr bewunderte, daß er seinen zweiten Sohn nach dem New Yorker Demokraten und Zeitungsverleger Horace Greeley nannte (Hjalmar war der dritte Vorname Schachts; ihn verwendete er als Erwachsener). William Schacht war amerikanischer Staatsbürger gewesen; da er in den USA jedoch keine erfolgreiche Karriere gemacht hatte, war er nach Deutschland zurückgekehrt, wo Hjalmar 1877 im Lehrerhaus von Tingleff in Nordschleswig (heute dänisch) geboren wurde. Sein Vater wandte sich zunächst dem Journalismus zu, verdiente damit jedoch zu wenig und wurde dann Geschäftsführer einer Seifenfabrik, die Bankrott machte, als Hjalmar sechs Jahre alt war. Danach arbei-

* Aus dem Englischen übersetzt von Karl Nicolai.

tete William für eine Kaffeeimportfirma, die ebenfalls in Konkurs ging, und nach vorübergehender Arbeitslosigkeit trat er in eine amerikanische Versicherungsgesellschaft ein, in der er es schließlich bis zum Generalsekretär für Berlin brachte. Kurzum, es war eine letzten Endes erfolgreich bürgerliche Karriere, die jedoch ständig vom sozialen Abstieg bedroht blieb. Die Mutter Schachts stammte aus einer vornehmen Hamburger Familie, mußte allerdings arbeiten, um ihren Gatten in seinen diversen Schwierigkeiten zu unterstützen.

Von seinen Eltern erbte Schacht ein Interesse für den Journalismus. Nachdem er an einer renommierten Hamburger Schule, dem Johanneum, die Reifeprüfung abgelegt und danach an den besten deutschen Universitäten studiert hatte, verfaßte er häufig Zeitungsartikel, obgleich er sich dazu überreden ließ, eine wirtschaftsgeschichtliche Dissertation (›Der theoretische Gehalt des englischen Merkantilismus‹) zu schreiben. Dies verschaffte ihm einen Posten als Vertreter industrieller Interessen. 1903 trat er dann in die Dresdner Bank ein, wo er zunächst für die Pressearbeit zuständig war, bis er fünf Jahre später stellvertretender Direktor wurde.

Seit seiner frühen Jugend zeigte Schacht einen starken Ehrgeiz; zumindest teilweise deshalb, weil er dem unsicheren wirtschaftlichen Milieu seines Elternhauses entfliehen wollte. In seinem Reifezeugnis von 1895 stand: „Gut veranlagt, hält sich zu Großem bestimmt.“[2] Aus diesem Ehrgeiz erwuchs ein arrogantes Selbstbewußtsein und der Glaube, aufgrund seiner Fähigkeiten seine nominellen Dienstherren beherrschen zu können – ganz gleich, ob es sich dabei um demokratische Politiker der Weimarer Republik oder um Hofschranzen Adolf Hitlers handelte. Auf die skeptische Frage der amerikanischen Journalistin Dorothy Thompson im Frühjahr 1931, wer wohl imstande sei, die Nationalsozialisten durch die wirtschaftlichen und finanziellen Klippen der Weltwirtschaftskrise zu steuern, antwortete er kühn: „Ich.“ Als er nach dem Zweiten Weltkrieg von den Amerikanern über die Persönlichkeit Adolfs Hitlers befragt wurde, sagte er: „Vor mir hat er stets größten Respekt gehabt – was er vor keinem anderen Mitarbeiter hatte.“[3] In einem triumphierenden Gedicht rühmte er seine Standfestigkeit:

> Sie möchten, daß mir die Nerven reißen,
> Und hoffen, ich werde unterliegen.
> Sie irren sich gründlich. Ich werde beißen.
> Ich werde mich wehren. Ich werde siegen.[4]

Diese Selbstsicherheit entsprang nicht nur einer kolossalen Überheblichkeit, sondern auch der Überzeugung, er allein könne wirtschaftliche Probleme verstehen und erklären – und das allein mache im zwanzigsten Jahrhundert den Kern der Staatskunst aus. Diese Auffassung stand in diametralem Gegensatz zu der Vision der führenden Nationalsozialisten, die nicht die Bedeutung der Wirtschaft, sondern deren dienende Funktion gegenüber dem allgemeinen „Volkswillen" betonten.

Schachts Auffassung der deutschen Geschichte – sie kreiste um seine eigenen großen Leistungen, die Stabilisierung der Mark nach der Inflation von 1923 und die Finanzierung des Aufschwungs nach der Wirtschaftskrise – spiegelt sich in seinen umfangreichen autobiographischen und halb-autobiographischen Schriften: ›Die Stabilisierung der Mark‹ (1927), ›Das Ende der Reparationen‹ (1931), ›Abrechnung mit Hitler‹ (1948), ›76 Jahre meines Lebens‹ (1953). Als historische Quellen sind sie alle unzuverlässig und gelegentlich unwahr. Sie vermitteln jedoch ein lebendiges Bild von einer dominierenden Persönlichkeit.

Während des Ersten Weltkriegs war Schacht wegen seiner schlechten Sehkraft vom Kriegsdienst freigestellt und arbeitete kurze Zeit in der Finanzverwaltung des besetzten Belgien. 1915 wurde er entlassen, weil er bei den Vorkehrungen für die Ausgabe belgischer Banknoten angeblich seine alte Bank ungebührlich begünstigt hatte. Später, 1923, wurde dieser Vorwurf von denjenigen Direktoren der Reichsbank wieder aufgegriffen, die Schachts Ernennung zum Reichsbankpräsidenten verhindern wollten. In der Zwischenzeit kehrte Schacht ins kommerzielle Bankgeschäft zurück, zuerst zur Dresdner und dann zur kleineren Nationalbank.

Auf dem Höhepunkt der deutschen Inflation wurde er zum Reichswährungskommissar ernannt. Andere Bankfachleute mit mehr Erfahrung hatten diesen Posten abgelehnt, weil seine Befugnisse ungenau definiert waren. Aber dann starb Reichsbankpräsident Rudolf Havenstein, der nach geltendem Recht von der Regierung nicht entlassen werden konnte, und Schacht trat seine Nachfolge an. Obgleich man nicht behaupten kann, Schacht habe die neue Währung – die Rentenmark und die spätere Reichsmark – erfunden, trug er entscheidend dazu bei, daß die Stabilisierung der deutschen Währung gelang.

Zunächst ist jedoch wichtig: Die Stabilisierung hätte ohne die Hilfe ausländischer Banken und Zentralbanken nicht gelingen können.

Schacht war sich dessen bewußt und pflegte deshalb von Anfang an erfolgreich ein enges Verhältnis zu dem Präsidenten der Bank of England, Montagu Norman. Des weiteren ordnete er im April 1924 – unter dem Beifall der ausländischen Zentralbanken – eine rigorose Kreditbeschränkung an, welche die Möglichkeit einer neuen Inflation in Deutschland im Keim erstickte.

Während der zweiten Hälfte der zwanziger Jahre betrachtete Schacht die Stabilisierung der Währung als ein heikles, ständig gefährdetes Kunststück. Auf der einen Seite war sie bedroht durch innere Umstände: die Kreditpolitik öffentlicher Gewalten und Körperschaften wie Länder, Reichsbahn und Reichspost, auf der anderen Seite durch den massiven und möglicherweise inflationären Zufluß von Anleihen aus dem Ausland. Zunächst warnte Schacht privat im Ausland vor den Folgen dieses Geldzuflusses; schließlich übte er in einer öffentlichen Rede 1927 in Bochum scharfe Kritik an der nach seiner Auffassung fahrlässigen Kreditaufnahme deutscher Städte.

Gleichzeitig versuchte er ein neues Reparationsabkommen für Deutschland auszuhandeln. Er nahm 1928 an der Expertenkonferenz in Paris und dann an den beiden Konferenzen in Den Haag 1929/30 teil, die schließlich dem Young-Plan zustimmten. Obwohl Schacht den ursprünglichen Bericht der Pariser Expertenkonferenz mitunterzeichnet hatte, beklagte er sich darüber, daß die deutsche Reichsregierung später zu viele Zugeständnisse gemacht habe und daß der neue Plan die Bedrohung Deutschlands durch militärische Maßnahmen nicht endgültig ausschließe. Gleichzeitig veröffentlichte er im Dezember 1929 eine Denkschrift, die an der Finanzpolitik der Regierung so scharfe Kritik übte, daß daraufhin der Reichsfinanzminister zurücktrat.

Schachts wichtigster Bundesgenosse in seiner Kampagne gegen die Große Koalition war die Meinung ausländischer, nicht so sehr diejenige inländischer Finanzexperten. Sein größter politischer Aktivposten war sein Ruf als ein Magier des Geldes und als der Retter der Mark. Das Lebensmuster Schachts während der Weimarer Republik – der Aufbau eines geradezu legendären Rufes, die Pflege von Auslandskontakten, dann heftige Abneigung gegen das politische System ohne den ernsthaften Versuch, eine systematische Opposition zu organisieren – sollte sich nach 1933 wiederholen.

Nach seinem aufsehenerregenden und im Zorn vollzogenen Rücktritt als Reichsbankpräsident im März 1930 lebte Schacht zurückgezogen auf seinem Landgut Gühlen in der Mark Brandenburg. Gleichzeitig ließ er wiederholt durchblicken, er werde zur Verfügung stehen, um in der Stunde der Not die deutschen Finanzen neuerlich zu retten. Seine Kontakte zum Ausland pflegte er weiter, und im Oktober/November 1930 unternahm er eine Vortragsreise durch die USA. Seine Hauptthese war dabei, das Scheitern des Young-Abkommens stehe unmittelbar bevor, und Deutschland benötige dringend ein Moratorium für seine Reparationszahlungen.

Bald nach seiner Rückkehr kam es zu einem Kontakt zwischen Schacht und der Führung der NSDAP, die über die politischen Konsequenzen des dramatischen Anstiegs der nationalsozialistischen Wähler bei der Reichstagswahl vom September 1930 nachdachte. Hitler erkannte die Werbekraft Schachts als eines Garanten absoluter finanzieller Orthodoxie: er wollte die Schachtlegende vor den nationalsozialistischen Karren spannen. Während der Weltwirtschaftskrise herrschte in Deutschland große Angst vor einer erneuten Inflation, die Hitler gegen die Regierungsparteien einzusetzen versuchte, die aber auch die Gegner der Nationalsozialisten politisch zu instrumentalisieren suchten. Wenn es Hitler gelang, Schacht auf seine Seite zu ziehen, war das ein ideales Mittel, um den an ihn gerichteten Vorwurf der Fahrlässigkeit in Geldfragen zu entschärfen.

Im Dezember 1930 hatte Hermann Göring um ein Gespräch mit Schacht gebeten, und das Treffen war von dem politisch sehr aktiven Direktor der Deutschen Bank, Emil Georg von Stauss, arrangiert worden. Am 5. Januar 1931 lud Göring Schacht in seine Mietwohnung in Berlin–Wilmersdorf ein, wo nach einem relativ bescheidenen Abendessen Hitler erschien, sprach und Schacht völlig überwältigte. Der Finanzmann war von Hitlers „dynamischer Kraft“ tief beeindruckt. In der Mitte der dreißiger Jahre erklärte Schacht ausdrücklich, er sei kein Nationalsozialist, sondern „lediglich ein Anhänger und Bewunderer Hitlers“. Er sprach in „lyrischen und ergreifenden Worten von den außergewöhnlichen Fähigkeiten des Führers, der die einzige bedeutende Gestalt des NS-Regimes sei“.[5]

Beim sogenannten Harzburger Treffen der Nationalen Opposition am 11. Oktober 1931 wurde diese neue Allianz zum erstenmal publik. Die Anwesenheit Schachts war vorher nicht angekündigt worden und überraschte alle Beobachter. In seiner Rede kritisierte er die Regierung Brüning und die Leitung der Reichsbank durch Luther als unaufrichtig und heimlich inflationär – ein grotesker Vorwurf inmitten einer gewaltigen deflationären Krise, der jedoch illustriert, wie stark (nach Meinung der Veranstalter) die breite Masse eine orthodoxe Haltung in Geldfragen befürwortete. Dies blieben die Themen von Schachts Attacken während des Jahres 1932: Die deutsche Mark sei nur „stabil durch Notverordnung“[6], und die Deutschen könnten Reparationen nur bezahlen, wenn sie selbst hungerten, um „Hungerexporte“ zu liefern.

Während des ganzen Jahres 1932 suchte Schacht die deutsche Industrie für den Nationalsozialismus zu gewinnen. Gleichzeitig geißelte er führende Industrielle wegen ihrer lauen Haltung, ihres „Mangels an Bekennermut“.[7] Er war jedoch keineswegs der einzige Wirtschaftsberater Hitlers, und die anderen (darunter Wilhelm Keppler) suchten die Partei zu stärkerem Experimentieren auf wirtschaftlichem Gebiet zu drängen. Zur gleichen Zeit festigte Schacht seine Beziehungen zum Nachfolger Brünings, Franz von Papen, und benutzte seinen Einfluß, um die Zustimmung der britischen Regierung zu einem Plan zu erlangen, der die deutschen Auslandsschulen reduzieren sollte.[8]

Als Hitler am 16. März 1933 Schacht wieder zum Reichsbankpräsidenten ernannte, wurde dieser Schritt in weiten Kreisen als beruhigend empfunden. In der Übernahme des Amtes durch einen erfahrenen Finanzexperten sahen viele Deutsche die Gewähr dafür, daß Hitler auf diesem Gebiet keinen großen Schaden anrichten könne. Die alten Konservativen mußten für dieses Beruhigungsmittel bezahlen, und es war kein Zufall, daß Schacht die bankmäßige Verwaltung des Fonds übernahm, den deutsche Industrielle für den nationalsozialistischen Wahlkampf aufgebracht hatten. In die Innenpolitik griff Schacht zum erstenmal während der Bankenenquete ein, die er gewissenhaft kontrollierte, um Forderungen radikaler Nationalsozialisten nach einer völligen Umstrukturierung oder Neuordnung des deutschen Bankwesens im Keim zu ersticken.

Der Einfluß Schachts wuchs im Juli 1934, als er die Nachfolge des erkrankten Kurt Schmitt antrat und geschäftsführender Reichswirtschaftsminister wurde, und im Mai 1935, als er nach der Einführung der allgemeinen Wehrpflicht Generalbevollmächtigter für die Kriegswirtschaft wurde und damit die wirtschaftliche Seite der Mobilisierung für den Krieg völlig beherrschte. 1936 begannen jedoch mehrere Gruppen innerhalb der Partei seinen Einfluß anzufechten.

Im Mittelpunkt des Konfliktes stand Schachts Handhabung der Devisenkontrolle. Anfänglich hatte Schacht ein teilweises, dann ein totales Moratorium für die Rückzahlung langfristiger deutscher Auslandsschulen angeordnet (die kurzfristigen Schuldverschreibungen gegenüber dem Ausland waren bereits durch das Stillhalteabkommen von 1931, das jährlich neu ausgehandelt wurde, abgedeckt). Diese Maßnahmen zur Einsparung von Devisen reichten nicht aus, um eine wachsende Krise zu vermeiden, als der Konjunkturaufschwung höhere Importe mit sich brachte. Schacht reagierte auf dieses Problem mit dem Neuen Plan vom September 1934, der Einnahmen aus dem Export und Zahlungen für den Import miteinander verknüpfte und zu einer verstärkten Bilateralisierung des Handels führte. Der Neue Plan basierte auf Importkontrollen, vor allem in bezug auf Konsumgüter – z. B. Textilien und Nahrungsmittel, deren Einfuhr 1933 und während der ersten Jahreshälfte 1934 stark angestiegen war. Die notwendige Einschränkung dieser Importe gefährdete den Lebensstandard der Verbraucher, und diejenigen Teile der NSDAP, die auf die öffentliche Meinung am empfindlichsten reagierten, drohten zu meutern. Besonders schwere Vorwürfe gegen Schacht erhoben Joseph Goebbels als Propagandaminister und Robert Ley, der Leiter der Deutschen Arbeitsfront.

Der Gewinner dieses bürokratischen Hickhacks war weder Ley noch Goebbels, sondern Göring, der seit April 1936 allmählich eine immer wichtigere Position als wirtschaftspolitischer Manager für sich aufbaute. Aus der Rohstoff- und Devisenbewirtschaftung erwuchs der Apparat des Vierjahresplanes, der auf dem Nürnberger Reichsparteitag im September 1936 verkündet wurde. Göring, der „Beauftragte für den Vierjahresplan", wurde damals von mehreren prominenten deutschen Exporteuren unterstützt, besonders von einflußreichen Partnern in Hamburg. Der Streitpunkt war nicht Orientierung am Weltmarkt oder Autarkie. Sowohl Schacht als auch Göring erkannten, daß man sich am Weltmarkt orientieren mußte; beide wollten jedoch die deutsche Wirtschaftspolitik persönlich beherrschen. 1936 glaubte Schacht jedoch nicht mehr an das System des kontrollierten Außenhandels, das im wesentlichen von ihm selbst aufgebaut worden war, und als Frankreich im September den Franc abwertete, wollte er sich mit der Reichsmark anschließen – ein Schritt, der Deutschland in eine offenere Weltwirtschaft zurückgebracht hätte, gegen den Hitler aber Einspruch erhob mit der Begründung, dies würde zu einer neuen Inflation in Deutschland führen.[9]

Der letzte Akt des Machtkampfes fand 1937 statt, als Göring die

Hermann-Göring-Werke plante – gegen Schachts „falsche Wirtschaftsauffassung [./.], die alle Dinge nur von der Rentabilität und dem Verdienst des einzelnen her betrachtet“.[10] Obgleich die meisten Stahlproduzenten des Ruhrgebiets das Vorhaben Görings, minderwertige einheimische Eisenerze zu verarbeiten, scharf verurteilten, gelang es Schacht nie, mit ihnen eine gemeinsame Front zu bilden. Hitler griff persönlich ein, machte jedoch deutlich, daß er Göring nicht in der Öffentlichkeit bloßstellen werde, und Schacht trat als Wirtschaftsminister zurück. Wie 1929/30 hatte er sich auf einen politischen Kampf eingelassen, ohne eine wirkliche Hausmacht hinter sich zu haben, und hatte verloren.

Wie in den zwanziger Jahren entwickelte Schacht daraufhin eine eigenartige außenpolitische Initiative. Während der langwierigen Reparationsverhandlungen in der Weimarer Republik hatte er darauf bestanden, daß Deutschland nur dann bezahlen könne, wenn es seine Kolonien zurückbekomme. In den dreißiger Jahren griff er dieses Thema wieder auf. Ein deutsches Kolonialreich würde das ideale Instrument für eine wirtschaftliche Beschwichtigungspolitik liefern. Kolonien würden Deutschland fest in der Weltwirtschaft verankern. 1936 unternahm er eine erfolglose Mission, um Léon Blum, den Ministerpräsidenten der französischen Volksfrontregierung, vom Anspruch Deutschlands auf Kolonien zu überzeugen.

Seit 1937 distanzierte sich Schacht stärker vom NS-Regime. Auf eigenes Ersuchen hin wurde er als Reichsbankpräsident nur für ein Jahr – nicht für vier Jahre – bestätigt, und er sprach ganz offen davon, daß er die Reichsbank wohl bald verlassen werde. Er unterhielt weiterhin enge Kontakte zum Ausland, besonders zu Montagu Norman, den er bei den regelmäßigen Aufsichtsratssitzungen der Bank für Internationalen Zahlungsausgleich (BIZ) in Basel traf, sowie durch seinen Schwiegersohn, Hilger von Scherpenberg, der trotz seiner radikalen SPD-Vergangenheit Legationssekretär und später Legationsrat bei der deutschen Botschaft in London wurde (Schacht intervenierte, um ihn vor Angriffen der NSDAP zu schützen). Schacht äußerte sich deutlich gegen das Hitler-Regime, aber kaum in öffentlichen Reden, sondern meist gegenüber Ausländern, die ihn oft für hysterisch oder unzuverlässig hielten.

Am 1. April 1936, unmittelbar vor dem Ausbruch des ersten großen Konfliktes mit Göring, berichtete der britische Botschafter in Berlin über eine lange Tirade Schachts nicht nur gegen die Gangster der zweiten Garnitur, sondern gegen den Führer persönlich [...]. Er schloß, indem er die Hoffnung aussprach, daß die anderen Mächte erst dann mit Deutschland verhandeln würden, wenn wenigstens ein Schein von Recht und Ordnung wiederhergestellt sei.[11]

Seine öffentliche Kritik konzentrierte sich auf die antisemitischen Maßnahmen des Regimes. Im Juli 1935 schloß er die Reichsbankstelle in Arnswalde, nachdem deren Leiter öffentlich angeprangert worden war, weil seine Frau in einem jüdischen Geschäft eingekauft hatte, bis der Gauleiter sich bei dem angegriffenen Beamten entschuldigte. In seiner ersten größeren regimekritischen Rede, anläßlich der Eröffnung der sog. Ostmesse in Königsberg im August 1935, stellte er fest, die Juden sollten die „Ausübung ihrer geschäftlichen Tätigkeit" fortsetzen. Freilich sagte er in derselben Rede auch: „Die Juden müssen sich damit abfinden, daß ihr Einfluß bei uns ein für allemal vorbei ist."[12]

Das Pogrom vom November 1938 verschärfte zweifellos Schachts Konflikt mit dem NS-Regime. In seiner Weihnachtsansprache vor Angestellten der Reichsbank verurteilte er die Mißhandlung jüdischer Staatsbürger und drohte jedem, der sich daran beteiligt habe, mit der Entlassung. Im gleichen Monat benutzte er seine englischen Kontakte, um mit Lord Bearstead (einem jüdischen Bankier) und George Rublee (dem Vorsitzenden des "Intergovernmental Committee for Jewish Relief" in Evian) einen Plan zu besprechen, der die Auswanderung deutscher Juden und den Transfer jüdischer Gelder erleichtern sollte. Der Plan sah eine internationale Anleihe vor, abgesichert durch das von einer internationalen Treuhandgesellschaft verwaltete jüdische Vermögen in Deutschland. Die Anleihe sollte durch die Einkünfte aus „zusätzlichen" deutschen Exporten getilgt werden.

1938 nahm Schacht auch Kontakte zur militärischen Opposition gegen Hitler, zu Generaloberst Beck und besonders zu General von Witzleben auf, mit der Begründung, Hitler riskiere einen Krieg, auf den Deutschland unzureichend vorbereitet sei. Pläne für einen Staatsstreich zerschlugen sich, weil die Westmächte mit Hitler das Münchener Abkommen schlossen und die Gefahr eines Krieges gebannt schien.

Der offene Konflikt zwischen Schacht und Hitler brach nicht wegen der Juden-, sondern wegen der Aufrüstungspolitik aus. In diesem Bereich war die größte Schachtlegende aufgebaut worden: Schacht habe ein *Wirtschaftswunder* (dieser deutsche Begriff entstand damals) inszeniert, das sowohl Wiederaufrüstung als auch Vollbeschäftigung einschloß. Die Dynamik der Wiederaufrüstung war zu einem beträchtlichen Teil durch sog. Mefo-Wechsel finanziert worden. Diese wurde auf eine Schein-Aktiengesellschaft (Metallurgische Forschungsgesellschaft) gezogen, waren jedoch durch eine Reichsgarantie gedeckt und bei der Reichsbank einlösbar. Sie konnten fünf Jahre lang umgewälzt werden. Infolgedessen waren die ersten Wechsel Ende 1938 zur Zahlung fällig. Hitler ließ keinen Zweifel daran, daß das Tempo der Wiederaufrüstung trotz des Münchener Abkommens gesteigert werden müsse und daß das Reich keine Rückzahlungen leisten würde. Die Reichsbank reagierte darauf mit einem Memorandum, das der Regierung weitere Kredite verweigerte und eine vollständige Kontrolle der Finanzen durch die Reichsbank forderte. Die Annahme dieses Vorschlages hätte das Ende des Aufrüstungsprogramms bedeutet. Nach einem kurzen Gespräch mit Hitler wurde Schacht (zusammen mit allen Direktoren, die das Memorandum vom 7. Januar 1939 unterzeichnet hatten) als Reichsbankpräsident entlassen.

Nach seiner Entlassung forcierte Schacht seine Auslandskontakte noch mehr. Vielleicht versuchte er sogar Donald Heath, den Ersten Botschaftsrat der US-Botschaft in Berlin, als Vermittler zu benutzen, um eine Position in den USA zu erlangen. Im Oktober oder November 1939 wollte er nach Washington reisen, um Präsident Roosevelt einen Friedensplan vorzulegen. 1940 sprach er in Berlin mit dem Staatssekretär im US-Außenministerium, Sumner Welles, und während des ganzen Jahres 1941 führte er regelmäßige Gespräche mit Heath. „Um den 6. Juni 1941“ sagte er Heath, „Hitler sei entschlossen, am oder um den 20. Juni in Rußland einzufallen [...]. Schacht behauptete, dies müsse als feststehende Tatsache angesehen werden“.[13]

Es ist bemerkenswert, daß Schacht diese Kontakte aufrechterhielt, obwohl ihn die NSDAP mit großem Mißtrauen beobachtete. 1942 wurde er von der Gestapo verhört, nachdem er gegen ein geplantes Einberufungsgesetz für Schüler schriftlich protestiert hatte. Trotzdem unterhielt er noch Kontakte zu oppositionellen Wehrmachtsoffizieren, besonders Witzleben, mied jedoch die fester organisierten „Kreise“ des Widerstands und wollte sich nicht darauf festlegen, in einer künftigen Regierung ein Amt zu übernehmen. Daher lehnte er ab, als von Hassell bei ihm anfragte, ob er bereit sei, in ein Kabinett Goerdeler einzutreten.

Infolge seiner Vorsicht konnte man ihm keine direkte Verbindung zum Bombenattentat vom 20. Juli nachweisen, obwohl er vorher davon wußte und seine minderjährigen Kinder am 17. Juli nach Oberbayern in relative Sicherheit brachte, ehe er nach Gühlen in der Mark Brandenburg zurückkehrte. Dort wurde er am 23. Juli verhaftet, und wahrscheinlich kam er nur deshalb mit dem Leben davon, weil der Mann, der ihn durch seine Aussagen hätte belasten können, in einem Gefängnishospital gestorben war.

Schacht blieb auch nach dem Einmarsch der Amerikaner interniert und wurde aufgrund der Anklagepunkte 1 und 2 (Verschwörung und Planung eines Angriffskrieges) in Nürnberg vor Gericht gestellt, jedoch freigesprochen. Später wurde er von der Polizei in Württemberg erneut verhaftet und von einer Spruchkammer zu acht Jahren Arbeitslager verurteilt. Nach einem Berufungsverfahren wurde er im September 1948 freigelassen.

Sein Nachkriegsschicksal erfüllte ihn mit Bitterkeit und Empörung. Schacht sah sich als doppeltes Opfer, schikaniert von den Nationalsozialisten und von den Alliierten; und er verbrachte einen Teil seiner Haftzeit damit, anklagende Gedichte über die neuen Mächte in Deutschland zu schreiben. Außerdem entwarf er, während er noch mit seiner eigenen Verteidigung beschäftigt war, für seine alliierten Befrager detaillierte und wohldurchdachte Pläne zum wirtschaftlichen Wiederaufbau Deutschlands und Europas.

Dann fiel Schacht, wie schon einmal, zwei Mythen zum Opfer, die er um seine Person aufgebaut hatte: dem Mythos seiner eigenen überragenden Intelligenz und der Anmaßung, unentbehrlich zu sein. Er glaubte, die Weimarer Republik sei gescheitert, weil ihre Regierungen seine Ratschläge ignoriert hätten. Hitler habe die von ihm befürwortete Politik verworfen und einen fahrlässigen, katastrophalen Krieg geführt; und schließlich, der wirtschaftliche Wiederaufbau Deutschlands nach 1945 werde ohne ihn unmöglich sein. In jedem Falle lieferte die Wirtschaft den Schlüssel zum Schicksal des zwanzigsten Jahrhunderts, und in jedem Falle besaß Schacht diesen Schlüssel. Sein dreifaches Scheitern – als Politiker der Weimarer Republik, als Berater Hitlers und als Figur beim Wiederaufbau nach 1945 – weist darauf hin, daß politische Veränderungen nicht einfach mit dem „Primat der Wirtschaft“ zu erklären sind, wie Schacht annahm.

Anmerkungen

[1] A. Speer, Erinnerungen, Frankfurt a. M. – Berlin 1969, S. 511f.

[2] N. Mühlen, Der Zauberer. Leben und Anleihen des Dr. Hjalmar Horace Greeley Schacht, Zürich 1928, S. 15.

[3] National Archives Washington, Record Group 319, XE 003039: Second Preliminary Report on Hjalmar Schacht, 23. 8. 1945.

[4] H. Schacht, Kleine Bekenntnisse aus 80 Jahren. Als Handschrift gedruckt anläßlich meines achtzigsten Geburtstages, München 1957, S. 135.

[5] National Archives, a. a. O. Interrogation; Bank of England (BoE) G 1/415: Handschriftliches Memorandum von Norman Montagu, Jan. 1936; Churchill College, Cambridge, Phipps Papers 1/13: Phipps an Sir John Simon, 5. 11. 1934.

[6] H. Schacht, Grundsätze deutscher Wirtschaftspolitik, München 1932, S. 41.

[7] Historisches Archiv der Gutehoffnungshütte, 400101290/331: Schacht an Reusch, 20. 10. 1931.

[8] BoE G 1/417: Bernstorff an Norman, 1. 10. 1932.

[9] Institut für Zeitgeschichte, München, ED 172/72, Goebbels-Tagebücher, Eintrag vom 30. 9. 1936.

[10] A. J. Kube, Pour le mérite und Hakenkreuz. Hermann Göring im Dritten Reich, München 1986, S. 188.

[11] Phipps Papers 2/18: Phipps an Vansittart, 1. 4. 1936.

[12] H. Genschel, Die Verdrängung der Juden aus der Wirtschaft im Dritten Reich, Göttingen 1966, S. 112; IMT, Bd. XII, Nürnberg 1946, S. 638.

[13] B. F. Smith, Der Jahrhundertprozeß. Die Motive der Richter von Nürnberg – Anatomie einer Urteilsfindung, Frankfurt a. M. 1977, S. 298.

Bibliographie

Quellen

Schacht hinterließ umfangreiche autobiographische und halbautobiographische Schriften, vor allem: Die Stabilisierung der Mark, Stuttgart 1927; Abrechnung mit Hitler, Berlin 1948; und: 76 Jahre meines Lebens, Bad Wörishofen 1953. Als Reichsbankpräsident veröffentlichte er auch ein Buch, das Karikaturen über ihn enthielt (Schacht in der Karikatur, Berlin 1937) sowie eine Sammlung seiner gelegentlichen Äußerungen: Schacht in seinen Äußerungen, Berlin 1937. Zahlreiche Reden Schachts erschienen seinerzeit in gedruckter Fassung, z. B. seine Kasseler Rede von 1932: Grundsätze deutscher Wirtschaftspolitik, Oldenburg 1932.

Das Bundesarchiv Koblenz besitzt einen kleinen Bestand von Schacht-Dokumenten, die interessantes Material aus dem Ersten Weltkrieg und aus der Zeit

der Währungsstabilisierung 1923/34, aber fast nichts aus späterer Zeit enthalten. Das Zentrale Staatsarchiv Potsdam besitzt einen umfangreichen Bestand von Reichsbank-Dokumenten, meist aus der Volkswirtschaftlichen und der Statistischen Abteilung. Diese enthalten jedoch relativ wenig Material über politische Fragen während der Ära Schacht. Wegen seiner weitläufigen Auslandskontakte befindet sich höchst aufschlußreiches Material über Schacht zum Teil in Beständen außerhalb Deutschlands; in den Papieren von Montagu Norman (Bank of England), in dem persönlichen Nachlaß des britischen Botschafters in Berlin, Sir Eric Phipps (Churchill College, Cambridge), und in der Sammlung von Henry Morgenthau (Roosevelt Presidential Library, Hyde Park, New York).
Schachts Kontakte zum deutschen Widerstand sind belegt in der gedruckten Dokumentation des Internationalen Militärgerichtshofes in Nürnberg.

Literatur
Es gibt zwei Schacht-Biographien aus den dreißiger Jahren: Franz Reuter, Schacht, Stuttgart 1937 (hagiographisch), und Norbert Mühlen, Der Zauberer. Leben und Anleihen des Dr. Hjalmar Horace Greeley Schacht, Zürich 1938 (kritisch). Karl Bopp, Hjalmar Schacht: Central Banker, Columbia (Missouri) 1939 (eher sachlich), behandelt nur wirtschaftliche Fragen. Von den Biographien nach 1945 sind zwei Werke amerikanischer Historiker sachkundig und interessant: Edward N. Peterson, Hjalmar Schacht: For and Against Hitler. A Political-Economic Study of Germany 1923–1945, Boston 1954, und Amos E. Simpson, Hjalmar Schacht in Perspective, Den Haag 1969. Die neuere deutsche Untersuchung von Heinz Pentzlin, Hjalmar Schacht. Leben und Wirken einer umstrittenen Persönlichkeit, Berlin 1980, enthält zahlreiche Irrtümer.
Zu Schacht in der Weimarer Republik vgl. Harold James, The Reichsbank and Public Finance in Germany 1924–1933, Franfurt a. M. 1985; William C. McNeil, American Money in the Weimar Republic: Economics and Politics on the Eve of the Great Depression, New York 1986; Johannes ten Cate, Hjalmar Schacht als Reparationspolitiker 1926–1930, in: Vierteljahrsschrift für Sozial- und Wirtschaftsgeschichte 74 (1987), S. 186–228. Zu Schachts Verhalten im Dritten Reich: Zu seiner Einstellung gegenüber antisemitischen Maßnahmen vgl. Avraham Barkai, Vom Boykott zur 'Entjudung'. Der wirtschaftliche Existenzkampf der Juden im Dritten Reich 1933–1943, Frankfurt a. M. 1987. Die besten Darstellungen seines Ringens mit Göring sind Alfred J. Kube, Pour le mérite und Hakenkreuz. Hermann Göring im Dritten Reich, München 1986, und Richard J. Overy, Heavy Industry and the State in Nazi Germany: The Reichswerke Crisis, in: European History Quarterly 15 (1985), S. 313–340. Zu Schacht als Reichswirtschaftsminister vgl. Willi A. Boelcke, Die deutsche Wirtschaft 1930–1945. Interna des Reichswirtschaftsministeriums, Düsseldorf 1983.

18. Gertrud Scholtz-Klink – Die NS-Musterfrau

Von Jill Stephenson*

Es mag befremdlich wirken, Gertrud Scholtz-Klink in ein Buch über ›Die braune Elite‹ aufzunehmen, selbst wenn dieses nur die NS-Führung der zweiten Garnitur behandelt. Die NSDAP schloß Frauen programmatisch aus ihren inneren Zirkel und aus dem aktiven politischen Leben aus. Deshalb nahmen auch diejenigen Frauen, die in ihr den höchsten Rang innehatten, innerhalb des Machtapparates der Partei einen unbedeutenden Platz ein. So war Gertrud Scholtz-Klink als „Reichsfrauenführerin" (seit 1934) im Dritten Reich nominell für alle Frauenangelegenheiten zuständig, besaß jedoch nur geringen politischen Einfluß. Sie begnügte sich meist mit einer eng begrenzten und völlig untergeordneten Rolle im NS-System. Da weibliche Mitglieder der NSDAP im besonderen und der ihr angeschlossenen Frauenorganisationen generell während des ganzen Dritten Reiches eine deutliche Minderheit der weiblichen Bevölkerung bildeten, blieb die Klientel von Frau Scholtz-Klink schmal, obgleich sie dem Anspruch nach alle deutschen Frauen umfaßte. Scholtz-Klink erfüllte die Forderungen der NSDAP-Leitung in bewundernswerter Weise: sie war die Mutter einer musterhaft großen Familie, und sie akzeptierte vor allem bedingungslos die Notwendigkeit, nach außen ein Bild der Harmonie und der Einheit zu bieten – Züge, die deshalb auffielen, weil sie bei den Frauenorganisationen der NSDAP vor der Machtübernahme und in der Zeit der „Gleichschaltung" 1933/34 völlig gefehlt hatten. Ihre Fügsamkeit in dieser Hinsicht hatte zur Folge, daß sie ihr Amt bis 1945 behielt, so bedeutungslos es am Ende auch geworden war. Für die männliche Parteileitung hatte sie den Vorzug, daß sie „für eine drittrangige Organisation wie die der nationalsozialistischen Frauen im Deutschen Reich farblos genug war".[1]

* Aus dem Englischen übersetzt von Karl Nicolai.

Gertrud Emma Treusch wurde am 9. Februar 1902 als Tochter eines Vermessungsbeamten im badischen Adelsheim geboren. Ihr erster Ehemann, Friedrich Klink, ein Schullehrer und Weltkriegsteilnehmer, der Bezirksleiter der NSDAP in Offenburg war, starb während einer Wahlkundgebung im März 1930 an einer Herzattacke. Danach stürzte sie sich, obwohl sie vier kleine Kinder zu versorgen hatte, rückhaltlos in die Arbeit für die NSDAP, der sie im September 1929 beigetreten war. Während ihrer späteren Ehen, 1932 mit dem Landarzt Dr. Günther Scholtz und (nach ihrer Scheidung 1938) 1940 mit dem SS-Gruppenführer August Heißmeyer, setzte sie ihre Parteiarbeit fort, obgleich sie von beiden weitere Kinder hatte, insgesamt elf, von denen jedoch einige bald nach der Geburt starben. Während ihrer gesamten Amtszeit wurde ihr von manchen Leuten vorgeworfen, sie vernachlässige ihre Familie, von anderen, sie vernachlässige ihre Amtspflichten. Ihr beträchtlicher, wenn auch beschränkter Ehrgeiz sorgte jedoch dafür, daß sie sich eine besondere Position, hauptsächlich als beruhigend wirkende Figur des öffentlichen Lebens und als mütterliches Rollenvorbild aufbaute und während des ganzen Dritten Reiches bewahrte.

Nach den harten Entbehrungen des Ersten Weltkriegs erzeugte das doppelte Trauma der Niederlage und der Revolution sowie die darauffolgende Wirtschafts- und Währungskrise in ihrem Familien- und Freundeskreis Ressentiment und Verzweiflung. Deshalb fühlte sie sich von den Propagandafeldzügen der jungen Bewegung Hitlers angezogen. Er schien, so erinnerte sie sich später, „Selbstvertrauen, Glauben an eine Zukunft und den Mut zu diesem Glauben"[2] zu bieten. In diesem Zusammenhang war es zweifellos die politische Aktivität ihres ersten Mannes, die sie zur praktischen Sozialarbeit für die NSDAP veranlaßte. Noch vor seinem Tod hatte sie begonnen, in Offenburg Anhängerinnen des Nationalsozialismus zu organisieren, und seit Oktober 1930 war sie die badische Gauleiterin des „Deutschen Frauenordens" (DFO), einer ursprünglich unabhängigen völkischen Frauengruppe unter der Führung von Elsbeth Zander, die seit Januar 1928 als Gliederung der NSDAP anerkannt war. Gertrud Klink wurde im Gau Baden die Leiterin der „NS-Frauenschaft" (NSF), der am 1. Oktober 1931 von Gregor Straßer gegründeten alleinigen Frauenorganisation der Partei; ihr Hauptquartier war Karlsruhe. Dort wirkte sie so erfolgreich, daß man sie einlud, auch im Gau Hessen die NSF aufzubauen. 1932 rief sie zur Unterstützung des neuen Freiwilligen Arbeitsdienstes auf. Sie stellte nicht nur den männlichen Freiwilligen schlichte weibliche Hilfskräfte zur Verfügung, sondern lieferte auch Freiwillige für die von anderen Gruppen (etwa den kirchlichen Wohlfahrtsorganisationen) aufgebaute karitative Arbeit.

Dies stand im Einklang mit dem, was sie stets als die höchste Rolle der Frau in der NSDAP wie auch in der Gesellschaft überhaupt ansah: Sie sollte die Gehilfin ihrer Mannsleute sein und ihnen Behaglichkeit und praktischen Beistand gewähren. Sie akzeptierte zwar, daß viele Frauen zeitweise außerhalb ihres Hauses beschäftigt waren, und trat in öffentlichen Reden für das Recht der Frauen auf eine selbständige Berufskarriere und auf Chancengleichheit (z.B. im Bildungswesen) ein. Sie bestand jedoch immer darauf, daß der fundamentale Auftrag der Frauen die Unterstützung der Männer sei, die im Dienst des Volkes stünden. Diese Mission führte sie in die NSDAP, wo einer Aussage des badischen Gauleiters Robert Wagner aus dem Jahr 1931 zufolge unter ihrer „hervorragenden Leitung" der Deutsche Frauenorden in Baden „sehr erfreuliche Leistungen insbesondere auf dem Gebiet der Fürsorge" vollbrachte. „Die Sorge um Hinterbliebene von Gefallenen der Bewegung, [./.] für Verwundete, [./.] für Kranke oder Kinder von mittellosen Parteigenossen und schließlich die Sorge um die Erhaltung der Erwerbslosenküchen und um die Kleidervermittlung an Hilfsbedürftige war bisher ausschließlich die Sorge unserer ausgezeichneten Frauenorganisation."[3] Obwohl sie die Verdammung der Juden, der Sozialisten und der siegreichen Alliierten des Ersten Weltkriegs durch die NSDAP in vollem Umfang guthieß, huldigte sie grundsätzlich der Auffassung, eine Frau könne und solle eine ihr gemäße Aufgabe erfüllen – nämlich für die Bedürfnisse der Männer zu sorgen, die für die Sache kämpften. Sie selbst sollte nicht unbedingt für die Sache kämpfen.

Die Ernennung von Gertrud Scholtz-Klink zur Leiterin der NS-Frauenorganisationen am 24. Februar 1934 überraschte zweifellos andere Frauen, die sich in eine gute Position zu drängeln suchten. Aber die Begeisterung des Gauleiters Robert Wagner für ihre Arbeit in Südwestdeutschland und seine Ernennung zum Reichsstatthalter in Baden im Mai 1933 machten ihn zu einem Gönner von unschätzbarem Wert. Wagner ernannte Frau Scholtz-Klink zur Referentin für Frauenfragen im badischen Innenministerium. Als solche übernahm sie die Aufsicht über alle Frauenorganisationen in Baden, löste Gruppen auf, die politisch unerwünscht waren, und schaltete die übrigen gleich. Sie entwarf auch Pläne für einen weiblichen Arbeitsdienst, die sie in einem beträchtlichen Gebiet Südwestdeutschlands, nicht nur in Baden, sondern auch in Württemberg und in der Pfalz verwirklichen durfte, und übersandte dem Reichsinnenminister Wilhelm Frick Vorschläge für einen nationalen Frauenarbeitsdienst. Diese opportunistische Haltung auf dem Höhepunkt des Machtkampfes um die Leitung der Frauenorganisation wurde durch die Ankündigung belohnt, Gertrud Scholtz-Klink werde ab Januar 1934 die Leitung eines neuen „Deutschen Frauenarbeitsdienstes" übernehmen. Dies brachte sie in die vorderste Linie der NS-Frauenangelegenheiten auf Reichsebene – zu einem Zeitpunkt, der für die Entwicklung der Frauenorganisationen im Dritten Reich entscheidend war.

Mit ihren Frauenorganisationen hatte die NSDAP von Anfang an Probleme. Eifersucht und interne Kämpfe, Unfähigkeit und Disziplinlosigkeit waren für Elsbeth Zander charakteristisch gewesen, die zunächst ihren „Deutschen Frauenorden" und dann (unter der Ägide Gregor Straßers) die „NS-Frauenschaft" leitete. Ihre Entlassung im April 1933 war auf drei verschiedene Faktoren zurückzuführen: die Nachwirkungen von Straßers Rücktritt, ihren Kompetenzstreit mit Baldur v. Schirach wegen der nationalsozialistischen Mädchenorganisationen und das Selbstvertrauen der Parteileitung nach der Wahl vom 5. März 1933. Ihren Platz nahm zunächst eine ungeeignete Nachfolgerin, dann ein ungeeigneter Nachfolger ein. Den Hintergrund bildete ein Kompetenzgerangel zwischen Frick und den neuen Parteibossen, Rudolf Heß und Robert Ley. Daß Frau Scholtz-Klink sich daran – sei es durch Zufall, sei es aus Klugheit – kaum beteiligte und statt dessen ihre eigenen Organisationen in Südwestdeutschland aufbaute, erwies sich als eindeutiger Vorteil. Ihre offenkundige Neigung, den Feminismus in allen seinen Formen abzulehnen und das herkömmliche nationalsozialistische Bild der Frauen vor allem als Ehefrauen und Mütter der Nation zu propagieren, entsprach genau dem Verlangen der Parteileitung nach einer fügsamen Persönlichkeit, die jedoch in allen ihren Organisationen bei der Einhaltung der aktuellen Parteilinie Festigkeit zeigen würde. Nach dem selbstbewußten und militanten Stil einiger Frauenführerinnen, die der Partei in den Propagandafeldzügen der „Kampfzeit" gute Dienste geleitet hatten, erforderte die Zeit der „Gleichschaltung" Festigkeit und strikte Befolgung der von der Parteihierarchie ausgegebenen Richtlinien, andererseits Diplomatie und Taktgefühl im Umgang mit nichtnationalsozialistischen, aber potentiell freundlich gesinnten Frauenorganisationen, deren Fügsamkeit den Gleichschaltungsprozeß nicht nur leichter, sondern auch perfekter machen konnte. Zander und ihre Nachfolgerin (bzw. ihr Nachfolger), aber auch andere, die sich um ihren Posten bewarben, konnten keine dieser entscheidenden Anforderungen erfüllen. Der überragende Vorzug von Frau Scholtz-Klink bestand darin, daß sie dazu bereit und fähig war.

Die Grundstrukturen der NS-Frauenorganisationen, wie sie während der dreißiger Jahre und bis in den Krieg fortbestehen sollten, waren schon festgelegt, als man Frau Scholz-Klink die Führung übertrug. Zunächst, nach ihrer Ernennung am 24. Februar 1934, schien sie ein bloßes Aushängeschild zu sein, während die eigentliche Macht über die Organisationen von Erich Hilgenfeldt, dem Leiter der „NS-Volkswohlfahrt" (NSV), ausgeübt wurde, der in der Parteileitung das Amt Frauenschaft übernahm (Frau Scholtz-Klink wurde zu seiner Stellvertreterin ernannt). Hilgenfeldt hatte den Auftrag, Ordnung in die Organisationen zu bringen und die einander bekämpfenden Gruppen zu zähmen – Aufgaben, die er ziemlich energisch und rücksichtslos in Angriff nahm. Er zwang der elitären NS-Frauenschaft eine strenge Disziplin auf und säuberte sie, sobald die nichtnationalsozialistischen Frauenorganisationen „gleichgeschaltet" waren, von militanten Funktionärinnen, die sich dagegen sperrten.

Es blieb die Frage, welche Funktion die NS-Frauenschaft im Dritten Reich haben sollte. Die Aufgaben, die sie in der „Kampfzeit" erfüllt hatte: Hilfeleistung für bedürftige und verletzte Mitglieder der NSDAP und der SA sowie das Sammeln von Geld- und Sachspenden für karitative Zwecke, waren seit der Machtergreifung entweder überholt oder aber von der NSV übernommen worden. Frau Scholtz-Klink beschrieb als ihr Ziel „die geistige Hebung unseres gesamten weiblichen Volksniveaus", d. h. sie wollte die Frau darüber belehren, „was sie kann und wo sie ihrem Volke dienen kann".[4] Ihr Leitgedanke hieß „Dienst": Frauen hatten egoistische und individualistische Triebe ihrer Pflicht gegenüber dem Volk unterzuordnen – einer spezifischen Pflicht, die nur sie als Frauen erfüllen konnten. Daß Frauen Kinder gebären und aufziehen, den Haushalt führen und dem Mann, der das Geld verdiente, ein ordentliches und glückliches Zuhause bereiten sollten, verstand sich von selbst. Darüber hinaus hatten sie jedoch eine besondere geistige und kulturelle Mission: im sexuellen und gesellschaftlichen Bereich ein hohes moralisches Niveau zu bewahren und im Bereich der Kultur typisch deutsche Sitten und Bräuche zu propagieren. Da diese Werte in den zurückliegenden Jahren, ja sogar Jahrzehnten untergraben worden seien, sollte eine der beiden Hauptaufgaben der NSF die „politische Schulung" möglichst vieler deutscher Frauen sein, um ihnen die entscheidende Bedeutung dieser Pflichten einzuprägen.

Die zweite Hauptaufgabe der NSF bestand darin, die organisierten deutschen Frauen zu überwachen und ihnen politische Führung zu geben, und zwar durch individuelle Interessengruppen, die sich zu einem neuen Verband – dem „Deutschen Frauenwerk" (DFW) – zusammenschließen sollten. Es war vorgesehen, daß sich die einzelnen Gruppen letztlich auflösen und daß ihre Mitglieder direkt dem DFW beitreten würden, indem sie sich einer seiner Abteilungen anschlossen: Weltanschauung, Mütterdienst, Volkswirtschaft/Hauswirtschaft, Kultur/Erziehung/Schulung, Grenz- und Ausland, Hilfsdienst. Aber das Deutsche Frauenwerk wurde nicht zu der Massenorganisation deutscher Frauen, die von der Führung angestrebt worden war. Seine Mitgliederzahl – 1938 rund 4 Millionen – nahm sich zwar ziemlich imposant aus. Darin war jedoch hauptsächlich die Mitgliederschaft von Gruppen enthalten, deren Mitglieder diesen freiwillig beigetreten waren, bevor sie korporativ dem Deutschen Frauenwerk eingegliedert wurden. Ein aufschlußreicheres Bild vermittelt die Zahl der Frauen, die dem Deutschen Frauenwerk als Einzelmitglieder beitraten: Sie belief sich 1939 im „Altreich" auf etwa 6 Prozent aller Frauen über zwanzig Jahre.

Die mangelnde Attraktivität des Deutschen Frauenwerkes beruhte teilweise auf seinen Aktivitäten: Mütterschulung und Kochkurse fanden interessierte Teilnehmerinnen; dagegen erwies sich „weltanschauliche Schulung", ob sie nun offen oder versteckt durchgeführt wurde, als höchst unpopulär. Die Anziehungskraft des DFW wurde ferner von Anfang an dadurch eingeschränkt, daß es ursprünglich als ein Zusammenschluß überwiegend bürgerlicher Frauenorganisationen gegründet worden war. Frauen aus der Arbeiterklasse, die einer linken Partei oder einem Zweig ihrer Subkultur angehört hatten, mußten erkennen, daß das Leben ihrer Organisationen mit der Auflösung der Parteien 1933 ein abruptes Ende gefunden hatte. Unpolitische katholische Verbände waren zwar formal durch das Konkordat vom Juli 1933 geschützt. Örtliche Funktionäre der NSDAP hatten jedoch keine Skrupel, trotzdem kirchlichen Frauengruppen aufzulösen, obgleich sie manchmal auf energischen Widerstand stießen. Gemäß Frau Scholtz-Klinks Idee vom „Dienst am Volke“ bot das Deutsche Frauenwerk eher Belehrung und Schulung als echte Freizeitbeschäftigungen und büßte dafür mit einer niedrigen Mitgliederzahl; selbst bei den Ehefrauen von Parteifunktionären fand es kaum Resonanz. Infolgedessen wurde nur eine kleine Zahl deutscher Frauen von der routinemäßigen Indoktrinierung durch die Aktivitäten nationalsozialistischer Frauengruppen erreicht, und der Einfluß Frau Scholtz-Klinks auf die Frauen Deutschlands blieb entsprechend begrenzt.

Gleichwohl machte die „Frauenarbeit des Volkes“ rasche Fortschritte: Man baute einen komplizierten Verwaltungsapparat auf und rekrutierte dafür zuverlässige und oft tüchtige Frauen. Da die nationalsozialistischen Frauenorganisationen von denen der Männer streng getrennt waren, blieb Frau Scholtz-Klink *de facto* für die Arbeit ihrer Organisationen zuständig, solange sie die von dem männlichen politischen Führungskader gezogenen Grenzen respektierte. Ihr Amtssitz – seit Juni 1936 als „Reichsfrauenführung“ (RFFg) bekannt – war in Berlin, bis Juli 1936 in demselben Gebäude wie das zentrale Amt der NSV, weit entfernt von den wachsamen Augen des Parteihauptquartiers in München. Dieses ursprüngliche Arrangement gab Hilgenfeldt die Möglichkeit, die Tätigkeit der Frauenorganisationen genau zu überwachen; er scheint sich allerdings kaum eingemischt zu haben. Die räumliche Nähe der beiden Amtsleiter ließ freilich die Vermutung aufkommen, es habe eine „jahrelange Liaison“ zwischen ihnen bestanden. Der Umzug in die Derfflingerstraße im Juli 1936 wurde verursacht und gefördert durch das rapide Wachstum der Bürokratie der RFFg, das bis 1943 anhielt, als die Anforderungen des Krieges einen Abbau notwendig machten. Danach wurden die Geschäfte der nationalsozialistischen Frauen, ähnlich wie in der „Kampfzeit“, dezentralisiert und nach den Bedürfnissen des Augenblicks geführt. Örtliche Funktionärinnen versuchten in einem zunehmend aussichtslosen Kampf die Moral unter der Zivilbevölkerung aufrechtzuerhalten. Nominell konnte Frau Scholtz-Klink ihre Position praktisch bis zum Kriegsende behaupten. Am Muttertag (12. Mai) 1944 hielt sie beispielsweise eine Ansprache über den Rundfunk, und im Februar 1945 führte sie mit Göring eine nutzlose Auseinandersetzung darüber, wer von ihnen Inspektorinnen ernennen dürfe, um die weltanschauliche Schulung von Frauen zu überwachen, die bei der Wehrmacht arbeiteten. Aber der begrenzte Einfluß, den sie überhaupt auf die Masse der deutschen Frauen gehabt hatte, war auf den Nullpunkt gesunken.

Gertrud Scholtz-Klink war eine Frau, deren formale Ausbildung und geistiger Horizont beschränkt waren, aber sie war eine wirkungsvolle öffentliche Rednerin, mit der Frauen, die wie sie selbst Erfahrung als Ehefrau und Mutter hatten, sich identifizieren konnten. Die NS-Weltanschauung begriff sie nur auf einem stark vereinfachten Niveau. Trotzdem akzeptierte sie deren rassistische und expansionistische Ideen in vollem Umfang und beteiligte sich mit ihren Organisationen bereitwillig an der Nazifizierung der besetzten Gebiete in Ost- und Westeuropa. Ihr Engagement für den Nationalsozialismus war total und ist es bis heute geblieben. Obwohl sie naiv war, besaß sie eine beträchtliche politische Raffinesse. In der Öffentlichkeit pflegte sie das Image einer einsatzfreudigen Führerin, absolvierte zahllose offizielle Besuche, Reden, Empfänge – und verlangte von ihren Untergebenen einen ebenso unermüdlichen Einsatz. Dennoch sorgten ihre beträchtlichen familiären Verpflichtungen dafür, daß sie häufig – manchmal wochenlang – ihrem Amt fernblieb, was ihre Mitarbeiterinnen zu Beschwerden veranlaßte. Ihre diversen, von der Propaganda stark hervorgehobenen Verpflichtungen waren teilweise dadurch verursacht, daß die Parteileitung (als Anerkennung dafür, daß sie ihren an sie als Frauenführerin gestellten Erwartungen entsprach) ihren Status – wenn auch nicht ihre Machtbefugnisse – bewußt erhöhte, indem sie ihr die Führung fast aller übrigen Organisationen, die mit Frauen zu tun hatten, übertrug. So wurde sie etwa im Juli 1934 nominelle Leiterin des neuen Frauenamtes der Deutschen Arbeitsfront (DAF), obwohl sie dort in Wirklichkeit nur wenig Einfluß besaß. Weitere Ämter waren: Leiterin des Reichsfrauenbundes des Deutschen Roten Kreuzes (Juni 1934), Sachverständige für das Arbeitsgebiet „Frauenschutz" in dem Sachverständigenbeirat der NSBO [Nationalsozialistischen Betriebszellenorganisation] in der Obersten Leitung der PO [Politischen Organisation der NSDAP] (August 1934), Mitglied des Sachverständigenbeirats für Bevölkerungs- und Rassenpolitik (März 1935), Mitglied in dem Obersten Ehren- und Disziplinarhof der DAF (April 1936), Berufung in den Ehrenführerring des Reichsbundes der Kinderreichen (Mai 1936), Berufung in die Akademie für deutsches Recht (Dezember 1936). Im November 1936 wurde ihr das Goldene Ehrenzeichen der NSDAP verliehen. Andererseits verlors sie ihre zunehmend nominelle Rolle der Leiterin des Deutschen Frauenarbeitsdienstes, als Konstantin Hierl im April 1936 die Frauen seinem neuen Reichsarbeitsdienst (RAD) direkt unterstellte.

Obwohl die Organisationen von Frau Scholtz-Klink in Wirklichkeit eine hinterwäldlerische Provinz des Dritten Reiches bildeten, wurde ihr persönlicher Status von der Parteileitung strikt aufrechterhalten. So erinnerte Bormann im Jahr 1937 Parteigenossen daran, daß „lt. Anordnung des Führers Frau Scholtz-Klink im Rang eines Hauptamtsleiters steht".[5] Verschiedene Parteigrößen, beispielsweise Alfred Rosenberg, hielten an dieser Fiktion fest, indem sie mit ihr korrespondierten, sie zu Veranstaltungen anderer Parteigliederungen einluden oder ihr Geburtstagsglückwünsche schickten. Auch in der Auslandspropaganda wurde sie als wichtige Persönlichkeit der NS-Führung herausgestellt, und offenbar hielt man sie dort meist für ein führendes Mitglied der NS-Elite. Aber in ihren Beziehungen zu Heß (später Bormann) und Ley wurde deutlich, daß sie der männlichen Parteileitung untergeordnet war. Im Januar 1938 gab sie zu, daß „es mir bisher nicht gelungen ist, mit dem Führer einmal persönlich die Aufgabengebiete der Frau durchzusprechen".[6] Wichtige politische Richtlinien, die Frauen betrafen (z.B. deren Anspruch auf Posten als höhere Beamte), wurden ohne Rücksprache mit der Reichsfrauenführerin formuliert. Die Ohnmacht von Frau Scholtz-Klink zeigte sich bei den gelegentlichen Konflikten über die Abgrenzung zwischen ihren Organisationen und größeren, wichtigeren nationalsozialistischen Verbänden, besonders der Deutschen Arbeitsfront Robert Leys und dem Bund deutscher Mädel, der zu Schirachs Hitlerjugend gehörte, aber auch dem Reichsnährstand Walther Darrés. So tauchte nach dem Kampf um die Führung wieder ein Problem auf, das die NS-Frauenschaft in ihren Beziehungen zu anderen NS-Organen von Anfang an belastet hatte: Frau Scholtz-Klink erhob wie ihre Vorgängerinnen den Anspruch, daß ihre Organisationen für Frauen aller Altersstufen in allen Lebensbereichen zuständig seien, während Ley das Recht beanspruchte, arbeitende Frauen in seiner DAF zu organisieren, Schirach die obere Altersgrenze für eine „Mädchen"-Organisation auf 21 festsetzte und Darré Bäuerinnen für seinen Reichsnährstand anwarb. Es herrschte nie Zweifel darüber, wer aus diesen Kompetenzstreitigkeiten als Sieger hervorgehen würde; im nationalsozialistischen Deutschland behielten die Männer immer die Oberhand.

Bei Kriegsende kehrten Frau Scholtz-Klink und ihr Mann nach einem kurzen Aufenthalt in einem russischen Internierungslager nach Baden zurück und lebten unentdeckt unter einem falschen Namen (sie wurden unter diesem Namen sogar entnazifiziert), bis sie Anfang 1948 von der französischen Besatzungsmacht aufgespürt wurden. Frau Scholtz-Klink wurde wegen dieses Betrugs zu 18 Monaten Gefängnis verurteilt. 1949 wurde sie dann wegen ihres früheren Titels als Hauptschuldige vor Gericht gestellt. Die Richter erkannten ihre tatsächliche politische Bedeutungslosigkeit an und verurteilten sie nur zu einer milden Haftstrafe von 18 Monaten. Diese galt zudem, weil sie schon wegen Verwendung eines falschen Namens im Gefängnis gesessen hatte, als bereits verbüßt. Trotzdem entschied im Juni 1950 die Politische Säuberungskommission der Bundesrepublik Deutschland, daß sie lebenslänglich kein politisches Amt mehr ausüben dürfe und daß ihr bestimmte Berufe, etwa der einer Lehrerin oder Journalistin, zehn Jahre lang verboten seien. Außerdem erhielt sie eine Geldstrafe, verlor das Wahlrecht und durfte keiner politischen Partei, Gewerkschaft oder sonstigen Berufsorganisation beitreten. Ihre wenigen öffentlichen Äußerungen aus jüngerer Zeit lassen erkennen, daß sie wegen ihrer Rolle im Dritten Reich keinerlei Schuld empfindet. Im Gegenteil: Sie ist zornig und verbittert darüber, daß sie und andere loyale Nationalsozialisten seit 1945 in Deutschland und anderswo eine so schlechte Presse haben.

Anmerkungen

1 M. H. Kater, Frauen in der NS-Bewegung, in: Vierteljahrshefte für Zeitgeschichte 31 (1983), S. 217.

2 G. Scholtz-Klink, Die Frau im Dritten Reich, Tübingen 1978, S. 28.

3 Bundesarchiv Koblenz, NS 22/1044, Schreiben Robert Wagners an Gregor Strasser, 29. 7. 1931.

4 C. Zentner (Hrsg.), Die Reichsfrauenführerin im Kreuzverhör, in: Dokumentation: Das Dritte Reich. Ein Volk, ein Reich, ein Führer, Hamburg 1975, S. 262 f.

5 Berlin Document Center, Parteikanzlei Korrespondenz, Stellvertreter des Führers, Rundschreiben Nr. 128/37, 6. 10. 1937.

6 Bundesarchiv Koblenz, R 43 II/427, Schreiben von Gertrud Scholtz-Klink an Bormann, 24. 1. 1938.

Bibliographie

Quellen

Die Quellensammlungen sind beschränkt. Die Personalakten des Berlin Document Center geben nur einen knappen Abriß der NSDAP-Mitgliedschaft von Gertrud Scholtz-Klink. Das Bundesarchiv Koblenz besitzt mehrere Gruppen von Dokumenten: NS 22/1044 enthält spärliche Hinweise auf ihre frühesten Aktivitäten. Die offiziellen Dokumente der Reichsfrauenführung, der NS-Frauenschaft und des Deutschen Frauenwerkes finden sich hauptsächlich in der Sammlung Schumacher, 230, sowie in NS 22/318f. Der Kampf um die Führung, aus dem Frau Scholtz-Klink als Siegerin hervorging, spielt eine Rolle in einem Prozeß, der in den Akten des Obersten Parteigerichts verzeichnet ist: Berlin Document Center, 2684/34. Eine stattliche Sammlung von Rundschreiben der Reichsfrauenführung an die Gauämter der NS-Frauenschaft und des Deutschen Frauenwerkes befindet sich im NSDAP-Hauptarchiv, 13/253f. Verstreute Dokumente über die Frauenorganisation auf örtlicher Ebene während der Kriegszeit findet man im Archiv des Instituts für Zeitgeschichte, München, MA 130, 138, sowie in lokalen Archiven. Ursula v. Gersdorff (Hrsg.), Frauen im Kriegsdienst 1914–1945, Stuttgart 1969, enthält interessante Dokumente über die offizielle Politik gegenüber den Frauen aus den dreißiger Jahren und aus der Kriegszeit. Gertrud Scholtz-Klinks eigenes Buch, Die Frau im Dritten Reich, Tübingen 1978, besteht überwiegend aus den sogenannten „Arbeitsberichten", d. h. Beiträgen, die ursprünglich während des Dritten Reiches in den Zeitschriften und Jahrbüchern der Reichsfrauenführung und der NS-Frauenschaft bzw. des Deutschen Frauenwerkes erschienen; das Buch enthält ferner den Text einiger ihrer Reden sowie einige der bei Gersdorff (s. o.) abgedruckten Dokumente und einen kurzen persönlichen Lebensbericht. Eine ältere Auseinandersetzung zwischen Frau Scholtz-Klink und vier anderen findet sich in: Die nationalsozialistischen Frauenorganisationen: Die Reichsfrauenführerin im Kreuzverhör, in: C. Zentner (Hrsg.), Dokumentation: Das dritte Reich. Ein Volk, ein Reich, ein Führer, Hamburg 1975. Die wichtigsten regelmäßigen Publikationen der Frauenorganisationen, die deren Aktivitäten im Detail darstellen, waren: das Jahrbuch ›Deutsches Frauenschaffen‹, die Monatszeitschriften ›NS-Frauenwarte‹ und ›Frauenkultur im Deutschen Frauenwerk‹ sowie der vierzehntägliche ›Nachrichtendienst der Reichsfrauenführung‹.

Literatur

Es gibt keine Biographie über Gertrud Scholtz-Klink. Skizzen ihres Charakters und ihrer Aktivitäten findet man bei: C. Kirkpatrick, Nazi Germany. Its Women and Family Life, New York 1938; D. Winkler, Frauenarbeit im „Dritten Reich", Hamburg 1977; J. Stephenson, The Nazi Organization of Women, London – New York 1981; M. H. Kater, Frauen in der NS-Bewegung, in: Vierteljahrshefte für Zeitgeschichte 31 (1983), S. 202–241; C. Koonz, Mothers in the Fatherland. Women, the Family and Nazi Politics, New York 1987 (dieses Buch enthält ein Interview der Verfasserin mit Scholtz-Klink). Umfassendere Informationen über Frauen im Dritten Reich liefern ferner: J. Stephenson, Woman in Nazi Society, London – New York 1975; L. J. Rupp, Mobilizing Women for War. German and American Propaganda 1939–1945, Princeton 1978; S. Bajohr, Die Hälfte der Fabrik, Marburg 1979; Frauengruppe Faschismusforschung (Hrsg.), Mutterkreuz und Arbeitsbuch, Frankfurt a. M. 1981; R. Thalmann, Etre Femme sous le IIIe Reich, Paris 1982; D. Klinksiek, Die Frau im NS-Staat, Stuttgart 1982; R. Bridenthal u. a. (Hrsg.), When Biology became Destiny. Women in Weimar and Nazi Germany, New York 1984, U. Frevert, Frauen-Geschichte zwischen Bürgerlicher Verbesserung und Neuer Weiblichkeit, Frankfurt a. M. 1986; G. Bock, Zwangssterilisation im Nationalsozialismus. Untersuchungen zur Rassenpolitik und Frauenpolitik, Opladen 1986.

19. Julius Streicher – Der Berufsantisemit

Von Jay W. Baird*

Julius Streicher, der später in Nürnberg gehängt werden sollte, war neben Hitler der glühendste Antisemit in der nationalsozialistischen Hierarchie. Er war Gauleiter von Franken, Herausgeber des ›Stürmer‹, einer Wochenzeitung, die Antisemitismus mit rassistischer Pornographie verquickte, und zugleich auch noch ein mitreißender Redner und Propagandist. Er machte sich viele Feinde innerhalb der Hierarchie der NSDAP, wo man ihn wegen seiner Überheblichkeit, seines fragwürdigen Charakters und seines ungehobelten Benehmens allgemein verachtete. Doch bis zum Schluß erfreute er sich der Achtung – und der Protektion – Hitlers, der Streichers unerschütterlichen und allumfassenden Haß auf das Weltjudentum teilte.

Streicher wurde am 12. Februar 1885 in Fleinhausen (Bayern) in der Nähe von Augsburg, in eine Familie von neun Kindern geboren. Beide Eltern Streichers waren bäuerlicher Abstammung: Sein Vater, Friedrich, war Dorfschullehrer, und seine Mutter Anna, geb. Weiss, eine Frau aus einfachen ländlichen Verhältnissen. Seine Mutter brachte ihm als erste den Haß auf die Juden bei. So berichtet er: „Ich war ein Dorfjunge von 5 Jahren gewesen, als ich zum ersten Mal das Wort ‚Jude' vernahm. Ich hörte es aus dem Munde meiner Mutter. Bei einem Reisenden aus der Stadt hatte sie Stoff zu einem Anzug für den Vater nach einem vorgelegten Muster ausgewählt, bestellt und vorausbezahlt. Als dann die Sendung eingetroffen war, hatte der Stoff nicht die Farbe und Qualität des Musters. Meine Mutter sah sich betrogen und wir Kinder weinten mit ihr."[1]

Streicher durchlief katholische Schulen. Er entschied sich für den Lehrerberuf und absolvierte einen zweijährigen Lehrgang am König-

* Aus dem Englischen übersetzt von Dr. Ursula Christmann.

lich-Bayerischen Lehrerseminar in Lauingen an der Donau, den er 1903 abschloß. Er unterrichtete an mehreren Provinzschulen und bestand 1907 das Lehrerexamen. Von 1909 bis 1914 war er Volksschullehrer in Nürnberg, wo er die Bäckerstochter Kunigunde Roth heiratete.

Seine Militärausbildung erhielt Streicher als Angehöriger des 2. Bayerischen Infanterie-Regiments, und bei Ausbruch des Ersten Weltkrieges wurde er in die 6. Kompanie des 6. Bayerischen Infanterie-Regiments eingegliedert. Da Streicher eine Kämpfernatur war, zeichnete er sich als hervorragender Soldat aus, und seine Tapferkeit wurde schon im Jahre 1914 prompt mit der Verleihung des EKII. belohnt. Er stieg zum Unteroffizier auf, und 1917 wurde er dank seiner Tapferkeit und seiner Führungsqualitäten zum Leutnant in einem Gebirgsmaschinengewehrkommando befördert. Bei Kriegsende war er im Besitz des EKI., der österreichischen Silbermedaille mit Krone und des bayerischen Militärdienstordens. Trotz aller Charakterschwächen, die er später an den Tag legte, erwies sich Streicher sowohl in Frankreich als auch an der italienischen Front als Soldat von echtem Schrot und Korn.

Der Weltkrieg bestärkte Streicher in dem Glauben an die beiden Grundpfeiler seines Weltbildes, nämlich in seiner Liebe zum deutschen Volk und in seinem Haß auf das Judentum. Er war der festen Überzeugung, das deutsche Volk habe den Krieg gar nicht verloren; vielmehr sei der eigentliche Grund für die Niederlage der Verrat durch die jüdischen „Novemberverbrecher". Diese Themen wurden zum Leitmotiv seiner glühenden Reden, seiner journalistischen Sensationsmache und seines politischen Führertums nach dem Krieg; Kameradschaft und Fronterlebnis blieben stets Teil seiner selbst, und immer wieder pries er die Tapferkeit des Frontsoldaten in seinen Reden und in den von ihm gegründeten Zeitungen: der Deutsche Sozialist (1920) und Deutscher Volkswille (1921).[2] Eben diese Liebe zur Nation war ausschlaggebend für seine fieberhaften politischen Aktivitäten nach dem Krieg und führte ihn vom Schutz- und Trutzbund (1918) zur Deutschsozialistischen Partei und von der Deutschen Werkgemeinschaft (1921) zur NSDAP (1922).

Streichers Basis lag beim Nürnberger Proletariat, und er begann seine öffentlichen Agitationen als Diskutator vor linksgerichteten Versammlungen im Nürnberger Herkules-Velodrom. Hier entdeckte er sein angeborenes Rednertalent. Diese Erkenntnis wich allerdings nach und nach einer irrwitzigen Selbstüberschätzung und dem Glauben, unmittelbar nach Adolf Hitler einer der größten Redner der Geschichte zu sein. Streicher beschreibt seine Empfindungen nach einer seiner ersten Versammlungen so: „Und ich sprach in freier Rede. ‚Weiter reden! Weiter reden!' Ich sprach bis in die Mitternachtsstunde hinein, und als ich geendet hatte und schweissgebadet den Jubelsturm über mich ergehen lassen musste, stieg aus meinem Herzen ein stilles Dankgebet zum Himmel empor. Ich fühlte es: nun war der Weg frei gemacht zum *Herzen* des Volkes. Es war eine Bresche geschlagen in den Bau, den der Jude Karl Marx in den Gehirnen der schaffenden Menschen errichtet hatte."[3] Streicher war überzeugt, dem inneren Ruf der Vorsehung zu folgen, wenn er sein Leben dem Kampf gegen den Einfluß des Weltjudentums verschrieb.

Selbst wenn Streicher sich scharf gegen den Versailler Vertrag, gegen die Franzosen und gegen die Alliierten wandte, so steht doch außer Frage, daß der Antisemitismus das zentrale Anliegen seiner Ideologie und seiner Propaganda war. Streicher betrachtete die Juden mit grenzenloser Verachtung. Der traditionelle christliche Antisemitismus, die Theorien völkischer Rassisten wie etwa die eines Theodor Fritsch, das Aufkommen des „jüdischen Bolschewismus" und der proletarische Neid auf das „jüdische Kapital" verbanden sich mit dem politischen, sozialen, wirtschaftlichen und kulturellen Trauma der Nachkriegszeit zu einem hochgiftigen Amalgam des Hasses. Während Streicher zu immer größeren Massenversammlungen im Herkules-Velodrom in Nürnberg aufrief, widmete er sich immer mehr dem Judenthema, und die Menschenmassen reagierten lautstark auf seine Angriffe. Er schoß sich auf bestimmte Themen ein wie „der jüdische Reichtum gegenüber der Armut des deutschen Arbeiters", „jüdische Faulheit und Verschlagenheit" und „der Sieg des internationalen Judentums im Krieg".[4]

Streichers nie erlahmende politische Aktivitäten wurden von Erfolg gekrönt, sein Name wurde weithin bekannt, und er hatte mehrere tausend Anhänger. Im Oktober 1922 faßte er den folgenschweren Entschluß, in die NSDAP einzutreten, sich der überlegenen Autorität Adolf Hitlers zu beugen und seine fränkischen Anhänger mitzunehmen. Dieser Entschluß war keine Kleinigkeit, wenn man seine persönliche Rivalität mit Hitler und außerdem das traditionelle Mißtrauen des evangelischen Nürnberg gegenüber dem „jesuitischen München" in Betracht zieht. Streicher wurde einerseits zu diesem

Schritt bewogen, weil er mit der finanziellen Unterstützung rechnete, die ihm aus dieser Verbindung zufließen würde – er hatte inzwischen mit seinen zahlreichen Prozessen begonnen, die ebenso kostspielig wie als Propagandamaßnahmen notorisch wirksam waren –, aber andererseits auch, weil man seine Vorrangstellung in Franken anerkannte. Doch viel wichtiger war, daß Streicher in den charismatischen Bann Hitlers geriet. Streicher selbst schildert, wie das geschah, als er Hitler 1922 zum erstenmal bei einer Versammlung im Münchner Bürgerbräukeller reden hörte: „Was er sagte, war die Offenbarung einer tiefen Erkenntnis der Ursache, die das deutsche Volk in sein Unglück stürzte, und es war die Offenbarung eines tiefen Glaubens an den Gott, der der aus der Kraft des deutschen Geistes und des deutschen Herzens heraus die Kette der Sklaverei brechen werde. ... Jeder fühlte es: Dieser Mann spricht aus einer göttlichen Berufung heraus, er spricht als Abgesandter des Himmels ... Ich fühlte es: In diesem Augenblick hatte mich das Schicksal zum zweiten Mal gerufen! Ich eilte durch die jubelnden Massen hinüber zum Podium und stand nun vor ihm: ‚Ich kann nur ein Helfer sein, Sie aber sind ein Führer! Ich übergebe Ihnen hiermit die von mir geschaffene Volksbewegung in Franken.'"[5]

Von nun an würde Streicher mit einem Gleichgesinnten völkisch-radikaler Prägung in den Kampf bis zum Tod gegen das Weltjudentum ziehen.

Hitler war sich der Bedeutung von Streichers Entschluß wohl bewußt, denn, wie er schrieb, dieser war „von der Mission und der Zukunft seiner Bewegung heilig überzeugt. So wie er aber die grössere Kraft und das stärkere Wachstum der NSDAP klar und zweifelsfrei erkennen konnte, stellte er seine Tätigkeit für die DSP und die Werkgemeinschaft ein und forderte seine Anhänger auf, sich der aus dem gegenseitigen Ringen siegreich hervorgegangenen NSDAP einzuordnen und nun in ihren Reihen für das gemeinsame Ziel weiterzufechten. Ein persönlich ebenso schwerer als grundanständiger Entschluss".[6]

Das Schicksal wies Streicher eine wichtige Rolle in dem gescheiterten Putsch Hitlers vom 9. November 1923 in München zu. Als in dieser chaotischen Nacht alles verloren schien, wandte sich Hitler an Streicher mit der Bitte, dieser möge die Massen zur Unterstützung des Aufstands aufrufen. Unter dem Geleit von Einheiten der 6. Kompanie des SA-Regiments „München" zog Streicher durch die ganze Stadt und hielt flammende Reden in seinem hitzigen demagogischen Stil. An mehreren Stellen stimmten tränenüberströmte Münchner das Deutschlandlied an und scharten sich um die Fahne. Streicher marschierte an der Spitze der Putschisten zur Feldherrnhalle, wo sechzehn Nationalsozialisten niedergeschossen wurden. Später wurde dann der alljährliche Marsch zum Gedächtnis an die „unsterblichen Helden" der Eckstein des Rituals und des Staatspomps im Dritten Reich. Hitler sollte Streichers historische Rolle an diesem Tag gebührend würdigen, indem er erklärte, „dieser Marsch wird in seiner Eigenart für alle Zukunft bleiben und für alle Zukunft wird immer der Gauleiter von Franken an der Spitze des Zuges marschieren".[7] Daß Streicher 1924 zwei Monate Schutzhaft in der Festung Landsberg zubrachte, wo die Hitler-Putschisten eingekerkert waren, und daß er einer der ersten war, der sich nach seiner Entlassung aus der Haft dem „Führer" zur Verfügung stellte, festigte ihre Beziehung noch mehr. Hitler ernannte Streicher 1925 zum Gauleiter von Franken – als Belohnung dafür, daß er der NSDAP die Verbindung zu Nordbayern eröffnet hatte. Während der gesamten noch verbleibenden Kampfzeit stand Streicher von seiner Basis in Franken aus mit seinem energischen, freilich auch umstrittenen Führungsstil zur Verfügung. Er wurde als Abgeordneter in den bayerischen Landtag gewählt und war ständig mit Organisations- und Propagandaarbeit für die Partei im Einsatz. Er führte einen politischen Dauerkrieg mit den Nürnberger Behörden, der schließlich zu seiner Entlassung aus seinem Amt als Lehrer führte, und zwar wegen Pflichtvernachlässigung und mangelnden Fachwissens. Darüber hinaus ließ er sich auf eine Reihe kostspieliger Prozesse mit dem sozialdemokratischen Oberbürgermeister Dr. Hermann Luppe ein, die sich über Jahre hinzogen. Streicher genoß seine Gerichtsbekanntheit und betrachtete den weithin Aufsehen erregenden Rechtsstreit als wirksame Propaganda. Er wurde wegen Verleumdung zu mehreren kurzen Gefängnisstrafen verurteilt, die er geschickt dazu ausnutzte, die öffentliche Aufmerksamkeit auf sich zu lenken. Seine kräftig dreinschlagenden Reden auf Versammlungen zogen immer größere Zuhörermassen an und wurden immer drohender mit ihren Dauerattacken auf das Judentum.

Streicher glaubte, die Juden seien das A und O allen Übels, und eine 'jüdische Weltverschwörung' sei *der* entscheidende Faktor für den Verlauf der Weltgeschichte. Alle Entwicklungen in der Geschichte richteten sich nach Ebbe und Flut 'jüdischer Machenschaften'. Das Judentum habe die moderne Welt in den Griff zu bekommen versucht, indem es sich seit der Französischen Revolution jeder revolutionären Verschwörung angeschlossen habe. Der russische Bolschewismus, so unterstellte er, war der Versuch der Juden im 20. Jahrhundert, die Weltherrschaft an sich zu reißen. Der „jüdische Bolschewismus" sei ein Zersetzungsferment, ein Parasit, der eine Gesellschaft von innen her mit Stumpf und Stiel zerstöre.

Streicher, der von pseudo-wissenschaftlichen Theorien ausging, stellte den nordischen Menschen dem Juden gegenüber: der nordische Mensch verkörpere eine „Blutsgemeinschaft" – edel von Gestalt, blond, blauäugig und hellhäutig. Von Tugend und heldenhaftem Kriegerethos beseelt, sei die Rasse tapfer, treu und aufrichtig. Die nordischen Menschen seien das wahrhaft „auserwählte Volk", und der Arier sei von jeher der Fackelträger der Kultur. Doch den Juden – den Trägern des Bösen, des Finsteren und des Teufels – sei es gelungen, das Bluterbe der Arier zu verseuchen. Es sei geradezu die Pflicht der nordischen Arier, eine gemeinsame Anstrengung zu unternehmen, um ihre Rasse zu säubern und das kulturzerstörende, wurzel- und seelenlose Judentum zu bekriegen. Von einem seelenlosen Volk glaubte man ohnehin, daß es nur zur Vernichtung tauge.

Für Streicher war Hitler der vom Himmel gesandte „Führer", der Deutschland, Europa und die Welt von angeblich durch die Juden verübten Greueltaten erlösen sollte. Er feierte Hitlers „Machtergreifung" mit der Behauptung, die verbrecherischen Pläne der Juden seien aufgedeckt worden. Ein Kampf bis zum Tod habe begonnen, und jetzt stehe das Judentum einem germanischen Volk mit einem wahren Führer gegenüber, der den Kampf nicht aufgeben würde, bis die Juden von der Erdoberfläche getilgt seien.

Streicher heimste eine Menge Beachtung für das von ihm herausgegebene Blatt ›Der Stürmer‹ ein. 1923 gegründet, erschien es bis weit in den Zweiten Weltkrieg hinein und diente Streicher als radikalster und irrationalster Ausdruck seines Antisemitismus. Gemessen an anderen Blättern war seine Verbreitung groß. Mitte der dreißiger Jahre ging die Auflagenzahl zwar auf 486000 Exemplare zurück, obwohl von schauerlichen pornographischen Sondernummern über ausgewählte Themen wie etwa Mord als jüdisches Ritual oder Rassenschande fast 2000000 Exemplare verkauft wurden.[8] Mit Hilfe von Schaukästen, die überall im Reich aushingen, bekamen zahlreiche weitere Personen den ›Stürmer‹ zu Gesicht. Diese Schaukästen mit

Sprüchen wie „Die Juden sind unser Unglück“, mit unverhüllt sexuellen, antisemitischen Witzzeichnungen und provozierenden Berichten waren hervorragende Propagandainstrumente. Streicher schien völlig unempfindlich dafür zu sein, daß seine Zeitung für die Partei ein peinliches Ärgernis war. Laut Goebbels (1929): „Dieser blosse Anti-Semitismus ist zu primitiv. Es geht an fast allen Problemen vorbei.“ Mitte der dreißiger Jahre hatten mehrere einflußreiche Persönlichkeiten das Verbot der Zeitung verlangt, und Goebbels schrieb 1937: „Dieses Blatt macht uns die meisten Sorgen.“[9]

Vor 1933 konzentrierte ›Der Stürmer‹ seine Attacken auf die jüdische Akademikerschicht. Doch nach 1933 war er zugleich Herold und Motor eines revolutionären sozialen und rassischen Wandels. Es war sein ausdrückliches Ziel, mit dazu beizutragen, jüdischen Besitz zu enteignen, Juden aus den akademischen Berufen zu entfernen, ihnen den Zugang zu öffentlichen Plätzen und Gebäuden zu verbieten und sie letzten Endes physisch zu vernichten. Durch die Spalten des ›Stürmer‹ wurden Streichers Machenschaften als Leiter des 1933 gebildeten Aktionskomitees zum nationalen Judenboykott einer breiten Öffentlichkeit bekannt gemacht. Woche für Woche stellte das Blatt Personen bloß, die sich weigerten, sich an dem praktizierenden Rassenhaß zu beteiligen, wodurch wiederum Tausende von Menschen eingeschüchtert wurden, die sich aus Angst vor öffentlicher „Blamage“ gezwungen sahen, die Schmach und das Unrecht, das die NSDAP für ihre jüdischen Mitbürger bereithielt, billigend hinzunehmen.

Die schlimmste Schmach blieb denjenigen vorbehalten, die mit Juden verheiratet waren oder deren sexuelle Beziehungen mit Juden man aufgedeckt hatte. So etwas bot Streicher ein Ventil für seine pornographische Sexbesessenheit und steigerte obendrein auch noch die Auflage. Dadurch wurde auf dramatische Weise die öffentliche Aufmerksamkeit auf die „Rassenschande“ gelenkt, die man für ein noch schlimmeres Verbrechen hielt als „Blutschande“. Streicher vertrat die Ansicht, daß Geschlechtsverkehr zwischen Arierinnen und Juden zur Besudelung der Arierin führte, was dann eine für alle Zeiten verseuchte Nachkommenschaft zur Folge habe. Wenn die Juden deutsche Frauen schändeten, dann erfüllten sie damit angeblich uralte talmudische Gebote, um die jüdische Verschwörung noch weiter voranzutreiben. Wenn erst einmal eine genügend große Anzahl deutscher Frauen verführt worden sei, dann wäre die Vernichtung der deutschen Volksgruppe besiegelte Sache. 1938 brachte eine Sondernummer des

›Stürmer‹ die Fälle von 358 jüdischen „Rassenschändern“, komplett mit allen Einzelheiten, Photos und Strafregistern. Arierinnen sollten stets auf der Hut sein vor dieser angeblichen Gefahr für die Reinheit ihrer Rasse.

Je radikaler die Verfolgung durch das Regime wurde, desto hemmungsloser wurde Streicher im ›Stürmer‹. Er triumphierte bei jeder Brutalität, bei jeder Roheit, bei jeder Beschimpfung. Im August 1938 brachte er einen dramatischen Bericht über seine Führungsrolle bei der Zerstörung der Hauptsynagoge von Nürnberg, die er als eine Großtat rassischen Heldentums ansah. ›Der Stürmer‹ begnügte sich nicht damit, sich über die „Reichskristallnacht“ im November 1938 zu freuen, er verlangte sogar noch strengere Maßnahmen, um mit den Juden fertigzuwerden. Streicher feierte die systematische Einrichtung von Konzentrationslagern ebenso wie die Ausgrenzung und Abschiebung der Juden. Und im Laufe des Zweiten Weltkriegs verlangte er schließlich die totale Vernichtung des Weltjudentums.

Der besorgniserregendste Einfluß Streichers war seine auf die deutsche Jugend abzielende Propaganda. Unschuldigen Kindern wurde beigebracht, alles, was jüdisch war, zu fürchten und zu verachten. Häufig wurden hochgradig antisemitische Traktate als Kinderliteratur getarnt, die vorgab, eine moralische Lehre zu enthalten. Diese Art von Polit-Märchen erreichte ihren Höhepunkt, als der ›Stürmer‹-Verlag sich mit Ernst Hiemer und dem Witzzeichner Fips zusammentaten und aus dieser Zusammenarbeit das beliebte Kinderbuch ›Der Giftpilz‹ (1938) entstand. Diese simplen Geschichten verquickten politische und moralische Belehrungen, wobei vor allem immer wieder die Reinerhaltung des rassischen Erbes um jeden Preis betont wurde.

Als Gauleiter von Franken legte Streicher oft ein tyrannisches und vernunftwidriges Verhalten an den Tag. Nicht nur gegenüber hilflosen Juden war er arrogant und ausfallend, sondern auch gegenüber Würdenträgern und schlichten Bürgern. Er setzte seine Hoffnung darauf, jedes wichtige Amt dieser Provinz von seinem Machtzentrum in der Gauleitung aus regieren zu können, doch sein Wunsch sollte nicht in Erfüllung gehen. Streicher wollte unbedingt Polizeipräsident von Nürnberg werden, um die Befehlsgewalt über die Polizei zu bekommen, Himmler vermochte jedoch diese Entwicklung abzublocken. Folglich verfügte Streicher nie über die uneingeschränkte Macht in seinem Gau – und das sollte seine Achillesferse werden. Dessenungeachtet sprang er rüde mit zahllosen Personen und Organisationen um und ließ sich auf endlose Streitereien und Rivalitäten ein. Von Anfang an nutzte er seine Position zu finanziellen Bestechungs- und Erpressungsmanövern, für sexuelle Ausschweifungen und zu Machtmanipulationen aus. Streicher schwelgte in seiner Rolle als „Frankenführer" und kostete die öffentliche Beachtung aus, die sein Amt ihm eintrug. Er genoß den ostentativen öffentlichen Pomp, der für das politische Theater des Dritten Reiches typisch war, und richtete jeden September den Reichsparteitag der NSDAP in Nürnberg aus. Hier konnte er sich in der Rolle des intimen Weggefährten Adolf Hitlers sonnen. Vor allem genoß er zutiefst den alljährlichen Marsch zum Hesselberg („der heilige Berg der Franken"), wo er vor Hunderttausenden von Menschen das „wiedererwachte Deutschland", sein Bauerntum, seine reichen Ernten, seine Dörfer und die Unberührtheit von Gottes ureigenem Land pries. Streicher schien auf dem Höhepunkt seines Ansehens, als Hitler und seine engsten Mitarbeiter im Februar 1935 ihn anläßlich seines 50. Geburtstags in Nürnberg feierten.

Streicher setzte seine Angriffe gegen die Juden fort. Im August 1938 wurde aus der mythischen Propaganda finstere Wirklichkeit, als er persönlich den Beginn der Zerstörung der Nürnberger Synagoge am Hans-Sachs-Platz beaufsichtigte. Außerdem begann er mit der illegalen „Arisierung" jüdischen Eigentums, indem er jüdischen Geschäftsleuten ihre Lagerbestände abpreßte und sie zwang, ihren Besitz für nur 10% ihres realen Wertes zu verkaufen. Immer häufiger gelangten Klagen über Streicher an die oberen Instanzen in Berlin, und einflußreiche Parteiführer forderten, man möge ihm die Machtbefugnis entziehen. Rudolf Heß reihte sich in die immer länger werdende Liste seiner Feinde ein, zu denen Göring, Himmler, Bormann, Lammers und Frick gehörten. Das Faß zum Überlaufen brachte Streicher mit der Behauptung, Göring habe seine Tochter nicht selbst gezeugt, sondern deren Geburt durch künstliche Befruchtung bewerkstelligt. Auf Drängen Görings willigte Hitler in die Bildung einer Sonderkommission ein, die die ständig steigende Zahl von Korruptionsvorwürfen gegen Streicher prüfen sollte. So kam es 1940 zum Prozeß gegen Streicher vor dem Obersten Parteigericht in München, das sich aus einer Jury von sechs Gauleitern unter dem Vorsitz von Walther Buch zusammensetzte. Das Gericht befand Streicher der finanziellen Korruption und mehrerer geringfügiger Vergehen für schuldig und stellte fest, daß er als Führer untauglich sei. Der Fall wurde Hitler unterbreitet, der Streicher nur widerstrebend seines Amtes als Gauleiter enthob. Man gestattete ihm zwar, weiterhin den ›Stürmer‹ herauszugeben, aber das Reden in der Öffentlichkeit wurde ihm untersagt. Daraufhin zog Streicher sich auf seinen Landsitz, Gut Pleickershof bei Cadolzburg (Fürth), zurück, wo er bis zum Ende des Krieges ein ruhiges Leben führte. Dort heiratete er seine Sekretärin Adele Tappe.[10]

Bei Kriegsende wurde Streicher von amerikanischen Truppen gefaßt und in Mondorf (Luxemburg) inhaftiert und verhört. In Nürnberg, wo er als Hauptkriegsverbrecher vor Gericht stand, war er praktisch von den übrigen Gefangenen, die ihn mit größter Verachtung behandelten, isoliert. Er wurde für schuldig befunden, Verbrechen wider die Menschlichkeit begangen zu haben, und am 16. Oktober 1946 gehenkt. Mit einem Treuebekenntnis zu Adolf Hitler schritt Streicher in den Tod.

Anmerkungen

1 Das politische Testament Julius Streichers, hrsg. v. Jay W. Baird, Vierteljahrshefte für Zeitgeschichte 26 (1978), S. 660.

2 Siehe Streichers Ehrenbezeugung an die unbekannten Kriegsopfer: Der Fabriktorwächter von Magdeburg, Deutscher Sozialist, 30. Juli 1920.

3 Das politische Testament Julius Streichers (Anm. 1), S. 679.

4 Siehe Julius Streicher, Der Jude ist ein Fremder, 23. November 1922, Kolosseum, Nürnberg, protokolliert von Kriminalkommissar Hans Hösl der Polizeidirektion Nürnberg – Fürth, in: Julius Streicher, Kampf dem Weltfeind. Reden aus der Kampfzeit, Nürnberg 1938, S. 17–20. Siehe auch: Theodor Fritsch, Deutscher Volkswille, 9. November 1922.

5 Das politische Testament Julius Streichers (Anm. 1), S. 683.

6 A. Hitler, Mein Kampf, München 1927, S. 575.

7 Heinz Preiss, Die Tat vom 9. November, Fränkische Tageszeitung, 6./7. November 1937.

8 Siehe: Der Stürmer, Ritualmord-Nummer, Mai 1934.

9 Siehe: Die Tagebücher von Joseph Goebbels. Sämtliche Fragmente, hrsg. v. E. Fröhlich, München 1987, Einträge vom 29. Juni 1929 und vom 24. Februar 1937.

10 Göring Kommission Berichte, 1757-60-PS, Institut für Zeitgeschichte, Siehe Benno Martin, Mein Kampf gegen Streicher, in: Anton Wegner, Kurt Martin, Polizei einmal anders, Institut für Zeitgeschichte, Ms 157, 4322/69.

Bibliographie

Quellen

Es gibt über Streicher ausführliche Originalquellen. Forscher sollten mit dem ›Stürmer‹ (1923–1945) und Streichers eigenen Veröffentlichungen beginnen: Ruf zur Tat. Aufsätze aus den Kampfjahren 1920–1922, Nürnberg 1937, und Kampf dem Weltfeind, Nürnberg 1938. Streichers Verteidigung ist nachzulesen in Trial of the Major War Criminals Before the International Military Tribunal, Nürnberg, 14 November 1945–10 October 1946, Nürnberg 1947–1949. Das Bundesarchiv Koblenz verwahrt den Steicher-Nachlaß (Korrespondenz, Unterlagen und Manuskripte zur Frühgeschichte der NSDAP und der Deutsch-Sozialistischen Partei und Antisemitismus; Redaktionsarbeit für ›Der Stürmer‹; Manuskripte von Streicher-Reden). Das NSDAP Hauptarchiv ist eine reichhaltige Quelle (Hitlerputsch 1923, der Talmudprozeß von 1929 und andere wichtige politische Prozesse, Streichers Wahlkampfaktivitäten und ›Der Stürmer‹). Das Berliner Dokumenten-Zentrum enthält Archivmaterial über die NSDAP in Franken, Antisemitismus, Reichsparteitage in Nürnberg, ›Der Stürmer‹, Hitler und Streicher in Franken und Rednereinsatz Streichers 1921–1939. Weitere wichtige Aufbewahrungsstellen sind: Bayerisches Hauptstaatsarchiv (Personalakten Julius Streicher) und Stadtarchiv Nürnberg (Stürmer Archiv). Streichers Gefängnistagebuch von 1945 ist veröffentlicht bei Baird (Anm. 1), S. 660–693. F. Nadler, Eine Stadt im Schatten Streichers, Nürnberg 1969, ist eine empfehlenswerte Dokumentensammlung. Auch A. Tyrell (Hrsg.), Führer befiel ... Selbstzeugnisse aus der „Kampfzeit“ der NSDAP, Düsseldorf 1969, ist zu empfehlen.

Literatur

Die endgültige biographische Untersuchung über Streicher muß zwar noch geschrieben werden, doch gibt es einige brauchbare Untersuchungen über zahlreiche Phasen seiner Laufbahn. R. L. Bytwerk, Julius Streicher, New York 1983, und W. P. Varga, The Number One Nazi Jew-Baiter, New York 1981 sind verläßliche Überblicke. Streichers politische Aktivität während der Weimarer Ära wird in zwei Dissertationen analysiert: C. J. Ehlers, Nuremberg, Julius Streicher and the Bourgeois Transition to Nazism, 1918–1924, Boulder, Colorado 1975, und R. Hambrecht, Der Aufstieg der NSDAP in Mittel- und Oberfranken 1925–1933, Nürnberg 1976. Hervorragend ist der Aufsatz von R. Lenman, Julius Streicher and the Origins of the NSDAP in Nuremberg, 1918–1923, in: A. J. Nicholls/E. Matthias (Hrsg.), German Democracy and the Triumph of Hitler, London 1971. Die umfassendste Behandlung von Streichers Rolle beim Hitlerputsch findet man bei K. Kipphan, Julius Streicher und der 9. November 1923, Zeitschrift für Bayerische Landesgeschichte 29 (1976), S. 277–88. Eine nützliche Arbeit ist D. E. Showalter, Little Man, What Now? Der Stürmer in the Weimar Republic, Hamden (c.) 1982, und die Dissertation von M. Rühl, Der Stürmer und sein Herausgeber, Erlangen 1960, enthält reiches Quellenmaterial. Empfehlenswerte Quellen sind P. Hüttenberger, Die Gauleiter. Studie zum Wandel des Machtgefüges in der NSDAP, Stuttgart 1969, und Müller, Geschichte der Juden in Nürnberg 1145–1945, Nürnberg 1968. In ›Himmlers Mann in Nürnberg‹ untersucht U. Grieser die Begleitumstände rund um Streichers Sturz. B. Smith, Reaching Judgment at Nuremberg, stellt eine differenzierte Interpretation des Falles Streicher im Rahmen der Nürnberger Prozesse dar.

20. Otto Wagener – Der vergessene Vertraute Hitlers

Von Henry Ashby Turner, Jr.*

Obwohl Dr. h.c. Otto Wagener während der entscheidenden Jahre 1929–1933 zu Hitlers engsten Vertrauten gehörte, war er für lange Zeit der am wenigsten bekannte unter den prominenten Nationalsozialisten der „Kampfzeit". Von Oktober 1929 bis zum Ende des Jahres 1930 war er Stabschef der Sturmabteilung (SA). Anfang 1931 gab er diese Position auf und widmete sich der Organisation der Wirtschaftspolitischen Abteilung der Reichsleitung, der er bis September 1932 vorstand. Anschließend gehörte er zu Hitlers persönlichem Stab, bis er im April 1933 zum Reichskommissar für die Wirtschaft ernannt wurde.

Daß Wagener später in Vergessenheit geriet, lag daran, daß er Ende Juni 1933 plötzlich und vollständig die Gunst des frischgebackenen Reichskanzlers verlor. Er wurde zu jener Zeit sämtlicher Partei- und Regierungsämter enthoben, zog sich aus der aktiven Politik zurück und verschwand aus der Öffentlichkeit. In der Presse des Dritten Reiches ebenso wie in den offiziellen Darstellungen des Aufstiegs der NSDAP zur Macht wurde sein Name nur selten erwähnt. Wo dies geschah, wurde er gewöhnlich nur als eine blasse, unbedeutende Randfigur dargestellt. Infolgedessen wurde seiner Rolle in der Geschichtsdarstellung des Nationalsozialismus der Nachkriegszeit nur wenig Aufmerksamkeit geschenkt. Erst durch die posthume Veröffentlichung von Wageners Memoiren im Jahre 1978, die er drei Jahrzehnte zuvor in einem Kriegsgefangenenlager in Großbritannien niedergeschrieben hatte, wurde seine Bedeutung während der „Kampfzeit" einer breiteren Öffentlichkeit bekannt.

Wagener wurde am 29. April 1888 in Durlach (Baden) als Sohn

* Aus dem Englischen übersetzt von Jutta Witzel.

eines ursprünglich aus Braunschweig stammenden, vermögenden evangelischen Fabrikbesitzers geboren. Sein Vater wurde Direktor einer Nähmaschinen- und Fahrradfarik in Karlsruhe, wo Wagener seine Kindheit verbrachte. Nach Abschluß des Gymnasiums entschied er sich für die militärische Laufbahn und trat in die Preußische Kriegsakademie in Berlin ein. Dort erlebte er als „Tanzleutnant“ das ausschweifende Gesellschaftsleben der letzten Jahre des Kaiserreiches. Im Krieg diente er als Hauptmann und war Kompanie- und später Bataillonsführer an der Westfront. 1916 wurde er Generalstabsoffizier. Nach dem Ende des Krieges an der Westfront nahm er als Freikorpsoffizier an den oftmals grausamen Feldzügen gegen Polen und Bolschewiken im Baltikum teil, wo er verwundet wurde. Nach seiner Rückkehr nach Deutschland Ende 1919 meldete er sich wieder zu einer Freikorpseinheit und nahm 1929 an den Kämpfen in den Konflikten in Oberschlesien, Sachsen und an der Ruhr teil. Nach dem mißlungenen Kapp-Putsch im März 1920 war er für kurze Zeit im heimischen Baden inhaftiert. Nach seiner Freilassung veröffentlichte er ein Buch, in dem er die Einsätze des Freikorps in leuchtenden Farben beschrieb, seine tiefe Verachtung für die neue Deutsche Republik und ihre politischen Vertreter unverhohlen zum Ausdruck brachte, sich der Dolchstoßlegende anschloß und einen militanten Anti-Bolschewismus vertrat.

In den zwanziger Jahren schlug Wagener eine Laufbahn in der Wirtschaft ein. Nach einem kurzen Volkswirtschaftsstudium war er wenige Monate Direktionsassistent in einer Pumpen- und Armaturenfabrik, bevor er in das Unternehmen seines Vaters eintrat. Er stieg schnell zum Direktor und Vorstandsmitglied auf, wobei er gleichzeitig Aufsichtsratsmitglied einiger anderer Firmen war. 1925 verließ er das Unternehmen seines Vaters und ging in den Handel. Er wurde Teilhaber einer Sperrholz- und Furnierhandlung in Villingen.

Neben seiner Karriere in der Wirtschaft betätigte sich Wagener in rechtsgerichteten politischen Kreisen. In den Jahren 1920 und 1921 leitete er den badischen Teil der Organisation Escherisch (Orgesch), eine ultra-konservative und nationalistische Einwohnerwehr, die sich zum großen Teil aus ehemaligen Freikorpsmitgliedern zusammensetzte. 1925 trat er dem badischen Teil des Rechtsblocks bei, der bei den in jenem Jahr stattfindenden Reichspräsidentenwahlen für die Kandidatur Karl Jarres warb. Nachem Jarres seine Kandidatur nach dem ersten Wahlgang zurückzog, wurde Feldmarschall Paul von Hindenburg unterstützt. Wagener hatte aufgrund seiner geschäftlichen und gesellschaftlichen Aktivitäten einen großen Bekanntenkreis. Dieser Kreis reichte auch in den akademischen Bereich hinein. In Anerkennung seiner finanziellen Großzügigkeit verlieh ihm die Universität, an der er einige Gastvorträge gehalten hatte, im Jahre 1924 die Ehrendoktorwürde.

Wagener wurde von ehemaligen Angehörigen des Militärs, die er während seiner Zeit als Offizier kennengelernt hatte, in den Nationalsozialismus hineingezogen. Während der Jahre 1927 und 1928 besuchte er auf Drängen seines Kriegskameraden Robert Wagner, der Gauleiter von Baden geworden war, verschiedene Vorträge Gottfried Feders und Gregor Straßers. Sein volles Engagement begann jedoch erst im August 1929, als er vom Obersten SA-Führer Franz Pfeffer von Salomon, an dessen Seite er während der Freikorps-Feldzüge im Baltikum und in Oberschlesien gedient hatte, zum Nürnberger Parteitag eingeladen wurde. Dort traf Wagener eine Reihe weiterer ehemaliger Offiziere, die er kannte und die in der SA aktive Funktionen ausübten. Er war von den paramilitärischen Aspekten des Nationalsozialismus und der Disziplin innerhalb der Partei sehr beeindruckt.

Nach der ersten Begegnung mit Hitler auf dem Parteikongreß geriet Wagener schnell in den Bann von dessen Persönlichkeit. Sogar nach seinem Ausschluß aus den inneren Kreisen des Nationalsozialismus und dem völligen Zusammenbruch des Dritten Reiches nach dem Zweiten Weltkrieg war sein bedingungsloser Glaube an Hitler ungebrochen. In Wageners Augen verfügte Hitler über einen beinahe göttlichen Genius, wie er bei der Beschreibung eines Treffens in seinen Memoiren erklärte: „Hitler saß nicht mehr, und er stand nicht, sondern er war nur ‚Wort' und sprach mit leuchtenden Augen und strahlendem Blick. Und ich nahm nur das Auge und jenen Logos in mir auf, der aus ihm sprach."[1] Wenn Hitler sprach, hörte er die Stimme der Vorsehung: „Hitler läßt einen Blick tun in das Dunkel des Kommenden, das er Augenblicke lang mit scheinwerferähnlichem Licht durchdringt und dabei Dinge beleuchtet, die unserem menschlichen Auge sonst verborgen bleiben."[2]

Rückblickend zog Wagener in seinen Memoiren den Schluß, daß Hitlers entscheidender Fehler in seiner Arglosigkeit gegenüber Menschen und in seiner Vertrauensseligkeit lag. Dies machte ihn anfällig für falsche Ratgeber wie Göring, Goebbels und Himmler, die ihn schließlich in den Ruin trieben.

Als Hitler Wagener auf dem Parteikongreß 1929 persönlich bat, den neugeschaffenen Posten des Stabschefs der SA anzunehmen, akzeptierte er den Posten. Er gab seine Karriere in der Wirtschaft auf und verschrieb sich – er war einundvierzig, geschieden und ohne familiäre Verpflichtungen – dem Nationalsozialismus. In den Akten der Partei ist der Beginn seiner Mitgliedschaft mit dem 1. Oktober 1929 angegeben. In seinen Memoiren bekannte er jedoch, daß er der Partei offiziell erst viel später beigetreten war und daß damals seine Papiere auf Verlangen des Parteischatzmeisters Franz Xaver Schwarz vordatiert wurden.

Wagner war klein, untersetzt und unattraktiv; er war weder redegewandt, noch besaß er persönliches Charisma. Er diente der nationalsozialistischen Sache hinter den Kulissen. Als Stabschef befaßte er sich hauptsächlich mit der Organisation und Erhöhung der materiellen Ressourcen der SA. Von seinem Büro im Münchner Hauptquartier der NSDAP aus stellte er sich einen Stab aus früheren Armeeoffizieren zusammen. Dann begann er, Maßnahmen für die Rationalisierung der Einsätze der SA, die Ordnung der bisher chaotischen Finanzsituation und die Suche nach zusätzlichen Finanzquellen in die Wege zu leiten.

Als Stabschef trug Wagener in unterschiedlicher Weise zur Verbesserung der Organisation der SA bei. Zur Aufstockung der Geldmittel der SA-Versicherung (ab März 1931 NS-Hilfskasse genannt), die bereits früher gegründet worden war, um die medizinischen Kosten für SA-Männer zu decken, die in Straßenkämpfen – wofür sie bekannt waren – verletzt worden waren, führte er ein Beitragssystem auf der Grundlage eines Modells ein, das er von der Industrie her kannte. Zur Erzielung von Einnahmen sicherte er sich einen Anteil der Gewinne einer neuen Zigarettenmarke namens „Sturm“; als Gegenleistung versprach er dem Hersteller, den Verkauf dieser Marke bei den Parteimitgliedern zu fördern. Mit der Schaffung eines Nationalsozialistischen Automobilkorps (ab April 1931: Nationalsozialistisches Kraftfahrkorps, NSKK) machte er Parteimitgliedern, die Autos und Lastkraftwagen besaßen, ein attraktives Angebot, ihre Fahrzeuge der SA freiwillig zur Verfügung zu stellen, und steigerte damit die Mobilität der Einheiten. Ein weiteres praktisches Problem, das zuvor die Organisation behindert hatte, löste er, indem er die Verpflegung der an Aufmärschen teilnehmenden SA-Männer reglementierte und verbesserte.

Als sein Freund Pfeffer mit Hitler brach und im Sommer 1930 als Oberster SA-Führer zurücktrat, blieb Wagener Stabschef und stand somit an zweiter Stelle – direkt nach Hitler – in der paramilitärischen Organisation der Partei. In dem oftmals angespannten Verhältnis zwischen der SA und Hitler hielt er stets an dem Standpunkt des Parteiführers fest, der auf der Unterordnung der Sturmabteilung unter die politische Führung bestand.

Während seiner Tätigkeit als Stabschef der SA interessierte sich Wagener mehr und mehr für einen völlig anderen Bereich der NSDAP: ihre Wirtschaftspolitik. Er hatte sich lange als Dilettant in der Wirtschaftswissenschaft versucht und mehrere Theorien entwickelt, die er von der Partei übernommen sehen wollte. Als Hitler den ehemaligen SA-Führer Ernst Röhm überredet hatte, nach seiner Rückkehr aus Bolivien Anfang 1931 den Posten des SA-Stabschefs zu übernehmen, bat Wagener darum, in die Reichsleitung der Partei versetzt zu werden, um sich dort mit wirtschaftspolitischen Fragen zu beschäftigen. Als Hitler dieser Bitte entsprach, begann Wagener mit dem Aufbau einer Einrichtung, die später unter dem Namen „Wirtschaftspolitische Abteilung" bekannt wurde, und die er selbst leitete. 1931 übernahm die WPA die Veröffentlichung eines wöchentlich erscheinenden Informationsblattes (›Wirtschaftspolitischer Pressedienst‹, WPD), das Parteifunktionäre über wirtschaftspolitische Fragen informieren sollte. Anfang 1932 gewann Wagener den Chefredakteur des Wirtschaftsteils der ›Berliner Börsen-Zeitung‹, Walther Funk, als Herausgeber seines Informationsblattes.

Wagener betrachtete die WPA als Planungsstab, dessen Aufgabe es war, die Wirtschaftspolitik des zukünftigen nationalsozialistischen Regimes zu entwerfen. Er verachtete Gottfried Feder, dessen wirtschaftspolitische Ideen Hitler anfangs beeinflußt hatten. Hitler hatte ihn in ›Mein Kampf‹ lobend erwähnt und ein Buch Feders, das das Parteiprogramm kommentierte, als nationalsozialistischen „Katechismus" bezeichnet. In Wageners Augen war Feder eingebildet und hoffnungslos konfus und stellte somit seiner Meinung nach ein Hindernis für den Nationalsozialismus dar, das zum Wohle der Partei beiseite geschoben werden müßte. Er selbst strebte danach, die Rolle des Wirtschaftstheoretikers der Partei und des Architekten der Wirtschaftspolitik eines nationalsozialistischen Regimes einzunehmen.

Um dieses Ziel zu erreichen, machte Wagener sich daran, Hitlers Vertrauen zu gewinnen. Das wurde dadurch erleichtert, daß er in ein

Büro in der Nähe des Parteiführers im Münchner „Braunen Haus" umzog, als das neue Parteihauptquartier Anfang 1931 eröffnet wurde. Dort hatte Wagener häufig Kontakt mit Hitler. Da er außerdem keine familiären Verpflichtungen hatte und über bescheidene unabhängige Mittel verfügte, konnte er den Parteiführer auf verschiedenen Reisen durch Deutschland begleiten. Somit gehörte er zu Hitlers Gefolge und führte lange Gespräche mit dem Parteiführer, die er später in seinen Memoiren rekapitulierte. Da Wagener die meisten Vorurteile Hitlers teilte, einschließlich der Bevorzugung wirtschaftlicher Autarkie und seines fanatischen Antisemitismus, waren die Bereiche, in denen beide übereinstimmten, groß. Ernsthafte Differenzen gab es lediglich auf dem Gebiet der Außenpolitik. Nach Wageners Aufzeichnungen in seinen Memoiren stand er Hitlers Plänen bezüglich der Eroberung Rußlands ablehnend gegenüber und stellte seine Annahme in Frage, daß England als Verbündeter gewonnen oder zumindest dazu bewegt werden könnte, während eines Krieges Deutschlands um die Vorherrschaft auf dem Kontinent Neutralität zu wahren.

In seiner Funktion als Leiter der WPA organisierte er für Hitler eine Reihe von Besprechungen, bei denen er und seine Mitarbeiter verschiedene weitreichende Pläne über die Restrukturierung der Wirtschaft vorstellten. Wagener befürwortete einen dritten Weg zwischen Kapitalismus und Sozialismus, den er „Sozialwirtschaft" nannte. Er lehnte die Sozialisierung durch den Staat ab und befürwortete stattdessen einen schrittweisen Übergang des Besitzes bei bestehenden Unternehmen auf diejenigen, die tatsächlich die Arbeit leisteten. Dies sollte durch ein System der „Besitzwanderung" erreicht werden, das durch den Staat verwaltet werden sollte. Hierbei würde sich das Kapitel der Unternehmen in einem „Besitzschrumpfungs"-Prozeß um einen bestimmten Prozentsatz jedes Jahr verringern. Der so freigewordene Teil des Kapitals würde dann zu günstigen Bedingungen zum Verkauf an fleißige und engagierte Mitglieder der Belegschaft des Unternehmens freigegeben werden, wie auch an die früheren Eigentümer, falls diese aktiv an dem Unternehmen beteiligt seien. Um die Währung mit dieser „Besitzschrumpfung" in Einklang zu bringen, schlug er die Einführung eines „Schrumpfgelds" ein, daß jedes Jahr an Wert verlieren würde.

Wagener stellte ein Modell einer ausgefeilten „ständischen Selbstverwaltung" vor, die die Regierung bezüglich dieser Prozesse beraten sollte. Sämtliche Produktionszweige würden auf örtlicher Ebene in

„Wirtschaftsräten" organisiert, wobei Kapital und Arbeit zu gleichen Teilen vertreten wären. Entsprechend einem pyramidenförmigen Modell würden diese lokalen Räte Vertreter an eine regionale Wirtschaftskammer senden, die wiederum Vertreter an einen Reichswirtschaftsrat entsenden würde, der die politische Führung des zukünftigen nationalsozialistischen Staates beraten sollte. Mit Hilfe dieser korporativen Struktur könnte eine gleichmäßige Verteilung der Gewinne erreicht und schließlich das soziale Wohlfahrtsprogramm finanziert werden. Alles in allem befürwortete Wagener ein praktisch unbegrenztes Recht der Regierung, in die Wirtschaft einzugreifen und diese zu lenken, wobei sie jedoch weiterhin zum großen Teil in Privateigentum bleiben sollte.

Nach Wageners Schilderung in seinen Memoiren hörte Hitler seinen Plänen aufmerksam zu und unterhielt sich mit ihm und seinen Mitarbeitern lebhaft darüber. Der Parteiführer reagierte oft positiv und deutete an, daß er sich selbst nicht an die wirtschaftspolitischen Punkte des 25-Punkte-Parteiprogramms von 1920 gebunden fühlte. Er bestand jedoch darauf, daß Wageners Pläne streng geheim bleiben sollten, bis die NSDAP an die Macht gelangt sei, damit sie nicht von ihren politischen Gegnern gegen die Partei verwendet werden könnten. Inzwischen führten jedoch – wie Wagener in seinen Memoiren schreibt – die Kühnheit seiner wirtschaftspolitischen Ideen und die Gunst, die er bei Hitler fand, zu wachsender Feindschaft mächtiger Personen in der Partei, insbesondere Hermann Görings und Heinrich Himmlers, die Wagener beide als in gesellschaftlicher Hinsicht reaktionär betrachtete.

Im Frühjahr 1932 ging Wageners Einfluß auf Hitler zurück, als zwei neue Rivalen auftauchten, die seine Spitzenstellung auf dem Gebiet der Wirtschaftspolitik der Partei anfochten. Einer dieser Rivalen war Walther Funk, den Wagener selbst ein Jahr zuvor angeworben hatte, der jetzt jedoch seine Kontakte in den Kreisen der Großunternehmer ausgenutzt hatte, um auf Hitler Einfluß zu gewinnen und um sich dadurch von Wagener unabhängig zu machen. Der andere war Wilhelm Keppler, ein ehemaliger Geschäftsmann, der der Partei beigetreten war und Hitlers Vertrauen erworben hatte. Mit Zustimmung des Parteiführers setzte Keppler seine persönlichen Kontakte ein, um im Frühjahr 1932 einen Kreis von Wirtschaftsberatern aus Industrie und Landwirtschaft zu organisieren, die nicht Mitglieder der NSDAP waren.

Diese Lage spitzte sich im April 1932 zu, als eine von Wagener verfaßte Broschüre, in der er ein wirtschaftspolitisches Programm für den Nationalsozialismus darlegte, im Verlag der Partei (dem Verlag Eher) gedruckt worden war und veröffentlicht werden sollte. Feder, der Autor zwei weitverbreiteter Kommentare des 1920er Programms war und sich selbst als wirtschaftspolitischen Sprecher der Partei ansah, sprach sich ausdrücklich gegen die Veröffentlichung von Wageners Broschüre aus. Als Vorsitzender des Wirtschaftsrates des Schattenkabinetts der Partei beanspruchte er das Recht, das Erscheinen dieser Broschüre zu blockieren. Auf Wageners Protest hin leitete Hitler die Angelegenheit an eine Kommission weiter, die sich aus Feder, Funk und seinem Stellvertreter Rudolf Heß zusammensetzte. Die Kommission entschied gegen die Veröffentlichung. Somit wurde Wageners Abhandlung nicht veröffentlicht und nur innerhalb der NSDAP-Führung verteilt. Von diesem Zeitpunkt an sank Wageners Stern schnell. Im September 1932 trat er als Leiter der Hauptabteilung IV (die neue Bezeichnung der WPA seit Juni) zurück, um dann mitansehen zu müssen, wie die Aufgaben dieser Abteilung zwischen seinen Rivalen Feder und Funk aufgeteilt wurden.

Nach seinem Ausscheiden aus der Reichsleitung verlagerte Wagener seine Aktivitäten nach Berlin, wo er ein Mitglied von Hitlers „Stab zur besonderen Verfügung" war. Im Herbst und Winter 1932 warb er – besonders in Militärkreisen – für die NSDAP. Im August 1932 hatte er versucht, die Anerkennung des Stabs des Generals von Schleicher zu erlangen, um Hitlers Kanzlerkandidatur zu fördern. Da er jedoch nur Hauptmann a. D. war, wurde er von den Militärs nicht ernst genommen. Soweit bekannt ist, spielte Wagener praktisch keine Rolle bei den Intrigen, die Hitler in die Reichskanzlei katapultierten.

Nach dem nationalsozialistischen Machtantritt Ende Januar 1933 gelangte Wagener erst wieder Anfang April an das Licht der Öffentlichkeit, als er an der Spitze einer SA-Truppe den Berliner Hauptsitz des wichtigsten Industrieverbandes Deutschlands, des „Reichsverbands der Deutschen Industrie", besetzte. Er begann darauf mit der „Gleichschaltung" und „Arisierung" dieser Organisation. Als sich der Wirtschaftsminister Alfred Hugenberg vollendeten Tatsachen gegenübergestellt sah, legitimierte er diesen Schritt rückwirkend durch die Ernennung Wageners sowie eines Mannes, der Mitglied von Hugenbergs eigener Partei war, zum „Reichskommissar für die Wirtschaft". In den folgenden Wochen beschäftigte sich Wagener intensiv mit der Zusammenstellung einer Organisation und begann mit der Herausgabe von die Wirtschaft betreffenden Verordnungen.

Am Abend des 28. Juni 1933, an dem er in die Reichskanzlei gerufen wurde, verlor Wagener endgültig die Gunst Hitlers. In seinem späteren Bericht erzählt er, daß er in Hitlers Vorzimmer warten mußte, während sein Erzfeind Göring vor ihm eingelassen wurde. Als er schließlich gerufen wurde, konfrontierte Hitler – der sehr ärgerlich war – ihn mit Transkriptionen von abgehörten Telefongesprächen, in denen Vertraute Wageners seiner Ernennung zum Wirtschaftsminister als Nachfolger Hugenbergs Vorschub zu leisten versuchten, welcher seinen Rücktritt eingereicht hatte. Hitler teilte Wagener mit, daß er ihn ursprünglich gerufen hatte, um ihm die Ernennung zum Staatssekretär im Wirtschaftsministerium anzubieten, daß dies jedoch nun angesichts der für ihn unternommenen Intrigen nicht in Frage käme. Hitler ordnete außerdem die Verhaftung von Wageners Mitarbeitern an, die in diese Angelegenheit verwickelt waren. Wagener selbst wurde zwar einem Verhör unterzogen, jedoch nicht inhaftiert. Seine politische Karriere kam somit nur fünf Monate nach dem Beginn des Dritten Reiches zu einem abrupten Ende. Mitte Juni entzog Kurt Schmitt, Hugenbergs Nachfolger als Wirtschaftsminister, Wagener den Titel eines Reichskommissars und erklärte sämtliche Maßnahmen Wageners für ungültig.

Da Wagener eine prominente Person innerhalb der SA gewesen war, wurde er während der tödlichen Säuberungsaktion in den führenden Reihen dieser Organisation, die Ende Juni und Anfang Juli 1934 stattfand, festgenommen. Seiner späteren Schilderung zufolge entkam er dem Tod nur durch einen Glücksfall, nämlich durch den Zusammenbruch des Fahrzeugs, das ihn zum Hinrichtungsplatz bringen sollte. Aufgrund der erfolgreichen Intervention seiner Familie und seiner Freunde wurde er nach ein paar Tagen entlassen. Danach zog er sich in sein Privatleben auf einem Landgut in Sachsen zurück und behielt nur einen Sitz im machtlosen Reichstag des Dritten Reiches sowie seinen Ehrentitel „SA-Gruppenführer". In den folgenden Jahren hatte er keinen weiteren Kontakt mit Hitler, außer flüchtigen Begegnungen bei großen öffentlichen Veranstaltungen wie zum Beispiel den Bayreuther Festspielen.

Im Zweiten Weltkrieg trat Wagner wieder in die Armee ein und stieg in den Rang eines Generalmajors auf. Als letzter Wehrmacht-Kommandant im östlichen Mittelmeer übergab er 1945 den Briten die Insel

Rhodos. Nach siebenjähriger Gefangenschaft in Großbritannien und Italien, wo er wegen Kriegsverbrechen angeklagt wurde, kehrte er 1952 nach Deutschland zurück. Er ließ sich in Bayern nieder, und bis zu seinem Tod im Jahre 1971 im Alter von dreiundachtzig Jahren ging er verschiedenen Geschäften nach und mischte sich gelegentlich in die konservative Politik ein.

Anmerkungen

[1] Hitler aus nächster Nähe. Aufzeichnungen eines Vertrauten, 1929–1932, hrsg. von H. A. Turner, Berlin, Frankfurt a. M. 1978, XI.

[2] Ebd., S. 445.

Bibliographie

Quellen

Eine wichtige Informationsquelle für Wageners Lebensweg sind die umfangreichen Memoiren, die er nach dem Zweiten Weltkrieg in einem britischen Kriegsgefangenenlager schrieb. Die Urschrift dieser Memoiren befindet sich im Archiv des Instituts für Zeitgeschichte in München. Ein umfangreicher Teil der Memoiren wurde in folgendem Buch veröffentlicht: Hitler aus nächster Nähe. Aufzeichnungen eines Vertrauten, 1929–1932, hrsg. von H. A. Turner, Berlin, Frankfurt a. M. 1978. Wagener beschreibt seine Erfahrungen als Freikorpskämpfer in seinem Buch: – Von der Heimat geächtet –, Stuttgart 1920 (2. Aufl. 1935). Seine wirtschaftspolitischen Ansichten legte er während des Jahres 1931 in einer Reihe von Artikeln im Wirtschaftspolitischen Pressedienst (WPD) 2 (1931), Nr. 3 (21. Januar), Nr. 5 (4. Februar), Nr. 6 (11. Februar), Nr. 7 (18. Februar) unter dem Titel ›Nationalsozialistische Wirtschaftsprobleme‹ dar. Zwei Jahre später veröffentlichte er die Broschüre: Nationalsozialistische Wirtschaftsauffassung und berufsständischer Aufbau, Berlin 1933. Die Beschreibung der Teilnahme Hitlers an den wirtschaftspolitischen Besprechungen der Wirtschaftspolitischen Abteilung wie der Unterdrückung von Wageners Broschüre vom Jahre 1932 (Wirtschaftsprogramm der NSDAP) in Wageners Memoiren wird unterstützt durch die sich jetzt im Bundesarchiv befindenden zeitgenössischen Parteiakten, Bestand NS22, Band 11. Wageners Laufbahn innerhalb der Partei ist außerdem dokumentiert in den Akten des Obersten Parteigerichts und in der Sammlung SA-Personalakten, die sich beide zur Zeit im Berlin Document Center befinden.

Literatur

Die meisten wissenschaftlichen Arbeiten über den Nationalsozialismus wurden ohne Kenntnis von Wageners Memoiren geschrieben. Diese Informationen über ihn sind somit zwar korrekt, jedoch bestenfalls bruchstückhaft. Dies trifft auf die Veröffentlichungen von K.D. Bracher, W. Sauer und G. Schulz, Die nationalsozialistische Machtergreifung, Köln u. a. 1960, zu wie auch auf die Veröffentlichung von G. Schulz, Aufstieg des Nationalsozialismus, Frankfurt a. M. u. a. 1975. Die erste Untersuchung, die Wageners Memoiren verwendete, beleuchtet seine Rolle als Leiter der Wirtschaftspolitischen Abteilung: A. Barkai, Das Wirtschaftssystem des Nationalsozialismus, Köln 1977. Weitere Informationen über Wageners Rolle während der „Kampfzeit" finden sich in H. A. Turner, Die Großunternehmer und der Aufstieg Hitlers, Berlin 1985. Die Beschreibung von Wageners Aktivitäten als Reichskommissar für die Wirtschaft im Frühling 1933, die nicht in seinen Memoiren behandelt werden, basiert auf der ausführlichen Dokumentation in U. Wengst, Der Reichsverband der Deutschen Wirtschaft in den ersten Monaten des Dritten Reiches, in: Vierteljahrshefte für Zeitgeschichte 28 (1980), S. 101 ff.

21. Robert Wagner – Der „Herrenmensch" im Elsaß

Von JOHNPETER HORST GRILL*

Hitlers Gauleiter spielten bei der Koordinierung der polymorphen Nationalsozialistischen Partei auf regionaler Ebene eine Schlüsselrolle und bildeten nach 1933 einen Pool von NS-Führern für eine Vielzahl von Staats- und Parteiämtern. Von den über hundertdreißig Männern, die zwischen 1925 und 1945 den Posten eines Gauleiters innehielten, war Robert Wagner aus Baden einer der bedeutendsten. Er war einer von nur vier Gauleitern, die bereits im April 1925 von München bestätigt wurden und bis 1945 im Amt blieben. Wagner war darüber hinaus einer von zehn Gauleitern, die 1933 zum Reichsstatthalter eines deutschen Staates ernannt wurden; und neben weiteren fünf Gauleitern wurde der badische Führer Leiter der zivilen Administration einer von Deutschland eroberten Grenzregion. Als Gauleiter half Wagner Hitler beim Aufstieg zur Macht; als Reichskommissar und Reichsstatthalter erleichterte er 1933 der Partei die „Machtergreifung" in Baden, und als Leiter der Verwaltung im Elsaß trug er begeistert zu Hitlers Expansionsdrang und Germanisierungsbestrebungen bei.

Wagner, seit dem gescheiterten Putsch von München ein treuer Gefolgsmann Hitlers, ist ein gutes Beispiel für den vollkommen engagierten völkischen „getreuen Anhänger", wie er für Hitlers „Bewegung" unabkömmlich war. Wagner war nicht bereit, die deutsche Niederlage von 1918 anzuerkennen, und aus der Ablehnung der politischen Linken wie der Juden heraus verschrieb er sein Leben der Sache Hitlers. In einer Anfang 1942 gehaltenen Rede erklärte er, Hitler „hat eine höhere Mission auf dieser Erde zu erfüllen". Zwei Jahre danach sprach Wagner anläßlich Hitlers Geburtstag vom „Lichtbringer Adolf Hitler und seinen der Welt vermittelten Wahrheiten und Weisheiten".[1]

* Aus dem Englischen übersetzt von Anke Weichenhain.

Wagner ordnete sein Privatleben völlig seiner politischen Karriere unter. Obgleich der badische Gauleiter im Jahr 1929 heiratete und ihm 1935 eine Tochter geboren wurde, berichtete die Presse nur wenig über seine Familie. Sein Privatleben war im Unterschied zu dem vieler NS-Größen untadelig. Er war weder Weiberheld noch exzessiver Trinker; auch häufte er aus seinem Dienst in der Partei keine großen privaten Reichtümer an. Sein Leben endete wie die Tragödie, die Deutschland durch den Nationalsozialismus widerfuhr: Nach dem Krieg beging Wagners Ehefrau in französischer Gefangenschaft in Paris Selbstmord, und der ehemalige Gauleiter wurde von den Franzosen 1946 in Straßburg vor Gericht gestellt, verurteilt und erschossen. Einer Reportage in der ›New York Times‹ vom 15. August 1946 zufolge soll Wagner kurz vor seiner Hinrichtung erklärt haben: „Lang lebe Großdeutschland, lang lebe Hitler, lang lebe der Nationalsozialismus."[2]

Robert Heinrich Wagner wurde am 13. Oktober 1895 in der kleinen ländlich-protestantischen Gemeinde von Lindach, Amt Mosbach im badischen Odenwald geboren. Sein Vater Peter Backfisch war Bauer. Im Unterschied zu seinen Brüdern nahm Wagner, nachdem er den Hof verlassen hatte, den Mädchennamen seiner Mutter an, offensichtlich weil man ihn gehänselt hatte. Nach seiner Schulzeit trat Wagner in das Lehrerseminar in Heidelberg ein. Sofort nach Ausbruch des Ersten Weltkriegs meldete er sich als Freiwilliger beim 110. Regiment in Mannheim. Er diente an der Westfront und erlebte einige der berüchtigtsten Schlachtfelder des Krieges, unter anderem in Flandern, Verdun und an der Somme. 1915 wurde er für seine Tapferkeit mit dem EKI ausgezeichnet und zum Leutnant befördert. Einer seiner befehlshabenden Offiziere schrieb, er sei ein „lebhafter, gewissenhafter, vom Feuer ungebrochener junger Offizier mit gefestigtem Charakter"; ein anderer Vorgesetzter hob Wagners stark ausgeprägten Nationalismus hervor.[3]

Wagner behauptete von sich, bereits als Offizier Interesse an Politik gehabt zu haben, gab aber zu, der Zusammenbruch von 1918 „hat mich vollends aufgerüttelt".[4] Seiner eigenen Darstellung zufolge begann seine Abneigung gegen die Linken am 2. November 1918, als er die Versuche eines Regimentsfeldwebels erfolgreich durchkreuzte, in Valenciennes eine Meuterei anzuzetteln. Der Feldwebel war ein Neffe Friedrich Eberts, des ersten sozialdemokratischen Präsidenten der Weimarer Republik. Nach dem Krieg trat der junge Leutnant einem

Freiwolligenbataillon aus seinem Feldregiment bei und beteiligte sich in Baden verschiedenenorts an der Unterdrückung von linken Unruhen. Später wurde Wagner in die Reichswehr aufgenommen und im Jahr 1920 nach Meiningen in Thüringen verlegt. Wagner versteckte in dieser ländlichen Region Waffen vor der alliierten Kontrollkommission. Nur die Intervention des Reichswehrministeriums rettete den jungen Offizier vor Strafverfolgung, die die sozialdemokratische Regierung Thüringens verlangte. 1923 wurde Wagner nach Villingen in Baden zurückverlegt, wo er jedoch ebenfalls mit der örtlichen Polizei zusammenstieß und sich als „königlich-preussischer Leutnant“[5] bezeichnet haben soll. Wagner zufolge hatten seine Erfahrungen in Thüringen seine Abscheu vor der Weimarer Republik vervollständigt, und er entschied, daß Deutschland nicht befreit werden könnte, solange Sozialisten im Lande leben dürften.

Einer der entscheidenden Wendepunkte in Wagners Leben war der 21. September 1923, als er an die Infanterieschule in München versetzt wurde. Bis zu diesem Zeitpunkt hatte Wagner Hitler nur vom Hörensagen gekannt. In München besuchte Wagner Erich Ludendorff und stellte fest, daß der General Hitler unterstützte. Außerdem nahmen Wagner und andere Offiziere und Kadetten der Infanterieschule an einer örtlichen Kundgebung Hitlers teil. Am Morgen des fehlgeschlagenen Hitler-Putsches vom 8. November 1923 begleitete Ludendorffs Stiefsohn Wagner zum Hauptquartier des Kampfbundes, wo Wagner die Instruktion entgegennahm, sich zum Bürgerbräukeller zu begeben. Im Verlauf seines anschließenden Prozesses erklärte Wagner, daß er Deutschland von der Katastrophe von Versailles hatte befreien wollen. Er behauptete auch, er wäre zur Infanterieschule zurückgekehrt, hätte der Reichswehrgeneral von Lossow diesen Befehl erteilt. Der junge Leutnant wurde wegen seiner Teilnahme am Putsch zu einem Jahr und drei Monaten Gefängnis verurteilt, aber sofort auf Bewährung freigelassen.

Nachdem Wagner aus der Reichswehr entlassen worden war, kehrte er ins heimatliche Baden zurück, um sich an dem Ort, an dem er als Offizier stationiert gewesen war, niederzulassen. Seit Herbst 1924 engagierte er sich politisch auf privaten rechten Versammlungen im nördlichen Baden. Am 12. Oktober 1924 hatte Wagner seinen ersten öffentlichen Auftritt als Repräsentant des Frontkriegerbundes bei einer nationalistischen Deutsche-Tag-Feier in Bruchsal. Fünf Tage danach ließ er den Schlageterbund, eine Tarnorganisation für die illegale

SA, die er mit Hilfe der Völkischen Jugend gegründet hatte, bei der Karlsruher Polizei eintragen. Das entscheidende Ereignis, das Wagners politische Karriere begründen sollte, fand jedoch statt, als er Anfang 1925 nach München reiste und von Hitler mit der Führung der nationalsozialistischen Bewegung in Baden betraut wurde. In das heimische Baden zurückgekehrt, versammelte der neue Gauleiter am 22. März 1925 in Karlsruhe völkische und ehemalige NS-Aktivisten, um die Partei in Baden zu organisieren.

Wagner konnte sich bei der Gründung der NS-Partei in Baden auf die völkischen und nationalsozialistischen Wurzeln stützen, die dort bereits vor 1923 bestanden hatten. Der Völkische Block hatte bei den Reichstagswahlen im Mai 1924 4,8 Prozent der Wählerstimmen erhalten. Wagner erkannte 1925 dieses völkische Vermächtnis an, indem er versprach, die Haftung für die vom Völkischen Block angehäuften Schulden zu übernehmen. Bei der Etablierung Wagners als Führer über die vielen völkischen Aktivisten in Baden war die Unterstützung durch Hitler ausschlaggebend. Als beispielsweise Franz Tritschler, der 1922 die NS-Partei in Freiburg gegründet hatte, im Jahr 1925 diese wiederzubeleben suchte, wurde ihm aus München bekundet, daß er, da Hitler die Aufgabe zur Organisation der Bewegung in Baden Wagner übertragen habe, „direkt mit Herrn Wagner Fühlung zu nehmen" habe.[6]

Der ehemalige Offizier konnte seine gesamte Kraft der NS-Bewegung widmen. Obgleich er kein mitreißender Redner war, hielt er allein im Jahr 1928 einhundert Versammlungen und Kundgebungen ab. Die erste bedeutsame politische Leistung vollbrachte der badische Gauleiter während der Reichstagswahlen von 1928: Der rivalisierende völkische Konkurrent der Nationalsozialistischen Partei konnte ausgeschaltet werden, und man errang bei den ländlichen, protestantischen Wählern Nordbadens einen großen Stimmenanteil. Ein Jahr später wurde Wagners Partei die vorherrschende Rechtspartei des Landes, die sowohl den Landbund als auch die DNVP überflügelte. Ferner wurden Wagner und fünf weitere führende badische Nationalsozialisten in den Badischen Landtag gewählt. Zwischen September 1930 und Juli 1932 konnte die badische Partei ihren Stimmenanteil von 19,2 Prozent auf 36,9 Prozent erhöhen. Ein Großteil des Erfolgs der Partei war natürlich den sich verschlechternden ökonomischen Verhältnissen, Hitlers Anziehungskraft sowie der fehlenden Unterstützung für die Demokratie – sogar in Baden – einem Land, das bis Dezember 1932 von einer katholisch-sozialdemokratischen Koalition regiert wurde – zuzuschreiben. Wagner führte die Partei nicht nur in den zahlreichen Wahlkampagnen, er half auch zu verhindern, daß die programmatisch höchst unterschiedlich gelagerte nationalsozialistische „Bewegung" auseinanderfiel. Dies war Ende 1932 besonders wichtig, da die badische Partei zu dieser Zeit nicht nur Rückschläge bei Wahlen zu verkraften hatte, sondern auch unter der Abwanderung einiger nationalsozialistischer Führer in Strassers Lager litt. Nachdem Gregor Strasser im Dezember 1932 zurückgetreten war, stimmte Wagner schließlich zu, seinen heimatlichen Gau zu verlassen, und nahm den Posten als Robert Leys Stellvertreter in der Partei an. Er kehrte jedoch schon im März 1933 in seinen heimatlichen Gau zurück und nahm seine Aufgaben als Gauleiter wieder auf.

Wagners Ansichten über Rasse und deutsche Expansion waren denen Hitlers gleich. Seit 1925 wetterte er gegen die jüdische finanzielle „Versklavung" und brandmarkte die Weimarer Republik ständig als ‚Judenstaat'. In einer Publikation des Jahres 1932 attackierte Wagner Liberalismus und Marxismus als jüdische Schöpfungen, die die Volksgemeinschaft zerstörten. Er behauptete wiederholt: „deutscher Geist und jüdischer Geist sind unversöhnlich", da der Judaismus ein „satanischer und zerstörerischer Geist sei".[7] Bereits 1929 verlangte er, daß die Hitlerjugend über rassische Fragen zu belehren sei, und Anfang 1938 ordnete er die Verteilung einer speziellen Ausgabe des ›Stürmer‹ mit dem Titel ›Todesstrafe für Rassenschänder‹ an alle Parteibezirke an. Zu Wagners Freude befahl Hitler im Oktober 1940 die Deportation der badischen Juden nach Frankreich. Die Primitivität des Wagnerschen Rassismus wird durch seine Proteste gegen die Gründung dauerhafter Ansiedlungen für italienische Bergarbeiter in Thumberg, Amt Donaueschingen, deutlich. Wagner erinnerte Bormann daran, daß diese Ansiedlung „erbbiologische Gefahren" mit sich brächte, weil in Baden viele marxistische Führer vor 1933 italienische Ahnen hatten.[8]

Obgleich der badische Gauleiter den Standpunkt vertrat, Baden habe als Grenzmark die Aufgabe, die Expansion französischer Kultur nach Deutschland aufzuhalten, war er zugleich begeisterter Anhänger einer deutschen Expansion. 1932 erklärte er unverblümt: „Wir Nationalsozialisten sind Imperialisten. Unser Kampf wird nicht eher ruhen bis unser Volk leben kann."[9] Wenige Tage nach der deutschen Invasion Rußlands im Juni 1941 erklärte Wagner seinen Parteiführern, daß die

Zerstörung der Sowjetunion dem deutschen Volk den notwendigen Raum bereitstellen werde. Als Führer der Verwaltung des Elsaß setzte Wagner nach 1940 seine rassischen, imperialistischen Ansichten um.

Wagners in der Öffentlichkeit wie im Privaten geäußerten Ansichten über die sozio-ökonomische Lage spiegelten im allgemeinen die nationalsozialistische Propaganda wider; gleichzeitig war er jedoch jederzeit bereit, seine Überzeugungen Hitlers opportunistischer Politik anzupassen. Vor 1933 hatte Wagner um die Unterstützung der Arbeiterschaft, der Bauern und des Mittelstandes geworben. Als Sohn eines Bauern konnte er die Probleme auf dem Land nachvollziehen und 1929 Heß berichten, daß ein Großteil der badischen Bauernschaft nationalsozialistisch organisiert war. In Baden wurde der Landbund schon sehr früh zur „bäuerliche[n] Gewerkschaft" der Partei.[10] Ungeachtet seiner Unterstützung der bäuerlichen Tugenden drängte Wagner nach 1933 darauf, in den ländlichen Regionen Industrien anzusiedeln, um Arbeitsplätze zu schaffen, und so wurden zusehends mehr kleine Gemeinden städtischen Zentren angegliedert. Die gleiche Art ökonomischer und politischer Berechnung wurde bezüglich seiner Ansichten über den Mittelstand deutlich. 1933 ordnete Wagner in seiner Funktion als Reichsstatthalter an, daß der Staat nur in kleinen deutschen Geschäften kaufen sollte. Im Jahr 1935 erklärte er Einzelhändlern, der Staat könne in einer Zeit ökonomischer Rekonstruktion keine sozio-ökonomischen Experimente eingehen. Wagner verlangte selbstverständlich auch, daß die Arbeiterschaft in die neue Volksgemeinschaft integriert werden solle. Als Privatmann zog Wagener eher aus politischen denn ökonomischen Gründen Handarbeiter vor. Wie Hitler sah er im Handwerker den zäheren Parteiaktivisten, insbesondere im Vergleich mit dem lethargischen Bürgertum. 1931 erklärte Wagner, er würde den ökonomischen Niedergang des Bürgertums befürworten, da es so radikalisiert werde und die nationalsozialistische Sache vorantriebe. In Rastatt antwortete ein führender bürgerlicher Nationalsozialist auf Wagners Ausführungen „dass mich eine solche Einstellung aus dem Munde eines Kommunisten nicht in Erstaunen gesetzt hätte – bei Ihnen hat mich das erschreckt".[11] Dies bedeutete jedoch nicht, daß Wagner sich für die speziellen Interessen der Arbeiterschaft einsetzte. Tatsächlich vernachlässigte Wagner zwischen 1933 und 1936 die DAF in seinem Gau.

Der Protestant Wagner hegte auch ein tiefes Mißtrauen gegen die Institution der katholischen Kirche und versprach, nach dem Krieg würden die Nationalsozialisten den Feinden im eigenen Land entgegentreten. Gleichzeitg lehnte er die Verehrung von Wotan wie auch die Einrichtung einer germanischen Religion ab. Wie viele nationalsozialistische Führer zog er sanftmütige Hausfrauen den politischen Aktivistinnen vor; ganz besonders verabscheute er Mädchen in Uniform, da er diese Unsitte dem Marxismus zuschrieb.

Wagner wollte eine hingebungsvolle Partei, die wie eine willfährige, disziplinierte militärische Einheit funktionieren sollte, um Hitler an die Macht zu bringen und nach 1933 seine Politik zu unterstützen. Anfang 1927 verlangte er von seinen Parteimitgliedern vollen Einsatz. Er verbot in den Büros des Gaus gesellige Zusammenkünfte und verbannte das Rauchen. Gleichzeitig zwang er die 'Funktionäre' seines Gaus, an Sportwettkämpfen teilzunehmen. Nach der „Machtergreifung" erklärte Wagner seinen Gruppenführern in der Partei, daß er als politische Soldaten einfache, unkomplizierte Männer wolle. Wie Hitler warnte er insbesondere vor einer Überschätzung des Nutzens von Wissen und lehnte Individualismus ab. Als Straßer versuchte, Wagner zum Parteikommisar für Südwestdeutschland zu ernennen, betonte Wagner, daß er uneingeschränkt der Partei in Baden diene. Gleichwohl erklärte er, sollte er abkommandiert werden, würde er gehorchen, denn er sei „auch Soldat genug, um da meine Pflicht zu tun, wo ich hingestellt werde".[12]

Wagner benutzte, um die Kontrolle über die Partei zu festigen, eine zentrale Methode: er berief Mitglieder des Gau-Klüngels, denen er vertraute, in Schlüsselpositionen des Gaus und beschützte sie vor Berlin und München. Die meisten dieser alten Parteiführer blieben Wagner bis zum Ende des Dritten Reichs treu. Adolf Schuppel, Wagners ehemaliger Regimentskamerad und langjähriges Mitglied des Gau-Klüngels, wurde Gaustabsamtsleiter; in diesem Amt kontrollierte er die gesamte Korrespondenz der badischen Partei mit staatlichen Stellen sowie Parteistellen. Wagner verzieh niemals Aktionen, die er als Hochverrat gegen Hitler ansah. Seit Januar 1933 haßte er sowohl Straßer wie auch Karl Lenz, einen Anhänger Straßers aus Baden. Wagner lehnte die Arbeitsmethoden von Rudolf Heß genauso ab, wie er sich darüber ärgerte, daß Heinrich Himmler die badische SS kontrollierte. Andererseits verstand sich Wagner aber gut mit Goebbels, der Wagner als „sauberen Jungen" und einen wirklich netten Kerl beschrieb.[13] Im Unterschied zu den meisten Gauleitern war Wagner nach 1933 weder Mitglied der SA noch der SS.

Wagner stellte zwei Funktionen heraus, die die Partei nach 1933 zu erfüllen habe. Erstens: Er wollte, daß die Partei bei der Auswahl von Personal für den Staat und die Bürokratie eine führende Rolle spielte. Nach der Invasion Rußlands im Juni 1941 erklärte Wagner seinen Gruppenleitern, die neuen Möglichkeiten für die Partei, das richtige Personal für eine Reihe von Positionen auszusuchen, seien „ungeheuer und phantastisch".[14] Darüber hinaus sollte die Partei, der im Jahre 1942 9,3 Prozent der badischen Bevölkerung angehörten, die Verantwortung dafür tragen, die Öffentlichkeit und speziell die Arbeiterschaft zum Nationalsozialismus zu bekehren. Da sich Wagner nach 1933 zunehmend mit verschiedenen staatlichen Aufgaben beschäftigte, delegierte er einen größeren Teil der Verantwortung für die Partei an seinen stellvertretenden Gauleiter Hermann Rohn, der in Baden – und nach 1940 auch im Elsaß – die Parteiangelegenheiten regelte.

Am 9. März 1933 kehrte Wagner als Reichskommissar in den Gau zurück, in dem er geboren war um die „Machtergreifung" der Nationalsozialisten in Baden zu koordinieren. Bei den Wahlen vom 5. März 1933 hatten die Nationalsozialisten in Baden 45 Prozent der Stimmen erhalten. Die badischen Nationalsozialisten hatten bereits am 24. Juli 1932 einen Reichskommissar für Baden gefordert. Doch erst am 8. März 1933 konnte Wilhelm Frick die badische Regierung von Wagners Ernennung in Kenntnis setzen. Indem er sich auf die Unterstützung aus Berlin verließ und die Parteistrukturen benutzte, riß Wagner die Kontrolle über die Polizei an sich. Zwei Tage nachdem er nach Baden zurückgekehrt war, übernahm er vollends die Kontrolle über die Regierung. Während der nächsten beiden Monate säuberte Wagner die staatliche Administration von Marxisten, Juden und politischen Gegnern. Am 5. Mai 1933 wurde Wagner auch zum Reichsstatthalter von Baden ernannt. Wagner säuberte den Landtag, bewirkte am 9. Juni ein Ermächtigungsgesetz und löste den Landtag schließlich am 14. Oktober 1933 auf. Da führende Nationalsozialisten die badischen Ministerien vollständig kontrollierten, lag Wagners Aufgabe nach Mitte 1933 darin, die Revolution zu überwachen und die Ordnung wiederherzustellen.

Wagner versuchte auch, seine Macht als Reichskommissar zu sichern, indem er bei den Versammlungen der badischen Regierung den Vorsitz führte. Ein ehemaliger badischer Landrat, Klaus Tellenbach, hat Wagner als „eiskalten Fanatiker"[15] beschrieben. Wagner war jedoch verärgert, weil Hitler es ihm nicht erlaubte, die Ämter des Landrats und Kreisleiters zu vereinigen. Der badische Reichsstatthalter war wütend, weil er die Kontrolle über die Gestapo in seinem Land nicht mehr in Händen hielt und es mißfiel ihm, daß sein ehemaliger stellvertretender Gauleiter Walter Köhler 1933 Ministerpräsident von Baden geworden war. Bezeichnenderweise beschwerte er sich im Juni 1933 in Berlin, daß er ein größeres Auto benötigte, da er ummöglich ein kleineres fahren könne als der Ministerpräsident von Baden. 1935 versuchte Wagner erfolglos, Köhler aus seinem Amt zu entfernen. Dieser Mißerfolg hielt Wagner nicht davon ab, Anfang 1942 zu versuchen, den Posten des Ministerpräsidenten völlig abzuschaffen, angeblich um Personal einzusparen. Obgleich Hitler gewillt war, Köhler seines Amtes zu entheben, war er nicht – wie von Wagner gefordert – bereit, im Reich alle Ministerpräsidenten zu entlassen. Folglich überlebte Köhler als Ministerpräsident bis zum Ende des Dritten Reichs.

Wagner schützte beständig die badischen Interessen vor Übergriffen des Reiches. In einer Reihe von Briefen und Besuchen beklagte Wagner Hitler gegenüber die ökonomischen Schwierigkeiten in Baden. Er war entrüstet, als staatliche Stellen und Parteistellen in Baden begannen, ihre Gelder bei Banken in München und Berlin zu hinterlegen und sie dadurch die Finanzkraft der badischen Banken bedrohten. Vor allen Dingen war Wagner über die zwischen 1933 und 1935 stattfindenden Gespräche über eine Reichsreform, die die Einheit Badens bedrohte, verärgert. Um Argumenten für eine Vereinigung von Baden und Württemberg entgegenzuwirken, erinnerte Wagner Berlin daran, daß Frick versprochen hatte, Baden werde ein Reichsgau ohne territoriale Veränderungen bleiben. Der badische Reichsstatthalter versuchte sogar, rassische und ökonomische Argumente für eine Angliederung der Pfalz und des Saarlands an Baden vorzubringen. Ironischerweise half Wagner nach 1940 selbst dabei, die Karlsruher Position zu untergraben, als er als Leiter der Verwaltung des Elsaß begann, Behörden des Gaus und des Landes nach Straßburg zu verlegen. Als Reichsstatthalter reichten Wagners Machtbefugnisse jedoch niemals so weit wie die, die er als Chef der Zivilverwaltung (CdZ), und nach 1942 als Reichsverteidigungskommissar in Baden ausübte.

Der badische Gauleiter erreichte den Höhepunkt seiner Macht, sowohl in der Partei wie auch im Staat, als er im Jahr 1940 zum Leiter der Verwaltung im Elsaß ernannt wurde. Dort gelang es Wagner, die völlige Kontrolle über Staats- und Parteiangelegenheiten auszuüben und im Elsaß für den Parteiklüngel seines Gaues und sich selbst eine unabhängige Machtsphäre zu schaffen. Im Elsaß war er direkt Hitler verantwortlich. Die Region war nie rechtmäßig Deutschland angegliedert worden, dennoch galten deutsches Recht, eine neue Grenze, und schließlich wurde auch die deutsche Staatsbürgerschaft eingeführt. Hitler gab am 2. August und am 18. Oktober 1940 zwei geheime Weisungen aus, die deutlich machten, daß allein Wagner für die Germanisierung des Elsaß verantwortlich war. Bormann versicherte Wagner wiederholt, Hitler werde keine einschneidenden Entscheidungen in bezug auf das Elsaß fällen, ohne sich mit ihm, Wagner, zu besprechen. Gleichermaßen konnte Wagner Reichsstellen daran erinnern, daß er Hitler direkt verantwortlich sei.

Wagner zog am 2. Juli 1940 nach Straßburg. Bereits Wochen vor Hitlers erster Weisung bezüglich des Elsaß hielt Wagner in Straßburg seine erste offizielle Konferenz als CdZ und erklärte: „Wir kamen als Nationalsozialisten ins Land und können nur als Nationalsozialisten handeln."[16] Wagner brachte seine badischen Minister mit ins Elsaß und ernannte Adolf Schuppel, ein Mitglied des Parteiklüngels aus dem Gau, zum Vorsitzenden der Personalabteilung des CdZ. Obgleich Wagner führende einheimische Persönlichkeiten des Elsaß zu Kreisleitern ernannte, wurde das Elsaß im Grunde von badischen Partei- und Landesfunktionären beherrscht. Wagner rechtfertigte seine Administration und behauptete, die meisten deutschen Beamten stammten aus Baden und stellten damit einen „deutschen brüderlichen Stamm"[17] dar.

Nachdem er seine Macht gefestigt, die elsässischen Institutionen koordiniert und gesäubert hatte, widmete Wagner sich der Germanisierung und Nazifizierung der Provinz. In diesem Bestreben wurde er uneingeschränkt von Hitler unterstützt, der die pro-französische intellektuelle Elite des Elsaß nicht mochte, und dieser erklärte offen, daß er gewillt sei, Fehler hinzunehmen, solange er nur innerhalb von zehn Jahren einen Bericht erhalte, daß das Elsaß nunmehr deutsch sei. Am 2. September 1940 äußerte sich Wagner in einem Interview mit einer deutschen Zeitung, daß das Elsaß gesäubert werden müsse, damit man die Fehler von 1871 vermeide. In der Praxis artete die Germanisierung zu einem fanatischen anti-französischen Kreuzzug aus. Es war verboten, in der Öffentlichkeit französisch zu sprechen, Barette wurden geächtet, und französische Familiennamen wurden eingedeutscht. Der anti-französische Wahn durchkreuzte deutsche Rüstungsanstrengungen im Elsaß, denn französische und belgische Arbeiter durften nicht mehr in der wichtigen Verteidigungsproduktion arbeiten. Sogar die Anwesenheit von französischen Freiwilligen der Waffen-SS in Sennheim war für Wagner nicht akzeptabel. Erst nachdem Wagner im Herbst 1942 Hitler überzeugt hatte, im Elsaß Rekruten einzuberufen, verlieh er einem ausgewählten Teil der Bevölkerung die Staatsbürgerschaft.

In seiner Offensive, das Elsaß zu nazifizieren, war Wagner von Zahlen besessen, um den Erfolg seiner Politik zu demonstrieren. Die meisten Elsässer mußten zunächst einer vorbereitenden Organisation, dem „Opferring", beitreten, bevor sie in die NSDAP aufgenommen wurden. Im April 1941 wurden die ersten fünf elsässischen Kreisleiter in die Partei aufgenommen, und bis Juni 1944 hatten 25000 Elsässer der NSDAP beitreten dürfen. Wagner benutzte die Partei und ihre Schwesterorganisationen, um die Sicherheitskräfte zu ergänzen und die Germanisierung voranzutreiben. Letztendlich war Wagner jedoch auf rohe Gewalt seitens der Polizei und der Justiz angewiesen, um den Elsässern seine Politik aufzuzwingen. Badische Justizbeamte berichteten, Wagners Betonung von Gewalt und Polizeimacht sei „typisch für das Denken des Gauleiters"[18] gewesen. In dem in der Nähe von Schirmeck gelegenen Vorbruck ließ Wagner sein eigenes Konzentrationslager für elsässische „Dickköpfe" errichten. Himmlers Todeslager in Natzweiler lag außerhalb Wagners Kontrolle; im Juli 1942 kam Wagner jedoch mit Himmler überein, daß besonders hartnäckige Elsässer zur endgültigen Vernichtung in Himmlers Konzentrationslager überstellt würden.

Wagner scheiterte im Elsaß mit seinen Anstrengungen zur Germanisierung und Nazifizierung, insbesondere seit Elsässer in die deutsche Armee einberufen wurden. Sogar die badische Öffentlichkeit vertrat die Ansicht, Wagner habe der deutschen Sache im Elsaß großen Schaden zugefügt. Einige drückten den Wunsch aus, Wagner solle bei seinen Elsässern bleiben. Zu Kriegsende äußerte die badische Öffentlichkeit ihre starke Abneigung gegen Wagner als Gauleiter, und in SD-Berichten wurde angeregt, daß „eine Absetzung Robert Wagners einen gewaltigen Stimmungsauftrieb bedeuten [würde]".[19] Wagner führte seinen fanatischen Kampf bis zum Ende fort; er drängte sogar zur Exekution von gefangengenommenen alliierten Fliegern. Ende April 1945 verbrannte Wagner seine Papiere und ging in den Untergrund, bis er am 25. Juli 1945 erfuhr, daß seine Frau Selbstmord begangen hatte. Vier Tage später ergab er sich in Stuttgart den Amerikanern, die ihn als fanatischen Nazi beschrieben. Obgleich er weinte, als man ihm von den Greueltaten in den Konzentrationslagern berichtete, wollte er Hitlers Verantwortung nicht eingestehen, sondern schob die Schuld daran Himmlers Einfluß zu. Die Amerikaner übergaben ihn den Franzosen, die ihn vor Gericht stellten und ihn für die im Elsaß begangenen Straftaten verurteilten. Kurz bevor er am 14. August 1946 in Straßburg hingerichtet wurde, bekannte Wagner, daß er noch immer an Hitler und den Nationalsozialismus glaube.

Anmerkungen

[1] Zitiert in L. Kettenacker, Nationalsozialistische Volkstumspolitik im Elsaß, Stuttgart 1973, S. 70.

[2] Zitiert in J. H. Grill, The Nazi Movement in Baden 1920–1945, Chapel Hill/N. C. 1983, S. 518; Interview des Autors mit Walter Köhler vom 15. 5. 76.

[3] Aufzeichnungen von Otto Wagener, Archiv des Instituts für Zeitgeschichte, München, ED/60/1, Heft 1.

[4] Robert Wagners Kampf um Baden in: Der Führer, 30. März 1935, S. 1.

[5] Badisches Landespolizeiamt, Abtl. N an die Staatsanwaltschaft Karlsruhe, 3. Juli 1930, Generallandesarchiv Karlsruhe, 309/1176.

[6] Bouhler an Franz Tritschler, 1. April 1925, U. S. National Archives, T-580/699/595.

[7] Hakenkreuzbanner, 24. Mai 1943; Robert Wagner, Tod dem Marxismus. Es lebe der Nationalsozialismus, Karlsruhe 1932, S. 20.

[8] Friedrich, Parteikanzlei, „Notiz für Stabsleiter", 17. November 1938, Bundesarchiv NS 6/783.

[9] Robert Wagner (Anm. 7), S. 23.

[10] Wagner an Rudolf Heß, 3. Mai 1929 und 2. September 1931, Bundesarchiv NS 22/1044.

[11] Wagner an Fucke-Michels, Rastatt, 21. April 1931 und Fucke-Michels an Wagner, 18. April 1931, U. S. National Archives T-81/173/314091–95.

[12] Wagner an Straßer, 13. Juni 1932, Bundesarchiv NS 22/1044.

[13] Die Tagebücher von Joseph Goebbels, Teil I: Aufzeichnungen 1924–1941, hrsg. von E. Fröhlich, München 1987, Bd. 1, S. 438; Bd. 2, S. 349, S. 480 und S. 696.

[14] Kreisleiterbesprechung vom 24. 6. 1941 in der Reichsstatthalterei, U.S. National Archives T-81/178/327329.

[15] K. Tellenbach, Die Badische Innere Verwaltung im Dritten Reich. Von

den Erlebnissen eines Landrats, in: Zeitschrift für die Geschichte des Oberrheins 134 (1986), s. S. 390.

[16] Der Führer, 17. Juli 1940.

[17] Zitiert in J. Grill (wie Anm. 3), S. 478.

[18] Oberlandesgerichtspräsident an RJM Thierack, Bericht zur Lage, 2. Januar 1945, Generallandesarchiv Karlsruhe, 309/1205.

[19] SD-Hauptaußenstelle Karlsruhe an SD-Führer Baden-Elsaß, Gauleiter Robert Wagner, 9. März 1945, U. S. National Archives T-175/512/9378485.

Bibliographie

Quellen

Unglücklicherweise vernichtete Wagner 1945 seine Papiere; die Franzosen brannten das badische Innenministerium nieder. Nur wenige persönliche Briefe aus der Zeit seiner französischen Gefangenschaft sind im Besitz von Wagners Tochter. Die über Wagner im Berliner Dokumentationszentrum und dem Institut für Zeitgeschichte in München angelegten Akten werfen ein wenig Licht auf seine Aktivitäten im Elsaß. Hilfreicher sind BDC Personalakten von vielen von Wagners badischen Mitstreitern. Die wertvollsten und praktischsten Sammlungen von Dokumenten über Wagners Aktivitäten sowohl in Baden als auch im Elsaß sind in den U.S. National Archives auf den Mikrofilmen T-81 und T-580 erhältlich. Die Originaldokumente sind dem Bundesarchiv und dem Generallandesarchiv Karlsruhe zurückgegeben worden. Das NSDAP Hauptarchiv enthält einige Aktenmappen über Baden. Wichtige polizeiliche und staatliche Aufzeichnungen, die Wagners Aktivitäten vor und nach 1933 abdecken, sind im Generallandesarchiv Karlsruhe und dem Staatsarchiv Freiburg zugänglich. Die im Bundesarchiv vorhandenen Akten über die Reichskanzlei (R 42II/1381) und die Reichsorganisationsleiter (NS 22/1044) enthalten wichtige Korrespondenzen Wagners mit Straßer, Lammers und Bormann. Wagners politische und ideologische Ansichten werden in den Aufzeichnungen von seinen Gerichtsverfahren in München und Straßburg aus den Jahren 1923 bzw. 1945/46 sowie auch in seinen Ausführungen in ›Der Führer‹ und den ›Strassburger Neueste Nachrichten‹ enthüllt. Sein Buch ›Tod dem Marxismus: Es lebe der Nationalsozialismus‹ (Karlsruhe 1932) präsentierte durchschnittlichen völkischen Sozialdarwinismus. Die Memoiren von Robert Ernst und dem Gauleiter Hartmann Lauterbach sowie Goebbels' Tagebücher enthalten aufschlußreiche Einschätzungen über Wagner. Bis zu seinem Tod war Walter Köhler als Zeitzeuge eine wichtige Quelle.

Literatur

Zeitgenössische Darstellungen über Wagner bieten B. von Schirach, die Pioniere des Dritten Reiches, Essen 1933 und F. Moraller, Der Reichsstatthalter in Baden Robert Wagner, in: K. Ekkehart (Hrsg.), Die Reichsstatthalter. Ein Volksbuch, Gotha 1933, S. 26–30. Die einzige Monographie über Wagners politische Karriere von J. H. Grill, The Nazi Movement in Baden 1920–1945, Chapel Hill/N. C. 1983 untersucht seine Aktivitäten als Gauleiter, Reichsstatthalter und Chef der zivilen Administration. Einige Studien geben über Wagners Rolle als Gauleiter Auskunft: E. O. Braunche, Die Entwicklung der NSDAP in Baden bis 1932/33, in: Zeitschrift für die Geschichte des Oberrheins 125 (1977), S. 331–375; T. Schnabel (Hrsg.), Die Machtergreifung in Südwestdeutschland. Das Ende der Weimarer Republik in Baden und Württemberg 1928–1933, Stuttgart 1982, und P. Hüttenberger, Die Gauleiter: Studie zum Wandel des Machtgefüges in der NSDAP, Stuttgart 1969. H. Rehberger behandelt in ›Die Gleichschaltung des Landes Baden 1932/33‹ (Heidelberg 1966) Wagners Rolle als Reichskommissar und Reichsstatthalter. Seine Rolle als Leiter der Verwaltung im Elsaß wird von L. Kettenacker, Nationalsozialistische Volkstumspolitik im Elsaß, Stuttgart 1973, und P. Bankwitz, Alsatian Autonomist Leaders 1919–1947, Lawrence, Kansas 1978, tiefgründig beleuchtet. Kettenacker behauptet, Wagner habe das Elsaß im wesentlichen als „Erziehungsproblem“ angesehen.

Die Autoren dieses Bandes

JAY W. BAIRD, geb. 1936; studierte an der Columbia University und der Freien Universität Berlin; 1966 Promotion zum Ph. D. mit einer Arbeit über die nationalsozialistische Kriegspropaganda. Er lehrte an der Stanford University und am Pomona College und ist seit 1967 Professor für Europäische Geschichte an der Miami University, Oxford, Ohio. – Veröffentlichungen: To Die for Germany. Heroes in the Nazi Pantheon, Bloomington 1990; The Mythical World of Nazi War Propaganda, 1939–1945, Minneapolis 1974; From Nuremberg to My Lai, Boston 1972.

PETER BLACK, geb. 1950; studierte Geschichte an der University of Wisconsin und an der Columbia University; 1981 Promotion zum Ph. D. mit einer Arbeit über Ernst Kaltenbrunner. Seit 1978 ist er im Justizministerium der Vereinigten Staaten in der Abteilung für Sonderermittlungen tätig, derzeit als ihr Chefhistoriker. Wichtigste Veröffentlichungen: Ernst Kaltenbrunner. Vasall Himmlers: Eine SS-Karriere, Paderborn/München/Wien/Zürich 1991; 'Rehearsal for Reinhard?: Odilo Globocnik and the Lublin Selbstschutz', Central European History, März 1993.

CARON CADLE, geb. 1957; studierte an der Princeton University und schloß 1979 mit einer Arbeit über Kurt Daluege ab. Literarische Übersetzungen vom Deutschen ins Englische.

HANS-JÜRGEN DÖSCHER, geb. 1943; studierte nach dem Externen-Abitur (1968) Geschichte, Politikwissenschaft, Romanistik u. Erziehungswissenschaften in Hamburg und Bordeaux; 1980 Studiendirektor in der Gymnasiallehrerausbildung des Landes Niedersachsen, 1985 Promotion zum Dr. phil. an der Universität Hamburg. 1988/90 Lehrbeauftragter für Neuere Geschichte am Historischen Seminar der Universität Münster, seither freier Autor und historischer Berater bei verschiedenen Fernsehproduktionen der ARD. – Wichtige Veröffentlichungen: Das Auswärtige Amt im Dritten Reich, Berlin 1987; SS und Auswärtiges Amt im Dritten Reich, Frankfurt am Main/Berlin 1991; „Reichskristallnacht". Die Novemberpogrome 1938, Frankfurt am Main/Berlin 1988; Das Auswärtige Amt in der Ära Adenauer. Zwischen Neubeginn und Kontinuität (erscheint 1993).

JOHNPETER H. GRILL, geb. 1943; studierte Geschichte und Politikwissenschaft an der University of Virginia und an der University of Michigan; 1975 Promotion zum Ph. D. mit einer Arbeit über die

NSDAP in Baden. Seit 1976 lehrt er als Professor an der Mississippi State University. – Wichtigste Veröffentlichungen: The Nazi Movement in Baden, 1920–1945, Chapel Hill, 1983; Aufsätze über die nationalsozialistische Bewegung. In Vorbereitung: The Structure and Function of the Allgemeine SS in the Third Reich.

Lothar Gruchmann, geb. 1929; studierte Politikwissenschaft, Neuere Geschichte und Staatsrecht an der Freien Universität Berlin; 1959 Promotion zum Dr. phil. mit einer Arbeit über Nationalsozialistische Großraumordnung. Von 1960 bis 1992 wissenschaftlicher Mitarbeiter am Institut für Zeitgeschichte, 1962 bis 1968 Lehrbeauftragter an der Universität in München. – Wichtigste Veröffentlichungen: Der Zweite Weltkrieg. Kriegführung und Politik, München 1967, 9. Aufl. 1990; Justiz im Dritten Reich 1933 bis 1940. Anpassung und Unterwerfung in der Ära Gürtner, München 1988; Autobiographie eines Attentäters: Johann Georg Elser, Stuttgart 1989; Totaler Krieg. Vom Blitzkrieg zur bedingungslosen Kapitulation, München 1991.

Ludolf Herbst, geb. 1943; studierte in Göttingen Geschichte, Germanistik, Philosophie und Politische Wissenschaften; 1973 Promotion mit einer Arbeit über „Die Verfolgung der Ersten Internationale durch die Großmächte in der Reichsgründungszeit", 1982 Habilitation in Göttingen mit einer Arbeit, die unter dem Titel „Der Totale Krieg und die Ordnung der Wirtschaft" erschien. 1983 wurde er nach kurzer Lehrzeit als Hochschullehrer in Göttingen als stellvertretender Direktor ans Institut für Zeitgeschichte in München berufen, zugleich lehrte er an der Ludwig-Maximilian-Universität in München Neuere Geschichte. – Zahlreiche Veröffentlichungen zur Zeitgeschichte, Sozial- und Wirtschaftsgeschichte des 19. und 20. Jahrhunderts, Geschichte der Europäischen Integration, Geschichte der Weimarer Republik und des nationalsozialistischen Deutschlands. Forschungsschwerpunkte: Geschichte der SBZ/DDR und der Bundesrepublik Deutschland, Geschichte der europäischen Integration, Auflösung der Kolonialreiche.

Harold James, geb. 1956; studierte an der Cambridge University, heute Professor für Geschichte an der Princeton University. Wichtigste Veröffentlichungen: The Reichsbank and Public Finance in Germany, Frankfurt 1985; The German Slump: Politics and Economics 1924–1936, Oxford 1986; A German Identity 1770–1990, London 1989; (mit Marla Stons) When the Wall Came Down: Reactions to German Unification, New York 1992.

Eckhard Jesse, geb. 1948; studierte nach Verwaltungslehre und Abitur auf Zweiten Bildungsweg Politikwissenschaft und Geschichte an der Freien Universität Berlin; 1982 Promotion zum Dr. phil. mit einer Arbeit über die Wahlrechtspolitik, 1989/90 Habilitation mit einer Arbeit über die streitbare Demokratie. Seit 1990 ist er Hochschuldozent im Fach Politikwissenschaft an der Universität Trier. – Wichtigste Veröffentlichungen: Wahlrecht zwischen Kontinuität und Reform. Eine Analyse der Wahlrechtsdiskussion und der Wahlrechtsänderungen in der Bundesrepublik Deutschland, Düsseldorf 1985; Die Demokratie der Bundesrepublik Deutschland. Eine Einführung in das politische System, 7. Aufl., Berlin 1986; Wahlen. Die Bundesrepublik Deutschland im Vergleich, Berlin 1988; Politischer Extremismus in der Bundesrepublik Deutschland, 3 Bde., Köln 1989 (mit Uwe Backes); Die Schatten der Vergangenheit. Impulse zur Historisierung des Nationalsozialismus (Hrsg. mit Uwe Backes und Rainer Zitelmann), Berlin/Frankfurt am Main 1990; Die Gestaltung der deutschen Einheit. Geschichte – Politik – Gesellschaft (Hrsg. mit Armin Mitter), Bonn 1992; Streitbare Demokratie und „Berufsverbote“, Bonn 1993; Herausgeber des Jahrbuchs Extremismus & Demokratie seit 1989, Herausgeber der gleichnamigen Schriftenreihe im Bouvier Verlag seit 1992 (jeweils mit Uwe Backes).

Ian Kershaw, geb. 1943; studierte an der University of Liverpool und am Merton College, Oxford; 1969 Promotion zum Dr. phil. Er lehrte von 1968–1987 an der University of Manchester Geschichte, 1987–1989 an der University of Nottingham. Seit 1989 ist er Professor für Neue Geschichte an der University of Sheffield. – Wichtige Veröffentlichungen: Der Hitler-Mythos. Volksmeinung und Propaganda im Dritten Reich, Stuttgart 1980; Popular Opinion and Political Dissent in the Third Reich. Bavaria, 1933–1945, Oxford 1983; Der NS-Staat. Geschichtsinterpretationen und Kontroversen im Überblick, Reinbek bei Hamburg 1988; Die Macht Hitlers, München 1992.

Joachim Lehmann, geb. 1943; studierte Geschichte und Germanistik an der Universität Rostock, seit 1973 Historiker an der Universität Rostock; 1977 Promotion zum Dr. phil. mit einer Arbeit zur Agrarpolitik und Landwirtschaft in Deutschland während des Zweiten Weltkrieges; 1985 Habilitation über Fremdarbeiterpolitik und Ausländerbeschäftigung in Deutschland während der dreißiger

Jahre. – Zahlreiche Veröffentlichungen zur Wirtschafts- und Sozialgeschichte des deutschen Faschismus.

David G. Marwell, geb. 1951; studierte europäische Geschichte an der Brandeis University und der State University of New York Binghamton; 1988 dort Promotion zum Ph. D. mit einer Arbeit über Ernst Hanfstaengl. Er war Leiter der Abteilung für Sonderermittlungen beim Justizministerium der Vereinigten Staaten und entscheidend beteiligt an den Ermittlungen gegen Klaus Barbie und Josef Mengele. Zur Zeit ist er Direktor des Berlin Document Center.

Donald M. McKale, geb. 1943; lehrt als Professor für Geisteswissenschaften an der Clemens University in Clemson, S. C. Wichtige Veröffentlichungen: Curt Pruefer: German Diplomat from the Kaiser to Hitler, Kent, Ohio 1987; Hitler: The Survival Myth, New York 1981.

Günter Neliba, geb. 1925; studierte 1946–50 Geschichte und Germanistik an der Johann Wolfgang Goethe-Universität in Frankfurt am Main; Gymnasiallehrer, tätig in der Referendarausbildung (Studiendirektor); 1990 Promotion zum Dr. phil. mit einer Arbeit über „Wilhelm Frick. Der Legalist des Unrechtsstaates. Eine politische Biographie“, Paderborn 1992.

Gerhard Paul, geb. 1951; studierte Politikwissenschaft, Soziologie und Psychologie an den Universitäten Bonn, Frankfurt am Main und Hannover; 1975 bis 1981 Referent für politische Jugendbildung beim Deutschen Volkshochschul-Verband; 1984 Promotion mit einer Studie über den Saarabstimmungskampf 1933–1935. 1984 bis 1989 Dozent am Otto-Suhr-Institut der FU Berlin; 1990 Habilitation mit einer Arbeit über die NS-Propaganda vor 1933. Privatdozent an der FU Berlin und wissenschaftlicher Mitarbeiter im Forschungsprojekt „Widerstand und Verweigerung im Saarland 1935–1945“ an der Universität des Saarlandes. – Wichtigste Veröffentlichungen: Jugend und Neofaschismus, Frankfurt am Main 1979 (hrsg. mit B. Schoßig); „Deutsche Mutter – heim zu Dir!“ Warum es mißlang, Hitler an der Saar zu schlagen. Der Saarkampf 1933–1935, Köln 1984; Die andere Geschichte, Köln 1986 (hrsg. mit B. Schoßig); Max Braun. Eine politische Biographie, St. Ingbert 1987; Die NSDAP des Saargebietes 1920–1935, Saarbrücken 1987; Das zersplitterte Nein. Saarländer gegen Hitler, Bonn 1989 (zusammen mit K. M. Mallmann); Hitlers Schatten verblaßt (Hrsg.), Bonn 1989; Aufstand der Bilder. Die NS-Propaganda vor 1933, Bonn 1990; Herrschaft und Alltag. Ein Industrierevier im Dritten Reich, Bonn 1991 (zusammen mit K.M. Mallmann).

Hans-Walter Schmuhl, geb. 1957 in Oberhausen. Promotion 1986 in Bielefeld. Wissenschaftlicher Mitarbeiter im Sonderforschungsbereich „Sozialgeschichte des neuzeitlichen Bürgertums: Deutschland im internationalen Vergleich“, Universität Bielefeld. Laufendes Projekt: Städtisches Bürgertum und städtische Verwaltung in Braunschweig und Nürnberg vom Ende des 18. bis zum Beginn des 20. Jahrhunderts. – Veröffentlichung: Rassenhygiene, Nationalsozialismus, Euthanasie. Von der Verhütung zur Vernichtung ›lebensunwerten Lebens‹, 1890–1945, 2. Aufl. Göttingen 1992.

Jill Stephenson, geb. 1944 in Edinburgh (Schottland); studierte Geschichte an der Universität Edinburgh. 1974 Promotion zum Ph. D. mit einer Arbeit über Frauen im Nationalsozialismus. Seit 1970 Senior Lecturer in History, University of Edinburgh. – Wichtigstc Veröffentlichungen: Women in Nazi Society, London–New York 1975; The Nazi Organisation of Women, London–New York 1981.

Enrico Syring, geb. 1960; studierte Geschichte, Geographie, Politologie und Erziehungswissenschaften an den Universitäten Göttingen, Köln und Bonn; 2. Staatsexamen 1987; 1993 Promotion zum Dr. phil. mit einer Arbeit zum Bereich „Hitlers Weltanschauung“. Zahlreiche Aufsätze zur Geschichte des Nationalsozialismus, des Zweiten Weltkriegs und der Geschichte der Geschichtswissenschaft.

Henry Ashby Turner, Jr., geb. 1932; studierte Geschichte an der Washington and Lee University, der Universität München, und der Freien Universität Berlin; 1960 Promotion zum Ph. D. an der Princeton University mit einer Arbeit über Gustav Stresemann. Seit 1971 Professor an der Yale University. – Wichtigste Veröffentlichungen: Stresemann – Republikaner aus Vernunft, Berlin 1968; Faschismus und Kapitalismus in Deutschland, Göttingen 1972; Die Großunternehmer und der Aufstieg Hitlers, Berlin 1985.

Herwart Vorländer, geb. 1931; Studium der Geschichte, evang. Theologie und Psychologie in Wuppertal, Göttingen, Bonn, Köln. 1963 Promotion zum Dr. phil., 1967 Habilitation an der Universität Bonn. Seit 1971 Professor für Geschichte an der Pädagogischen Hochschule Ludwigsburg. – Wichtigste Veröffentlichungen: Kirchenkampf in Elberfeld 1933–1945. Ein kritischer Beitrag zur Erforschung des Kirchenkampfes in Deutschland, Göttingen 1968; Die NSV. Darstellung und Dokumentation einer nationalsozialistischen Organisation,

Boppard 1988. Weitere Bücher und Artikel u. a. zur deutschen Geschichte im Nationalsozialismus.

SEBASTIAN WERNER, geb. 1962; studierte Geschichte, Politische Wissenschaften und Germanistik an der Universität Stuttgart und der Freien Universität Berlin. – Erste Veröffentlichung.

Personenregister

WB-Forum

2. Aufl. 1990. 323 S., kart.
3-534-80036-2

Wer waren die führenden Männer der NSDAP und des Dritten Reiches? Welche Erfahrungen führten sie zum Nationalsozialismus? Welche Rolle spielten sie in der Partei und später im nationalsozialistischen Staat? Welche Motive bestimmten das Handeln dieser Männer? Auf diese Fragen geben Historiker aus Deutschland, Frankreich, Italien, Schottland und den USA Antworten.
„Zu den Vorzügen des Buches gehört die durchgängige Verbindung des Biographischen mit dem Strukturgeschichtlichen, des Besonderen mit dem Allgemeinen, gerade auch bei den weniger bekannten NS-Chargen." (FAZ)

2. Aufl. 1989. 183 S., kart.
3-534-80049-4

Wo sind die wirklich trennenden und die wirklich gemeinsamen Punkte zwischen Judentum und Christentum? Wie kann man das Judentum richtig ins Christentum einbetten, ohne es zu beengen? Wie kam es zum christlichen Antijudaismus? Es geht aber nicht nur um die Aufarbeitung historischer und theologischer Fragen, sondern auch um Schritte nach vorn ins Dunkle: Einheit und Trinität Gottes angesichts des jüdischen Monotheismus, Jesus als Kontaktperson zwischen Israel und den Völkern; jüdisches und christliches heilsgeschichtliches Denken, Möglichkeiten zur Minimalisierung von Diskrepanzen zwischen christlichem Glauben und jüdischer Weltlichkeit und Gegenchristlichkeit.

1988. (II) IX, 224 S., kart.
3-534-80016-8

Greive versteht den Antisemitismus als eine irrationale Feindseligkeit gegen die Juden und das Judentum, verknüpft mit realen Interessengegensätzen, für die in sozusagen ›falscher Frontstellung‹ Juden haftbar gemacht werden. Aus der historischen Entwicklung, die im Holocaust ihren grausamen Höhepunkt hatte, gibt er einen Ausblick in die Zukunft. Wer sich anhand dieses Buches mit der Eigendynamik der Vorverurteilung und ihrer Benutzung als Waffe befaßt, wird gefährliche Entwicklungen in der Gegenwart besser beurteilen und ihnen entgegentreten können.

Wissenschaftliche Buchgesellschaft

WB-Forum

4., erg. Aufl. 245 S., kart.
3-534-80140-7

„Greive konzentriert sich auf das Jahrtausend, in dem Juden ‚ein europäisches Phänomen', passiv und aktiv, als Opfer wie als mitbestimmender Faktor wurden." (Er verdeutlicht) „wie in vielen Teilen Europas der Bevölkerung eine antijüdische Einstellung ‚eingehämmert' werden mußte: Judenfeindlichkeit als religiöse Intoleranz mit sehr handfesten wirtschaftlichen Vorteilen auf seiten der Judenfeinde. Diese Konstellation war es denn auch, die den Antijudaismus . . . in der Neuzeit zum Antisemitismus umschlagen ließ. Die Geschichte von Auschwitz beginnt eben nicht erst 1933, sondern weit über 1000 Jahre zuvor".
(Allg. jüd. Wochenzeit.)

1993. X, 107 S., kart.
3-534-80147-4

„Shalom" – Friede – ist ein Zentralbegriff jüdischen Denkens. Ziel des Bandes ist eine Analyse der Bedeutungshorizonte jüdischer Friedenssehnsucht ausgehend von biblischen Zeugnissen des alten Israel über die Texte talmudischer Überlieferung und jüdischer Religionsphilosophie bis in die Aktualität des 20. Jahrhunderts. Im Kontext von Auschwitz und Nahostkonflikt wird der Frage nachgegangen, welche Wirkungsgeschichte und Wirkkraft das jüdische Friedensideal bis in die Gegenwart hat.
„Dieses Buch ist originell, klar und trotzdem von wissenschaftlicher Schärfe. Ich halte es für einen wichtigen Beitrag zum gegenwärtigen theologischen Denken."
(Neil Postman)

1990. VII, 130 S., kart.
3-534-80123-7

Auf arabisch-islamischer Seite hat der Nahostkonflikt in den vergangenen Jahren eine neue Dimension gewonnen, die ihn in die Nähe einer strengen, klassischen Tragödie mit ihrer Ausweglosigkeit geraten läßt. Ursache dafür sind die Aussagen des Korans – des ewig wahren Gotteswortes für die Muslime – über die Juden: Die Auseinandersetzung Mohammeds mit jüdischen Stämmen wird zum gültigen Modell für alle Zeit. In diesem Modell ist die Gründung des Staates Israel mit ihren Folgen schwer einzufügen.
„Johan Bouman . . . setzt sich zum Ziel, Emotionen abzubauen und zum Verständnis der Geschichte aller Beteiligten beizutragen." (Hess. Rundfunk)

Wissenschaftliche Buchgesellschaft